AF672917

Sphären der Bedeutung

Von der Ur-Matrix zur 360-Grad-Entschlüsselung des Seins

Gerhard Höberth

Über den Autor:

Gerhard Höberth, Jahrgang 1960, arbeitete zunächst als Computertechniker, Informatiker, Technischer Zeichner, Gärtner, Schafhirte, Grafiker und Kunstmaler, bevor er an der Universität Wien Philosophie und Mathematik für Informatiker studierte. Dazwischen beschäftigte er sich mit vergleichender Religionsforschung, folgte verschiedenen Einweihungswegen traditioneller, spiritueller Richtungen und absolvierte diverse systemische und therapeutische Ausbildungen. Seit 1991 arbeitet er unter anderem als Philosoph, bildender Künstler und freier Autor.

Kontakt:

Email: info@hoeberth.de

Website: www.hoeberth.de

Bisher erschienene Bücher:

- "Struktur der Ganzheit“, 2000, KernVerlag
- "ITEX Kurioso“, 2006 , creAstroVerlag
- "Evolutionärer Idealismus“, 2010, creAstro-Verlag
- "Warum Astrologie funktioniert“, 2012, creAstro-Verlag
- "Kosmische Momente“, 2014, creAstro-Verlag
- "Die Welt von innen“, 2016, creAstro-Verlag
- "Die ewige Suche“, 2019, creAstro-Verlag
- "Ein Tropfen Raumzeit“, 2020, creAstro-Verlag
- "Jenseits der Grenzen“, 2023, creAstro-Verlag
- "Die Säulen von Helios“, 2024, creAstro-Verlag
- „Die Ur-Matrix“, 2024, creAstro-Verlag

Gerhard Höberth

Sphären der Bedeutung
Von der Ur-Matrix zur 360-Grad-Entschlüsselung des Seins

creAstro Verlag

Besuchen Sie auch die Website www.creAstro.de

Bibliografische Information Der Deutschen Bibliothek

Die Deutsche Bibliothek verzeichnet diese Publikation in der Deutschen Nationalbibliografie; detaillierte bibliografische Daten sind im Internet über http://dnb.ddb.de abrufbar.

Gerhard Höberth

Sphären der Bedeutung

Wasserburg am Inn, creAstro-Verlag , 2024

ISBN: 978-3-939078-26-5

© (2024) Gerhard Höberth

Alle Rechte vorbehalten. Das Buch darf – auch auszugsweise – nicht ohne vorherige schriftliche Genehmigung des Autors wiedergegeben werden. Auch bei der Einbindung der Texte in digitaler Form in Programme bedarf es einer entsprechenden Lizenz.

Grafik: Gerhard Höberth / www.hoeberth.de

Umschlaggestaltung: Gerhard Höberth

Gedruckt in Deutschland

Inhaltsverzeichnis

1. Der Weg

Wenn die Welt aus allen Perspektiven betrachtet wird und keine auf eine andere reduziert wird, entsteht eine Weltsicht, die rational und mythisch zugleich ist. Sie geht über die Rationalität hinaus, ohne sie zu verleugnen, und integriert die mythische Sicht in eine umfassendere Transrationalität. Sowohl die Fakten der Wissenschaft als auch die Archetypen des Mythos werden respektiert und als real anerkannt. Dies ermöglicht uns schließlich auch, die Weltsicht der Völker, in denen die Mythen entstanden sind, und die Zeit, in der sie lebten, besser zu verstehen. Dies befreit uns von der Notwendigkeit, diese Mythen in ihrer traditionellen Interpretation zu verteidigen oder abzulehnen.

Im ersten Band, „Die Ur-Matrix", habe ich die Prinzipien aufgezeigt, mit denen man den Bereich der Bedeutungen und Archetypen des Geistes in ähnlicher Weise „mathematisch" untersuchen kann, wie man es mit dem physikalischen Bereich der Materie tun kann.

In diesem Buch werde ich nun versuchen, die Ur-Matrix der Bedeutungen des subjektiven Welt-Erlebens weiter zu analysieren. Das Ergebnis ist die Aufgliederung der Ganzheit in 360 Phasen, die auf drei verschiedene Arten betrachtet werden können. Jede von ihnen bietet eine eigene Perspektive davon, wie die 360 Bedeutungen der subjektiven Welterfahrung genutzt werden können, um unsere persönliche Entwicklung und unser Verständnis des Universums zu vertiefen.

Die 360 Bedeutungen als Entwicklungsphasen:

Die Idee, dass die 360 Bedeutungen als eine Abfolge von Entwicklungsphasen betrachtet werden können, veranschaulicht einen dynamischen, evolutionären Prozess. In der ersten Hälfte dieses Zyklus konzentrieren wir uns auf die persönliche Entwicklung und Selbstfindung. Hier geht es darum, individuelle Stärken, Schwächen, Leidenschaften und Lebensziele zu erkennen und zu kultivieren. In der zweiten Hälfte geht es um die Rückkehr zur Ganzheit, wobei der Einzelne seine Erfahrungen und Perspektiven einbringt, um zu einem tieferen Verständnis des Lebens und seiner unendlichen Verbindungen zu gelangen. Diese Reise bereichert nicht nur das Selbst, sondern auch das kollektive Bewusstsein.

Die 360 Bedeutungen als systemische Organe:

Betrachtet man die 360 Bedeutungen als Teile eines funktionalen Raumgefüges, so erkennt man, wie jedes Element oder „Organ" zur Selbstorganisation und Harmonie des Ganzen beiträgt. Die erste Hälfte konzentriert sich auf die innere Selbstorganisation als Grundlage für persönliches Wachstum und Selbstverwirklichung. Die zweite Hälfte erweitert diese Perspektive auf die Kommunikation und den Austausch mit dem äußeren Kontext, einschließlich der Interaktion mit anderen Menschen, der Gesellschaft und der natürlichen Umwelt. Diese Perspektive lehrt uns, dass wir sowohl Empfänger als auch

Sender von Einflüssen sind, was zu einer bewussteren Gestaltung unseres Lebensraumes führt. Jeder Teil des 360 Teile umfassenden Ganzen hat seine eigene, für das Ganze wichtige Aufgabe im Organismus des Ganzen.

Die einzelnen Bedeutungen zur Erkundung von Weltphänomenen:

Jede der 360 Bedeutungen bietet einen einzigartigen Zugang zur Tiefenstruktur der Welterfahrung. Durch die Betrachtung einzelner Bedeutungen können wir tiefere Zusammenhänge in der Phänomenologie der Welt erforschen und verstehen, wie subjektive und objektive Realitäten miteinander verwoben sind. Dieser Ansatz ermöglicht es uns, spezifische Lebensereignisse, Begegnungen und innere Prozesse in einem größeren Kontext zu sehen und dadurch Einblicke in die tieferen Bedeutungen unserer Existenz zu gewinnen.

Durch die Anwendung dieser drei Ansätze öffnen wir uns für eine reichere und tiefere Erfahrung der Welt. Wir lernen, uns selbst und unsere Umwelt in einem kontinuierlichen Prozess des Werdens und der Veränderung zu sehen, der sowohl die persönliche als auch die kollektive Ebene umfasst. Dies führt zu einem lebensbejahenden Verständnis, das sowohl objektive Rationalität (Wissenschaft) als auch subjektive Bedeutungen (Mythen) umfasst und uns befähigt, unser Leben bewusster und ganzheitlicher zu gestalten.

Die Welt wird als hierarchisch gegliedertes Ganzes mit unterschiedlich tiefen Integrationsebenen erkennbar. Und auf jeder neuen Ebene entstehen neue Eigenschaften: Jede Ebene bringt neue Gesetzmäßigkeiten hervor, die ausgehend von den materiellen, physikalischen Gesetzen immer subtiler und geistiger werden und schließlich „von oben nach unten“ die Bildung organischer, systemischer Prozesse steuern. Die Wirklichkeit wird so als von zwei Kräften durchdrungen erkannt:

1. Einerseits sind es die physikalischen Kausalkräfte, welche die Materie aufbauen und für die objektive Realität sorgen.

2. Andererseits sind es die geistig-archetypischen Narrative des Bewusstseins, welche die subjektive Realität der Bedeutungen erzeugt.

Und erst durch die Verflechtung beider Kräfte zu einem vitalen Gewebe wird die reale, lebendige Wirklichkeit möglich.

2. Die Struktur der Teilung

Ich habe mich auch deshalb dafür entschieden, den Tierkreis aus der Astrologie als Metapher für die Zwölfteilung zu verwenden, weil wir alle - auch diejenigen, die die Astrologie eigentlich ablehnen - schon eine gewisse Grundahnung von der Bedeutung der einzelnen Zeichen haben. Schließlich kommt man in unserer Welt kaum ohne sie aus. Das sollte aber auch diejenigen, die Astrologie als Aberglauben abtun, nicht davon abhalten, die Prinzipien dieser Bedeutungszuordnung, wie ich sie in „Die Urmatrix“ bereits beschrieben habe, zu verinnerlichen. Wenn du also zu den Gegnern der Astrologie gehörst, nimm sie als brauchbare Metapher einer Bedeutungsaufteilung. Vergiss Deine (Vor-)Urteile gegenüber der Astrologie und nimm die Beschreibungen einfach als Bedeutungszuweisungen wahr, die in ihrem Gesamtzusammenhang einem übergeordneten Sinn folgen.

Zwölf Tierkreiszeichen können als dreimal vier Zeichen interpretiert werden, was ihre Qualität als Elemente deutlich macht. Jedes Drittel besteht aus vier Zeichen. In jedem Drittel kommt jedes Element einmal vor. Dies ergibt dreimal Feuer, dreimal Erde, dreimal Luft und dreimal Wasser. Die Unterscheidung der zu einem Element gehörenden Zeichen erfolgt dann durch ihre Zugehörigkeit zu den drei Phasen. Daraus ergibt sich der Widder als unterbewusster Impuls (erstes Viertel innerhalb des ersten Drittels), der Löwe als bewusster Impuls (erstes Viertel innerhalb des zweiten Drittels) und der Schütze als überbewusster oder sozialer Impuls (erstes Viertel innerhalb des dritten Drittels).

Die Eigenschaften kardinal, fest und beweglich ergeben sich jedoch aus einer anderen Aufteilung: nicht drei mal vier, sondern vier mal drei. Scheinbar mathematisch identisch, ergibt sich geometrisch ein deutlicher Unterschied. Handelt es sich bei der ersten Teilung metaphorisch um drei im Kreis angeordnete Vierecke, so sind es nun vier im Kreis angeordnete Dreiecke.

Wer sich näher dafür interessiert, dem empfehle ich mein Buch „Struktur der Ganzheit“ (Kernverlag, Regensburg 2000), in dem ich diese Grundlagen der harmonikalen Strukturierung näher untersuche, oder den Band 1 dieses Buches mit dem Titel „Die Ur-Matrix“ (creAstro-Verlag, Wasserburg 2024).

Bei der Einteilung in 360 Einzelgrade ist die Situation noch dramatischer, da die Zahl 360 nicht nur aus zwei Ziffern besteht, die die beiden obigen Kombinationsmöglichkeiten ergeben, sondern aus vier Ziffern. Nämlich drei, vier, fünf und sechs, was 24 verschiedene Kombinationen ermöglicht.

Meine hier vorgelegte Analyse der 360 Einzelgrade beruht jedoch nur auf einer dieser 24 Teilungen („Sechs Bücher zu je vier Akten mit je drei Szenen zu je fünf Bildern“). Es müssten also noch 23 Teilungen untersucht werden, um einen Gesamtüberblick über die Bedeutungsnuancen dieser Einzelgrade zu erhalten. Vielleicht wird diese Analyse zu einem späteren Zeitpunkt durchgeführt. Vielleicht fühlt sich auch jemand durch diese Veröffentlichung inspiriert, diese Analyse selbst zu versuchen. Eine spätere Analyse der anderen Kombinationen wird dadurch erleichtert, dass z.B. bei einer Analyse von „6-4-5-3“ die „6 Bücher“ und die „4 Akte“ aus dieser Analyse übernommen werden können.

Ebenso wird die Arbeit für die 4 Teilungen, die mit „34..“ oder „43..“ beginnen, erleichtert, da die jeweiligen 12 Akte den 12 überlieferten Tierkreiszeichen entsprechen.

Natürlich gilt der Grundsatz: Nichts wörtlich nehmen, die Beschreibungen sind Beispiele für mögliche Manifestationen der archetypischen Energien und dienen lediglich der Veranschaulichung, anhand derer man lernen soll, die Energie zu erspüren, um einen Zugang zu den jeweils tatsächlich vorhandenen Manifestationen zu finden. Man könnte sagen, dass jede Beschreibung bereits eine konkrete Manifestation einer platonischen Uridee darstellt. Aber wir können uns diesen Urideen nur über Beispiele nähern.

Die fraktale Natur der Teilganzheiten

Wie im Buch „Die Ur-Matrix“ beschrieben, haben Zahlen Bedeutungen, die sich auch in ihren Bestandteilen widerspiegeln. Zur Erinnerung führe ich hier noch einmal die Bedeutungen der Zahlen auf:

Die Eins ist die Einheit selbst und somit ist die Eins der Eins - da auch die einzige vorhandene Entwicklungsphase - sowohl die Idee als auch das Ziel/Ergebnis der Einheit. Idee und Ziel sind in der Nondualität identisch.

Die Zwei ist die Dualität. Die Eins der Zwei ist die Idee der Dualität und die Zwei der Zwei ist der Ort, an dem sich diese Dualität manifestiert und das Ergebnis dieses Prozesses, nämlich die duale Ganzheit, die Teilganzheit oder das Holon, wie es in der integralen Philosophie genannt wird. Die erste Phase ist *Teil der Ganzheit* und bildet die Idee der Dualität, während die zweite Phase die *Ganzheit der Teile* ist, das Ziel und Ergebnis der Dualität.

Die Drei ist die informative Synthese oder die Synergie von Idee und Ort, in der sich Teil und Ganzes in einem ineinandergreifenden Austausch befinden. Das Ergebnis ist ein Informationspool, der aus dieser Synergie der *Grundidee* mit dem *Ort* entsteht, an dem sich die Idee manifestieren soll. Dabei ist die Eins der Drei die Idee der Synthese und beinhaltet die unbewussten Intentionen des Teils, die Zwei der Drei ist der Ort, an dem sich diese Synthese manifestiert, nämlich die Verschränkung von Teil und Ganzheit in der gegenseitigen Wahrnehmung. Und die Drei der Drei ist das Ziel und das Ergebnis der Synergie als funktionierende Ganzheit von interagierenden Teilen durch gegenseitige Spiegelung.

Die Vier ist die Methode oder Technik, welche den Prozess steuert. Die Eins der Vier, die Idee der Methode, ist symbolisch der ‚*Ätherleib*‘[1], der die Manifestation des Teils der Ganzheit vorgibt. Die Zwei der Vier ist der ‚*Astralleib*‘[2] als Ort des Geschehens: Das Innere des Subjekts. Die Drei der Vier als informative

---

[1] Diese aus der Esoterik entlehnte Bezeichnung des ‚**Ätherleibs**‘ soll die Funktion des eigenen Körpers darstellen, weil es nicht um die Materie selbst geht, wie sie von der Wissenschaft und der Medizin untersucht wird, da diese sich schließlich nicht von der Materie der Außenwelt unterscheidet, sondern es geht um den phänomenale Eindruck, diesen eigenen Körper von innen zu erleben, zu empfinden und zu steuern.

[2] Die Metapher des ‚**Astralleibes**‘ bezeichnet das psychische Innenleben und die phänomenale Erfahrung, ein bewusstes, fühlendes Subjekt zu sein.

Synthese der Methode bildet den ‚*Mentalleib*'[1], in dem die Informationen über die Außenwelt zu einem konsistenten Weltbild geformt werden. Und die Vier der Vier bildet der ‚*Kausalleib*'[2], der aus transzendenten Sphären heraus das Schicksal des Subjekts steuert. Er bildet das Ziel und Ergebnis dieser Vierteilung. Die ‚materielle' Manifestation ist die Methode der Ganzheit zur Existenz. Gemeinsam bilden diese vier Phasen die phänomenologischen Quadranten des evolutionären Idealismus, welche die Grundlage dafür bilden, dass der Kosmos – als Co-Kreation aller Subjekte – als Raumzeit in Existenz treten kann.

Die Fünf ist die Kreativität, welche die Evolution vorantreibt. Hier kristallisiert dich die Quintessenz heraus, eine neue Emergenz, die in den vorhergehenden Teilungen nicht abzusehen war. (Wie übrigens bei jeder neuen Emanationsebene.) Dabei ist die Eins der Fünf die Idee der Kreativität, der kreative Impuls. Die Zwei der Fünf ist der Ort, an dem diese Quintessenz letztlich auftauchen soll und dieser Bereich liegt phänomenologisch zum größten Teil innerhalb des Astralleibes des Subjekts. Die Drei der Fünf ist der *synergetische Informationsinput*, um die Voraussetzungen der Kreativität zu schaffen. Dieser Teil liegt inmitten der verschränkten gegenseitigen Wahrnehmung von Teil und Ganzheit. Die Vier der Fünf ist die *Methode* der Umsetzung dieser Kreativität und liegt zum größten Teil im Mentalleib des Subjekts,

---

1 Der ‚**Mentalleib**' bezeichnet die Repräsentation der materiellen Außenwelt innerhalb der mentalen Phänomenologie des Subjekts.

2 Der ‚**Kausalleib**' meint alles, was schicksalhaft von außen in das phänomenale Erleben eindringt.

also im bewussten Denken. Bei der Fünf der Fünf folgt das Endergebnis dieses kreativen Prozesses.

Die Sechs ist der Kraftfluss, der Prozesse des Lebens in Bewegung hält. Bottom-up handelt es sich dabei um die Kraft des *Eros* und top-down um die Kraft von *Agape*. Diese wird aber am Anfang der Teilungen im nächsten Kapitel näher beschrieben.

Die Schönheit und Komplexität der Welt zeigt sich oft in Mustern, die sich auf verschiedenen Ebenen wiederholen - ein Prinzip, das wir in der Natur in Form von Fraktalen sehen. Dieses Konzept lässt sich am besten am Beispiel der Mandelbrot-Menge veranschaulichen, einem mathematischen Objekt, das unabhängig vom Maßstab immer wieder ähnliche Muster aufweist. Auf ähnliche Weise können wir uns dem Verständnis der tieferen Bedeutungen annähern, die das Universum und unsere Existenz darin ausmachen. Fraktal wird die Bedeutungsanalyse dadurch, dass sich Bedeutungen durch die Teilung der Teile vermischen. Wenn z.B. eine Kraft, also ein Sechstel des Ganzen, in vier Teile geteilt wird, dann gibt es z.B. die Zwei der Vier (als Ort der Methode) innerhalb der Drei der Sechs (als Synergie des Energieflusses). Daraus ergeben sich Selbstähnlichkeiten in verschiedenen Größenordnungen, wie sie für Fraktale typisch sind. Da ich diese Viertel der einzelnen Energien weiter in Drittel unterteile, ergeben sich zwölf Teile für jede Energieform der Ganzheit, weshalb wir - um es anschaulicher und leichter verständlich zu machen - von den zwölf Tierkreiszeichen in jedem der sechs Teile sprechen können. Das meine ich mit Bedeutungsfraktalen.

Wie nähert man sich nun einem Verständnis dieser Bedeutungen?

Neben den drei bereits beschriebenen Formen, sich den Beschreibungen als *Entwicklungsphasen*, als *Systemorgane* oder als einzelne *Weltphänomene* zu nähern, ist zu bedenken, dass sie zunächst nur den Blick des Subjekts auf das Ganze darstellen. Unsere Wahrnehmung ist zunächst immer nur ein individueller Blick auf das Ganze. Die eigentliche Herausforderung besteht darin, zu verstehen, dass die Welt voller anderer Perspektiven ist, die unsere eigene Sichtweise bereichern und herausfordern. Ein Thema wird aus verschiedenen Blickwinkeln unterschiedlich interpretiert. Was für den einen ein Geben ist, ist für den anderen ein Nehmen.

Um dies zu erforschen, muss jede Bedeutung immer im Zusammenhang mit dem Gegenüber betrachtet werden. Um zum Beispiel die Bedeutung von 15° im Zeichen Zwillinge zu verstehen, müssen wir auch die Position von 15° im Zeichen Schütze betrachten. Diese komplementären Perspektiven ermöglichen es uns, ein vollständigeres Bild zu erhalten. Aber selbst dann haben wir nur eine kausale, von unten nach oben gerichtete Sichtweise erfasst - obwohl scheinbar aus allen Perspektiven -, die auf den einzelnen Teilen und ihren Intentionen (Eros) basiert.

Um dies zu vervollständigen, müssen auch die Spiegelpunkte betrachtet werden, die die teleologische Top-Down-Intention der Ganzheit (der Sog der Agape) dazu darstellen. Erst dadurch werden die Themen zu Ganzheiten vervollständigt.

Für ein ganzheitliches Verständnis von 15° Zwillinge müssen wir also nicht nur 15° Schütze, sondern auch 14° Steinbock und

14° Krebs einbeziehen, die jeweils als top-down-Ergänzungen fungieren. Dieses Konzept des „Bedeutungs-Rechtecks“ bietet eine umfassendere Sicht der Dinge, die uns dem Verständnis der zugrunde liegenden Bedeutungen näher bringt. Dieser Ansatz ermöglicht es uns nicht nur, tiefer in die Welt der Bedeutungen einzutauchen, sondern entwickelt auch unsere Fähigkeit, komplexe Beschreibungen zu abstrahieren. Es ist unvermeidlich, dass die Metaphern und Bilder, die ich zur Veranschaulichung verwendet habe, immer nur unvollkommene Darstellungen jener transzendenten Ideen sind, die sie zu erfassen versuchen - ein Gedanke, der uns an Platons Ideenlehre erinnert. Aber erst wenn wir diese transzendenten Ideen durch meine Beschreibungen durchscheinen sehen, sind wir in der Lage, die wirklichen Bedeutungen der Teile zu erfassen und sie auf alle Erscheinungsformen anzuwenden, in denen sie sich in der Wirklichkeit offenbaren.

Die Teilungen

Das Ganze wird zunächst in 6 Bücher unterteilt. Die 6 ist die Zahl der Verbindung zweier Welten, das „Tor zum Jenseits“, oder verständlicher ausgedrückt: Die 6 symbolisiert die Kraft, die Liebe (Agape), oder pathetischer „das göttliche Wort“, das den ganzen Kosmos am Leben erhält, denn die 6 ist die Zahl der Lebenskraft. Diese setzt sich aus 6 Grundkräften zusammen. Am deutlichsten werden diese Kräfte in der indischen Mythologie beschrieben, wo sie als „Shakti“ (Himmelskraft) bezeichnet werden. Allerdings unterscheidet sich die indische Mythologie in vielerlei Hinsicht von der europäischen. Die Kräfte sind hier immer weiblich und werden als Gattinnen der Götter dargestellt, deren Kräfte sie symbolisieren. Eine Übersetzung von „Shakti“ ist daher auch „Göttin“. In unserer Zahlenanalyse gibt es aber sowohl weibliche als auch männliche Grundkräfte. (Im Indischen gibt es noch die männlichen Erdkräfte _ „Shiva“.) Wir werden also eigene Namen für diese Kräfte finden müssen, um Verwechslungen zu vermeiden.

Ich habe diese Kräfte wie folgt benannt.

1. *Lichtkraft* (Eins der Sechs – die Idee von Agape),
2. *Geisteskraft* (Zwei der Sechs – der Ort, an dem sich Agape manifestieren soll),
3. *Selbstkraft* (Drei der Sechs – die Synergie, mit deren Information gearbeitet wird),
4. *Gedankenkraft* (Vier der Sechs – Die Technik und Methode der Verwirklichung von Agape),
5. *Fraktalkraft* (Fünf der Sechs – Kreativität von Agape) und
6. *Lebenskraft* (Sechs der Sechs – die Kraft des teleologischen Sogs der göttlichen Ganzheit).

Die sechs Bücher werden anschließend in jeweils vier Akte aufgeteilt. Die Vier ist die Zahl der Identifikation, der Materialisierung und der Methode der Manifestation. Die Akte zeigen also, wie (mit welcher Methode) sich die sechs Grundkräfte in der Welt manifestieren. Sechs Bücher mit je vier Akten ergeben insgesamt die 24 Akte der Ganzheit.

Auf der nächsten Ebene wird jeder Akt in drei Szenen unterteilt. Die Drei ist die Zahl des Samens, der Information, der Synthese und des morphogenetischen Feldes. Die Szenen zeigen uns also die geistige Struktur der vier Akte innerhalb der sechs Grundkräfte. Sechs Bücher mit vier Akten zu je drei Szenen ergeben 72 Szenen.

Nun teilen wir jede Szene in fünf Bilder auf. Die Fünf ist die Zahl der Kreativität und der Transformation, des fraktalen Prozesses der Neuerschaffung. Die Bilder zeigen uns also, wie sich die geistige Struktur (die drei Szenen der Akte) der Manifestation (die vier Akte der Bücher) der Grundkräfte (die sechs Bücher der Ganzheit) in evolutionären Schritten (Fünf) prozesshaft entwickelt. Und zwar so, dass das erste Bild auf die Idee der Szene selbst verweist, das zweite Bild den Ort benennt, an dem der Prozess stattfindet, das dritte Bild erklärt, wie Idee und Ort zusammenfinden, das vierte Bild die Methode aufzeigt, mit welcher der Prozess die Idee verwirklicht und schließlich das fünfte Bild das Ziel und Ergebnis des ganzen Prozesses der Kreativität dieser Szene beschreibt.

Sechs Bücher zu je vier Akten zu je drei Szenen zu je fünf Bildern ergeben insgesamt 360 Bilder.

3. DIE 6 BÜCHER:

Buch 1: Die LICHTKRAFT (Widder & Stier):

0° - 59° = 0° Widder bis 29° Stier

Dies ist das 1. der 6 Bücher der Ganzheit.

Die Lichtkraft ist die 1 der 6 und damit die Idee, der Impuls für das Thema der 6, der Liebe (Agape) als Kraftfluss.
LICHTKRAFT ist die Grundkraft, die in der Astrologie mit dem Feuer-Erde-Paar Widder-Stier bezeichnet wird. Parashakti ist die höchste Kraft oder Macht der Schöpfung und beinhaltet die „Kraft des Lichts und der Wärme“. Es bedeutet *der Wille zu existieren.*

Parashakti, ein Schlüsselbegriff der indischen Philosophie und Spiritualität, insbesondere im Hinduismus, bezeichnet die höchste oder ultimative Kraft bzw. Energie und ist eng mit dem Göttlichen verknüpft. Als Quelle aller Energie und Schöpfung repräsentiert Parashakti die essenzielle Lebenskraft, die das Universum durchdringt und alle Formen von Leben und Materie ermöglicht. Der Begriff kombiniert „Para“ (höchste/ultimative) mit „Shakti“ (Macht/Energie) und verweist auf die ultimative Energie des Universums. Er betont die Verbundenheit aller Dinge, zeigt die Kraft als Schöpfungsquelle und fundamentales Prinzip und bietet eine Perspektive, die sowohl materielle als auch spirituelle Lebensaspekte umfasst. Dieses Verständnis fördert Respekt und Ehrfurcht vor der Natur und allen Lebewesen, indem es alles als Ausdruck der göttlichen Energie ansieht.

Parashakti oder Lichtkraft ist die Quelle aller Ideen für die Existenz des gesamten Kosmos. Das Licht der Idee strahlt aus der Ganzheit Gottes in die Welt. Es ist die aktive Seite der Schöpferkraft, durch die alles, was ist, entsteht.

DIE IDEE DER LIEBE IST DIE KRAFT DER SCHÖPFUNG

Die Lichtkraft ist die Kraft, die Gott am nächsten steht, obwohl sie von Gott und der Einheit wegführt. Im Menschen manifestiert sich diese Kraft als Trieb und Begierde, sie ist der Durst nach Leben und die Fähigkeit zu genießen. Es mag vielen widersprüchlich erscheinen, dass die höchste göttliche Kraft in unserer Welt durch die Triebe wirkt. Wir dürfen aber nicht vergessen, dass es die schöpferische Kraft ist, also die Kraft, die die Welt entstehen lässt und nicht die Kraft, die sie im Einklang mit Gott wieder auflöst. Und gerade die Triebe sind es, die immer wieder Neues schaffen. Kein Kind käme ohne den Sexualtrieb seiner Eltern auf die Welt. Das Ziel der Lichtkraft ist die materielle Erschaffung der Welt. Jedes einzelne Materieteilchen – und erst recht seine Verbindung zu komplexen Organismen – hat seinen Ursprung in einem Gedanken Gottes.

Die Aufgabe der Lichtkraft ist die Erschaffung der materiellen Welt. Die Kraft wird so gelenkt und in die Welt eingebracht, dass sie schließlich einen materiellen Ausdruck findet. Mit der Analyse der Wirkungsweise dieser LICHTKRAFT befasst sich das 1. Buch.

Teilt man die Lichtkraft in zwei Teile, so erhält man die Spannung zwischen dem „Beweger“ und dem „Bewegten“. Das Bewegende ist der analytische Doppelakt, also der ausströmende Anteil der Lichtkraft und ist uns als Widderprinzip bekannt. Das Bewegte ist der synthetische Doppelakt, also der aufnehmende Teil der Lichtkraft und uns als Stierprinzip bekannt.

Dargestellt wird durch die Vierzahl der AKTE die *Methode der Verwirklichung dieser Grundkraft*. Die einzelnen Phasen sind

1. das Verlangen (Erster Quadrant der Lichtkraft),
2. die Fähigkeit (Zweiter Quadrant der Lichtkraft),
3. die Fundierung (Dritter Quadrant der Lichtkraft) und
4. die Manifestation (Vierter Quadrant der Lichtkraft).

Buch 2: Die GEISTESKRAFT (Zwilling & Krebs):

60° - 119° = 0° Zwilling bis 29° Krebs

Dies ist das 2. der 6 Bücher der Ganzheit. Die 2 der 6 ist der «Ort des Geschehens» des Themas der 6, der LIEBE (Agape) als Kraftfluss.

Dem Luft-Wasser-Paar Krebs-Zwilling ist die GEISTESKRAFT zugeordnet. Es ist die Kraft, Wahrnehmungen zu interpretieren, die Kraft des Gedächtnisses, die Fähigkeit zu assoziieren und die Kraft, Ideen so miteinander zu verbinden, dass wir daraus unsere Identität entwickeln können.

Gnanashakti, oder auch Jnanashakti geschrieben, bezeichnet in der indischen Philosophie und Spiritualität die „Kraft der Weisheit" oder „Kraft des Wissens". Es betont die Rolle von Wissen, Einsicht und spiritueller Erleuchtung für die Überwindung von Unwissenheit und Illusion (Maya), um das wahre Selbst oder Brahman zu erkennen. Gnanashakti, zusammengesetzt aus „Gnana" (Wissen oder Erkenntnis, besonders spirituelles Wissen) und „Shakti" (Energie oder Kraft), steht für die transformierende Kraft des Wissens und fordert zu einer tiefen Suche nach Wahrheit auf, die über materielle und oberflächliche Werte hinausgeht. Diese spirituelle Kraft spielt eine entscheidende Rolle auf dem Weg zur Befreiung (Moksha) und betont die Bedeutung von Selbstreflexion, Meditation und Studium heiliger Schriften für das Erreichen höchsten Wissens. Gnanashakti regt zur introspektiven Erforschung des eigenen inneren Raums an und unterstreicht die Rolle von Weisheit und Erkenntnis in der spirituellen Entwicklung, motivierend zur Wertschätzung des spirituellen Wissens für persönliches Wachstum und Selbstverwirklichung.

Wir haben diese zweite Grundkraft die Geisteskraft genannt, weil der Ort der Schöpfung das Bewusstsein Gottes ist. Die ganze Schöpfung ist nur eine «Illusion» des göttlichen Geistes, oder wie es im Hinduismus so schön heißt: Der Kosmos ist der Traum Brahmas und manifestiert sich durch die Schleier der Maya, der Göttin der Illusion!

Die Aufgabe dieser Grundkraft ist es, die Verbindung zwischen dem geschaffenen Wesen und der übrigen Welt so herzustellen, dass ein Informationsaustausch zwischen diesen Polen stattfindet und sich im Inneren des Wesens ein Bild von sich selbst und der übrigen Welt bildet. Dieses Bild dient schließlich als Identifikationsgrundlage für einen Funken göttlichen Bewusstseins.

Durch diese Kraft fließt das göttliche Bewusstsein in die durch die Lichtkraft erschaffenen Wesen. Ziel der Geisteskraft ist es, jedes Wesen mit einem Funken göttlichen Bewusstseins auszustatten. Aber dieses Bild stimmt nicht ganz. Obwohl Gott weit über die Welt hinausgeht, ist die ganze Welt Gott. Nicht die Welt ist Gott, sondern Gott ist die Welt. Oder anders gesagt: Gott ist weit mehr als die Welt, aber die ganze Welt ist nicht mehr als ein

Teil Gottes. Mathematisch könnte man sagen: Die Welt ist eine Teilmenge von Gott. Und damit ist die Welt identisch mit Gott.

Die Aufgabe des Geistes ist es, die Einheit zu erkennen. Gott sieht diese Welt mit Millionen von Augen. Die Geisteskraft sorgt dafür, dass der winzige Funke Gottes, der das Selbst des einzelnen Menschen ist, sich nur mit diesem Menschen identifiziert und nicht mit dem Ganzen der Welt. Die Kraft des Geistes sorgt für eine Dosierung und Begrenzung der Identifikation und damit für eine notwendige Begrenzung des Bewusstseins. Wir dürfen nicht vergessen, dass wir uns hier mitten in der Phase der Individualisierung befinden, und so wird auch das göttliche Bewusstsein oder zumindest ein Splitter davon auf ein Individuum beschränkt, also individualisiert.

DER ORT DER LIEBE IST DER GÖTTLICHE GEIST IN DEN GESCHÖPFEN

Mit der Analyse der Geisteskraft befasst sich das 2.BUCH.

Die Kraft des Geistes ist eine Grundkraft. Teilt man sie in zwei Teile, so erhält man eine Spannung zwischen dem „Wahrgenommenen“ und dem „Wahrnehmenden“. Das Wahrgenommene ist der anlytische Doppelakt, also der nach außen gerichtete Teil der Geisteskraft und uns als Zwillingsprinzip bekannt. Das Wahrnehmende ist der synthetische Doppelakt, also der nach innen gerichtete Anteil der Geisteskraft und uns als Krebs-Prinzip bekannt. Die zweite Kraft sorgt für den Informationsfluss zwischen dem durch die Lichtkraft materiell geborenen Subjekt und dem Rest der Welt. Alle aufgenommenen Eindrücke werden schließlich in Gefühle umgewandelt und Empfindungen werden zu Identifikationen.

Zur Analyse der Manifestation der Geisteskraft teilen wir diese in die 4 folgenden AKTE auf:

1. die Entdeckung (Erster Quadrant der Geisteskraft),
2. die Äußerung (Zweiter Quadrant der Geisteskraft),
3. die Identitätsfindung (Dritter Quadrant der Geisteskraft)
4. die Verdichtung (Vierter Quadrant der Geisteskraft).

Buch 3: Die SELBSTKRAFT (Löwe & Jungfrau):

120° - 179° = 0° Löwe bis 29° Jungfrau

Die Selbstkraft ist das 3. der 6 Bücher der Ganzheit.

Die 3 der 6 bezeichnet die Information, den Samen oder die «Nahrung» des Themas der 6, der Liebe.

Löwe und Jungfrau entsprechen der SELBSTKRAFT, und das ist die Energie (cha) des Selbst (ich), also die Kraft des Willens und des Selbstausdrucks.

Ichchashakti, aus dem Sanskrit übersetzt als „Willenskraft" oder „Energie des Wunsches", ist die Fähigkeit eines Individuums, seine Realität durch seinen Willen zu beeinflussen. Diese Kraft betont die Bedeutung von Klarheit und Stärke des persönlichen Willens für die Verwirklichung von Zielen. Ichchashakti, kombiniert aus „Ichcha" (Wille/Wunsch) und „Shakti" (Energie/Kraft), wird als fundamentale treibende Kraft hinter Absicht und Motivation verstanden, die die Umsetzung von Gedanken in Taten und die Manifestation von Wünschen ermöglicht. Das Konzept beschreibt die Beziehung zwischen unseren tiefsten Wünschen und der Realität und unterstreicht die Rolle von Selbstvertrauen, Disziplin und der Ausrichtung von Gedanken und Handlungen auf gewünschte Ergebnisse. Die Entwicklung von Ichchashakti ist für persönliches Wachstum entscheidend, da sie hilft, Herausforderungen zu überwinden und das eigene Schicksal aktiv zu gestalten. Dies ermutigt zu einem bewussten Umgang mit eigenen Wünschen und Zielen und zur Erforschung des Potenzials, das in der Kultivierung des eigenen Willens liegt.

Ichchashakti oder Selbstkraft ist die Synthese von Lichtkraft und Geisteskraft. Sie ist die erste Kraft des Bewusstseins (ausgehend von der Dreiteilung der Ganzheit in Unterbewusstsein, Bewusstsein und Überbewusstsein) und zugleich die letzte Kraft der Individualisierung. Der Keim, die Information, die Nahrung oder auch das morphogenetische Feld der Grundkräfte oder des Kraftflusses in diesem Kosmos ist die Selbstwahrnehmung der Individuen.

DER KEIM UND DIE NAHRUNG DER LIEBE IST DIE SELBSTWAHRNEHMUNG DES MENSCHEN.

Nachdem es gelungen ist, die Identifikation eines winzigen göttlichen Bewusstseinsfunken auf ein einzelnes Lebewesen zu beschränken, kann er sich nun innerhalb dieses Lebewesens seiner selbst bewusstwerden. Durch das Aha-Erlebnis des Ich-Gefühls wird es der Bewusstseinsmonade (unteilbarer Funke göttlichen Bewusstseins = individuelle Seele) später möglich, ihre Aufgaben innerhalb des Organismus der kosmischen Ganzheit zu erkennen und zu erfüllen. Warum die Liebe vom Selbstbewusstsein oder Ichbewusstsein der Lebewesen genährt wird, ergibt sich daraus, dass der göttliche Funke beim Erwachen im Menschen die Trennung von Gott schmerzlich wahrnimmt und eine tiefe

Sehnsucht entwickelt, diese Trennung wieder aufzuheben. Diese Sehnsucht ist aber nichts anderes als die Liebe zur Welt und letztlich zu Gott.

Mit dieser Kraft beschäftigt sich das 3. BUCH, das BUCH der Selbstkraft.

Die Selbstkraft ist eine Grundkraft. Teilt man sie in zwei Teile, so erhält man eine Spannung zwischen dem „emotional erkennenden" Prinzip und dem „emotional erkannten" Prinzip. Das Erkennende ist der aktive Doppelakt, also der nach außen gerichtete Teil der Selbstkraft und uns als Löwenprinzip bekannt. Das Erkannte ist der synthetische Doppelakt, also der nach innen gerichtete Anteil der Selbstkraft und uns als Jungfrau-Prinzip bekannt. Der Sinn der Selbstkraft ist das Selbstbewusstsein und die daraus resultierende Fähigkeit, den emotionalen Standort der eigenen Person im unmittelbaren Kontext der Umwelt wahrzunehmen und sich in diese Gegebenheiten einzuordnen. Wenn der Mensch einmal weiß, wer er ist, dann weiß er auch, was seine Umwelt ist (Erkennen der Subjekt-Objekt-Grenze) und wie er sie am ökonomischsten für sich und seine Ziele nutzen kann.

Der göttliche Funke hat seine Identifikation durch die Geisteskraft auf einen Menschen beschränkt, aber die Emotionen und Empfindungen werden noch für universell gehalten, wie es der göttliche Funke durch seine Identifikation mit dem Ganzen gewohnt war. Erst durch die Selbstkraft wird diese Projektion zurückgenommen. Erst wenn ein Mensch weiß, dass ein bestimmtes Gefühl nichts Weltimmanentes, sondern ein ganz persönliches und subjektives Empfinden ist, kann die Welt wirklich wahrgenommen werden. Deshalb impliziert das esoterische Postulat „Erkenne dich selbst" Welterkenntnis und im weitesten

Sinne auch Gotteserkenntnis. Daraus ergibt sich eine Gratwanderung zwischen größtmöglicher Selbstentfaltung einerseits und Anpassung an unabänderliche Umstände andererseits. So wie die Lichtkraft für die Manifestation des Körpers als Basis des Unbewussten gesorgt hat, sorgt die Selbstkraft für emotionale Stabilität, die durch eine klare Abgrenzung der Identität von der Ganzheit erreicht wird. Dies wird schließlich zur realen Grundlage des Selbst- und Weltbewusstseins. Das erkennende Prinzip ist das Selbst, das Bewusstsein des göttlichen Funkens im Menschen. Das Erkannte ist die Persönlichkeit des Menschen, auf die sich das Bewusstsein beschränkt hat. Diese Persönlichkeit wird durch das Selbstbewusstsein in die volle Verantwortung des Menschen gestellt. Sobald das Kind in der Lage ist, das Wort „Ich“ in seiner wahren Bedeutung zu gebrauchen, ist es auch verantwortlich für die Art und Weise, wie es sich in den sozialen Kontext einfügt. Der Prozess der Anpassung und der Selbsterziehung hat begonnen.

Zur Analyse der Selbstkraft teilen wir diese in die 4 folgenden AKTE auf:

1. das Erwachen (Erster Quadrant der Selbstkraft),
2. die Ausstrahlung (Zweiter Quadrant der Selbstkraft),
3. die Charakterisierung (Dritter Quadrant der Selbstkraft)
4. die Selbsterziehung (Vierter Quadrant der Selbstkraft).

Buch 4: GEDANKENKRAFT (Waage & Skorpion):

180° - 239° = 0° Waage bis 29° Skorpion

Die Gedankenkraft ist die 4 der 6 und damit die Methode der Liebe.

GEDANKENKRAFT wird symbolisch durch das Luft-Wasser-Paar Waage-Skorpion dargestellt. Es ist dies die Kraft des Gedankens, der sich durch seine eigene Energie verwirklicht. Es ist pure Magie.

Kriyashakti ist ein Begriff aus der hinduistischen und yogischen Tradition, der die Macht der Willenskraft oder Handlungsenergie beschreibt, um durch gezielte Gedanken und Intentionen materielle Realitäten zu manifestieren. Es verbindet die Prinzipien der geistigen Vorstellungskraft und der physischen Aktion, um Ergebnisse in physischen, emotionalen oder spirituellen Bereichen zu erzielen. Kriyashakti, zusammengesetzt aus „Kriya“ (Handlung) und „Shakti“ (Kraft), betont die Rolle bewusster Handlungen, geleitet von Willen und klarer Intention, zur Zielerreichung. Diese Praxis hebt die potenzielle Kraft von Gedanken und Absichten hervor und verdeutlicht die Beziehung zwischen Geist und Materie. Kriyashakti zeigt auf, wie innere Zustände unsere äußere Welt beeinflussen können, und bietet einen Ansatz, das eigene Leben durch die Ausrichtung von Gedanken, Gefühlen und Handlungen aktiv zu formen. Diese Philosophie unterstreicht Selbstverantwortung und persönliche Entwicklung im Manifestationsprozess und erkundet die tiefen Verbindungen zwischen Geist, Körper und Umwelt, um das Potenzial unserer inneren Kräfte zu erschließen.

Hier empfängt das Bewusstsein die Ideen und Vorstellungen der Welt. Hier findet die erste Begegnung mit der Außenwelt statt. Zugleich ist es die erste Kraft der Kollektivierungsphase und damit die erste Kraft der Außenwelt. Die erste Kraft aber ist die Lichtkraft und damit die Schöpferkraft. Daraus folgt, dass die Gedankenkraft des Individuums zur Schöpferkraft der restlichen Welt wird. Mit anderen Worten: Meine Gedanken sind kraftvolle Wesenheiten oder Schöpfungen, die sich in der Welt verwirklichen und verwirklichen wollen. Das ist die Grundlage aller Magie. Der Mensch beeinflusst die Außenwelt durch die Kraft seiner Gedanken indem er sie in Taten umsetzt.

DIE METHODE DER LIEBE IST DIE KRAFT DER MAGIE

Der Funke des göttlichen Bewusstseins erkennt nun, indem er sich der Außenwelt zuwendet, dass die einzelnen Teile des Ganzen, von denen der Mensch selbst einer ist, nicht wirklich voneinander getrennt sind. Zumindest nicht so, wie er es sich ursprünglich vorgestellt hatte. Die Grenzen sind fließend und verschwommen. Materiell mag der Mensch erkennen, wo der eine Teil anfängt und der andere aufhört, aber das ist nur oberflächlich richtig. Auf allen Ebenen findet ein ständiger Austausch statt. Materiell durch die Aufnahme und Abgabe von Luft und Nahrung, energetisch durch die Umwandlung von Nahrung und die direkte Aufnahme von Energie, emotional durch die Verteilung von Energie für bestimmte Aufgaben und die Einbindung des Menschen in soziale Zusammenhänge, informativ durch den ständigen Austausch von Informationen und Erfahrungen, kausal durch die Entstehung neuer Systeme und neuer Menschen, durch die Verschmelzung verschiedener Systeme, z.B. die Verschmelzung zweier Familien und ihrer sozialen und psychologischen

Strukturen durch die Heirat zweier Menschen, und durch den Zusammenbruch und Tod von Systemen und Menschen. Nirgendwo kann eine absolute Grenze gezogen werden. Die Folge dieser Erkenntnis ist eine Objektivierung der Selbstwahrnehmung. Die eigene Person ist nicht mehr wichtiger als der Rest der Welt. Die eigene Person wird mit der gleichen Distanz betrachtet wie die Objekte der Außenwelt. Der Mensch wird selbst zu einem der Objekte der Außenwelt, die alle eng miteinander verbunden sind. Begegnung, Liebe und Sexualität mit einem anderen Menschen lassen ihn die Aufhebung der Grenze zwischen Subjekt und Objekt bewusst erleben. Aber auch die unüberschaubare Palette psychischer und physischer Manipulationen ist hier Thema der Grenzauflösung. Die eigene Individualität wird nun in ein Ganzes integriert. Sei es das Ganze einer Partnerschaft, sei es das Ganze einer Familie, eines Stammes, eines Staates oder einer Spezies, das menschliche Individuum will sich mit der Außenwelt verbinden - und sei es auch nur mit einem Teil von ihr.

Mit der Analyse der Gedankenkraft befasst sich das 4. BUCH.

Teilt man die Gedankenkraft in zwei Teile, so erhält man das „kontaktierende Element" und das „kontaktierte Element". Das kontaktierende Element ist der analytische Doppelakt und ist uns als Waage-Prinzip bekannt. Das kontaktierte Element ist der synthetische Doppelakt und ist uns als Skorpion-Prinzip bekannt.

Zur Analyse der Gedankenkraft teilen wir sie in die vier AKTE:

1. die Sehnsucht (Erster Quadrant der Gedankenkraft),
2. die Begegnung (Zweiter Quadrant der Gedankenkraft),
3. die Kommunion (Dritter Quadrant der Gedankenkraft)
4. die Bindung (Vierter Quadrant der Gedankenkraft).

Buch 5: FRAKTALKRAFT (Schütze & Steinbock):

240° - 299° = 0° Schütze bis 29° Steinbock

Dies ist das 5. von 6 Büchern der Ganzheit. Die 5 der 6 bezeichnet die kreative Transformation der Thematik der 6. Die Transformation der Liebe ist die Organisation der Welt als funktionale Einheit.

Kundalinishakti ist ein zentraler Begriff in der Yoga-Philosophie, der die spirituelle Energie der Kundalini bezeichnet, welche als eine schlafende Kraft am unteren Ende der Wirbelsäule vorgestellt wird und durch spirituelle Praktiken erweckt werden kann. Dieser Erweckungsprozess führt zur spirituellen Erleuchtung und zum höchsten Bewusstseinszustand, indem die Energie durch die Energiezentren (Chakras) bis zum Sahasrara-Chakra am Kopf aufsteigt. Die Kundalini-Erfahrung wird als eine tiefe spirituelle Transformation beschrieben, die zu einem erweiterten Bewusstsein und einer Einheit mit dem Universum führt. Kundalinishakti beschreibt die menschliche Fähigkeit zu spirituellen Erfahrungen, die sowohl metaphorisch als auch als reale energetische Erfahrung interpretiert werden können, die physische, emotionale und spirituelle Veränderungen bewirkt. Praktiken zur Kundalini-Erweckung, wie Meditation, Pranayama und Yoga-Asanas, sind für die spirituelle Entwicklung essentiell und ermöglichen den Zugang zu tieferen Selbstbewusstseins- und Erkenntnisebenen. Die Auseinandersetzung mit Kundalinishakti erfordert eine offene Betrachtung subjektiver Erfahrungen und deren kulturellen und philosophischen Deutungen.

Fraktalkraft ist die schöpferische Umwandlung des Kraftflusses. Die Kraft, die sich nur auf gekrümmten Bahnen bewegt. Geradlinige und spitze Energiebahnen wirken zerstörend. Geschwungene und mäandernde Energiebahnen beleben alles, womit sie in Berührung kommen.

Die Fraktalkraft ist die zweite Kraft der Außenwelt und damit die Geisteskraft vom „Rest der Welt" und die Geisteskraft der Kollektivierungsphase. Die Geisteskraft der Individualisierung hatte die Aufgabe, die Identifikation des göttlichen Funkens mit dem von der Einheit getrennten Individuum vorzubereiten, indem sie eine Selbst- und Weltwahrnehmung aus der subjektiven Perspektive des Menschen schuf. Die Geisteskraft der Kollektivierung hat demgegenüber die Aufgabe, die Identifikation und Integration des Individuums mit und in die Ganzheit der Welt vorzubereiten. Dies geschieht im Menschen, indem die Weltgesetze, und zwar sowohl die physikalischen – als Regulatoren der Welt der Materie – als auch die seelisch-geistigen – als Regulatoren der Welt des Geistigen – und die Regeln des Zusammenlebens als Regulatoren des sozialen Zusammenhalts der Gemeinschaft, von den Einzelereignissen abstrahiert und als Metamuster in den imaginären Bereich der Ideen erhoben werden. Wie bei der Geisteskraft die Ideen aus der Umwelt in das Individuum integriert wurden, so werden bei der Fraktalkraft die Gesetze aus der materiellen Welt in den immateriellen geistigen „Himmel", die Noosphäre gehoben. Dort werden sie in Beziehung zueinander gesetzt, um den Sinn und die Struktur der Gesetze dieses Kosmos zu erforschen. Das Ergebnis ist schließlich eine Weltsicht, die über die normale Alltagswirklichkeit hinausgeht und zur Grundlage der Organisationsformen des menschlichen Zusammenlebens wird. In der außermenschlichen Natur bewirkt die fraktale Kraft jene Rückkopplung zwischen den natürlichen Systemen und ihrer Umwelt, die durch die ständige Wechselwirkung von Gesetz und Materie schließlich die systemischen Prozesse der evolutionären Entwicklung hervorbringt. Damit verbunden ist natürlich eine verstärkte Entindividualisierung. Das Bewusstsein beginnt sich wieder vom Individuum und seinen Erfahrungen zu distanzieren. Nicht, indem es dieses entstandene Ich auflöst, sondern indem es dieses Ich in größere Zusammenhänge integriert. Die fraktale Kraft ist auch die erste Kraft des Überbewusstseins (= Schütze bis Fische). So wie bei der Pflanze nach der Blüte alle wichtigen Lebenskräfte und Informationen im Samen konzentriert sind und gleichzeitig die Pflanze immer mehr von dieser Lebenskraft verliert, so beginnt sich in der Fraktalkraft jede individuelle Erfahrung aus dem Bereich des Individuellen zu lösen und in einen Bereich aufzusteigen, in dem sie dem Kollektiv zur Verfügung steht.

Teilt man die Fraktalkraft in zwei Teile auf, dann erhält man das „Strukturierende“ und das „Strukturierte“. Das Strukturierende ist der anlytische Doppelakt der Fraktalkraft und ist uns als Schützeprinzip bekannt. Das Strukturierte ist der synthetische Doppelakt der Fraktalkraft und ist uns als Steinbockprinzip bekannt.

Zur Analyse der Fraktalkraft teilen wir diese in die 4 AKTE:

1. die Abstraktion (Erster Quadrant der Fraktalkraft),
2. die Übertragung (Zweiter Quadrant der Fraktalkraft),
3. die Kristallisation (Dritter Quadrant der Fraktalkraft)
4. die Organisation (Vierter Quadrant der Fraktalkraft).

Buch 6: LEBENSKRAFT (Wassermann & Fische):

300° - 359° = 0° Wassermann bis 29° Fische

Dies ist das 6. von 6 Büchern der Ganzheit. Die 6 der 6 bezeichnet den Abschluss und die Erfüllung der Thematik der 6, da es die letzte Phase darstellt. Wir haben diese Kraft die Lebenskraft genannt, da erst hier die ständig fließende göttliche Energie der ständigen Erneuerung des Lebens sprudelt.

Matrikashakti, die „Kraft der Matrix“ oder „Energie der Schöpfung“, beschreibt die essenzielle Energie, die für Strukturierung, Gestaltung und Erhaltung der physischen und metaphysischen Welt verantwortlich ist. Diese universelle, formgebende Kraft liegt allen Erscheinungen in Natur und Kosmos zugrunde. „Matrika“ bedeutet „Mutter“ oder „Matrix“ als Ursprung oder Quelle, und in Verbindung mit „Shakti“ (Energie) bezieht sich Matrikashakti auf die schöpferische Energie, die als Mutter aller Formen gilt. Sie ist wesentlich für Schöpfung, Transformation und Auflösung der materiellen Welt, wirkt als fundamentales Prinzip, das der Realität Form und Substanz verleiht.

Matrikashakti fordert dazu auf, über die Realitätsnatur und Schöpfungsprinzipien nachzudenken, die tiefe Verbundenheit aller Dinge zu erkennen und unsere Rolle in der kosmischen Matrix zu reflektieren. Es wirft Fragen auf, wie wir die Welt gestalten und mit den Kräften interagieren, die unsere Existenz formen. Das Bewusstsein und Verständnis von Matrikashakti gelten als essentiell für spirituelles Wachstum und Weltverständnis, fördern ein harmonisches Fließen mit natürlichen Lebensrhythmen und eine tiefere Einsicht in das Sein. Die Beziehung zu

Matrikashakti zu kultivieren, bedeutet, die Heiligkeit der Schöpfung zu erkennen und eine lebensbejahende Haltung zu entwickeln.

Matrikashakti fördert das Bewusstsein für die Verbindungen, die Leben und Schöpfung durchziehen, und lädt dazu ein, die Existenz mit Ehrfurcht und Staunen zu betrachten.

DIE KRAFT DER LIEBE ENTSTEHT AUS DER STÄNDIGEN ERNEUERUNG UND DIE KONZENTRATION AUF DIE GEGENWART.

Die schöpferische Kraft hat sich verwirklicht, indem sie sich als materielles Wesen selbst erschuf, das Bewusstsein des göttlichen Funkens hat sich auf das Individuum beschränkt und die Welt durch die Augen dieses einen Wesens betrachtet, ist dann in diesem Wesen zum (Selbst-)Bewusstsein erwacht und hat sich in der Hinwendung zur Welt und in der Verbindung mit Teilen von ihr zur vollen Entfaltung gebracht. Aus dieser Befruchtung ist eine Weltanschauung entstanden, die über die individuelle Erfahrung hinausgeht und diese in eine universale Gesetzmäßigkeit überführt. Nun muss sich der göttliche Funke des Bewusstseins so weit von der individuellen Erfahrung und der Identifikation mit einem Wesen lösen, dass dieses Wesen zu einem freien und objektiven Kanal für die göttlichen Ideen werden kann, um ganz im Fluss mit der Ganzheit seine Wirkung auf die Welt auszuüben. Dies kommt einer Verschmelzung mit der Welt als Ganzes und schließlich einer Wiedervereinigung mit Gott gleich. Das Sein löst sich in der Unendlichkeit der göttlichen Allgegenwart wieder auf, um dann vielleicht als Inkarnationstrieb der Lichtkraft einen neuen Zyklus zu beginnen.

Teilt man die Lebenskraft in zwei Teile, so erhält man das „Inspirierende“ und das „Inspirierte“. Das Inspirierende ist der anlytische Doppelakt der Lebenskraft und uns als Wassermann-Prinzip bekannt. Das Inspirierte ist der synthetische Doppelakt der Lebenskraft und uns als Fische-Prinzip bekannt..

Zur Analyse der Lebenskraft teilen wir diese in die 4 AKTE:

1. die Inspiration (Erster Quadrant der Lebenskraft),
2. die Handhabung (Zweiter Quadrant der Lebenskraft),
3. die Orientierung (Dritter Quadrant der Lebenskraft)
4. die Vereinigung (Vierter Quadrant der Lebenskraft).

Zusammenfassung

Phase 1: LICHTKRAFT ist die **Idee** (Licht ...) der ständig fließenden Energie (... und Hitze). Es ist jene Kraft, die uns das EMPORSTEIGEN aus den Fluten der Ganzheit ermöglicht. Sie ist der **Impuls** zum Dasein, die eigentliche Schöpferkraft.

Phase 2: GEISTESKRAFT ist die körperliche Basis als **Ort** der Wahrnehmung und der Gedanke als stabile **Grundlage** der Identität. Mit Hilfe dieser Kraft kommt es zur ENTFALTUNG des Lebens.

Phase 3: SELBSTKRAFT ist die **Motivation**, der Wille und der Selbstausdruck. Hier findet das Leben zu seinem AUSDRUCK, indem die neue Idee mit dem bestehenden Ort eine **Synthese** eingeht.

Phase 4: GEDANKENKRAFT ist die Magie der Vorstellungen des Geistes. Dies ist die **Technik**, die **Methode** der Verwirklichung. Nun kommt es zur Begegnung mit der Ganzheit und als Folge davon zur REORIENTIERUNG. Der Weg, der bisher von der Ganzheit wegführte, kehrt sich um und führt nun wieder zur Ganzheit hin.

Phase 5: FRAKTALKRAFT. In dieser Phase kommt es zur **kreativen Transformation** der Idee. Es werden die fraktalen Wege geschaffen, auf denen die Energie dann fließen wird. Die Hauptaufgabe besteht in der KOORDINATION der Kräfte.

Phase 6: LEBENSKRAFT. Die Verbindung zwischen Individuum und Ganzheit ist hergestellt. Die LEBENSKRAFT lässt die **Energie fließen**, das Tor ist geöffnet.

DIE 6 BÜCHER:

4. Die 24 Akte

1. Akt: Verlangen

0° - 14° = 0° Widder bis 14° Widder

Da sich der gesamte Tierkreis fraktal in einer Grundkraft abbildet, ist das erste Viertel der Lichtkraft die Spiegelung des ätherischen Quadranten des Tierkreises in der Lichtkraft. Man könnte das Thema des 1. Aktes auch den *Ätherleib der Lichtkraft* nennen. Das Begehren ist der Impuls für die Manifestation der Lichtkraft.

Der Drang nach Verwirklichung. Dieser Drang zeigt sich im Menschen als Verlangen, als Durst nach etwas. Eine Sehnsucht nach Dingen, die sich verwirklichen wollen. Der Durst wird zur treibenden Kraft. Gott hat eine Idee, und diese göttliche Idee selbst ist schon die Kraft zur Schöpfung. In der geschaffenen Welt zeigt sich diese Kraft als unbändiger Drang nach Verwirklichung. Gottes Gedanken erschaffen die Welt. Jeder seiner Gedanken wird zu einem von ihm ausgesandten Wesen, ausgestattet mit dem Drang und der Kraft zur Verwirklichung. Das Prinzip der Schöpfung ist: Gott denkt oder Brahma träumt. In ihrer reinen Form ist jede impulsive Triebkraft heilig, weil göttlichen Ursprungs.

Was sich in der Psyche des Menschen als Durst oder Trieb äußert, ist beim Ungeborenen der Drang zur Menschwerdung. Der Durst nach dem Dasein, nach dem reinen Leben.

Dieser Durst, dieses Verlangen ist in drei Bereiche gegliedert:

1. die Urkraft (Widder der Lichtkraft),
2. die Akkumulation (Stier der Lichtkraft) und
3. die Justierung (Zwilling der Lichtkraft)

2. Akt: Fähigkeit

15° - 29° = 15° Widder bis 29° Widder

Dieses zweite Viertel der Lichtkraft ist die Spiegelung des zweiten Quadranten im Tierkreis. Die Fähigkeit ist also der *Astralleib der Lichtkraft*. Die Fähigkeit ist die Basis der Manifestation der Lichtkraft.

Um ein Bedürfnis zu befriedigen, muss man dazu fähig sein. Die Möglichkeit der Verwirklichung muss schon vorhanden sein. Ich kann kein Bild malen, wenn ich nicht einmal einen Pinsel halten kann. Ich kann keine Musik spielen, wenn ich kein Instrument beherrsche. Das Können ist nach dem Wollen die zweite Voraussetzung für die Verwirklichung jedes Wesens und für die Befriedigung jedes Triebes. Nur im Rahmen meiner Fähigkeiten kann ich mein Begehren verwirklichen. Das Wesen des göttlichen Gedankens muss in ein Klima der Möglichkeiten eintauchen. Kein Kind kommt spontan aus dem Nichts zur Welt, sondern es hat die Möglichkeit, sich Vater und Mutter auszusuchen und sich im Mutterleib auf der Grundlage der Gene der Eltern langsam als materielles Wesen aufzubauen. Die Welt ist fähig, das Kind zu verwirklichen. Kein Musikstück wird von einem unmusikalischen

Laien geschaffen, aber die göttliche Idee für diese Melodie hat die Möglichkeit, den Geist eines musikalischen Genies zu inspirieren. Die Welt ist fähig, eine Symphonie zu schaffen. „Viele sind berufen, aber wenige sind auserwählt“ oder „Inspiration trifft nur den vorbereiteten Geist“ sind Aussagen, die sich auf die Fähigkeit des Einzelnen beziehen, göttliche Ideen zu verwirklichen. Wunsch ohne Fähigkeit wäre wirkungslos, so wie der materielle (Äther-) Körper ohne emotionale Identifikation (Astralleib) eine leere Hülle bliebe.

Die Fähigkeit ist in drei Bereiche gegliedert:

1. das Talent (Krebs der Lichtkraft)
2. das Lernspiel (Löwe der Lichtkraft)
3. die Virtuosität (Jungfrau der Lichtkraft)

3. Akt: Fundierung

30° - 44° = 0° Stier bis 14° Stier

Der dritte AKT ist der dritte Quadrant der Lichtkraft. Die Fundierung entspricht dem *Mentalkörper der Lichtkraft*. Die Fundierung ist die Information oder der Keim der Manifestation der Selbstkraft.

Die Synthese von Wollen und Können bewirkt eine Hinwendung zur Materie. Die Kraft beginnt, die Materie zu gestalten. Der Deszendent der Lichtkraft wird überschritten. So wie es im gesamten Tierkreis ab dem Zeichen Waage um die Einordnung des Individuums in die „übrige Welt“ oder in die Gesellschaft geht, so geht es hier um die Einordnung der Kraft in die Welt der Materie. Die Kraft trifft den Körper. Die Lichtkraft beginnt sich zu materialisieren.

Die Fundierung ist in folgende drei Bereich gegliedert:

1. der Urgrund (Waage der Lichtkraft)
2. die Fixierung (Skorpion der Lichtkraft)
3. die Funktion (Schütze der Lichtkraft)

4. Akt: Manifestation

45° - 59° = 15° Stier bis 29° Stier

Die Manifestation ist eine Spiegelung des vierten Quadranten im gesamten Tierkreis und bildet somit den *Kausalkörper der Lichtkraft*. Die Manifestation ist die Methode, mit der sich die Lichtkraft realisiert.

Der vierte Quadrant des Horoskops ist der Schicksalsquadrant, also der Bereich, durch den wir scheinbar von außen Veränderungen erfahren. Der Körper des Menschen wird im Akt der Manifestation den Umweltbedingungen angepasst, um sein Überleben zu sichern. Die Materie wird also so organisiert, dass sie ein lebendes System bildet, das sich ernährt, wächst und Umwelteinflüsse neutralisieren kann. Wichtig ist die Kontinuität der materiellen Struktur.

Der AKT der Manifestation ist in drei SZENEN gegliedert:

1. die Strukturierung (Steinbock der Lichtkraft)
2. die Metamorphose (Wassermann der Lichtkraft)
3. die Homöostase (Fische der Lichtkraft)

5. Akt: Entdeckung

60° - 74° = 0° Zwilling bis 14° Zwilling

Das erste Viertel der Geisteskraft ist der *Ätherleib der Geisteskraft* und somit eine Spiegelung des ersten Quadranten im Horoskop. Die Entdeckung ist der Impuls zur Manifestation der Geisteskraft.

Wie wir gesehen haben, besteht die Aufgabe des Geistes darin, die göttliche Identität auf ein einziges Individuum zu beschränken. Gott im Menschen, also jener Funke göttlicher Ganzheit, der das Selbst des Menschen ausmacht, blickt dann nur noch durch die Augen dieses Menschen auf die Welt. Den Anstoß zu dieser Beschränkung der Identifikation gibt die Entdeckung der unmittelbaren Außenwelt. Jede Wahrnehmung des Restes der Welt schafft ein Detail in dem Bild, das der Mensch von seiner Beziehung zu diesem Rest der Welt hat, und erzeugt so die Idee der begrenzten Identifikation. In diesem Bereich nimmt die göttliche, bewusste Energie der Geisteskraft die Welt passiv durch die Sinnesorgane des von der Lichtkraft geschaffenen Wesens wahr. Es kommt zur Entdeckung dessen, was die Welt ausmacht. Der Mensch nimmt Informationen über die Welt auf und setzt sie zu einer „subjektiv-perspektivischen Objektivität“ zusammen, die ihm ein Bild der Welt vermittelt, wie sie sich von seinem Standpunkt aus darstellt.

Der AKT der Entdeckung ist in drei SZENEN gegliedert:

1. die Wahrnehmung (Widder der Geisteskraft)
2. die Einordnung (Stier der Geisteskraft)
3. das Erkennen (Zwilling der Geisteskraft)

6. Akt: Äußerung

75° - 89° = 15° Zwilling bis 29° Zwilling

Das zweite Viertel der Geisteskraft ist die Spiegelung des zweiten Quadranten im Horoskop und damit der *Astralleib der Geisteskraft*. Der Ort der Manifestation der Geisteskraft ist die Äußerung.

Das Verhalten eines Menschen, seine Sprache, seine Art, sich zu bewegen und auf die Eindrücke der Außenwelt zu reagieren, zeugen von seiner einzigartigen Perspektive auf die Welt. In diesem Bereich reagiert der Geist durch den Menschen auf die Welt. Vergleichbar mit der Situation eines Zuschauers bei einem Schachspiel, der sich zunächst nur überlegt, wie er auf diesen oder jenen Zug des Gegners reagiert hätte, wenn er der Spieler wäre, um sich schließlich vom Spielverlauf fesseln zu lassen, bis er am Ende tatsächlich selbst zum Spieler geworden ist. In dieser zweiten Phase aber kommt es durch den Ausdruck zunächst zur Entdeckung dessen, was im Inneren des Wesens ist. Dieses Entdecken geschieht durch Handeln, nach dem Motto: Ich weiß erst, wer ich bin, wenn ich erlebt habe, wie ich auf meine Umwelt reagiere.

Der AKT der Äußerung gliedert sich in die drei SZENEN:

1. die Potential (Krebs der Geisteskraft)
2. die Gestaltungskraft (Löwe der Geisteskraft)
3. das Ausdruck (Jungfrau der Geisteskraft)

7. Akt: Identitätsfindung

90° - 104° = 0° Krebs bis 14° Krebs

Das dritte Viertel und damit der *Mentalleib der Geisteskraft* ist die Synthese der Entdeckung und der Äußerung. Der Same der Manifestation (3 der 4) der Geisteskraft (2 der 6) ist die Identitätsfindung.

Durch den Informationsfluss von außen nach innen - Entdecken - und von innen nach außen - Äußern - entsteht ein Bild der Welt aus der Perspektive des Individuums. Diese einzigartige Perspektive, aus der die Dinge betrachtet werden, und die individuelle Art, auf sie zu reagieren, werden zum Kondensationskeim der Identifikation für den Funken göttlichen Bewusstseins. Alle Informationen zusammen bilden ein Paradigma, ein unbewusstes Weltbild. Unbewusst deshalb, weil es unmöglich ist, alle Informationen gleichzeitig im Bewusstsein zu haben. Die Summe der Informationen, mathematisch ausgedrückt ihr gemeinsamer Nenner, das Konglomerat der Informationen manifestiert sich als Gefühl, als ungreifbare Empfindung einer eigenen Identität.

Ist dieser Bereich aktiviert, so bringt er die Neigung mit sich, sich mit übergreifenden und schwer fassbaren Dingen zu beschäftigen. Mit Dingen, die man sofort aus den Augen verliert, sobald man versucht, sie näher zu erforschen oder ihre Details zu betrachten, z.B: Ökologie, Schicksal, Mutterschaft, Natur ...

Der AKT der Identitätsfindung gliedert sich in die drei SZENEN:

1. die Empfindung (Waage der Geisteskraft)
2. die Identitätskrise (Skorpion der Geisteskraft)
3. das Innovation (Schütze der Geisteskraft)

8. Akt: Verdichtung

105° - 119° = 15° Krebs bis 29° Krebs

Die Verdichtung ist eine Spiegelung des vierten Quadranten des Horoskops und damit der *Kausalleib der Geisteskraft*. Die Verdichtung ist die Manifestation (4 der 4) der Geisteskraft (2 der 6).

Der göttliche Funke - das eigene Selbst - wird durch Umstände und Ereignisse in die vollkommene Identifikation mit dem durch die Lichtkraft geschaffenen Wesen und in die Nichtidentifikation mit dem Rest der Welt gedrängt. Die Identität des kleinen Teils des göttlichen Bewusstseins verdichtet sich im Sein. Das heißt, für den göttlichen Funken des Bewusstseins wird der Mensch seine ganze Welt. Er verliert die Fähigkeit, sich mit allem zu identifizieren, und gewinnt die hundertprozentige Identifikation mit dem

Menschen. Der Funke des göttlichen Bewusstseins muss sich jedoch erst daran gewöhnen, dass er nur noch ein Wesen ist und nicht mehr die ganze Welt. Zunächst gilt immer noch: „Ich bin die ganze Welt".

Der AKT der Verdichtung gliedert sich in die drei SZENEN:

1. die Ratifikation (Steinbock der Geisteskraft)
2. die Hervorhebung (Wassermann der Geisteskraft)
3. das Identifikation (Fische der Geisteskraft)

9. Akt: Erwachen

120° - 134° = 0° Löwe bis 14° Löwe

Das erste Viertel der Selbstkraft ist der *Ätherleib der Selbstkraft*. Der Impuls zur Manifestation (1 der 4) der emotionalen Stabilität (3 der 6) wird durch das Erwachen des Ichs gesetzt.

Auf der Basis des Unbewussten bildet sich der Drang zur Bewusstwerdung des Ichs. Aus dem Zustand des Dämmerschlafs, des rein vegetativen Funktionierens und Überlebens, bilden sich Motive und Ziele der eigenen Person. Was in der Lichtkraft noch unbewusstes Wollen war, wird nun mit dem Begriff des Ichs verbunden: „ICH will!" Man könnte diesen Vorgang als Kristallisation bezeichnen: Wenn die Bewusstseinslösung des Menschen mit Informationen und Empfindungen (=Identifikationen) gesättigt ist, dann kristallisiert das Ich. Der Mensch sieht sich im Spiegel der Außenwelt und kann sagen: „Das will ich! Und das andere will ich nicht!“ Die Betonung dieser Sätze liegt auf dem „Ich“. Hier entsteht das Ich, es erwacht.

Der AKT des Erwachens gliedert sich in die drei SZENEN:

1. die Dämmerung (Widder der Selbstkraft)
2. die Traumschatten (Stier der Selbstkraft)
3. das Ichausrichtung (Zwilling der Selbstkraft)

10. Akt: Ausstrahlung

135° - 149° = 15° Löwe bis 29° Löwe

Der *Astralleib der Selbstkraft* ist der zweite AKT und die Spiegelung des zweiten Quadranten im Horoskop. Der Ort der Manifestation der Selbstkraft ist die Ausstrahlung des Menschen auf seine Umwelt.

Je selbstbewusster ein Mensch ist, desto größer ist seine Ausstrahlung. Er ist sich seiner selbst sicher. In dieser zweiten Phase der Selbstkraft wird der Begriff des Ich mit der Basis, dem göttlichen Funken des Bewusstseins, verbunden. Das Ich-Bewusstsein wird zum Selbst-Bewusstsein. Das Ego wird zum Selbst.

Der AKT der Ausstrahlung gliedert sich in die drei SZENEN:

1. das natürliche Charisma (Krebs der Selbstkraft)
2. die Aristokratie (Löwe der Selbstkraft)
3. das Selbstbewusstsein (Jungfrau der Selbstkraft)

11. Akt: Charakterisierung

150° - 164° = 0° Jungfrau bis 14° Jungfrau

Der *Mentalleib der Selbstkraft* ist der dritte AKT und die Spiegelung des dritten Quadranten im Horoskop. Der Keim der Manifestation der Selbstkraft ist die Charakterisierung des Menschen.

Durch das Selbstbewusstsein erkennt der Mensch seine soziale Verantwortung für sich selbst und die Auswirkungen seines Handelns auf seinen sozialen Kontext und reflektiert mit sich selbst über sein Selbst. Die erlernte Selbstreflexion führt zur Selbstverwirklichung.

Der AKT der Charakterisierung gliedert sich in die drei SZENEN:

1. die Keimpersönlichkeit (Waage der Selbstkraft)
2. die Umwandlung (Skorpion der Selbstkraft)
3. das Kulturelles Selbst (Schütze der Selbstkraft)

12. Akt: Selbsterziehung

165° - 179° = 15° Jungfrau bis 29° Jungfrau

Der *Kausalleib der Selbstkraft* ist der vierte AKT der Selbstkraft und die Spiegelung des vierten Quadranten im Horoskop. Die Manifestation der Selbstkraft ist die Selbsterziehung des Menschen.

So wie der Mensch durch das Schicksal, das sich im vierten Quadranten des Horoskops zeigt, „karmisch erzogen“ wird, so zeigt sich hier im vierten Quadranten der Selbstkraft die Selbsterziehung. Das Ich passt sich den Umständen an, in die es hineingeboren wurde. Ziel dieser Anpassung ist die ökonomische Einteilung der zur Verfügung stehenden Kräfte, denn jeder Kampf gegen die Umstände zehrt an den Kraftreserven und verringert die Überlebenschancen.

Der AKT der Selbsterziehung gliedert sich in die drei SZENEN:

1. die Regelung (Steinbock der Selbstkraft)
2. die Prägung (Wassermann der Selbstkraft)
3. das Integrität (Fische der Selbstkraft)

13. Akt: Sehnsucht

180° - 194° = 0° Waage bis 14° Waage

Das erste Viertel der Gedankenkraft ist die Spiegelung des ersten Quadranten im Horoskop und ist der *Ätherleib der Gedankenkraft*. Der Impuls zur Manifestation der Gedankenkraft ist die Sehnsucht.

Der Funke des göttlichen Bewusstseins spürt schmerzlich die Trennung von der Einheit mit Gott und sehnt sich nach der Wiedervereinigung. Diese Sehnsucht bewirkt eine Hinwendung zur Welt. Das eigene Ego ist nicht mehr so wichtig wie die Entdeckung der Welt und die Einverleibung ihrer Bestandteile in das eigene Innere in Form von Idealbildern.

Der AKT der Sehnsucht gliedert sich in die drei SZENEN:

1. die Grundidee (Widder der Gedankenkraft)
2. die Vorstellung (Stier der Gedankenkraft)
3. das Einstellung (Zwilling der Gedankenkraft)

14. Akt: Begegnung

195° - 209° = 15° Waage bis 29° Waage

Das zweite Viertel ist eine Spiegelung des zweiten Quadranten und stellt den *Astralleib der Gedankenkraft* dar. Der Ort der Manifestation der Gedankenkraft ist die Begegnung mit der Außenwelt.

Die Sehnsucht kann nur in der Begegnung gestillt werden. Begegnung ist die Fähigkeit der Gedankenkraft. Sie ist die Grundlage für die Manifestation dessen, was Gedankenkraft letztlich ist. Nur in der realen Begegnung können Ideen auf ihren Wahrheitsgehalt überprüft werden.

Der AKT der Begegnung gliedert sich in die drei SZENEN:

1. die Kontaktfähigkeit (Krebs der Gedankenkraft)
2. der Flirt (Löwe der Gedankenkraft)
3. die Gastfreundschaft (Jungfrau der Gedankenkraft)

15. Akt: Die Kommunion

210° - 224° = 0° Skorpion bis 14° Skorpion

Das dritte Viertel der Gedankenkraft ist die Spiegelung des dritten Quadranten und bildet den *Mentalleib der Gedankenkraft*. Die Synthese der Manifestation der Gedankenkraft ist die Kommunion mit bestimmten Ideen oder mit bestimmten Bereichen der Außenwelt.

Die Sehnsucht nach der Wiedervereinigung mit Gott und die Begegnung mit der Außenwelt verschmelzen nun zu einer Identifikation mit bestimmten Bereichen der Welt. Das Ich will eins werden mit Gott, ohne zu sterben. So glaubt der Mensch, einen ersten Schritt in diese Richtung zu tun, indem er mit Teilen des Ganzen zu einer Einheit verschmilzt. Die Gemeinschaft der Familie, des Volkes oder des Staates können solche Teile der Einheit sein.

Der AKT der Kommunion gliedert sich in die drei SZENEN:

1. die Gemeinschaft (Waage der Gedankenkraft)
2. die Mutation (Skorpion der Gedankenkraft)
3. die soziale Struktur (Schütze der Gedankenkraft)

16. Akt: Bindung

225° - 239° = 15° Skorpion bis 29° Skorpion

Das vierte Viertel ist die Spiegelung des vierten Quadranten und symbolisiert den *Kausalleib der Gedankenkraft.* Die Manifestation der Gedankenkraft ist die Bindung an bestimmte Bereiche der Welt oder an Ideen oder Idole.

Die Bindung an bestimmte Bereiche der Außenwelt oder an bestimmte Ideen kommt einer völligen Identifikation des Menschen mit diesem Bereich der Außenwelt oder mit diesen Ideen gleich. Können die Ideen nicht verwirklicht werden oder löst sich der Bereich der Außenwelt auf - auch der Bereich der Außenwelt ist ja nur eine Idee im Geiste des Menschen - so empfindet der Mensch dies als Sterben. Die Auflösung dieser Verbindung ist also immer ein wirklicher Todeskampf. Dies bewirkt auf der anderen Seite, dass der Mensch mit aller Kraft für die Verwirklichung dieser Idee bzw. für die Erhaltung des Bereiches der Außenwelt kämpft.

Der AKT der Bindung gliedert sich in die drei SZENEN:

1. das heilige Band (Steinbock der Gedankenkraft)
2. die Erhellung (Wassermann der Gedankenkraft)
3. die bewusste Bindung (Fische der Gedankenkraft)

17. Akt: Abstraktion

240° - 254° = 0° Schütze bis 14° Schütze

Das erste Viertel der Fraktalkraft ist die Spiegelung des ersten Quadranten im Horoskop und ist der *Ätherleib der Fraktalkraft*. Die Idee der Manifestation der Fraktalkraft ist die Abstraktion der Ideen.

Die Technik der Liebe wird nun in der Vorstellung differenziert, was uns zum Impuls der Fraktalkraft führt. Die Ideen und festen Vorstellungen werden von den realen Objekten der Außenwelt abgezogen und in den Bereich der Ideen verlagert. Die beobachteten Gesetzmäßigkeiten der Welt werden zu archetypischen Gesetzmäßigkeiten abstrahiert. Nicht mehr das Geschehen selbst steht im Mittelpunkt der Betrachtung, sondern die dem Geschehen zugrunde liegende Weltordnung wird gesucht. Aus der realen Welt wird ein geistiger Extrakt destilliert, der zum Weltbild, zur religiösen Vorstellung wird.

Der AKT der Abstraktion gliedert sich in die drei SZENEN:

1. die Essentialisierung (Widder der Fraktalkraft)
2. die Integration (Stier der Fraktalkraft)
3. die Erkenntnis (Zwilling der Fraktalkraft)

18. Akt: Übertragung

255° - 269° = 15° Schütze bis 29° Schütze

Das zweite Viertel ist eine Spiegelung des zweiten Quadranten und stellt den *Astralleib der Fraktalkraft* dar. Der Ort der Manifestation der Fraktalkraft ist die Übertragung der archetypischen Ideen auf die reale Welt.

Nachdem die Gesetzmäßigkeiten der Welt aus einzelnen Ereignissen abgeleitet und in abstrakte Ideen überführt worden sind, können diese Ideen nun wieder auf die Welt projiziert werden - das ist der zweite Teil der Rückkopplungsschleife -, um Dinge zu erklären, die sonst unerklärlich geblieben wären, oder um Dinge vorherzusagen, die noch nicht eingetreten sind, aber aufgrund der Gesetzmäßigkeiten eintreten müssen. So wie früher ein Weltbild von der realen Welt abstrahiert wurde, wird heute ein abstraktes Weltbild der realen Welt übergestülpt, um sie zu verstehen. Religionen und Philosophien finden hier ebenso Anwendung wie wissenschaftliche Theorien und Weltbilder.

Der AKT der Übertragung gliedert sich in die drei SZENEN:

1. die Überlieferung (Krebs der Fraktalkraft)
2. das philosophische Jonglieren (Löwe der Fraktalkraft)
3. die Bekenntnis (Jungfrau der Fraktalkraft)

19. Akt: Kristallisation

270° - 284° = 0° Steinbock bis 14° Steinbock

Das dritte Viertel der Fraktalkraft ist die Spiegelung des dritten Quadranten und bildet den *Mentalleib der Fraktalkraft*. Die Kristallisation ist die Synthese zwischen Abstraktion und Übertragung und gleichzeitig der Same und Keim der Fraktalkraft, welche das Chaos immer mehr zu geordneten Mustern strukturiert.

Nachdem sich bestimmte Weltbilder etabliert haben, liegt es nahe, das Zusammenleben der Menschen nach diesen Weltbildern zu strukturieren. Die zunächst nur gedanklichen Konstrukte beginnen sich nun materiell zu kristallisieren. Regeln werden aufgestellt und als Gesetze der Gesellschaft zur Befolgung übergeben. Das zuvor chaotische Durcheinander beginnt geordnete Muster zu bilden.

Der AKT der Kristallisation gliedert sich in die drei SZENEN:

1. der Rechtsanspruch (Waage der Fraktalkraft)
2. die Verantwortung (Skorpion der Fraktalkraft)
3. das Rechtswesen (Schütze der Fraktalkraft)

20. Akt: Organisation

285° - 299° = 15° Steinbock bis 29° Steinbock

Das vierte Viertel ist die Spiegelung des vierten Quadranten und symbolisiert den *Kausalleib der Fraktalkraft*. Die Organisation ist somit die Manifestation der Fraktalkraft.

Da am Zustandekommen eines Gesetzes immer mehrere Personen, im Idealfall das ganze Volk, beteiligt sind, muss sich jeder mehr oder weniger in den gefundenen Konsens einfügen. Das heißt aber nicht, dass man ihn kritiklos akzeptieren muss. Die Gestaltung des Ganzen beruht vielmehr darauf, dass jeder Einzelne seine Ideen und Vorschläge zur Diskussion stellt und sich aktiv an der Gestaltung der gesellschaftlichen Ordnung beteiligt.

Der AKT der Organisation gliedert sich in die drei SZENEN:

1. die Selbsteinordnung (Steinbock der Fraktalkraft)
2. der Erfolgskampf (Wassermann der Fraktalkraft)
3. die soziale Ordnung (Fische der Fraktalkraft)

21. Akt: Inspiration

300° - 314° = 0° Wassermann bis 14° Wassermann

Das erste Viertel der Lebenskraft ist die Spiegelung des ersten Quadranten im Horoskop und ist der *Ätherleib der Lebenskraft*. Die Inspiration birgt den Impuls zur Manifestation der Lebenskraft.

Der Mensch ist auf die Welt gekommen, hat Ideen entwickelt, die zur Ausbildung einer eigenen Identität geführt haben, ist sich seiner selbst bewusst geworden, hat sich der Gemeinschaft zugewandt und diese Gemeinschaft organisiert, um in ihr in geordneten Bahnen zusammenleben zu können. Aus materialistischer Sicht könnte man meinen, damit sei die Sache erledigt. Das wäre aber ein blauäugiges Hollywood-Happy-End, das den Tod und Gott ausblendet. Das Ziel (Steinbock) war nur der Weg. In diesem ersten Viertel der Lebenskraft taucht plötzlich eine neue Komponente auf: Die Entwicklung der Welt zu Gott hin, die ständige Höherentwicklung und das, was man Zweckursache nennt. Ein Endbild wirkt aus der Zukunft auf die Gegenwart. Das Instrument dieser Einwirkung ist die Inspiration. Der Kanal zur göttlichen Weisheit öffnet sich und überflutet den Menschen mit immer neuen Ideen aus den geistigen Bereichen.

Der AKT der Inspiration gliedert sich in die drei SZENEN:

1. die Idee (Widder der Lebenskraft)
2. der Zeitgeist (Stier der Lebenskraft)
3. die Trendwende (Zwilling der Lebenskraft)

22. Akt: Handhabung

315° - 329° = 15° Wassermann bis 29° Wassermann

Das zweite Viertel ist eine Spiegelung des zweiten Quadranten und stellt den *Astralleib der Lebenskraft* dar. Die Handhabung der inspirierten Ideen ist die Basis der Lebenskraft.

Alle Ideen aus der geistigen Welt sind verloren, wenn der Mensch nicht in der Lage ist, mit ihnen umzugehen, d.h. sie in die alltägliche Welt zu integrieren. Jede neue Idee muss auf den Boden der Tatsachen geholt werden und sich mit den trivialen Realitäten verbinden, sonst bleibt sie eine ohnmächtige Utopie.

Der AKT der Handhabung gliedert sich in die drei SZENEN:

1. das Management (Krebs der Lebenskraft)
2. das intellektuelle Spiel (Löwe der Lebenskraft)
3. die Idee als Naturgesetz (Jungfrau der Lebenskraft)

23. Akt: Orientierung

330° - 344° = 0° Fische bis 14° Fische

Das dritte Viertel der Lebenskraft ist die Spiegelung des dritten Quadranten und bildet den *Mentalleib der Lebenskraft*. In einer Synthese von Inspiration und Handhabung wird eine geistige Orientierung erst möglich.

Hier wird der Mensch mit den Ideen anderer konfrontiert. Kein Mensch hat das Monopol, die Ideen Gottes allein zu empfangen. Es gibt immer andere Menschen, denen der göttliche Geist oft genau das Gegenteil dessen eingibt, was man selbst zu erfahren glaubte. Aus dieser Erfahrung kann sich eine fatalistische Welt- und Lebenseinstellung ergeben oder eine Akzeptanz des Unbegreiflichen: „Alles ist wahr und nichts ist absolut; die Wahrheit hat viele Gesichter!“ Diese Erkenntnis beinhaltet auch das Wissen, dass die Wahrheit hinter der Wirklichkeit unveränderlich bleibt und in der realen Welt immer in Masken auftritt. Dies führt zugleich zu einer Infragestellung des Offensichtlichen und zu einer Orientierung an unsichtbaren Zusammenhängen.

Der AKT der Orientierung gliedert sich in die drei SZENEN:

1. die Subsummierung (Waage der Lebenskraft)
2. das Paradigma (Skorpion der Lebenskraft)
3. die Einweihung (Schütze der Lebenskraft)

24. Akt: Vereinigung

345° - 359° = 15° Fische bis 29° Fische

Das vierte Viertel ist die Spiegelung des vierten Quadranten und symbolisiert den *Kausalleib der Lebenskraft.* Die Vereinigung ist die Manifestation der Lebenskraft.

„Alles ist in allem und alles ist in mir! Nach einiger Zeit der Beschäftigung mit den unsichtbaren Zusammenhängen wird das Wissen um die Einheit zu einer emotionalen Gewissheit, der sich der Mensch nicht mehr entziehen kann. Das Paradigma der Einheit allen Seins wird zur Grundlage des Denkens, Fühlens und Handelns. Das eigene Leiden wiegt dann nicht schwerer als das Leiden der Welt. Jedes Leiden (von dem der Mensch erfährt) wird automatisch zum eigenen Leiden, und indem man anderen hilft, hilft man sich selbst. Diese Auflösung im Weltganzen wird schließlich zur Auflösung in Gott.

Der AKT der Vereinigung gliedert sich in die drei SZENEN:

1. die Mysterien (Steinbock der Lebenskraft)
2. die Erneuerung (Wassermann der Lebenskraft)
3. die lebendige Ethik (Fische der Lebenskraft)

5. Die 72 Szenen

1. Szene: Urkraft

0° - 4° = 0° Widder bis 4° Widder

Jede Szene ist innerhalb einer Grundkraft wie ein Tierkreiszeichen im gesamten Tierkreis. Diese Szene ist der ***Widder der Lichtkraft*** und somit der Widderbereich im Widder. Die Urkraft ist die eigentliche Idee der Schöpfung, sie ist der Impuls des Begehrens. Die Urkraft ist die Energie des göttlichen Gedankens. Von ihr geht die Kraft aus. Sie ist der Ursprung aller Triebe im Menschen und der Ursprung aller schöpferischen Kraft im Weltall. Hier entsteht die Lichtkraft, die selbst Schöpferkraft ist. Das Widderprinzip zeigt sich als Schöpfungsdrang. Ein Funke göttlichen Bewusstseins macht sich auf den Weg in die Welt und tritt durch das Tor der Geburt in sie ein. Sowohl bewusste Wesen als auch einzelne Ideen finden hier ihren Ausgangspunkt und die Kraft für ihre Existenz. Die Urkraft ist wie jede Szene in 5 Phasen unterteilt:

0° Widder: Impuls zum Dasein.

0° Widder ist der Impuls im Widder der Lichtkraft. Dieser Grad markiert den Beginn eines tiefen, schöpferischen Prozesses, den Urknall des individuellen Daseins. Dieser Grad symbolisiert den ersten Funken göttlicher Inspiration, den Moment, in dem das Universum – oder im übertragenen Sinne, die menschliche Seele – den Antrieb zur Entfaltung erhält. Hier befinden wir uns an der Schwelle zum Sein, wo das Potenzial unbegrenzt ist, aber noch nicht in die Tat umgesetzt wurde. Es ist ein Punkt reiner Möglichkeit, wo die Energie noch nicht differenziert ist und somit das ganze Spektrum an Entwicklungswegen offensteht.

Aufgabe: Die Aufgabe besteht nun darin, diese zarte Anregung aus dem Chaos des Alltags herauszufiltern und ihr die Möglichkeit zu geben, sich zu manifestieren. Es geht darum, auf die leisen, oft überhörten Impulse zu achten und ihnen Raum zur Entfaltung zu geben. Dies erfordert ein bewusstes Eintauchen in die eigene Innenwelt, das Erkennen und Wertschätzen der feinen, intuitiven Signale, die Richtung und Inspiration für unseren Lebensweg bieten können. Im Alltag könnte dies bedeuten, sich Zeit für Reflexion und Meditation zu nehmen, um sich für diese subtilen Anregungen zu öffnen. Es geht darum, das innere Feuer zu nähren und zu ermutigen, dass es sich in kreative, lebensbejahende Wege verwandelt. Indem wir lernen, diesen inneren Funken zu erkennen und zu ehren, ermöglichen wir es, dass unser Leben von einer tieferen, authentischen Quelle angetrieben wird, die uns zu wahrer Erfüllung und Selbstverwirklichung führt.

***Spiegelpunkt**: 29° Fische - Verschmelzung*

1° Widder: Subjekt.

Bei 1° Widder steht das Subjekt im Mittelpunkt, in direkter Opposition zur Welt. Dieser Grad symbolisiert den Moment, in dem ein Impuls, eine Idee oder eine Intention einen entscheidenden Punkt erreicht, an dem sie aktiv der Welt gegenübergestellt wird. Es geht um die Verwirklichung im Sinne von Dualität: das Subjekt gegenüber dem Objekt, das Selbst gegenüber dem Anderen. Nur das Subjekt kann einem Impuls das Dasein verleihen und ihm eine Ausdrucksmöglichkeit geben. Dies verdeutlicht, dass alles Existierende, sei es Mensch oder Tier, in einer gewissen Opposition zum Rest der Welt steht und somit als Subjekt agiert. Die subjektive Kraft ist es, die Realisierung ermöglicht; ohne sie bleibt der Impuls außerhalb der Realität und verliert jegliche Chance auf Verwirklichung. Es ist der Moment, in dem jegliche Opposition zur eigenen Kraft aufgegeben wird, der Impuls spürbar wird und alles zu seinen Gunsten zu sprechen scheint, ähnlich einem Bogenschützen, der den Pfeil freigibt. Die Objektivität in diesem Kontext könnte den Impuls zerstören, da sie ihn von seiner subjektiven, lebensspendenden Kraft entkoppeln würde.

Aufgabe: Es ist wichtig, dass du dich nicht zu sehr darauf konzentrierst, die Perspektiven anderer zu verstehen, vor allem, wenn dies zu Lasten deiner eigenen Klarheit und Kraft geht. Anerkenne, dass deine einzigartige Sichtweise und deine individuellen Impulse wertvoll sind und realisiert werden müssen. Deine Aufgabe besteht darin, deine innere Stimme zu stärken und zu schützen. Dies bedeutet nicht, dass du dich gegenüber der Außenwelt verschließen solltest, sondern vielmehr, dass du ein gesundes Gleichgewicht zwischen deiner eigenen Perspektive und dem Verständnis anderer finden sollst. Nutze deine Energie und deine Ressourcen gezielt, um deine persönlichen Ziele und Visionen in die Tat umzusetzen.

***Spiegelpunkt**: 28° Fische – Erkenntnis der Aufspaltung des göttlichen Bewusstseins*

2° Widder: Teilhaben an einer Ganzheit.

2° Widder offenbart die Synthese der Urkraft durch die Teilhabe an der Ganzheit. Dieser Grad unterstreicht, dass wahre Kraft nicht isoliert existiert, sondern aus der Einbindung in das größere Ganze erwächst. Es geht darum zu erkennen, dass individuelle Stärke und der Sinn des eigenen Handelns aus der Verbindung zur universellen Ganzheit stammen und dazu dienen, sowohl dem Einzelnen als auch der Gemeinschaft Nutzen zu bringen. In diesem Prozess findet der Mensch seine einzigartige Rolle innerhalb der kosmischen Ordnung und lernt, seine persönlichen Impulse so zu lenken, dass sie nicht nur persönliche Zufriedenheit erreichen, sondern auch zum Wohl des Universums beitragen. Der Einzelgrad betont die Bedeutung, sich als aktiven Teilnehmer und nicht als separaten Beobachter im großen Schöpfungswerk zu verstehen. Dieser Grad ist eine Erinnerung daran, dass jeder von uns, durch unser Sein und unsere Handlungen, Teil eines viel größeren, göttlichen Plans ist.

Aufgabe: Erkenne Deine Verbindung zum Universum und verstehe, dass Deine individuellen Wünsche und Bedürfnisse Teil eines größeren, gemeinschaftlichen Ganzen sind. Deine Aufgabe ist es, Deine persönlichen Talente und Kräfte so einzusetzen, dass sie nicht nur Dir selbst, sondern auch der Welt um Dich herum dienen. Suche nach Wegen, wie Deine Handlungen und Entscheidungen positive Auswirkungen auf die Gemeinschaft haben können. In der täglichen Praxis bedeutet das, bewusst zu leben und zu handeln, mit dem Wissen, dass Dein Beitrag, sei er auch noch so klein, eine wesentliche Rolle im großen Gefüge des Lebens spielt.

***Spiegelpunkt**: 27° Fische – Individuelle Ernte*

3° Widder: Polarisierung

Der 3° Widder symbolisiert den Prozess der Polarisierung, der als essenzielle Dynamik für Wachstum und Schöpfung verstanden wird. Durch das Spiel von Miteinander und Gegeneinander, von Kraft und Gegenkraft, entfaltet sich die Existenz. Diese polare Spannung ist die Triebkraft hinter jeder Manifestation, ein Konzept, das in der Bhagavad Gita veranschaulicht wird, wo Krisna Arjuna auf die Bedeutung seines Dharma als Krieger hinweist. Das Prinzip der Polarität widersetzt sich der Entropie, dem natürlichen Drang zum Ausgleich und zur Spannungsreduktion. Stattdessen wird durch die bewusste Erzeugung und Aufrechterhaltung von Spannungen Energie freigesetzt und transformiert. Die Auseinandersetzung mit dem Gegenteiligen, die Reibung und der daraus resultierende Widerstand, sind nicht nur unvermeidlich, sondern auch notwendig, um Stärke und letztlich die Manifestation zu ermöglichen. Es ist die Herausforderung, die uns vorantreibt, die uns formt und letztlich unsere Fähigkeit zur Realisierung verstärkt. Nur durch ausreichende Opposition kann ein Wesen seine volle Kraft entfalten, da ohne ein Gegenüber keine Notwendigkeit zur Manifestation besteht. Dieses Prinzip betont die Bedeutung des Yin und Yang, der gegensätzlichen, aber komplementären Kräfte, die das Universum durchdringen.

Aufgabe: Erforsche die Bereiche Deines Lebens, in denen Du Dich Herausforderungen stellen musst, und erkenne, dass diese Konflikte und Gegensätze nicht Hindernisse, sondern vielmehr Chancen zur Stärkung und Weiterentwicklung sind. Die Aufgabe besteht darin, aktiv Gegensätze in Deinem Leben zu suchen und Dich ihnen zu stellen, nicht mit Feindseligkeit, sondern mit der Anerkennung ihrer Rolle als Katalysatoren für Wachstum. Sei offen für Konfrontationen, denn durch diese Spannungen baust Du innere Stärke auf und findest letztendlich zu einer tieferen Selbstverwirklichung und Manifestation Deiner Ziele und Träume.

***Spiegelpunkt**: 26° Fische – Die bestehenden Aufgaben der Welt.*

4° Widder: Potenziale des Seins

Im 4° Widder wird das Potenzial des Seins durch die Manifestation der Urkraft in die Realität gebracht. Dies markiert einen entscheidenden Übergang von der Möglichkeit zur Wirklichkeit, eine Schöpfung, die bereit ist, ihre Wirkung in der Welt zu entfalten. Das Wesen, oder die göttliche Idee, trägt bereits alle notwendigen Kräfte in sich, um seinen vorgesehenen Zweck zu erfüllen. Jedoch ist diese Kraft zu Beginn noch ungerichtet und unkoordiniert, ähnlich der eines neugeborenen Kindes, das sein volles Potenzial noch nicht erkannt oder genutzt hat. Die Herausforderung und gleichzeitig die Schönheit dieses Grades liegen in der anfänglichen Unschuld und Reinheit der Kraft, die das Potenzial für unbegrenzte Möglichkeiten birgt.

Aufgabe: Erkenne die in Dir liegende Kraft und die Vielfalt der Möglichkeiten, die sie bietet. Es ist entscheidend, dass Du lernst, diese Kraft nicht sinnlos zu verschwenden, sondern sie gezielt und mit Bedacht einzusetzen. Wie ein Künstler, der vor einer leeren Leinwand steht, hast Du die Möglichkeit, Dein Leben und

Deine Umgebung aktiv zu gestalten. Sieh diese Kraft als ein Geschenk, das genutzt werden will, um Deinen einzigartigen Beitrag zur Welt zu leisten. Die Aufgabe besteht darin, eine Richtung zu finden, die nicht nur Deiner persönlichen Entwicklung dient, sondern auch einen positiven Einfluss auf Deine Umgebung hat. Nutze Deine Energie weise, um Sinnvolles zu schaffen und zu bewirken, und achte darauf, dass Deine Handlungen das Ganze im Sinne der Details berücksichtigen.

***Spiegelpunkt**: 25° Fische – Das Ganze im Sinne der Details*

2. Szene: Akkumulation

5° - 9° = 5° Widder bis 9° Widder

Dies ist Szene 2, der ***Stier der Lichtkraft***. Hier muss sich die zuvor ungebundene und zerstreute Kraft konzentrieren. Ein Vorgang, der der Natur jeder Kraft widerspricht, denn die innere Natur der Kraft ist Ausdehnung. Dennoch ist nur die Eingrenzung in der Lage, die Kraft nutzbar zu machen. Die Urkraft wird gestaut und angesammelt. Das Stierprinzip zeigt sich in der Lichtkraft als Ansammlung der schöpferischen Kraft. Der Funke des göttlichen Bewusstseins wird von der Einheit getrennt und fällt in die Illusion der Trennung. Maya, die Göttin der Illusion, umgibt ihn.

5° Widder: Drang zu Stabilität und Ausweitung

Der 5° Widder repräsentiert den Impuls zur inneren Stabilität und gleichzeitig zur Ausweitung, ein Konzept, das im Stier der Lichtkraft wurzelt. Die Akkumulation, oder der Aufbau und die Bewahrung von Kraft innerhalb der individuellen Grenzen, steht im Fokus. Es ist eine Phase, in der man sich bewusst wird, welche Aspekte des Lebens zur eigenen Kraftaufgabe gehören und welche lediglich Teile der äußeren Welt sind. Diese Unterscheidung erfordert eine klare Abgrenzung zur Umwelt, nicht um sich in Opposition zu dieser zu setzen, sondern um die eigene Kraft effektiv für die persönlichen Ziele zu konservieren. Wie die Zelle, die ihre Membran aufbaut, um sich vor der Außenwelt zu schützen und zugleich ihr inneres Territorium zu erweitern, ist auch der Mensch aufgerufen, seine persönliche Grenze zu definieren und zu wahren, während er gleichzeitig sein inneres Wachstum fördert.

Aufgabe: Fokussiere Dich darauf, was Dich wirklich herausfordert und wo Dein Einsatz am meisten gefragt ist. Es ist essenziell, Deine Energie und Ressourcen gezielt einzusetzen, um Deine Ziele zu erreichen und nicht in Bereichen zu verschwenden, die wenig bis keinen Beitrag zu Deiner persönlichen Entwicklung oder dem Wohl der Gemeinschaft leisten. Identifiziere die Bereiche Deines Lebens, die eine echte Herausforderung darstellen und in denen Dein Engagement einen signifikanten Unterschied macht. Durch diese gezielte Ausrichtung Deiner Kraft kannst Du nicht nur Deine eigene Position stärken, sondern auch einen wertvollen Beitrag für das größere Ganze leisten.

***Spiegelpunkt**: 24° Fische - Läuterung*

6° Widder Doppelleben.

Der 6° im Widder symbolisiert einen Ort im Zeichen des Stiers, der für Lichtkraft und die Notwendigkeit eines Doppellebens steht. In dieser Position wird die Kunst des Ausgleichs zwischen Isolation und Durchlässigkeit hervorgehoben. Wie die Zelle, die entscheiden muss, wie viel von der Umwelt sie hereinlässt, ohne ihre Essenz zu verlieren, so muss auch der Mensch lernen, den Austausch mit seiner Umgebung sorgfältig zu regulieren. Die Herausforderung liegt darin, eine Balance zu finden zwischen dem, was für das eigene Wachstum notwendig ist, und dem, was potenziell schädlich sein kann. Diese Gradposition fordert auf, die Grenzen als Orte des Geschehens zu betrachten, an denen lebenswichtige Entscheidungen getroffen werden. Die Kommunikation in beide Richtungen, sowohl nach innen, um die eigenen Bedürfnisse zu reflektieren, als auch nach außen, um die Umgebung zu verstehen, wird hier zum Schlüssel des Überlebens und der Selbstentfaltung.

Aufgabe: Entwickle ein Bewusstsein für die Bedeutung von Grenzen in Deinem Leben und lerne, diese bewusst zu navigieren. Werde zum Meister des Doppellebens, indem Du lernst, sowohl mit Dir selbst als auch mit der Welt um Dich herum in einem ständigen Dialog zu stehen. Achte darauf, Dich nicht zu isolieren, sondern offen für den Austausch zu bleiben, um Deine innere Stärke zu bewahren und gleichzeitig von der Vielfalt der äußeren Welt zu profitieren. Die Fähigkeit, zwischen den eigenen Bedürfnissen und den Angeboten und Gefahren der Außenwelt zu vermitteln, ist essenziell für Deine persönliche Entwicklung und Dein Wohlbefinden.

***Spiegelpunkt**: 23° Fische – Starke gemeinsame Interessen*

7° Widder: Schutz und Sensitivität.

Der 7° Widder markiert eine Synthese im Stier der Lichtkraft, welche die Balance zwischen Abgrenzung und Austausch verkörpert. Diese Balance ermöglicht nicht nur die notwendige Stabilität des inneren Klimas, sondern auch die erforderliche Sensitivität, um auf äußere Umweltreize angemessen zu reagieren. Diese Dynamik wird durch das Bild eines Unterseeboots veranschaulicht, das in der feindlichen Tiefseeumgebung überlebensfähig ist, während es zugleich mit einer Vielfalt von Messgeräten und Sensoren ausgestattet ist. Diese Ausrüstung ermöglicht es, die Unterwasserwelt präzise wahrzunehmen und darauf zu reagieren.

In diesem Kontext symbolisiert die Grenze des Individuums eine Schutzbarriere, die gleichzeitig offen für notwendigen Austausch ist, um eine adaptive und reaktionsfähige Interaktion mit der Umwelt zu gewährleisten.

Aufgabe: Fördere eine bewusste Balance zwischen Deiner inneren Stabilität und der Offenheit gegenüber äußeren Einflüssen. Entwickle eine feine Sensitivität für Deine Umgebung, ohne Deine eigenen ideellen Werte und körperlichen Grenzen zu vernachlässigen. Investiere Deine Energie in Projekte, die Deinen Zielen dienen, und achte dabei auf einen gesunden Ausgleich zwischen Bewahrung Deiner Kernidentität und der Bereitschaft, sich auf neue, bereichernde Erfahrungen einzulassen.

***Spiegelpunkt**: 22° Fische - Materialisation*

8° Widder Konzentrierte Aufmerksamkeit.

Der 8° im Widder steht für die Methode im Stier der Lichtkraft und hebt die Bedeutung der konzentrierten Aufmerksamkeit hervor. Diese Gradposition lehrt die Kunst der Akkumulation durch gezielte Fokussierung der Aufmerksamkeit. Es ist essentiell, jeden Reiz bewusst zu registrieren und zu analysieren, ob dieser von innen oder außen kommt. Diese bewusste Wahrnehmung ermöglicht es, eine klare Abgrenzung zwischen dem eigenen Wesen und der Umwelt zu ziehen. Durch diese Präzision in der Wahrnehmung werden schädliche Einflüsse abgewehrt und die eigenen Bedürfnisse und Erfordernisse klar identifiziert. Diese Fähigkeit zur konzentrierten Aufmerksamkeit dient somit als Fundament, um die eigene Integrität zu schützen und die persönliche Entwicklung gezielt zu fördern.

Aufgabe: Entwickle Deine Fähigkeit zur konzentrierten Aufmerksamkeit weiter, indem Du lernst, zwischen wesentlichen und unwesentlichen Reizen zu unterscheiden. Praktiziere täglich, Deine Aufmerksamkeit bewusst auf Deine Ziele und Bedürfnisse zu lenken, ohne Dich von äußeren Ablenkungen beeinflussen zu lassen. Diese Praxis hilft Dir, Deine Energie effizient auf das zu richten, was für Deine persönliche und berufliche Entwicklung am wichtigsten ist, und fördert ein tiefes Verständnis Deiner eigenen Grenzen und Möglichkeiten.

Spiegelpunkt: *21° Fische – Realisierung der Erfahrung*

9° Widder Vitalisierung der Ziele.

Der 9° Widder, als Kunstwerk im Stier der Lichtkraft, veranschaulicht die Vitalisierung der Ziele durch kreative Transformation. Diese Gradposition symbolisiert den Moment, in dem die ursprünglichen Gedanken Gottes, die wahren Ziele der Schöpfung, deutlich erkennbar werden. Diese Klarheit entsteht jedoch innerhalb eines Prozesses, bei dem die genaue Richtung noch unbestimmt ist. Die Abgrenzung von der Umwelt lässt das Verlangen nach Erfüllung dieser inneren Impulse spürbar werden, und es ist die Realisierung des Innenlebens, die zur Erkenntnis der äußeren Ziele führt. Die Entladung und Erfüllung der tiefsten, von der Schöpfung beabsichtigten Ziele, die im Inneren verankert sind, wird hier als essentiell dargestellt.

Aufgabe: Deine Herausforderung besteht darin, Deine Ziele nicht nur klar zu definieren, sondern sie auch kontinuierlich zu revitalisieren und zu schärfen. In der Komplexität des Alltags können selbst gesetzte Ziele leicht aus dem Blickfeld geraten. Es ist daher von entscheidender Bedeutung, dass Du Deine Ziele regelmäßig überprüfst und Dich erneut mit ihnen identifizierst. Erinnere Dich immer wieder an die ursprünglichen Impulse und Bedürfnisse, die hinter Deinen Zielen stehen, und passe sie an, um sie lebendig und relevant zu halten. Diese dynamische Anpassung hilft Dir, Deine Ziele gegenüber den Herausforderungen der Umwelt resilient zu gestalten und sie mit Deiner inneren Schöpfungskraft in Einklang zu bringen.

Spiegelpunkt: *20° Fische: Eigene Wahrnehmung*

3. Szene: Justierung

10° - 14° = 10° Widder bis 14° Widder

Diese dritte Szene ist der ***Zwilling der Lichtkraft***. Hier zeigt sich die Möglichkeit der Synthese der beiden vorhergehenden gegensätzlichen Szenen. Die Kraft verbindet sich mit der begrenzenden Konzentration, und dadurch wird die genaue Einstellung des Begehrens möglich. So wie es nur die Kraft des Schießpulvers in Verbindung mit der Begrenzung des Gewehrlaufs ermöglicht, dass die Kugel ihr Ziel nicht verfehlt. Jetzt wird aus einer völlig unbestimmten Kraft ein ganz bestimmter Wunsch. Die dem Zwillingsprinzip innewohnende Information der Körperkoordination wird in der Lichtkraft zur Kraftkoordination.

10° Widder Konzentration der Kraft.

Der 10° Widder repräsentiert den Impuls im Zwilling der Lichtkraft, ein Symbol für die Justierung und Konzentration der Kraft. Diese Position vermittelt die Vorstellung, dass, ähnlich wie ein Monarch, der seine Macht nutzt, um die vereinigten Kräfte seines Volkes auf spezifische Ziele auszurichten, auch jeder Einzelne dazu aufgerufen ist, seine persönlichen Kräfte sinnvoll zu justieren. Der Prozess der Justierung ist eine Metapher für die Entscheidungsfähigkeit, Prioritäten zu setzen und die eigenen Ressourcen gezielt für die Verwirklichung ausgewählter Ziele einzusetzen. Diese Fähigkeit zur Fokussierung und Priorisierung ist entscheidend, da sie bestimmt, welche Ziele realisiert werden können und welche nicht. Die Aufgabe der königlichen Instanz, die Verantwortung für die Auswahl und die Ausrichtung der Kraft zu übernehmen, spiegelt die Notwendigkeit wider, bewusste Entscheidungen über unsere Lebensrichtung und unsere Zielsetzungen zu treffen.

Aufgabe: Lerne, Deine Energie und Aufmerksamkeit bewusst zu justieren und Prioritäten zu setzen. In einer Welt, in der die Möglichkeiten nahezu unbegrenzt scheinen, ist es von entscheidender Bedeutung, dass Du klare Entscheidungen treffen kannst. Identifiziere Deine wichtigsten Ziele und widme diesen Deine volle Kraft und Konzentration. Erkenne, dass nicht alle Ziele gleichzeitig verfolgt werden können, und sei bereit, Verantwortung für die gewählte Ausrichtung Deiner Kräfte zu übernehmen. Diese bewusste Fokussierung wird Dir helfen, Deine Ziele effektiver und effizienter zu erreichen.

***Spiegelpunkt**: 19° Fische: Erfüllung*

11° Widder Kosmische Ordnung.

11° Widder steht für den Ort im Zwilling der Lichtkraft, wo sich die kosmische Ordnung als zentrales Element der Justierung offenbart. Dieser Grad betont die Notwendigkeit, die natürlichen Grenzen und Möglichkeiten anzuerkennen. Es wird hervorgehoben, dass die wirkungsvollsten Magier jene sind, die im Einklang mit den Gesetzen der Natur operieren, statt gegen sie. Die kosmische Ordnung tritt jeder Macht entgegen, die versucht, ihr zu trotzen. Dieses Prinzip lehrt die Achtung vor den universellen Gesetzen und die Erkenntnis, dass wahre Macht in der Harmonie mit diesen Gesetzen liegt. Die kosmische Ordnung ist somit ein maßgeblicher Faktor, der die Grenzen des Möglichen definiert und gleichzeitig den Rahmen für das menschliche Streben und Wirken absteckt.

Aufgabe: Deine Aufgabe ist es, die Prinzipien der kosmischen Ordnung in Deinem Leben zu erkennen und zu respektieren. Versuche nicht, gegen die Naturgesetze anzukämpfen oder sie zu umgehen. Stattdessen solltest Du lernen, mit ihnen zu arbeiten und ihre Leitlinien als Wegweiser für Deine Ziele und Handlungen zu nutzen. Achte darauf, Deine Ambitionen und Projekte so auszurichten, dass sie nicht nur persönlichen Erfolg versprechen, sondern auch im Einklang mit den übergeordneten Ordnungen und Gesetzmäßigkeiten stehen. Dieser Ansatz ermöglicht nicht nur nachhaltigen Erfolg, sondern fördert auch ein tieferes Verständnis für die Einbettung des eigenen Seins in das große Ganze.

***Spiegelpunkt**: 18° Fische: Vermittlung der sicheren Wege*

12° Widder Versuch und Irrtum.

Der 12° im Widder steht für die Synthese im Zwilling der Lichtkraft, wo zentrale Macht und kosmische Ordnung durch den Prozess von Versuch und Irrtum schrittweise integriert werden. Diese Gradposition betont die Unvermeidlichkeit von Fehlern auf dem Weg zur Erreichung der Ziele und die Bedeutung des Lernens aus diesen Fehlern. Es ist eine Erinnerung daran, dass Fortschritt und Wachstum oft durch das Navigieren im Unbekannten und das Eingehen von Risiken entstehen. Wer sich nicht traut, Fehler zu machen, verfällt in Untätigkeit und verpasst die Gelegenheit zur Entwicklung. Der Mut, aus Versuch und Irrtum zu lernen, verleiht schließlich die Stärke und die Fähigkeit, sich

Herausforderungen zu stellen und Hindernisse auf dem Weg zu den eigenen Zielen zu überwinden.

Aufgabe: Ermutige Dich selbst, neue Wege zu erkunden und dabei Fehler als wertvolle Lerngelegenheiten zu begreifen. Vermeide es, aus Angst vor Fehlern in Untätigkeit zu verharren. Stattdessen solltest Du das Risiko des Lernens und Wachsens bewusst annehmen. Setze Dir kleine, experimentelle Ziele, bei denen das Risiko eines Fehlschlags vorhanden, aber kontrollierbar ist. Durch diese Herangehensweise kannst Du Deine Fähigkeiten schärfen, Deine Resilienz stärken und letztendlich die notwendige Kraft aufbauen, um auch größeren Herausforderungen erfolgreich zu begegnen.

***Spiegelpunkt**: 17° Fische: gelungenes Ritual*

13° Widder: Ritualisierung der Beziehung

Die Methode im Zwilling der Lichtkraft, beim 13° Widder, betont die Bedeutung der Ritualisierung in Beziehungen als Justierungsprozess zwischen Urkraft und Konzentration sowie zwischen Macht und kosmischer Ordnung. Durch die Etablierung einer rituellen Routine in unseren Handlungen können wir eine tiefere Verbindung und ein besseres Verständnis dieser Kräfte erreichen. Ähnlich der Praxis des meditativen Bogenschießens, bei dem jede Bewegung hundertfach geübt wird, um schlussendlich den Pfeil auch „blind“ ins Ziel zu lenken, können wir jede Tätigkeit zu einer Form der meditativen Versenkung machen. Durch die minimale Anpassung eines gut einstudierten Ablaufs und die Beobachtung der Ergebnisse können wertvolle Einsichten gewonnen werden, die unser Verständnis für den gesamten Prozess wesentlich erweitern.

Aufgabe: Übe Dich in der Kunst, Routinehandlungen in Deinem Alltag zu ritualisieren. Beginne mit einer simplen Tätigkeit, die Du täglich ausführst, und befolge dabei einen bewussten, unveränderlichen Ablauf. Achte darauf, wie kleine Änderungen in diesem Ablauf die Ergebnisse beeinflussen können, und nutze diese Beobachtungen, um Deine Handlungen und deren Auswirkungen auf Deine Umgebung besser zu verstehen. Diese Praxis wird nicht nur Deine Achtsamkeit und Präsenz im Moment fördern, sondern Dir auch ermöglichen, Deine eigenen Aktionen und die Reaktionen Deiner Umwelt bewusster zu steuern.

Spiegelpunkt: *16° Fische: kollektive Wege*

14° Widder: Verlangen im Visier.

Im 14° Widder, einem Kunstwerk im Zwilling der Lichtkraft, offenbart sich das kreative Ergebnis des Justierungsprozesses: Die Urkraft ist präzise auf das Verlangen ausgerichtet. Diese Gradposition verdeutlicht einen Moment der Klarheit und Zielorientierung, in dem alle notwendigen Informationen zusammengetragen sind, um die Neuschöpfung der göttlichen Idee zu ermöglichen. Es ist ein Punkt erreicht, an dem die Kraft potenziell in die Welt fließen könnte, symbolisch dafür, dass der Mensch nun klar erkennt, was er wirklich will. Dieser Zustand der Fokussierung und Zielgerichtetheit ist das Ergebnis eines Prozesses der Justierung, bei dem die individuelle Kraft bewusst auf ein spezifisches Ziel ausgerichtet wird.

Aufgabe: Mache Dir die Klarheit über Deine wahren Verlangen und Ziele zur Priorität. Reflektiere regelmäßig, um sicherzustellen, dass Deine Handlungen und Bestrebungen tatsächlich das widerspiegeln, was Du erreichen möchtest. Übe Dich in der Kunst der Fokussierung, indem Du alle Ablenkungen minimierst und Deine Energie gezielt auf Deine Kernziele lenkst. Diese bewusste Ausrichtung wird Dir helfen, nicht nur effektiver auf Deine Ziele hinzuarbeiten, sondern auch die Kraft Deiner Handlungen zu maximieren, um die gewünschten Ergebnisse in der Welt zu manifestieren.

***Spiegelpunkt**: 15° Fische: göttliche Motivation*

4. Szene: Talent

15° - 19° = 15° Widder bis 19° Widder

Die erste Szene der Fähigkeit ist der ***Krebs der Lichtkraft***. Die Idee und der Impuls zur Fähigkeit zeigt sich im Talent, als Identität der Lichtkraft. Ohne Talent kommt uns nie die Idee, eine bestimmte Fähigkeit zu entwickeln. Die Kraft des Begehrens wird sich daher ein Subjekt suchen, das bereits ein Talent zur Verwirklichung der göttlichen Idee in sich trägt. „Die Eingebung trifft den vorbereiteten Geist". Die Empfindungsfähigkeit der eigenen Person und damit die gefühlsmäßige Identifikation mit sich selbst des Krebsprinzips zeigt sich innerhalb der Lichtkraft als Wahrnehmung der eigenen angeborenen Fähigkeiten und Talente.

15° Widder: Aktive, naturgegebene Kraft

Der 15° Widder markiert den Impuls im Krebs der Lichtkraft, wo Talent als eine aktive, naturgegebene Kraft verstanden wird. Diese Szene unterstreicht, dass Talent nicht nur eine individuelle Gabe oder ein persönliches Vermögen ist, sondern vielmehr eine Konstellation von Kräften darstellt, die synergetisch wirken. Diese Kräfte, vergleichbar mit den Chakraenergien in den ätherischen und astralen Ebenen des menschlichen Energiesystems, bilden eine Art „Werkzeug" oder „Apparatur", die die Lebensprozesse steuert. Diese Vorstellung erinnert an die märchenhaften Devas, die als symbolische Darstellungen dieser Lebenswerkzeuge fungieren. Sie navigieren durch die komplexen Naturgesetze, die in jedem lebenden Wesen wirken, und sind ein inhärenter Bestandteil aller Dinge.

Aufgabe: Nimm Dir die Zeit, Deine eigenen Talente und die damit verbundenen Kräfte zu erkennen und zu würdigen. Reflektiere darüber, wie diese Talente nicht nur Dir, sondern auch Deiner Umgebung dienen können. Übe Dich darin, Deine Fähigkeiten bewusst einzusetzen und weiterzuentwickeln, indem Du Dich Herausforderungen stellst, die sowohl Deine Talente fördern als auch positive Auswirkungen auf Dein Umfeld haben. Erkenne die Verbindung zwischen Deinen individuellen Gaben und dem größeren Netzwerk des Lebens, in dem jedes Talent einen einzigartigen Beitrag leistet.

***Spiegelpunkt**: 14° Fische – Die Vorbereitung*

16° Widder: Klausur

Im 16° Widder, gelegen im Krebs der Lichtkraft, wird die Bedeutung der Klausur und der inneren Einkehr hervorgehoben. Trotz des Drängens der Kräfte nach außen findet die wahre Manifestation des Talents im Innenraum des Individuums statt. Hier, in der Tiefe des eigenen Seins, entfaltet die Naturkraft ihre Wirkung und ermöglicht die Entdeckung der inneren „Apparatur" des Talents durch meditative Introspektion. Dieser Prozess unterstreicht, dass das Talent, auch unabhängig von bewusster Erkenntnis, durch seine eigene Natur wirkt. Die Präsenz der Devas, als märchenhafte Darstellung dieser inneren Kräfte, betont die Durchdringung aller Dinge mit dieser lebendigen Energie.

Aufgabe: Widme Dich der meditativen Introspektion, um die tief in Dir liegenden Talente und Fähigkeiten zu erkennen und zu kultivieren. Nimm Dir regelmäßig Zeit für stille Momente der Reflexion, in denen Du Dich ganz auf Dein Inneres konzentrierst. Entdecke die verborgenen Kräfte, die in Dir schlummern, und erkenne, wie diese auch ohne Dein aktives Zutun in Deinem Leben wirken. Lerne, diese inneren Ressourcen bewusst zu nutzen und zu stärken, um Dein volles Potenzial zu entfalten. Diese Praxis wird nicht nur Deine persönliche Entwicklung fördern, sondern Dir auch ermöglichen, ein tieferes Verständnis für die omnipräsenten Kräfte zu gewinnen, die Dein Sein durchdringen.

Spiegelpunkt: *13° Fische – Lockmittel fürs Ego*

17° Widder: Rhythmus des Lebens.

Im 17° Widder wird die Synthese im Krebs der Lichtkraft als das Zusammenspiel zwischen der aktiven, naturgegebenen Kraft und der passiven Ruhe, die für das Auftanken notwendig ist, beschrieben. Dieses Wechselspiel der Aufmerksamkeit zwischen Innen und Außen, das periodische Pulsieren, spiegelt die eigentliche Natur des Talents wider. Durch den regelmäßigen Rückzug aus der Welt gewinnt der Mensch die Fähigkeit, sein eigenes Handeln und die umgebenden Situationen aus der Distanz zu betrachten und harmonisch aufeinander abzustimmen. Dieser Prozess ist vergleichbar mit dem Pulsieren des Blutes in unseren Adern und verkörpert so den Lebensrhythmus. Diese dynamische Balance ermöglicht es, die inneren Gesetzmäßigkeiten mit den äußeren Gegebenheiten in Einklang zu bringen.

Aufgabe: Übe Dich in der Kunst, einen bewussten Rhythmus zwischen Aktivität und Ruhe in Deinem Leben zu etablieren. Achte darauf, Deine Energie so zu managen, dass Zeiten der Anstrengung und der Arbeit von Phasen der Erholung und Reflexion abgelöst werden. Finde Deinen persönlichen Lebensrhythmus, der es Dir erlaubt, sowohl Deine Ziele effektiv zu verfolgen als auch Deinen inneren Reserven Sorge zu tragen. Diese bewusste Ausrichtung hilft Dir, die Harmonie zwischen Deinen inneren Bedürfnissen und den Anforderungen Deiner Umwelt zu finden und so Dein volles Potenzial zu entfalten.

***Spiegelpunkt**: 12° Fische – Der wahre Weg zum Ziel*

18° Widder: Das Ganze sehen.

Der 18° Widder beleuchtet die Methode im Krebs der Lichtkraft, bei der das Talent in der Ganzheit des Individuums verankert ist. Sich selbst in seiner Gesamtheit zu erkennen und zu akzeptieren ist grundlegend, um das eigene Talent vollständig zu entfalten. Diese Selbstwahrnehmung und -akzeptanz aktiviert die innewohnende Kraft und vermeidet psychische Spannungen, die das Talent sonst blockieren könnten. Eine fragmentierte Selbstsicht, bei der Teile des Selbst als externe Beobachter oder Zensoren agieren, hindert uns daran, unser volles Potenzial zu leben. Die Hingabe an die Dinge, die uns wichtig erscheinen, ohne Halbheiten, ist entscheidend für Erfolg und ein erfülltes Leben.

Aufgabe: Engagiere Dich, einen Zustand des „Flows" zu erreichen, in dem Du in Deinen Aktivitäten aufgehst und eine vollständige Verschmelzung mit dem, was Du tust, erlebst. Diese Gegenwärtigkeit und vollkommene Einheit mit Deiner Tätigkeit lassen keinen Raum für Zweifel oder Selbstkritik und ermöglichen ein Handeln aus einem Zustand heraus, der einer „spirituellen Blindsicht" ähnelt. Durch diese Praxis wird Deine Aktivität zu einer

Ausdrucksform Deiner vollständigen Identität, wodurch Du Deine Wirklichkeit aktiv gestalten und leiten kannst.

***Spiegelpunkt**: 11° Fische – Die Feuerprobe*

19° Widder: Leben heißt lieben.

Das kreative Ergebnis des Talentprozesses im 19° Widder, einem Kunstwerk im Krebs der Lichtkraft, ist die Fähigkeit und Möglichkeit, das eigene Talent in die Praxis umzusetzen. Wichtig dabei ist, dass die Kraft ungehindert nach außen fließen kann, um so neuen Raum für inneres Nachströmen zu schaffen. Dieses Prinzip wird mit dem Vorgang des Ausatmens beim Yoga verglichen, welches wichtiger ist als das Einatmen, da Letzteres natürlich folgt. Ähnlich verhält es sich mit der Kraft des Talents: Durch seine Anwendung nährt es den Anwender selbst und baut sich auf. Dies unterstreicht die Bedeutung von aktiver, lebendiger Beteiligung und die positive Rückwirkung von Liebe und Talent auf den Gebenden.

Aufgabe: Setze Dich voll und ganz mit Aktionen auseinander, die Deinem wahren Wesen entsprechen und mit denen Du Dich vollständig identifizieren kannst. Suche nach Tätigkeiten, die Du nicht nur ausführst, sondern hinter denen Du auch stehen kannst. Durch diese Hingabe an Aufgaben, die Deinen innersten Überzeugungen und Deinem Wesen entsprechen, wirst Du neue Energie und Mut gewinnen. Diese Energie erlaubt es Dir, frei und gemäß Deines Wesens zu agieren und somit Deine Umwelt aktiv mitzugestalten. Die Praxis des „Lebendigen Agierens“ fördert nicht nur Deine persönliche Entwicklung, sondern verstärkt auch die Verbindung zwischen Deinem Inneren und der äußeren Welt.

***Spiegelpunkt**: 10° Fische – Der Glaube an die Erleuchtung*

5. Szene: Lernspiel

20° - 24° = 20° Widder bis 24° Widder

Diese Szene ist der ***Löwe der Lichtkraft***. Der Ort des Geschehens der Fähigkeit und des Astralleibes der Lichtkraft ist das Spiel des Lebens. Im spielerischen Ausprobieren bilden sich die Talente. Jedes Tier und auch der Mensch lernt im Spiel. Gleichzeitig muss das Leben immer spielerisch bleiben, sonst kann die Lichtkraft nicht mehr in das Leben einfließen. Natürlich erscheinen die Ergebnisse des Spiels manchmal wie das Gegenteil der natürlichen Begabung, denn das Wesen des schöpferischen Spiels liegt in der Bereitschaft, Fehler zu machen. Gerade deshalb entfaltet sich die Begabung im Spiel. Spiel und Kreativität, die dem Löwe-Prinzip zuzuordnen sind, zeigen sich in der Lichtkraft als spielerischer Umgang mit der schöpferischen Kraft.

20° Widder: Imponiergehabe

20° Widder, der Impuls im Löwe der Lichtkraft, betont das Imponiergehabe als einen natürlichen Teil des Lernprozesses, in dem man durch Nachahmung und spielerisches Experimentieren wächst. Bevor das wahre Lernen beginnt, ahmen Menschen oft die Rollen und Verhaltensweisen ihrer Vorbilder nach, so als ob sie bereits Meister ihrer Kunst wären. Dieses „Als-ob“ Spiel ermöglicht es, verschiedenste Rollen wie Vater, Mutter, Lehrer oder mutiger Raumschiffkapitän zu erproben. Solche spielerischen Aktivitäten sind nicht nur bei Kindern zu beobachten, sondern spielen auch im Erwachsenenalter eine Rolle, wenngleich oft unausgesprochen. Das Imponiergehabe dient somit als eine Brücke zur Entdeckung und Entwicklung der in einem verborgenen Talente und Fähigkeiten.

Aufgabe: Nutze das Konzept des „Als-ob", um neue Fähigkeiten zu erkunden oder Dich in unbekannten Bereichen zu versuchen. Handle, als ob Du bereits die Person wärst, die Du sein möchtest, oder als ob Du bereits die Fähigkeiten besäßest, die Du erlernen willst. Diese Haltung ermöglicht es Dir, über Deine aktuellen Grenzen hinauszuwachsen und fördert einen spielerischen Zugang zur Selbstentwicklung und zum Lernen. Achte dabei auf die Reaktionen Deiner Umgebung, um zu erkennen, welche Deiner potenziellen Fähigkeiten bereits sichtbar sind und weiterentwickelt werden können.

***Spiegelpunkt**: 9° Fische – Der Instrumentenflug*

21° Widder: Potential

Im 21° Widder, lokalisiert im Löwe der Lichtkraft, steht das innere Potential an Fähigkeiten im Mittelpunkt. Dieser Ort des Geschehens ist der zentrale Punkt, an dem das Lernspiel seine effektivste Wirkung zeigt. Die Fähigkeiten eines Menschen, sei es die instinktiv von der Natur erhaltenen oder die erlernten, sind im Inneren gespeichert und jederzeit abrufbar. Die Integration und Anhäufung der erlernten Verhaltensweisen in diesem inneren Speicher ermöglicht die Entfaltung und Weiterentwicklung des persönlichen Potentials. Die Speicherung der Fähigkeiten im Inneren bildet somit die Grundlage für das Wachstum und die Anwendung des Talents.

Aufgabe: Fokussiere Dich auf die Entwicklung und Nutzung Deines inneren Potentials. Nimm Dir Zeit, um über die Fähigkeiten nachzudenken, die Du bereits besitzt, und erkunde Wege, wie Du diese weiterentwickeln kannst. Ermutige Dich selbst, neue Fähigkeiten zu erlernen und vorhandene zu vertiefen. Betrachte jede Erfahrung als Gelegenheit, Dein inneres Potential zu erweitern. Indem Du bewusst auf die Entwicklung Deines inneren Potentials hinarbeitest, schaffst Du eine solide Basis für persönliches Wachstum und Erfüllung.

Spiegelpunkt: *8° Fische – Vision der letzten Wahrheit*

22° Widder: Innere Erfüllung

Im 22. Grad des Widders entfaltet sich die Synthese im Löwen der Lichtkraft. Diese Position symbolisiert die Verschmelzung von Potenzial und Außendarstellung zu einem Zustand innerer Erfüllung. Es ist ein dynamischer Prozess, bei dem sich durch die erfolgreiche Integration von erprobten Verhaltensweisen ins eigene Können eine tiefe Befriedigung einstellt. Diese Erfüllung ist jedoch nicht als Endpunkt zu verstehen, sondern als Ausgangsbasis für die weitere Anwendung und Entwicklung der erlangten Fähigkeiten.

Aufgabe: Die persönliche Herausforderung besteht darin, die Balance zwischen Selbstinszenierung und authentischem Ausdruck des eigenen Potenzials zu finden. Es gilt, sich der eigenen Fähigkeiten bewusst zu werden und diese nicht nur zur Selbstbefriedigung, sondern als Werkzeuge zur Gestaltung des Lebens und zur Unterstützung anderer einzusetzen. Im Alltag bedeutet dies, mutig neue Rollen zu erproben und die gewonnenen Erkenntnisse zum Wohl der Gemeinschaft anzuwenden, um so einen nachhaltigen Beitrag zum kollektiven Wachstum zu leisten.

***Spiegelpunkt**: 7° Fische – Signale zum Aufbruch*

23° Widder: Hingabe an den Spielverlauf

Im 23. Grad des Widders geht es um die Hingabe an den Spielverlauf, der durch die Methode im Löwen der Lichtkraft geprägt wird. Dieser Grad verdeutlicht die Bedeutung unsichtbarer Spielregeln, die entweder festgeschrieben sind oder durch die Vorstellungen der Spieler geformt werden. Die Essenz des Spiels liegt in der Identifikation mit diesen Kräften und Regeln, wobei die Wahl der Rolle zweitrangig ist. Entscheidend ist die vollkommene Hingabe an den ausgewählten Part, unabhängig von externen Motivationen.

Aufgabe: Die Herausforderung besteht darin, sich mit vollem Einsatz und Herz dem Leben und seinen verschiedenen „Spielen" zu widmen. Dabei sollten die eigenen Handlungen nicht von äußeren Belohnungen, sondern von der Freude am Spiel selbst angetrieben werden. Im Alltag bedeutet dies, die Rollen, die wir spielen, bewusst zu wählen und diese mit Engagement und Authentizität auszufüllen. Ziel ist es, durch diese Hingabe nicht nur persönliche Erfüllung zu finden, sondern auch positive Veränderungen in der Welt um uns herum zu bewirken.

***Spiegelpunkt**: 6° Fische – Die unverrückbare Wahrheit*

24° Widder: Automatisierung

Der 24. Grad des Widders symbolisiert die Phase, in der Fähigkeiten durch wiederholtes Üben zur zweiten Natur geworden sind, also automatisiert wurden. Dieser Grad, geprägt durch das kreative Ergebnis im Löwe der Lichtkraft, zeigt auf, wie automatisierte Fähigkeiten es uns ermöglichen, unsere Aufmerksamkeit auf neue Lernaufgaben zu lenken, ohne die Qualität der bereits erlernten Fähigkeiten zu beeinträchtigen. Wie beim Autofahren, bei dem wir nicht mehr bewusst über jede Handlung nachdenken müssen, ermöglicht die Automatisierung eine effizientere und effektivere Anwendung unserer Fähigkeiten und Kapazitäten.

Aufgabe: Entwickle Vertrauen in die Automatisierung Deiner Fähigkeiten. Du hast genug Übung, um in vielen Situationen instinktiv richtig zu handeln. Nutze die durch Automatisierung gewonnene mentale Kapazität, um Dich neuen Herausforderungen oder dem Erlernen neuer Fähigkeiten zu widmen. Es ist wichtig, die Balance zwischen bewusster Aufmerksamkeit und dem Verlassen auf automatisierte Prozesse zu finden, um sowohl die Routine des Alltags zu meistern als auch Raum für Wachstum und Entwicklung zu schaffen.

***Spiegelpunkt**: 5° Fische – Die etablierten Ideen*

6. Szene: Virtuosität

25° - 29° = 25° Widder bis 29° Widder

Diese Szene ist die ***Jungfrau der Lichtkraft***. Die Fähigkeit zeigt sich als routiniertes Spiel der Talente mit Präzision und Genauigkeit im Detail. Die Synthese von Talent und Lernspiel ergibt die Virtuosität. Hier vollendet sich die formgebende Kraft des Könnens. Denn sie entsteht aus der Verbindung von Begabung und spielerischer Übung. Die Detailtreue des Jungfrauenprinzips zeigt sich in der Lichtkraft als virtuoser Umgang mit der Gestaltungskraft.

25° Widder: Fähigkeiten

Im 25. Grad des Widders manifestiert sich der Impuls zur Virtuosität durch das Prinzip der Jungfrau der Lichtkraft. Dieser Grad symbolisiert den Zustand, in dem alle Fähigkeiten bereitstehen, um genutzt zu werden, was eine umfassende Vorbereitung auf unterschiedlichste Lebenslagen impliziert. Diese Bereitschaft und Vielseitigkeit verleihen eine Form der Unabhängigkeit, da theoretisch jede Aufgabe eigenständig bewältigt werden könnte. Doch mit dieser Fülle an Kompetenzen strebt man nach ebenso herausfordernden Zielen, welche die volle Bandbreite des eigenen Könnens fordern.

Aufgabe: Die wirkliche Herausforderung liegt nicht in der Bewältigung der Aufgaben selbst, sondern in der Auswahl und Anwendung der richtigen Fähigkeiten für jede spezifische Herausforderung. Es geht darum, die Situationen zu erkennen, in denen bestimmte Kompetenzen gefragt sind, und diese gezielt einzusetzen. Dies erfordert eine tiefgreifende Selbstkenntnis und die Fähigkeit, die eigenen Stärken bewusst zu machen und situativ anzupassen.

***Spiegelpunkt**: 4° Fische – Die Einfügung*

26° Widder: Gelegenheiten

Im 26. Grad des Widders offenbart sich der Ort der Virtuosität in der Fähigkeit, Gelegenheiten nicht nur zu nutzen, sondern sie auch aktiv zu schaffen. Dieser Grad steht für die Transformation von Schwierigkeiten in Möglichkeiten, ein Kennzeichen wahrer Meisterschaft. Während manche bereits den Mut verlieren, findet der Virtuose selbst in scheinbar ausweglosen Situationen noch Chancen zur Umkehr oder Verbesserung. Der Glaube an die Möglichkeit, dass eine zusätzliche Information den entscheidenden Durchbruch bringen kann, hält die Hoffnung auf Erfolg am Leben.

Aufgabe: Sei Dir bewusst, dass nie alle Faktoren eines Projekts oder einer Herausforderung vollständig sichtbar sind. Offenheit für neue Informationen kann unerwartete Möglichkeiten aufzeigen und Wege eröffnen, die zuvor verborgen waren. Die Kunst liegt darin, flexibel zu bleiben, genau hinzusehen und bereit zu sein, bei sich bietender Gelegenheit schnell und entschlossen zu handeln.

***Spiegelpunkt**: 3° Fische – Von Ewigkeit zu Ewigkeit*

27° Widder: Verantwortlichkeit

Die Verbindung von Fähigkeit und Gelegenheit im 27. Grad des Widders erfordert eine bewusste Übernahme von Verantwortung für unsere Handlungen. Diese Synthese in der Jungfrau der Lichtkraft betont, dass einzig der Meister seiner Kunst die Tragweite seiner Entscheidungen und Handlungen abschätzen kann. Er muss bereit sein, den Einsatz seiner Fähigkeiten zu unterlassen, wenn das Risiko oder die potenziell negativen Auswirkungen zu groß sind, selbst auf Kosten der Enttäuschung anderer. Gleichzeitig muss er seine Kompetenzen dort einsetzen, wo sie notwendig sind, auch wenn keine Anerkennung dafür zu erwarten ist.

Aufgabe: Engagiere Dich für das, was Dir am Herzen liegt, wäge jedoch sorgfältig die möglichen „Nebenkosten" Deines Handelns ab. Erkenne, dass niemand außer Dir selbst die Verantwortung für die Konsequenzen Deiner Entscheidungen trägt. Diese Erkenntnis führt zu einem verantwortungsbewussten Umgang mit Deinen Fähigkeiten und Möglichkeiten.

***Spiegelpunkt**: 2° Fische – Die Überdauerung*

28° Widder: Die innere Stimme hören

Die Meisterschaft im 28. Grad des Widders zeigt sich in der Fähigkeit, intuitiv und im Einklang mit der inneren Stimme zu handeln, insbesondere in Momenten, in denen keine Zeit zum bewussten Überlegen bleibt. Diese Methode der Virtuosität erfordert, das Ich zu umgehen und die bewusste Persönlichkeit zu einem stillen Beobachter zu machen. Der Schlüssel liegt darin, sich dem Fluss der Handlung hinzugeben, ohne dass das bewusste Ich eingreift, denn jede bewusste Kontrolle könnte die spontane Perfektion der Handlung unterbrechen.

Aufgabe: Übe Dich darin, auf Deine innere Stimme zu hören und ihr zu folgen, besonders in Situationen, die schnelle und instinktive Reaktionen erfordern. Lerne, Deinem Unterbewusstsein zu vertrauen und Deine Fähigkeiten intuitiv einzusetzen. Dies kann durch Meditation, Achtsamkeitsübungen oder das bewusste Loslassen von Kontrollmechanismen in sicheren Übungsumgebungen gefördert werden. Die Herausforderung besteht darin, das Gleichgewicht zwischen bewusster Anstrengung und absichtslosem Wissen zu finden.

***Spiegelpunkt**: 1° Fische – Selbstschutz der Idee*

29° Widder: Anpassung der Kraft

Im 29. Grad des Widders erreicht die Virtuosität ihren Ausdruck durch die kunstvolle Anpassung der Kraft an die spezifischen Erfordernisse einer Situation. Dieses Kunstwerk der Jungfrau der Lichtkraft verdeutlicht die Notwendigkeit, die eigene Energie und Stärke fein abzustimmen. Wie im Billardspiel, so ist auch in allen Lebensbereichen die präzise Dosierung der Kraft entscheidend. Die wahre Meisterschaft liegt darin, genau so viel Energie einzusetzen, wie es die jeweilige Situation verlangt, um effektive und harmonische Ergebnisse zu erzielen.

Aufgabe: Arbeite daran, Deine Kraft und Energie bewusst einzusetzen. Beobachte und bewerte Situationen sorgfältig, um zu entscheiden, wie viel Kraft angemessen ist. Dies kann in alltäglichen Handlungen geübt werden, wie im Umgang mit Menschen oder bei der Ausführung von Aufgaben. Die Fähigkeit, die eigene Energie entsprechend den Gegebenheiten zu modulieren, führt zu einem ausgeglicheneren und zielgerichteteren Lebensstil.

Spiegelpunkt*: 0° Fische – Die lebendigen Ideen*

7. Szene: Urgrund

30° - 34° = 0° Stier bis 4° Stier

Diese Szene ist die Idee der Gründung und gleichzeitig die ***Waage der Lichtkraft***. Am Anfang der synthetischen Phase der Lichtkraft, also am „Deszendenten der Lichtkraft", findet die Begegnung zwischen Kraft und Materie statt. Es ist die ätherische Substanz der morphogenetischen Felder, an die sich schließlich die Energie mit der niedrigsten Schwingung, die Materie, anlagert. Die nach den ersten beiden Akten nun zielgerichtete Energie beginnt, die Fragmente der (ätherischen) Materie zu sondieren. Wie ein Kind einzelne Bauklötze in die Hand nimmt und damit herumprobiert, bis es den richtigen gefunden hat, so sondiert die Kraft einzelne morphogenetische oder materielle Fragmente auf ihre Brauchbarkeit. Die Eigenschaften des Waageprinzips zeigen sich in der Lichtkraft als lockerer und flexibler Umgang mit dem „Du der Lichtkraft", der Materie. Die eigentlichen Ziele der Lichtkraft sind noch nicht bekannt, und die Materiefragmente werden nur auf ihre Brauchbarkeit für diese Ziele geprüft.

0° Stier: Eigene Natur

Im Zeichen des 0° Stiers entfaltet sich das Prinzip des Urgrundes, welches die Balance der Lebenskräfte in der Unabhängigkeit des Einzelnen veranschaulicht. Wie das Eiweißmolekül, das seine Einzigartigkeit aus der Verbindung einzelner Aminosäuren zieht, ohne deren individuelle Eigenschaften zu verlieren, so bewahren auch wir unsere persönliche Natur innerhalb der Gemeinschaft. Diese Dualität von Unabhängigkeit und Zugehörigkeit offenbart die Essenz von Holons - den Teilganzheiten, die – selbst aus Teilen zusammengesetzt – sowohl eigenständig als auch integraler Bestandteil eines größeren Ganzen sind. Indem jeder Einzelne seine ureigenste Natur authentisch lebt, trägt er auf unverwechselbare Weise zur Bereicherung der Gemeinschaft bei. Der Mut, seine Einzigartigkeit zu leben, ermöglicht es, frei und ungehindert in Harmonie mit sich selbst und der Welt zu existieren.

Aufgabe: Ermutige Dich selbst, Deine Einzigartigkeit zu erkennen und zu wertschätzen. Akzeptiere Deine individuellen Bedürfnisse und Wünsche als essenziellen Teil Deiner Natur. Indem Du offen und ehrlich nach persönlicher Erfüllung strebst, findest Du Deinen Platz in der Gemeinschaft, stärkst Dein Selbstbewusstsein und trägst auf positive Weise zum kollektiven Wohl bei. Vertraue darauf, dass gerade Deine persönlichen Eigenschaften und Talente Dich zu einem wertvollen Mitglied des sozialen Gefüges machen.

***Spiegelpunkt**: 29° Wassermann: Die Welt als Ganzes vereint*

1° Stier: Neubestimmung

Die Position des 1° Stiers symbolisiert eine tiefgreifende Neubestimmung, die aus der Erkenntnis erwächst, dass jeder Einzelne seinen Platz innerhalb des größeren Kontextes des Weltgeschehens findet, um seine einzigartige Natur zum Wohl des Ganzen zu entfalten. Die eigene Existenz ist geprägt von einer Dualität: der Unabhängigkeit der individuellen Eigenschaften und der Abhängigkeit vom kollektiven Geschehen. Schicksalsschläge und unvorhergesehene Ereignisse können einen aus dem vertrauten Umfeld reißen, um in einem neuen Kontext eine bedeutungsvolle Rolle zu spielen. Gleich einem Ziegel, der durch einen Sturm aus einem maroden Bau gelöst wird, um in einem Neubau seinen Platz zu finden, steht dieser Grad für die transformative Kraft, die in der Wiedereingliederung in ein neues Ganzes liegt. Es ist ein Prozess, der nicht Leiden symbolisiert, sondern die Chance auf Neuanfang und Integration in eine neue Ordnung.

Aufgabe: Sei offen für Veränderungen in Deinem Leben, auch wenn diese zunächst unerwartet oder herausfordernd erscheinen mögen. Jeder Wechsel bietet die Möglichkeit, sich neu zu orientieren und einen Platz zu finden, an dem Du Deine Talente und Fähigkeiten zum Wohl eines größeren Ganzen einsetzen kannst. Nutze die Gelegenheit, Dich selbst in einem neuen Licht zu sehen und zu erkunden, wie Du Dich in neue Strukturen einfügen kannst. Deine Aufgabe ist es, Veränderung nicht als Verlust, sondern als Chance zu begreifen, um in einem erneuerten Kontext zu wachsen und zu wirken.

***Spiegelpunkt**: 28° Wassermann: Die Entwicklung*

2° Stier: Fragmente

2° Stier, der Synthese in der Waage der Lichtkraft, spricht von der Fähigkeit, die Synthese zwischen individueller Eigenart und der Bereitschaft zur Neuausrichtung zu finden, was zu einer Vielfalt von Fragmenten führt, die auf unterschiedlichen Integrationsebenen existieren. Wie bei einem selbstgebauten Auto aus alten Teilen verdeutlicht, kann der Fortschritt in der Zusammenstellung der Teile variieren. Ein Motor kann als ganzes Element vorhanden sein, oder es müssen erst die einzelnen Komponenten wie Zylinder und Kolben zusammengesucht werden. Diese Metapher unterstreicht, dass die Elemente unseres Lebens und unserer Persönlichkeit nicht immer auf derselben Entwicklungsstufe stehen müssen. Es mahnt uns, die Offenheit zu bewahren, auch das Unerwartete oder scheinbar Unpassende zu erkennen und zu integrieren. Diese Einsicht ermutigt uns, über die augenblickliche Beschäftigung mit Details hinauszublicken und die Möglichkeit zu erkennen, dass etwas Neues und Ganzes entstehen kann, wenn wir uns nicht ausschließlich auf eine Ebene der Integration festlegen.

Aufgabe: Trainiere Deine Fähigkeit, den Überblick zu bewahren und die Zusammenhänge zwischen den Details zu erkennen. Dies erfordert, dass Du Dich von der Fixierung auf spezifische Ebenen oder Fragmente löst und stattdessen die Vielfalt und das Potential im Gesamtkontext schätzt lernst. Erkenne, dass die Bereitschaft, unterschiedliche Elemente Deines Lebens oder Projekte zu integrieren, zu einer reicheren und vollständigeren Erfahrung führt. Achte darauf, nicht den „Wald vor lauter Bäumen“ aus den Augen zu verlieren, und sei offen dafür, wie sich einzelne Teile zu einem größeren Ganzen zusammenfügen können.

***Spiegelpunkt**: 27° Wassermann: Die Zukunftsorientierung*

3° Stier: Kommunion

Im Zeichen des 3° Stiers entfaltet sich das Prinzip der Kommunion, eine geistige Vereinigung der Lichtkraft mit den individuellen Fragmenten unserer Existenz. Diese Verbindung symbolisiert die intuitive Erkundung potenzieller Harmonien zwischen unseren innersten Idealen und den konkreten Aspekten unseres Lebens. Es ist ein Prozess des Ausprobierens, ähnlich dem Anprobieren eines Kleides oder dem Halten eines Spoilers vor das Auto, um seine Wirkung zu visualisieren. Diese geistige Verschmelzung führt uns zur Erkenntnis, welche Fragmente in der Lage sind, unsere höchsten Vorstellungen zu verwirklichen. Es ist ein Sondieren des Passenden, ein Vorgang, der unsere Entscheidungen und unser Handeln im Einklang mit unserem tieferen Selbst und dessen Ausdruck in der Welt leitet.

Aufgabe: Bleibe offen und experimentierfreudig im Umgang mit den vielfältigen Möglichkeiten, die das Leben Dir bietet. Deine Aufgabe ist es, zu erkunden, wie neue Elemente oder Ideen harmonisch in Dein Leben integriert werden können, ohne die bestehende Ordnung und Identität zu stören. Es geht darum, ein Gleichgewicht zwischen Bewahrung und Erneuerung zu finden, indem Du prüfst, was wirklich zu Dir passt und Deine Persönlichkeit sowie Dein Lebensumfeld bereichert. Achte dabei auf die Feinheiten, die bestimmen, ob eine neue Idee oder ein neuer Gegenstand Deine Welt im positiven Sinne ergänzt.

***Spiegelpunkt**: 26° Wassermann: Neue Ideen in alten Gewändern*

4° Stier: Loslösung

Die Essenz des 4° Stiers liegt in der Loslösung, einem kreativen Akt, der die Freisetzung der Elemente aus ihren bisherigen Bindungen umfasst, damit sie in neuen Konstellationen ihre Wirkung entfalten können. Dieser Grad illustriert den Prozess, in dem geeignete Bestandteile aus ihrem alten Kontext entnommen werden, um in einer neuen Gesamtheit neu arrangiert zu werden. Ein alltägliches Beispiel hierfür ist der Verdauungsprozess, bei dem Nahrungsmittel in ihre Grundbestandteile zerlegt werden, um als Bausteine für körpereigenes Gewebe zu dienen. Dieser Vorgang symbolisiert nicht nur die physische Transformation, sondern auch eine geistige Flexibilität: die Fähigkeit, Altes loszulassen und Neues zu integrieren, wodurch Innovation und Wachstum gefördert werden.

Aufgabe: Übe Dich in der Kunst des Loslassens und der Offenheit für neue Möglichkeiten. Identifiziere Bereiche in Deinem Leben, die von veralteten Ansichten oder unnötigen materiellen Dingen belastet sind. Erlaube Dir, diese loszulassen, um Platz für frische Ideen und neue Wege zu schaffen. Diese Haltung der Offenheit wird es Dir ermöglichen, Deine Ressourcen effektiver zu nutzen und kreative Lösungen für Herausforderungen zu finden, indem Du das Potenzial des bereits Vorhandenen in einem neuen Licht betrachtest. Aber sei auch offen dafür, fremde Dinge aus überholten Zusammenhängen zu lösen, um sie bei Dir zu integrieren.

***Spiegelpunkt**: 25° Wassermann: Idee in der Anwendung*

8. Szene: Fixierung

35° - 39° = 5° Stier bis 9° Stier

Die Grundlage des Fundaments ist die Befestigung oder Fixierung. Sie ist der ***Skorpion der Lichtkraft***. Sind die richtigen Fragmente gefunden, werden sie zu komplexen Gebilden und Organismen zusammengefügt. Wichtig ist dabei die Flexibilität, denn bei der Konstruktion jedes Organismus muss von Anfang an die Metamorphose berücksichtigt werden. Kein Körper kann voll funktionsfähig, also fertig, geboren werden. Erst in der Verwandlung des Körperlichen liegt die Fähigkeit der Materie, Lebewesen zu schaffen. Jeder lebende Organismus ist ein Fließgleichgewicht und lebt im ständigen Austausch von Materie und Kraft. Die Eigenschaften des Skorpion-Prinzips zeigen sich in der Lichtkraft als Aufhebung der Objektgrenzen, in der Verschmelzung kleiner Systeme zu einem gemeinsamen Suprasystem, wobei die einzelnen Bestandteile so stark in die Gemeinschaft eingebunden werden, dass sie in eine existentielle Abhängigkeit geraten. Wer aussteigt, stirbt.

5° Stier: Kraft der Gemeinschaft

Der Impuls des Skorpions der Lichtkraft. Die Vorstellung der Kraft der Gemeinschaft bei 5° Stier manifestiert sich in der eindrucksvollen Idee, dass die Vereinigung der einzelnen Teile innerhalb einer Gruppe die kollektive Stärke weit über die Summe ihrer individuellen Beiträge hinaus erhöht. Dieses Konzept, das das Ganze als mehr als nur die Summe seiner Teile sieht, findet in der Natur zahlreiche Beispiele, wie Ameisen, die sich zu einer lebenden Brücke verhaken, um gemeinsam Hindernisse zu überwinden, die für ein Individuum allein unüberwindbar wären. Dies illustriert eindrucksvoll, wie die Zusammenarbeit und das gemeinsame Bestreben innerhalb einer Gemeinschaft zu außergewöhnlichen Ergebnissen führen können, die weit über das hinausgehen, was auf individueller Ebene möglich wäre.

Aufgabe: Erkenne den Wert der Integration in eine Gemeinschaft, die einen sinnvollen Zweck verfolgt, und beteilige Dich aktiv an diesem kollektiven Unterfangen. Die Erfahrung und die Belohnung, die aus der altruistischen Hingabe an ein gemeinsames Ziel resultieren, werden den individuellen Beitrag weit übertreffen. Lass Dich von dem Leitsatz „Gemeinsam sind wir stark" inspirieren und suche nach Wegen, wie Du Deine Fähigkeiten und Ressourcen für das Wohl der Gruppe einsetzen kannst, um so einen bedeutenden Unterschied im Leben anderer und in Deiner eigenen persönlichen Entwicklung zu machen.

***Spiegelpunkt**: 24° Wassermann: Intellektueller Höhenflug*

6° Stier: Randgruppenpotential

Der 6° Stier beleuchtet die einzigartige Stärke und das kreative Potenzial von Randgruppen innerhalb der gesellschaftlichen Struktur. Diese Randgruppen, die oft am Rande der gesellschaftlichen Akzeptanz stehen, sind essenziell für die Dynamik und Entwicklung jeder Gemeinschaft. Sie stellen sowohl die untere als auch die obere Schicht der Gesellschaft dar, von gescheiterten Existenzen bis hin zu den Eliten, die die Entwicklungsziele vorgeben. Ein besonderes Augenmerk liegt jedoch auf den Randbereichen der sozialen und kulturellen Szene, insbesondere bei

Intellektuellen und Künstlern, wo die Grenzen zwischen den sozialen Schichten verschwimmen. Hier, in diesem schillernden Zwischenraum, findet sich das eigentliche Potenzial für kreative und gesellschaftliche Veränderungen.

Aufgabe: Erkenne den Wert und das Potenzial, das in den Randbereichen der Gesellschaft verborgen liegt. Sei offen für die Perspektiven und Beiträge derjenigen, die oft am Rande stehen, denn gerade sie können innovative Ideen und frische Impulse in die Gemeinschaft einbringen. Deine Aufgabe besteht darin, Brücken zu bauen und Räume zu schaffen, in denen diese kreativen Kräfte zum Wohl der gesamten Gemeinschaft beitragen können. Ermutige den Austausch und die Integration von Randgruppen, um eine vielfältigere, reichhaltigere und dynamischere Gesellschaft zu fördern.

***Spiegelpunkt**: 23° Wassermann: Die Abgeklärtheit*

7° Stier: Veränderungsmöglichkeit

Die Einheit von Gemeinschaft und Randgruppe beim 7° Stier, der Synthese des Skorpions der Lichtkraft, offenbart ein enormes Potenzial für transformative Prozesse. Dieser Grad betont, wie lebende Systeme scheinbar gegensätzliche Elemente integrieren müssen, um sich zukünftig zu entwickeln. Es kommt vor, dass bestimmte Aspekte eines Organismus lange Zeit ohne erkennbare Funktion bleiben, um dann unerwartet eine Schlüsselrolle zu übernehmen. Analog kann sich eine zunächst wertlos erscheinende Investition als Grundstein für zukünftigen Wohlstand erweisen. Dies verdeutlicht, wie Flexibilität und Offenheit für das

Unkonventionelle und Überraschende zu bedeutenden Veränderungen führen können.

Aufgabe: Öffne Dich für das Potenzial der Veränderung in allen Lebensbereichen. Sei bereit, Ungewöhnliches und Neues zu integrieren, selbst wenn es zunächst keinen ersichtlichen Nutzen zu haben scheint. Deine Aufgabe ist es, sowohl in Dir selbst als auch in der Welt um Dich herum nach versteckten Möglichkeiten Ausschau zu halten, die zu signifikanten Verbesserungen oder gar zu einem vollständigen Wandel führen können. Ermutige Dich selbst, Risiken einzugehen, indem Du in Ideen, Menschen oder Projekte investierst, deren Wert nicht sofort offensichtlich ist. Das Erkennen und Nutzen solcher ungenutzten oder unterschätzten Potenziale kann der Schlüssel zu bahnbrechenden Entwicklungen und persönlichem Erfolg sein.

***Spiegelpunkt**: 22° Wassermann: Guter Freund „Gefahr“*

8° Stier: Vertrauen zur zyklischen Erneuerung

Die Methode im Skorpion der Lichtkraft. Dieser Grad betont die Bedeutung des Vertrauens in die natürlichen Zyklen der Erneuerung und des Wachstums. Wie der Wechsel der Jahreszeiten zeigt, ist das Leben von zyklischen Veränderungen geprägt, die ein Gleichgewicht und eine Erneuerung ermöglichen. Das Bewusstsein für diese natürlichen Zyklen hilft, Veränderungen gelassener zu betrachten und die Angst vor dem Unbekannten zu verringern. Diese Einsicht ermöglicht einen ausgeglichenen Umgang mit den Höhen und Tiefen des Lebens, indem man lernt, dass nach jeder Phase der Stille oder des scheinbaren Rückschritts eine Zeit des Wachstums und der Erneuerung folgt.

Aufgabe: Schule Dein Bewusstsein für die natürlichen Zyklen in Deinem Leben und der Welt um Dich herum. Lerne, den Rhythmus dieser Zyklen zu erkennen und zu akzeptieren, dass Veränderungen Teil des Lebens sind. Entwickle Vertrauen in diese Prozesse, um mit den Unsicherheiten des Lebens umgehen zu können. Das Bewusstsein, dass nach jeder Phase des Rückgangs eine Zeit der Erneuerung folgt, soll Dir helfen, eine innere Gelassenheit zu bewahren und Veränderungen positiv entgegenzusehen. Halte ein Gleichgewicht in Deinen Erwartungen und sei offen für das Unerwartete, denn oft liegt in diesen unvorhergesehenen Veränderungen das größte Potenzial für Wachstum und Neuanfänge.

Spiegelpunkt: *21° Wassermann: Befriedigte Pyramidenbasis*

9° Stier: Hingabe an die Gemeinschaft

Die Dynamik des 9° Stiers manifestiert sich in der vollständigen Hingabe an die Gemeinschaft und ihre Ziele, eine Hingabe, die auf zwei wesentlichen Säulen beruht: der Identifikation mit den Zielen der Gemeinschaft und der Möglichkeit, innerhalb dieser Gemeinschaft die eigene Individualität frei auszuleben. Dieses Prinzip spiegelt die tiefgreifende Verbindung wider, die entsteht, wenn individuelle Bedürfnisse und Talente im Einklang mit den kollektiven Bestrebungen stehen. Eine solche Hingabe ermöglicht nicht nur eine reichhaltigere, sondern auch eine effektivere und harmonischere Gemeinschaft, in der jedes Mitglied sich vollständig einbringt und dadurch das kollektive Potential maximiert wird.

Aufgabe: Reflektiere über Deine Rolle in den Gemeinschaften, zu denen Du gehörst. Frage Dich: Kennst Du die Ziele dieser Gemeinschaften und fühlst Du Dich diesen verbunden? Kannst Du in diesen Gemeinschaften Deine Einzigartigkeit leben? Arbeite daran, beide Fragen mit einem überzeugten „Ja“ beantworten zu können. Suche aktiv nach Wegen, wie Du Dich mit ganzer Seele einbringen und gleichzeitig Deine persönliche Natur ausleben kannst. Erkenne, dass wahre Hingabe eine Brücke zwischen individuellem Ausdruck und kollektivem Erfolg bildet.

***Spiegelpunkt**: 20° Wassermann: Licht des Inneren*

9. Szene: Funktion

40° - 44° = 10° Stier bis 14° Stier

Die Synthese von Urgrund und Fixierung zeigt sich in der Funktionalität des Körpers. Diese Szene ist der ***Schütze der Lichtkraft***. Thema dieser Szene ist die Verwandlung des Alten und scheinbar Unbrauchbaren in Brauchbares und Funktionierendes. Ähnlich dem chemischen Prozess in der Leber des Menschen werden aus den Grundbausteinen des Körpers die Stoffe synthetisiert, die für den Aufbau und die Funktion des Körpers notwendig sind. Die Grundlage dafür bietet die feste Struktur (Fixierung), die Bausteine für den Um- und Aufbau liefert der Urgrund. Der Ätherkörper als Vorlage für den materiellen Körper wird in ein fließendes Gleichgewicht gebracht. Das Schütze-Prinzip zeigt sich innerhalb der Lichtkraft als große Toleranz gegenüber scheinbar unbrauchbaren bis schädlichen Stoffen und der Fähigkeit, diese optimistisch in Brauchbares umzuwandeln.

10° Stier: Kultivierung

In der Symbolik des 10° Stier spiegelt sich die Essenz der Kultivierung wider, ein Vorgang, der tief in der menschlichen Fähigkeit verwurzelt ist, die Natur zu gestalten und zu nutzen. Die Kultivierung steht metaphorisch für den Prozess der Veredelung und Optimierung, sowohl in der Landwirtschaft als auch im übertragenen Sinne für das persönliche Wachstum. Es geht darum, das brachliegende Potential – sei es ein Stück Land oder eine verborgene Fähigkeit – nutzbar zu machen. Durch das Roden von Gestrüpp, Umgraben des Bodens und Entfernen von Unkraut wird der Grundstein für das Wachstum von Kulturpflanzen gelegt. Diese Handlungen sind sinnbildlich für die notwendige Vorarbeit, um aus etwas Rohem etwas Nährendes und Wertvolles zu schaffen. Ohne die gezielte Anstrengung der Kultivierung würden Ressourcen brachliegen oder ungenutzt bleiben.

Aufgabe: Deine persönliche Aufgabe besteht darin, diesen Prozess der Kultivierung auf verschiedene Lebensbereiche anzuwenden. Betrachte Deine Fähigkeiten, Beziehungen und Ziele als Felder, die kultiviert werden müssen. Beginne damit, unnötige oder hinderliche Elemente aus Deinem Leben zu entfernen – seien es Gewohnheiten, Gedankenmuster oder Beziehungen. Überlege genau, welche Aspekte Deiner Entwicklung am fruchtbarsten sind, und widme diesen Deine Aufmerksamkeit und Pflege. Diese selektive Fokussierung und Optimierung Deiner Ressourcen wird es Dir ermöglichen, ein erfüllteres und produktiveres Leben zu führen.

***Spiegelpunkt**: 19° Wassermann: Friede und geistige Bereicherung*

11° Stier: Gewachsener Bestand

Der 11° im Zeichen Stier – der Ort des Geschehens im Skorpion der Lichtkraft – betont die Bedeutung eines gereiften, nutzbaren Bestands, der sich durch beständige Anpassung und Wertschätzung vorhandener Ressourcen kennzeichnet. In diesem Grad geht es um die fundamentale Frage, was bereits vorhanden ist, welche Bedingungen vorliegen und was tatsächlich benötigt wird. Diese Reflexion über die gegebenen Umstände und das Nutzbarmachen der verfügbaren Mittel spiegelt die Grenzen und Möglichkeiten unseres Umfelds wider. Es ist eine Aufforderung, kulturelle Errungenschaften klug und bedacht einzusetzen, damit diese die menschliche Entwicklung fördern und nicht etwa behindern. Die Kultur, als Nahrung des Geistes, soll dem Menschen dienen und ihn nicht von seiner wahren Natur abbringen. Daraus ergibt sich die Notwendigkeit, die Kultivierung stets an den menschlichen Bedürfnissen auszurichten.

Aufgabe: Sieh Dich als Gestalter Deines eigenen Lebensumfelds. Beginne damit, Deinen „gewachsenen Bestand" zu inventarisieren: Was ist Dir bereits an Ressourcen, Fähigkeiten und Möglichkeiten gegeben? Wie können diese Bestände optimal für Deine persönliche und berufliche Entwicklung genutzt werden? Deine Aufgabe besteht darin, die vorhandenen Bedingungen zu akzeptieren und gleichzeitig das Beste daraus zu machen. Nutze Deine kreativen und intellektuellen Fähigkeiten, um Deine Umgebung so zu formen, dass sie Deine individuelle Entwicklung unterstützt und fördert. Finde ein Gleichgewicht zwischen der Wertschätzung dessen, was ist, und dem Streben nach dem, was sein könnte, um Deine wahre Natur vollends zu entfalten.

***Spiegelpunkt**: 18° Wassermann: Schadensbegrenzung*

12° Stier: Gewinnstreben

Das Gewinnstreben im 12° Stier repräsentiert die Synthese aus Kultivierung und Bestand, wobei das Hauptziel darin besteht, aus vorhandenen Ressourcen durch sorgfältige Pflege und Entwicklung den maximalen Nutzen zu ziehen. Dieser Grad unterstreicht die Notwendigkeit von Arbeit und die Transformation der gegebenen Bedingungen zu etwas Besserem. Es symbolisiert das universelle Prinzip des Strebens nach Verbesserung und dem Erreichen höherer Zustände, sowohl materiell als auch geistig. Anerkannt wird hierbei, dass die kulturelle Umgebung eine Basis darstellt, auf der sich Kunst und Philosophie entfalten können, wobei diese Basis selbst durch kontinuierliche Anstrengung und Innovation verbessert werden muss. Es ist eine Aufforderung, sich nicht mit dem Status quo zufriedenzugeben, sondern aktiv an der Gestaltung einer besseren Zukunft zu arbeiten, ohne dabei die Grundlagen, auf denen Fortschritt ruht, zu vernachlässigen.

Aufgabe: Deine Aufgabe ist es, eine Balance zwischen praktischer Arbeit und der Verfolgung Deiner Ideale zu finden. Anerkenne, dass beide Aspekte – die bodenständige Arbeit, die die Grundlage unserer Gesellschaft bildet, und die Verwirklichung künstlerischer oder philosophischer Bestrebungen – gleichermaßen wichtig sind. Schaffe in Deinem Alltag Raum für beides: die notwendige Arbeit, die zum Erhalt des Lebens beiträgt, und die Momente, die das Leben bereichern und ihm Bedeutung geben. Suche nach Wegen, wie Deine täglichen Anstrengungen nicht nur den materiellen Bedürfnissen dienen, sondern auch einen Beitrag zur kulturellen und geistigen Entwicklung leisten können.

***Spiegelpunkt**: 17° Wassermann: Das Outing*

13° Stier: Arbeiten mit Vorhandenem

Die Methode im Prozess der Funktionalität, im Schützebereich der Lichtkraft, ist das Arbeiten mit dem Vorhandenen, charakterisiert durch 13° Stier. Hier wird die Bedeutung der selektiven Veränderung betont. Diese Herangehensweise schätzt die

Ressourcen, die bereits zur Verfügung stehen, und fokussiert sich darauf, nur jene Aspekte zu verändern, die einer Verbesserung bedürfen. Der nicht kultivierte Randbereich des Ackers wird als Heimstätte von Nützlingen gesehen, was die Wichtigkeit des Belassens von nichtstörenden Faktoren illustriert. Diese Gradbeschreibung hebt hervor, dass wahre Kultivierung nicht mit der rücksichtslosen Ausbeutung der Natur gleichgesetzt werden darf. Ebenso kritisiert sie die Tendenz, aus Unsicherheit oder Bequemlichkeit alles beim Alten zu lassen, was die Kultivierungsbemühungen letztlich zum Scheitern bringt.

Aufgabe: Konzentriere Dich auf das effektive Arbeiten mit dem, was bereits vorhanden ist. Identifiziere in Deinem Leben und Deiner Arbeit Bereiche, die einer Veränderung bedürfen, und jene, die von Vorteil sind, wenn sie unangetastet bleiben. Dein Ziel sollte es sein, ein Gleichgewicht zwischen Erhaltung und Veränderung zu finden, das den Gesamtnutzen maximiert. Achte darauf, wie kleine, gezielte Veränderungen in einem Bereich weitreichende positive Effekte auf das Ganze haben können. Diese selektive Verbesserungsfähigkeit wird Dir ermöglichen, sowohl persönlich als auch beruflich effizienter und zufriedener zu sein.

***Spiegelpunkt**: 16° Wassermann: Die Erhaltung*

14° Stier: Eigene Wesensart

Die Entwicklung zur eigenen Wesensart, die der 14° Stier symbolisiert, ist das Ergebnis eines tiefgreifenden Prozesses der Selbstentfaltung und Anpassung. In einer oft als „feindlich" wahrgenommenen Umwelt ist das Überleben eines Organismus eng mit seiner Fähigkeit verknüpft, hilfreiche Faktoren zu nutzen und sich anzueignen. Diese Anpassungsfähigkeit, die Umwandlung externer Ressourcen in Bestandteile, die das eigene Wachstum fördern, illustriert nicht nur biologische, sondern auch psychologische und spirituelle Überlebensstrategien. Wenn es einem Individuum gelingt, der Materie seinen persönlichen Stempel aufzudrücken, erreicht es ein fließendes Gleichgewicht mit seiner Umgebung. Scheitert es jedoch daran, wird es von externen Einflüssen überwältigt. Dieser Grad lehrt uns, dass Entwicklung immer ein Balanceakt zwischen Anpassung und der Bewahrung der eigenen Identität ist.

Aufgabe: Akzeptiere, dass das Leben aus einem ständigen Geben und Nehmen besteht. Lerne, negative Aspekte oder Umstände, die unweigerlich Teil des Lebens sind, zu akzeptieren, wenn Du die positiven Aspekte, die Du benötigst, für Dich nutzen möchtest. Indem Du lernst, Deine Aufmerksamkeit von den negativen Begleiterscheinungen abzuziehen und Dich auf die positiven Aspekte zu konzentrieren, stärkst Du Deine innere Resilienz und förderst Deine persönliche Entwicklung. Dieser Prozess hilft Dir, ein Gleichgewicht zu finden, das es Dir ermöglicht, Deine eigene Wesensart in Einklang mit Deiner Umwelt zu entwickeln und zu wahren.

***Spiegelpunkt**: 15° Wassermann: Die Selbstorganisation*

10. Szene: Strukturierung

45° - 49° = 15° Stier bis 19° Stier

Das Ziel der Lichtkraft ist erreicht: Der Körper ist bereit für die endgültige Materialisierung. Die Kultivierung des Zusammenspiels der einzelnen Fragmente führt nun zu einer dauerhaften Funktionalität, die in einer festen Struktur erhalten bleibt. Diese Szene ist der ***Steinbock der Lichtkraft***. Hier manifestiert sich die Idee der Manifestation. Aber der Steinbock ist nicht das letzte Zeichen. Die „Anerkennung“, die der Organismus hier durch die Reaktionen des Urgrundes und der Umwelt erfährt, ist nur die Grundlage für die Aufgaben, die er für ein höheres Ziel zu erfüllen hat. Die Lichtkraft hat sich verwirklicht, aber ihre Aufgabe ist die Vorbereitung für die Tätigkeit der Geisteskraft. Das Steinbock-Prinzip zeigt sich in der Lichtkraft als Festigung und Verwirklichung der physischen Konstitution.

15° Stier: inhärente Struktur

15° Stier ist der Impuls im Steinbock der Lichtkraft und offenbart die tiefe Bedeutung inhärenter Strukturen, die aus der gegenwärtigen Dynamik zwischen den Elementen einer Ganzheit entstehen. Diese Strukturen bilden sich aus dem scheinbaren Chaos und Zufall durch die Prinzipien der Selbstorganisation. Was zunächst als zufällig erscheint, folgt in Wirklichkeit einer verborgenen Ordnung, die sich in den natürlichen Gesetzen des Universums manifestiert. Diese Gesetze zeigen sich nicht direkt in materieller Form, sondern erst durch das Zusammenspiel der einzelnen Teile in ihren Beziehungsmustern. Dieser Grad betont, dass selbst in Gruppen dynamiken, denen wir uns vielleicht nicht bewusst sind, natürliche Gesetze wirken, die unser Verhalten unbewusst beeinflussen.

Aufgabe: Nimm Dir Zeit, die inhärenten Strukturen in Deinem Umfeld zu erkennen und zu verstehen. Beobachte, wie bestimmte Muster in sozialen Beziehungen oder bei der Arbeit immer wieder auftreten. Nutze Dein Verständnis von Sympathien und Antipathien innerhalb sozialer Gemeinschaften, um kontraproduktive Konflikte zu minimieren. Indem Du diese Muster bewusst machst und geschickt navigierst, kannst Du effektiver kommunizieren und harmonischere Beziehungen fördern. Dein Ziel sollte es sein, ein tieferes Verständnis für die unsichtbaren Kräfte zu entwickeln, die Deine Interaktionen mit anderen und Deine Umgebung prägen, und dieses Wissen zum Vorteil aller Beteiligten einzusetzen.

Spiegelpunkt: *14° Wassermann: Brücke zur geistigen Welt*

16° Stier: Evolution gegen Entropie

16° Stier ist der Ort des Geschehens im Steinbock der Lichtkraft und verdeutlicht den grundlegenden Konflikt zwischen Evolution und Entropie, zwischen dem Aufbau von Ordnung und dem Streben nach Gleichförmigkeit. In diesem kosmischen Tanz werden kleinste Unterschiede nicht nur erkannt, sondern auch als Basis für die Entwicklung größerer Strukturen genutzt. Die Evolution greift diese Nuancen auf und formt daraus Ordnung, während die Entropie darauf abzielt, alle Unterschiede zu nivellieren und somit die Vielfalt des Lebens zu reduzieren. Diese Dynamik spiegelt sich in allen Aspekten des Lebens wider, von der sozialen

Gerechtigkeit bis hin zur Entwicklung persönlicher Fähigkeiten. Das Bewusstsein über diese Kräfte und ihre Auswirkungen ist entscheidend für den Aufbau einer harmonischen und fortschrittlichen Gesellschaft.

Aufgabe: Dein Ziel ist es, das Gleichgewicht zwischen Entropie und Evolution bewusst zu gestalten. Achte darauf, wie Du die individuellen Talente und Fähigkeiten in Deinem Umfeld erkennst und fördern kannst. Ordne Aufgaben und Verantwortlichkeiten so zu, dass sie den natürlichen Neigungen und Stärken der Menschen entsprechen. Diese strategische Ausrichtung fördert nicht nur die individuelle Entwicklung, sondern trägt auch zum kollektiven Fortschritt bei. Indem Du aktiv für eine Umgebung sorgst, in der Evolution gefördert wird, unterstützt Du den Aufbau einer strukturierten, lebensbejahenden Gemeinschaft, die widerstandsfähig gegen die Kräfte der Entropie ist.

***Spiegelpunkt**: 13° Wassermann: Vertrauen in die Führung*

17° Stier: Gemeinschaftsgeist

17° Stier manifestiert die Synthese der Strukturierung, dem Steinbock der Lichtkraft, in der Form des Gemeinschaftsgeistes. Dieser Prozess, angetrieben durch die Prinzipien der Evolution, verdeutlicht, wie Strukturen allmählich sichtbarer werden und schlussendlich auch für die Individuen innerhalb eines größeren Ganzen als Ordnungsmuster dienen. Diese klare Strukturierung bietet dem Einzelnen Orientierung und die Möglichkeit, sich aktiv in die Gemeinschaft einzubringen. Gemeinsame Ziele und Aufgaben sind das Bindeglied, das eine Gemeinschaft zusammenhält und ihr ein gemeinsames Streben nach dem Erhalt einer sozialen Struktur ermöglicht.

Aufgabe: Lass Dich von den Zielen und Herausforderungen Deiner Gemeinschaft leiten. Die Anforderungen innerhalb einer Gemeinschaft können vielfältig sein und sich ändern. Es ist wichtig, dass Du Dich flexibel zeigst und Deinen Beitrag entsprechend den Bedürfnissen der Gemeinschaft anpasst. Suche aktiv nach Wegen, wie Du Deine Fähigkeiten und Ressourcen einbringen kannst, um gemeinsame Ziele zu erreichen. Diese aktive Beteiligung stärkt nicht nur den Gemeinschaftsgeist, sondern fördert auch das Gefühl der Zugehörigkeit und des gemeinsamen Erfolgs.

Spiegelpunkt: *12° Wassermann: Zustandsindikator*

18° Stier: Aushärtung

Die Methode der Strukturierung durch Aushärtung illustriert den Übergang von Flexibilität zu Stabilität, ähnlich wie Lebewesen, die im Wasser leben, eine weitaus weniger starre Struktur aufweisen als jene an Land. Diese Transformation betont die Notwendigkeit eines festen Stützsystems – eines Skeletts – um physische Integrität und Stärke zu bewahren. Wie eine Qualle im Wasser mit ihrer flexiblen Struktur existiert, bedarf es für ein Leben an Land, in der mentalen und materiellen Welt, einer härteren, widerstandsfähigen Basis. Dies ermöglicht gezielte Bewegungen und die Anwendung von Kraft, doch mit der Einschränkung, dass Beweglichkeit durch die rigide Struktur begrenzt wird. Strukturen neigen dazu, an den Stellen zu verhärten, die nicht regelmäßig bewegt werden, was auf die Bedeutung kontinuierlicher Aktivität und Flexibilität im Überwinden von Starrheit hinweist.

Aufgabe: Erkenne und akzeptiere die Notwendigkeit fester Strukturen in Deinem Leben, sei es in Form von Gewohnheiten, Prinzipien oder körperlicher Verfassung, um Stabilität und Sicherheit zu gewährleisten. Gleichzeitig solltest Du Flexibilität nicht vernachlässigen; bewege und fordere Dich regelmäßig heraus, um Versteifung zu vermeiden und Anpassungsfähigkeit zu bewahren. Im Alltag kann dies bedeuten, Routinen zu etablieren, die Dir Halt geben, während Du bewusst Neues ausprobierst und deine Komfortzone erweiterst, um geistige und körperliche Beweglichkeit zu fördern.

Spiegelpunkt: *11° Wassermann: Entwicklungshierarchie*

19° Stier: überschaubarer Zusammenhang

Die Entwicklung einer festen Struktur schenkt Widerstandsfähigkeit gegenüber ephemeren, kurzlebigen Veränderungen. Eine solide Grundlage ermöglicht es uns, nicht bei jeder geringfügigen Erschütterung unser Wesen zu verlieren. Vielmehr behalten wir unsere Identität bei, selbst wenn wir von Veränderungen umweht werden. Dies führt zu einer stabilen Perspektive, aus der heraus wir Veränderungen als Außenstehende betrachten und die umfassenderen Zusammenhänge verstehen können. Eine solche Festigkeit in unserem inneren und äußeren Bau erlaubt es, das Leben mit einer gewissen Gelassenheit und Einsicht zu betrachten, frei von der Notwendigkeit, auf jede kleinste Veränderung zu reagieren.

Aufgabe: Stärke Dein inneres Fundament, indem Du klare Werte und Überzeugungen festigst, die Dir in Zeiten des Wandels Halt bieten. Lerne, Veränderungen aus einer Position der Stärke heraus zu beobachten, ohne Dich von ihnen verunsichern zu lassen. Im Alltag bedeutet das, achtsam zu sein und bewusst Entscheidungen zu treffen, die Deiner langfristigen Vision entsprechen, statt impulsiven Reaktionen zu folgen. Übe Dich darin, das Große Ganze zu sehen und Veränderungen als Teil eines umfassenderen Lebensprozesses zu verstehen, wodurch Du eine tiefere Gelassenheit und Zufriedenheit in Deinem Leben entwickeln kannst.

***Spiegelpunkt**: 10° Wassermann: Steuerungsimpuls*

11. Szene: Metamorphose

50° - 54° = 20° Stier bis 24° Stier

Die zweite Szene der Manifestation ist der ***Wassermann der Lichtkraft***. Jetzt wird mit der soeben gebildeten Struktur des Organismus gespielt. Er darf sich nicht verhärten, sonst stirbt er wieder. In einem Fließgleichgewicht wird nicht nur die Materie ständig ausgetauscht, auch ihre Anordnung muss sich verändern und anpassen können. (R-)Evolution bedeutet Strukturveränderung. Jedes Wachstum, ob körperlich oder geistig, bedeutet eine Metamorphose des Gefüges, eine Reform der Struktur. Das Wassermann-Prinzip zeigt sich in der Lichtkraft als ständige Erneuerung der materiellen Basis.

20° Stier: Inspiration

Die Dynamik der Eingebung und Metamorphose im Leben eines Individuums offenbart sich durch die selektive Adaption und Transformation bestehender Werte, geleitet von einer scheinbar zufälligen, jedoch tatsächlich transzendent inspirierten Auswahl. Diese Prozesse sind vielschichtig und bieten zahlreiche Möglichkeiten der Veränderung, die alle auf das ultimative Ziel des Wesens ausgerichtet sind. Obwohl viele Ziele der Gemeinschaft zugutekommen können, liegt es an jedem Einzelnen, seine spezifische Bestimmung zu erkennen und zu verwirklichen. Diese Auswahl wird nicht durch das Individuum selbst, sondern durch eine bereits im Kern seines Seins verankerte göttliche Vision geleitet.

Aufgabe: Öffne Dich für die subtilen Zeichen und Eingebungen, die Dir den Weg Deiner persönlichen Metamorphose weisen. Vertraue darauf, dass Deine innere Führung und die synchronen Ereignisse in Deinem Leben nicht zufällig sind, sondern Ausdruck Deiner tiefsten Bestimmung. Im Alltag bedeutet dies, achtsam für Momente der Intuition und Inspiration zu sein, und diesen Impulsen zu folgen, selbst wenn sie Dich auf unerwartete Pfade führen. Lerne, Deinem inneren Kompass zu vertrauen, und erkenne, dass jede Entscheidung, die Du triffst, ein Schritt auf dem Weg zu Deiner wahren Aufgabe im Leben ist.

***Spiegelpunkt**: 9° Wassermann: Entidentifikation*

21° Stier: Kontinuität

Der Ort der Metamorphose ist die Kontinuität der Struktur. Die Essenz von Kontinuität in der Metamorphose betont die Wichtigkeit der Beständigkeit innerhalb der Veränderung. Während Transformation unvermeidlich und notwendig für Wachstum ist, muss ein Großteil der Struktur unverändert bleiben, um Stabilität und Identität zu wahren. Jede neue Veränderung stellt eine Herausforderung dar, doch ihre erfolgreiche Integration ohne die Gesamtfunktionalität zu beeinträchtigen, ist der Schlüssel zur Evolution. Der Prozess spiegelt die Balance zwischen Bewahrung und Innovation wider, wobei der Fokus darauf liegt, die Lebensfähigkeit des Systems zu sichern und gleichzeitig Raum für Verbesserungen zu schaffen.

Aufgabe: Integriere notwendige Innovationen in Dein Leben oder Deine Arbeit, indem Du einen Weg findest, sie harmonisch mit bestehenden Strukturen zu verbinden. Bewahre dabei die Kernaspekte Deiner Persönlichkeit oder Deines Projekts, um Stabilität zu gewährleisten. Erkenne, dass sich Wachstum oft in kleinen, bedachten Schritten vollzieht, die sowohl die Vergangenheit ehren als auch die Zukunft willkommen heißen. Dies erfordert Offenheit für Neues, ohne das Bewährte zu verlieren, und fördert eine evolutionäre statt revolutionäre Entwicklung.

***Spiegelpunkt**: 8° Wassermann: Verlebendigung*

22° Stier: Subjektive Werte

Die Verschmelzung von Inspiration und Kontinuität mündet in der subjektiven Bewertung potenzieller Veränderungen. Individuell und basierend auf aktuellen Umständen, betrachten und bewerten wir die Möglichkeiten der Transformation. Was für den einen wertvoll erscheint, kann für den anderen belanglos sein, was die Vielfalt und Funktionalität innerhalb eines Systems unterstreicht. Subjektive Werte sind nicht weniger gültig; sie lenken unsere Aufmerksamkeit zielgerichtet und tragen zur Diversität und Funktionalität des Ganzen bei. Dieser Prozess verdeutlicht, dass unterschiedliche Perspektiven und Werte essentiell für die Gestaltung unserer Welt sind.

Aufgabe: Akzeptiere und schätze die Vielfalt subjektiver Werte als Bereicherung des Lebens. Vermeide es, Deine Werte anderen aufzudrängen, oder Dich von den Bewertungen anderer beeinflussen zu lassen. Erkenne, dass die Vielfalt an Werten das Leben farbenfroh und vielschichtig macht. Werte müssen im jeweiligen Kontext funktionieren, nicht universell akzeptiert werden. Diese Erkenntnis fördert Toleranz und ein tieferes Verständnis für die individuelle Bedeutung und den Beitrag jedes Einzelnen zur gemeinschaftlichen Harmonie und Funktionalität.

Spiegelpunkt*: 7° Wassermann: Modetrend*

23° Stier: Gnadenlosigkeit

Die Notwendigkeit einer gewissen Gnadenlosigkeit im Prozess der Metamorphose spiegelt sich in der Bereitschaft wider, Teile von sich loszulassen, die einer Veränderung im Wege stehen. Dies ist die Methode im Wassermann der Lichtkraft. Echtes Wachstum und Transformation verlangen oft, dass wir uns von überholten Aspekten unseres Selbst oder Lebens trennen. Diese Loslösung kann nur erfolgen, wenn wir die emotionale Verbindung zu dem, was hinterlassen wird, kappen. Diese Art der Gnadenlosigkeit ist nicht Grausamkeit, sondern eine Form der Selbstliebe und Weiterentwicklung, indem Raum für Neues geschaffen wird, ohne dass altes Ballast den Fortschritt behindert.

Aufgabe: Übe Dich in der Kunst des Loslassens, indem Du bewusst Bereiche Deines Lebens identifizierst, die nicht mehr zu Deinem Wachstum beitragen. Erlaube Dir, diese ohne Schuldgefühle oder Bedauern freizugeben. Erkenne, dass wahre Veränderung manchmal erfordert, hart gegenüber dem eigenen Selbst oder veralteten Lebensaspekten zu sein, um eine echte Transformation zu ermöglichen. Konzentriere Dich darauf, was Dich voranbringt, und sei bereit, Dich von dem zu trennen, was Dich zurückhält.

Spiegelpunkt*: 6° Wassermann: Neugeburt*

24° Stier: Verbesserung durch Synergie

Die Metamorphose führt zu einer Verbesserung und Erweiterung der Funktionen und Kapazitäten eines Organismus, symbolisch für individuelles und gemeinschaftliches Wachstum. Diese Veränderung dient dem Wohl der gesamten Struktur, was eine kulturelle und kompetenzielle Aufwertung zur Folge hat. Durch die synergetische Zusammenarbeit der Individuen zugunsten der Gemeinschaft entsteht ein allgemeiner Wohlstand, der die Evolution des Gesamtsystems ermöglicht. Der Schlüssel liegt in der effektiven Kombination der Einzelteile, um ein optimiertes Ganzes zu schaffen.

Aufgabe: Erkenne und nutze die Kraft der Zusammenarbeit, um sowohl persönliches Wachstum als auch das Wohl der Gemeinschaft zu fördern. Arbeite daran, Deine Fähigkeiten so einzusetzen, dass sie mit denen anderer synergetisch wirken, um gemeinsame Ziele zu erreichen. Im Alltag bedeutet dies, offene Kommunikation und Kooperation zu pflegen, die individuelle Stärken würdigt und auf das größere Ganze ausgerichtet ist. Strebe danach, durch gemeinsame Anstrengungen eine Kultur der Verbesserung und des Wachstums zu schaffen.

***Spiegelpunkt**: 5° Wassermann: Handlungsmuster*

12. Szene: Homöostase

55° - 59° = 25° Stier bis 29° Stier

Die dritte Szene der Manifestation ist der ***Fischebereich der Lichtkraft***. Die Synthese von Struktur und Metamorphose führt zur Homöostase. Die Materie ist im Fluss. Der Körper des zu erschaffenden Wesens ist geformt und lebensfähig. Die Funktion der Lichtkraft hat sich erfüllt und löst sich nun im ewigen Kreislauf des Fließgleichgewichtes des Körpers auf. Die Vorbereitungen für die Funktion der Geisteskraft sind abgeschlossen. Das Fische-Prinzip zeigt sich innerhalb der Lichtkraft als berechenbarer Fluss materieller Kreisläufe. Dabei ist in den einzelnen materiellen Teilchen keine Stabilität mehr zu erkennen. Erst die Betrachtung des Gesamtsystems lässt eine stabile Struktur erkennen.

25° Stier: Entladungsblockade

Die Idee der Homöostase zeigt sich in einer Entladungsblockade. Es ist ein Zustand ständiger Spannung, welche sich niemals vollständig lösen darf. Die Homöostase manifestiert sich als eine Entladungsblockade, die einen Zustand anhaltender Spannung erzeugt, die nie vollständig abgebaut wird. Diese kontinuierliche Spannung dient als dauerhafte Energiequelle und stellt sich der Entropie entgegen. Ein Beispiel dafür ist das Konzept der unerreichbaren Liebe, wie es bei Minnesängern zu finden ist, wo die sexuelle Spannung nicht in der Eroberung, sondern in der Schaffung von Kunst sublimiert wird. Diese Dynamik nutzt die Energie für kreative Zwecke statt einer direkten Auflösung.

Aufgabe: Nutze unerfüllte Wünsche oder anhaltende Spannungen als kreative Antriebskraft. Statt Frustration über nicht erreichbare Ziele zu empfinden, wandle diese Energie in produktive oder künstlerische Projekte um. Dies fördert nicht nur Deine kreative Ausdrucksfähigkeit, sondern hilft auch, innere Spannungen auf positive Weise zu verarbeiten. Im Alltag kann dies bedeuten, dass Du Hobbys oder Interessen nachgehst, die Dir ein Ventil für Deine Emotionen und Energien bieten.

***Spiegelpunkt**: 4° Wassermann: Neue Dimension des Denkens*

26° Stier: Angleichung

Die Angleichung innerhalb der Homöostase, den Ort in den Fischen der Lichtkraft, erfolgt durch die effiziente Anpassung des Energieflusses an die Bedürfnisse des Gesamtsystems. Es geht nicht darum, Energie willkürlich zu blockieren oder umzuleiten, sondern sie so einzusetzen, dass sie konkrete, nützliche Arbeit leistet. Ähnlich einem Stausee, der erst seinen wahren Nutzen entfaltet, wenn die gestaute Wasserkraft etwa zur Bewegung eines Mühlrades oder zum Antrieb elektrischer Turbinen genutzt wird. Die Errichtung einer Staumauer ohne Nutzung der aufgestauten Energie wäre vergebliche Mühe.

Aufgabe: Setze Deine Ressourcen und Fähigkeiten gezielt und produktiv ein, statt sie zurückzuhalten. Investiere Deine Energie und Talente in Projekte und Unternehmungen, die einen echten Beitrag leisten können. Scheue Dich nicht davor, Deine Ideen in die Tat umzusetzen, aus Angst, sie könnten gestohlen werden. Der Schlüssel liegt darin, Deine Kraft nicht zu verschwenden, sondern sie sinnvoll und zum Wohl des Gesamtsystems einzusetzen.

***Spiegelpunkt**: 3° Wassermann: Channeling*

27° Stier: ewiger Neubeginn

Die Kombination von Entladungsblockade und Angleichung führt zu einem ewigen Neubeginn, einem Zustand, in dem ein lebendiges System stets im dynamischen Gleichgewicht bleibt. Dieses Prinzip fördert die Versorgung der Subsysteme mit den notwendigen Ressourcen und Lebensfreude, was wiederum die Motivation stärkt, im Dienste des Ganzen zu wirken. Der ewige Neubeginn ist ein Zyklus von Erreichen und Streben nach neuen Zielen, getragen von euphorischem Enthusiasmus.

Aufgabe: Pflege eine Mentalität des ständigen Wachstums und der Erneuerung. Suche nach neuen Herausforderungen und Zielen, sobald Du die aktuellen erreicht hast. Dieser Prozess des ständigen Neuanfangs hält das Leben lebendig und fesselnd. Nehme Veränderungen und Chancen mit Enthusiasmus an und lasse zu, dass jede Errungenschaft Dich zum nächsten Vorhaben führt. Dieser Ansatz bereichert nicht nur Deinen persönlichen Weg, sondern trägt auch zur Vitalität und zum Fortschritt der gesamten Gemeinschaft bei.

***Spiegelpunkt**: 2° Wassermann: Distanz zur eigenen Identität*

28° Stier: Verständnis und Routine

Die Balance zwischen Routine und stetiger Erneuerung definiert die Methode der Homöostase. Routine ermöglicht einen gleichmäßigen Fluss in Organismen, während das Verständnis für die ständig sich wandelnden Nuancen Flexibilität und Anpassungsfähigkeit verlangt. Ähnlich einem Theaterstück, das zwar stets das gleiche Skript verwendet, jedoch bei jeder Aufführung einzigartige Momente erlebt, erfordert das Leben eine Anerkennung des Beständigen sowie eine Wertschätzung des stets Neuen.

Aufgabe: Pflege ein tiefes Verständnis für die subtilen Veränderungen innerhalb Deiner täglichen Routinen. Erkenne, dass in der Beständigkeit Raum für Innovation und Erneuerung existiert. Ermögliche Dir selbst, die Freude am Neuen zu empfinden, indem Du eine solide Basis des Vertrauten bewahrst. Sieh die Routine nicht als Energieverlust, sondern als Fundament, auf dem Neues und Positives gedeihen kann.

***Spiegelpunkt**: 1° Wassermann: Glaube an die Kraft des Ideals*

29° Stier: Sicherheit

Die erlangte Homöostase mündet in einer körperlichen Sicherheit, die durch einen gesunden Körper repräsentiert wird. Dieser Zustand erzeugt eine Schönheit, die zu einem berechtigten, stolzen Auftreten führt. Der Körper befindet sich in Vollendung; seine inneren Funktionen arbeiten so reibungslos zusammen, dass keine bewusste Anstrengung mehr für ihre Aufrechterhaltung nötig ist. Diese Sicherheit und Selbstgenügsamkeit erlauben eine vollständige Konzentration auf äußere Aufgaben.

Aufgabe: Arbeite an der Gesundheit und Balance Deines Körpers, um ein Fundament stolzer Sicherheit zu erreichen. Nutze dieses Selbstvertrauen, um Dich auf Ziele und Aufgaben außerhalb Deiner selbst zu konzentrieren, ohne durch körperliche Beschwerden abgelenkt zu werden. Diese Balance zu erreichen bedeutet, sich bewusst um den eigenen Körper zu kümmern, durch Ernährung, Bewegung und mentales Wohlbefinden, sodass er zu einer Quelle des Stolzes und nicht der Sorge wird.

***Spiegelpunkt**: 0° Wassermann: Der Geistesblitz*

13. Szene: Wahrnehmung

60° – 64° = 0° Zwilling - 4° Zwilling

Der ***Widder der Geisteskraft***. Die Idee der Entdeckung wird von außen an das Wesen herangetragen. Der Rest der Welt reizt und stimuliert ein oder mehrere Sinnesorgane des Wesens und zwingt es so, die Außenwelt wahrzunehmen. Die Aufmerksamkeit des Geistes wird auf Details der Außenwelt gelenkt. Das Aries-Prinzip zeigt sich innerhalb der Geisteskraft als ein „Drang" oder Zwang zur Wahrnehmung der Außenwelt, der vom Individuum selbst nicht kontrolliert werden kann.

0° Zwilling: Neuer Aspekt der Wirklichkeit

Die Eröffnung des Zwillingsgrades symbolisiert den Beginn einer Reise in die unendlichen Möglichkeiten der Wahrnehmung und Erkenntnis. Die Art, wie unsere Sinne die Welt interpretieren, offenbart eine ständig wechselnde Realität – ein Kaleidoskop der Erfahrungen, das durch die einfachsten Phänomene, wie das Fallen eines Lichtstrahls oder das Wahrnehmen eines Geruchs, transformiert wird. Diese sensorische Stimulation ist der Schlüssel zur Entdeckung neuer Aspekte der Welt, ein unerwartetes Tor zur Vielfalt des Lebens. Es erinnert uns daran, dass jeder Moment einzigartig ist und die Welt weit mehr Facetten hat, als wir auf den ersten Blick erkennen.

Aufgabe: Deine Aufgabe besteht darin, die Unmittelbarkeit und den Reichtum der sinnlichen Erfahrung bewusst zu kultivieren. Im Alltag bedeutet das, Routinen zu durchbrechen und Alltägliches mit neuen Augen zu sehen – sei es die Farben des

Himmels, die Textur einer Wand oder die Melodie des Windes. Auf persönlicher Ebene ermutigt Dich dieser Grad, Deine Wahrnehmung zu schärfen und offen für neue Ideen und Perspektiven zu sein. Es geht darum, die Vielfalt des Lebens zu erkennen und zu schätzen, und zu verstehen, dass jede Wahrnehmung ein Tor zu neuen Möglichkeiten der Selbstentfaltung und des Wachstums ist.

***Spiegelpunkt**: 29° Steinbock: Die Weltverschwörung*

1° Zwilling: Das unbeschriebene Blatt

Der Grad des 1° Zwilling spricht von einem Zustand reiner Offenheit und Empfänglichkeit, vergleichbar mit einem unbeschriebenen Blatt Papier. In dieser Phase der Entwicklung sind unsere Sinnesorgane völlig frei von Vorurteilen und früheren Eindrücken, bereit, die Welt in ihrer reinen Form zu empfangen. Diese Art der Wahrnehmung ermutigt uns, ohne Erwartungen zu leben und die Vielfalt der Welt unverfälscht zu erfahren. Es ist ein Aufruf, sich der ursprünglichen Neugier und der unendlichen Möglichkeiten des Lernens und Entdeckens zu öffnen. Diese Phase betont die Bedeutung der Reinigung unserer Wahrnehmung, um die Welt in einem neuen Licht zu sehen und authentische Erfahrungen zu sammeln.

Aufgabe: Deine Aufgabe ist es, den Geist offen und frei von Vorannahmen zu halten, um die Vielfalt und Fülle des Lebens in vollen Zügen zu erfahren. Im täglichen Leben bedeutet das, bewusst Momente zu schaffen, in denen Du Dich ganz auf das Hier und Jetzt einlässt, ohne von vergangenen Erfahrungen oder zukünftigen Erwartungen beeinflusst zu werden. Persönlich ermutigt Dich dieser Grad, den Wert des Anfängergeistes zu erkennen und zu pflegen – sich jeder Situation, jeder Begegnung mit einer frischen Perspektive zu nähern, als wäre es das erste Mal. Dies fördert ein tieferes Verständnis und eine echte Wertschätzung für die Vielfalt des Lebens.

Spiegelpunkt*: 28° Steinbock: Zukunftsweisende Regeln*

2° Zwilling: Formalismus der Sinne

Der Grad des 2° Zwilling offenbart die spezifische Natur und Funktion unserer Sinne, indem er den unverwechselbaren Formalismus der Sinneswahrnehmung betont. Dieses Prinzip verdeutlicht, wie jedes Sinnesorgan eine einzigartige Rolle in der Art und Weise spielt, wie wir die Welt interpretieren. Ein Auge kann keinen Ton erfassen, und ein Ohr kann kein Licht sehen; jeder Sinn hat seine eigene Domäne. Diese klare Abgrenzung hilft uns, die Welt um uns herum zu ordnen und zu verstehen. Es ist eine Erinnerung daran, dass die Vielfalt in der Funktionsweise unserer Sinne eine Grundlage unseres Verständnisses der Realität bildet.

Aufgabe: Deine Aufgabe besteht darin, die metaphorische Bedeutung der Sinneswahrnehmung in der Art zu erkunden, wie wir Informationen interpretieren, die durch verschiedene Träger und Kommunikationskanäle zu uns kommen. Überlege, wie die Art des Mediums – sei es ein geschriebenes Wort, ein Bild oder ein digitaler Kanal – die Botschaft beeinflusst und formt, ähnlich wie unsere Sinne die physische Welt filtern. Erkenne, dass jede Informationsquelle ihre eigene ‚Sinnesart' hat, die bestimmt, wie Nachrichten empfangen und verstanden werden. Indem Du diese

Metapher auf Deine tägliche Kommunikation anwendest, wirst Du sensibler für die Nuancen in der Übermittlung und Interpretation von Informationen, fördert ein tieferes Verständnis der verschiedenen Perspektiven und erweitert Deine Fähigkeit, effektiv zu kommunizieren und zu verstehen.

Spiegelpunkt*: 27° Steinbock: Weite Grenzen*

3° Zwilling: Rückbindung an die Quelle

Dieser Grad symbolisiert die tiefere Einsicht, dass jede Wahrnehmung eine Verbindung zu ihrem Ursprung hat. Die geistige Rückbindung von Sinneserfahrungen an ihre Quelle verdeutlicht, wie unser Bewusstsein physische Impulse in sinnvolle Erfahrungen umwandelt. Es ist ein Hinweis darauf, dass das Verständnis und die Interpretation von Informationen nicht isoliert stattfinden, sondern durch die Verbindung mit ihrem Ursprung Bedeutung erlangen. Diese Rückbindung erlaubt es uns, über die Oberfläche hinauszublicken und die tiefere Wahrheit hinter unseren Erfahrungen zu erkennen. Sie erinnert uns daran, dass alles, was wir wahrnehmen, Teil eines größeren Ganzen ist und dass unsere Einsichten und Erkenntnisse tief in der Realität verwurzelt sind.

Aufgabe: Deine Aufgabe ist es, die metaphorische Bedeutung dieser Rückbindung in Deinem Leben zu erkunden. Versuche, die Ursprünge Deiner Gedanken, Gefühle und Überzeugungen zu verstehen und wie sie Deine Wahrnehmung der Welt formen. Diese Erkenntnis kann sowohl auf die konkrete Sinneswahrnehmung als auch auf abstraktere Formen der Informationsverarbeitung angewandt werden. Überlege, wie jede Information, Meinung oder Überzeugung, die Du hast, zu ihrem Ursprung zurückverfolgt werden kann, und wie dieses Verständnis Deine Perspektive verändert. Dies fördert nicht nur eine tiefere Selbstkenntnis, sondern auch ein bewussteres und verantwortungsvolleres Handeln in der Welt.

***Spiegelpunkt**: 26° Steinbock: Menschheits-Transformation*

4° Zwilling: Impression

Beim 4° Zwilling geht es um die Transformation von Sinneswahrnehmungen in ein umfassendes Bild der Außenwelt. Dieser Grad verdeutlicht einen Schritt weiter als die anfängliche Wahrnehmung – es ist die Schaffung eines „virtuellen Bildes“, das die gesammelten Informationen zu einem neuen Verständnis der Realität zusammenfügt. Dieser Prozess, bei dem eine Impression entsteht, ist entscheidend für die Formung unserer Ansichten und Meinungen über die Welt. Es geht darum, wie neue Informationen unsere vorhandenen Perspektiven herausfordern und erweitern können, was zu einem tieferen und umfassenderen Verständnis der Wirklichkeit führt.

Aufgabe: Deine Aufgabe ist es, regelmäßig Deine Interpretationen der Welt zu hinterfragen und zu aktualisieren. Neue Informationen sollten als Anlass dienen, die bisherige Auslegung von Tatsachen zu überdenken. Dieser Prozess soll Dich ermutigen, offen für Veränderungen in Deiner Wahrnehmung zu sein, selbst wenn diese neuen Erkenntnisse das bestehende Bild nicht radikal verändern. Es ist die Bereitschaft, diese Möglichkeit der

Veränderung zu erkennen und zu akzeptieren, die zu einem reiferen Verständnis und einer flexiblen Anpassung an die Welt führt.

***Spiegelpunkt**: 25° Steinbock: Die innere Dynamik*

14. Szene: Einordnung

65° - 69° = 5° Zwilling - 9° Zwilling

Der ***Stier der Geisteskraft***. Der Ort der Entdeckung ist eine Sammlung früherer Eindrücke. Hier, in diese Sammlung, wird die neue Wahrnehmung eingeordnet wie ein Buch in eine Bibliothek. Diese Bibliothek der Erinnerungen ist ein holographischer Wahrnehmungsspeicher, der ein Abbild der Außenwelt im Inneren des Wesens darstellt. Alle Informationen über die Außenwelt sind hier enthalten. Dieses holographische Abbild aller Wahrnehmungen ist das, was alle Wesen für die reale Welt halten und was tatsächlich ihre eigene, subjektive und perspektivisch verzerrte Wirklichkeit ist. Hier zeigt sich der Unterschied zwischen dem wahrgenommenen Gegenstand, der sich als Bild im Inneren des Wesens manifestiert, und dem „Ding an sich", wie Immanuel Kant es nennt, das unzugänglich und unerfahrbar außerhalb bleibt. Das Prinzip des „sich Einverleibens", des Sammelns und Festhaltens, das dem Stier eigen ist, bezieht sich innerhalb des Geistes auf Informationen aller Art.

5° Zwilling: Wissensbesitz

Die Faszination von 5° Grad Zwilling liegt in der unersättlichen Neugier und dem unermüdlichen Streben nach Wissen. Wie ein Sammler, der jede Marke, jeden Bierdeckel mit einer Geschichte betrachtet, sammelt dieser Grad Informationen aus der Außenwelt, um ein umfassendes Verständnis des Universums zu erlangen. Diese Sammlung an Wissen ermöglicht es, die Vielfalt der Welt zu erkennen und flexibel auf neue Situationen zu reagieren.

Der Reichtum an Informationen erweitert nicht nur den Horizont, sondern erhöht auch die Fähigkeit, kreative und informierte Entscheidungen zu treffen. Es ist ein unendliches Puzzle, bei dem jedes Stück Einblick in neue Perspektiven und Möglichkeiten bietet. Doch mit dem Bewusstsein, dass das vollständige Bild niemals ganz erfasst werden kann, liegt hier eine tiefgreifende Weisheit verborgen.

Aufgabe: Erkenne die Grenzen Deines Wissens und bleibe demütig in der Anerkennung, dass immer ein Stück des Puzzles fehlen wird. Diese Akzeptanz eröffnet den Weg zu echter Weisheit. Du solltest lernen, mit Unvollständigkeit umzugehen und offen für neue Informationen zu bleiben, selbst wenn diese Deine bisherigen Überzeugungen herausfordern. Es ist wichtig, eine Balance zu finden zwischen dem Streben nach Wissen und der Erkenntnis, dass unser Verständnis der Welt immer unvollständig bleiben wird. Nutze Dein Wissen als Brücke, nicht als Barriere, und sei bereit, Deine Sichtweisen zu erweitern und anzupassen.

***Spiegelpunkt**: 24° Steinbock: moralische Werte*

6° Zwilling: Überlieferte Traditionen

Im Zeichen der Zwillinge, bekannt für geistige Beweglichkeit und einen unstillbaren Hunger nach Wissen, steht der 6. Grad symbolisch für die Auseinandersetzung mit den „Traditionen“ der eigenen Denkmuster und Interpretationsweisen. Dieser Grad beleuchtet, wie wir durch die Brillen unserer gewohnten Vorstellungen und verinnerlichten Überzeugungen die Welt wahrnehmen und verstehen. Es ist ein Aufruf, zu erkennen, wie unsere persönlichen „Traditionen“ – die Summe unserer bisherigen Erfahrungen, Erziehung und kulturellen Prägung – die Art und Weise formen, wie wir Sinneseindrücke einordnen und bewerten. Diese inneren Muster zu verstehen, ermöglicht es, sie bewusst zu hinterfragen und gegebenenfalls zu erneuern. Der 6. Grad Zwilling lädt dazu ein, die Vielschichtigkeit der Welt mit einer offeneren Geisteshaltung zu betrachten, indem wir über den Tellerrand unserer gewohnten Sichtweisen hinausblicken.

Aufgabe: Mache Dir Deine eigenen „überlieferten Traditionen" bewusst – die tief verwurzelten Überzeugungen und Gewohnheiten, mit denen Du die Welt interpretierst. Deine Herausforderung besteht darin, diese inneren Muster zu erkennen, ihre Ursprünge zu verstehen und kritisch zu hinterfragen, ob sie noch in die heutige Zeit passen. Es geht darum, die Flexibilität Deines Geistes zu erhöhen, indem Du Dich für neue Interpretationen und Perspektiven öffnest. Diese Auseinandersetzung fördert nicht nur eine reichere, differenziertere Sicht auf die Welt, sondern auch eine tiefere Selbstkenntnis. Indem Du die Grenzen Deiner eigenen Interpretationsgewohnheiten erkennst und erweiterst, schaffst Du Raum für Wachstum, Kreativität und ein tieferes Verständnis der Vielfalt menschlicher Erfahrungen.

***Spiegelpunkt**: 23° Steinbock: Die Verpflichtung*

7° Zwilling: Privilegienabbau

Der 7° Zwilling steht metaphorisch für den Prozess des Privilegienabbaus, der nicht nur gesellschaftliche oder kulturelle Privilegien umfasst, sondern auch die tiefer liegenden, persönlichen „Privilegien" unserer Wahrnehmung und Interpretation der Welt. Diese Privilegien sind die unbewussten Annahmen, Vorurteile und Gewohnheiten, mit denen wir Informationen filtern und bewerten. So wie der Name, der uns so vertraut ist, dass er sofortige Aufmerksamkeit erregt, repräsentieren diese inneren „Privilegien“ eine feste Verknüpfung von Sinnesreizen mit spezifischen Interpretationen, die uns daran hindern, die Vielfalt möglicher Bedeutungen zu erkennen. Der Abbau dieser Privilegien erfordert ein Bewusstsein für die eigene geistige „Sammlung“ an Interpretationen und die Bereitschaft, diese zu hinterfragen und zu erweitern, um neuen, unerwarteten Informationen Raum zu geben.

Aufgabe: Deine Herausforderung liegt darin, die inneren „Privilegien“ Deiner Wahrnehmung zu identifizieren und abzubauen. Beginne, indem Du Dich fragst, welche Annahmen, Vorurteile oder Interpretationsgewohnheiten Deine Sicht auf die Welt unbewusst formen. Sei bereit, diese kritisch zu hinterfragen und Dich für die Möglichkeit zu öffnen, dass es mehr als eine gültige Perspektive gibt. Dieser Prozess erfordert nicht nur Offenheit für neue Informationen, sondern auch für die Überarbeitung Deiner eigenen inneren Landkarte der Welt. Indem Du lernst, Deine mentalen „Privilegien“ abzubauen, förderst Du eine tiefere Flexibilität des Denkens und eine größere Offenheit für die komplexe Vielfalt der Realität.

***Spiegelpunkt**: 22° Steinbock: moralischer Sieg*

8° Zwilling: Aussortierung

Die Methode in der Szene der Einordnung, dem Stier der Geisteskraft, besteht in der Aussortierung und illustriert einen kritischen Denkprozess, bei dem unpassende Interpretationen und Vorurteile eliminiert werden, um Klarheit in der „Bibliothek der

Erinnerungen“ zu schaffen. Dieser Grad symbolisiert die Fähigkeit des Geistes, aus dem chaotischen Stimmengewirr vergangener Erfahrungen und Erkenntnisse, die relevanten Informationen herauszufiltern und ein geordnetes Muster zu erstellen. Dieser Prozess ermöglicht es, neue Sinneseindrücke präzise einzuordnen, indem überholte und unzutreffende Interpretationen verworfen werden. Der 8° Zwilling lehrt uns, wie wichtig es ist, bewusst und selektiv mit unserem inneren Archiv umzugehen, um den Weg für neue Erkenntnisse und Perspektiven frei zu machen.

Aufgabe: Trainiere Deine Fähigkeit, geistige Aussortierung aktiv zu praktizieren. Beginne damit, Dir Deiner automatischen Gedanken und der sofortigen Kategorisierung neuer Erfahrungen bewusst zu werden. Hinterfrage kritisch, ob diese ersten Impulse wirklich zutreffend sind oder lediglich auf alten Gewohnheiten basieren. Die Herausforderung liegt darin, den Mut aufzubringen, gewohnte Denkmuster zu durchbrechen und Dich für unerwartete und frische Interpretationen zu öffnen. Diese geistige Flexibilität wird nicht nur Deine Anpassungsfähigkeit verbessern, sondern auch zu tieferen Einsichten und einem reicheren Verständnis der Welt führen.

***Spiegelpunkt**: 21° Steinbock: innere Stärke des Ehrenkodex*

9° Zwilling: Flexibilität

Im Kern von 9° Zwilling, dem Ergebnis des Stieres der Geisteskraft, steht geistige Flexibilität als Endprodukt eines Prozesses, bei dem alte Erinnerungen und Verständnisse losgelassen werden, um Raum für neue Interpretationen und Einsichten zu schaffen. Diese Flexibilität ist eine entscheidende Fähigkeit in einer sich ständig verändernden Welt, in der Wahrnehmungen und Informationen ständig aktualisiert werden müssen. Es geht darum, die Fähigkeit zu entwickeln, schnell und effizient zwischen verschiedenen Perspektiven zu wechseln, ohne an starren oder überholten Vorstellungen festzuhalten. Diese Anpassungsfähigkeit ermöglicht es, sich in komplexen Situationen besser zurechtzufinden, indem man offen für Neues bleibt und bereit ist, sich von alten Mustern zu trennen, wenn diese nicht mehr hilfreich sind.

Aufgabe: Übe Dich in der Kunst des Loslassens und der Offenheit für neue Möglichkeiten. Identifiziere Bereiche in Deinem Leben, die von veralteten Ansichten oder unnötigen materiellen Dingen belastet sind. Erlaube Dir, diese loszulassen, um Platz für frische Ideen und neue Wege zu schaffen. Diese Haltung der Offenheit wird es Dir ermöglichen, Deine Ressourcen effektiver zu nutzen und kreative Lösungen für Herausforderungen zu finden, indem Du das Potenzial des bereits Vorhandenen in einem neuen Licht betrachtest. Aber sei auch offen dafür, fremde Dinge aus überholten Zusammenhängen zu lösen, um sie bei Dir zu integrieren.

***Spiegelpunkt**: 20° Steinbock: Gruppen-Wettkampf*

15. Szene: Erkennen

70° - 74° = 10° Zwilling - 14° Zwilling

Der ***Zwilling der Geisteskraft***. Die Synthese von Wahrnehmung und Einordnung führt schließlich zum (Wieder-)Erkennen des Wahrgenommenen. Das Bild der Außenwelt wird wieder um eine Wahrnehmung bereichert. Durch das Erkennen fügt sich der Sinneseindruck harmonisch in das holographische Bild der Wirklichkeit ein und wird durch „Resonanz“ mit früheren Erfahrungen zu einer entscheidenden Information über die aktuelle Situation im Außen. Der Informationsaustausch des Zwillingsprinzips wird innerhalb der Geisteskraft zu einer Rückkopplungsschleife, die eine ständige Korrektur und Anpassung des Weltbildes im Inneren des Menschen an die reale Außenwelt ermöglicht. Die Wirklichkeit nähert sich so Schritt für Schritt der Wahrheit an.

10° Zwilling: Erkenntniskraft

Hier zeigt sich die Idee, der Impuls des Zwillings der Geisteskraft dieser Grad betont die Bedeutung der Erkenntniskraft, einer geistigen Fähigkeit, die es uns ermöglicht, neue Sinneseindrücke aufzunehmen, mit bereits gesammelten Erfahrungen zu vergleichen und in bestehende Wissenskategorien einzuordnen. Es ist die Kunst, verschiedenartige Informationen zu einem kohärenten Ganzen zu verschmelzen, wodurch neue Erkenntnisse entstehen. Diese Fähigkeit zur Synthese und Interpretation erlaubt es uns, den wahren Wert und die Bedeutung unserer Wahrnehmungen zu erschließen. Die Erkenntniskraft im Zwilling verkörpert somit die dynamische Interaktion zwischen Neuem und Altem, zwischen Entdeckung und Integration, die unseren Geist bereichert und unser Verständnis der Welt erweitert. Sie ist ein entscheidender Schritt auf dem Weg zur Weisheit, der uns lehrt, die Vielschichtigkeit der Realität zu erkennen und anzuerkennen.

Aufgabe: Schärfe Deine Erkenntniskraft durch bewusstes Beobachten und Reflektieren Deiner Umgebung. Nimm Dir Zeit, neue Informationen aktiv mit Deinem vorhandenen Wissen zu verbinden. Suche nach Mustern, Zusammenhängen und ungewöhnlichen Verknüpfungen. Diese Praxis erfordert Offenheit, Geduld und die Bereitschaft, etablierte Ansichten in Frage zu stellen. Deine Aufgabe ist es, die Welt nicht nur zu sehen, wie sie ist, sondern auch das Potenzial für das, was sein könnte, zu erkennen. Indem Du lernst, Deine Wahrnehmungen tiefgreifend zu analysieren und zu interpretieren, erweiterst Du nicht nur Dein Wissen, sondern auch Deine Fähigkeit, kreativ und innovativ zu denken.

***Spiegelpunkt**: 19° Steinbock: Gesellschafts-Choreographie*

11° Zwilling: Entkonditionierung

Die tiefere Bedeutung von 11° Zwilling liegt in der Entkonditionierung, einem Prozess, der uns einlädt, die Fesseln vergangener Erfahrungen und Interpretationen zu lösen, die unsere Wahrnehmung und unser Verständnis der Welt einschränken. Es geht darum, unsere mentalen Modelle und Weltanschauungen zu hinterfragen, die uns daran hindern, die Wirklichkeit in ihrer vollen Bandbreite zu erfassen. Anstatt die Welt zu zwingen, sich unserem inneren Bild anzupassen, erfordert Entkonditionierung, dass wir bereit sind, das geistige Chaos zu umarmen und die

Grenzen des Gewohnten zu überschreiten. Dieser Grad lehrt uns, dass wahre Erkenntnis oft erst dann erreicht wird, wenn wir den Mut haben, unsere tief verwurzelten Überzeugungen aufzugeben und uns dem Unbekannten zu öffnen.

Aufgabe: Deine Aufgabe besteht darin, Dich aktiv mit der Entkonditionierung Deiner eigenen mentalen Muster auseinanderzusetzen. Erkenne, wo Deine Vorstellungen und Annahmen Dich daran hindern, die Welt in ihrer ganzen Vielfalt und Dynamik zu sehen. Sei bereit, Deine Überzeugungen zu hinterfragen und Dich von jenen zu lösen, die nicht länger Deiner Entwicklung dienen. Dieser Prozess erfordert Mut, da er Dich dazu herausfordert, über die Grenzen Deiner Komfortzone hinaus zu gehen und Dich dem Potenzial für persönliches Wachstum zu öffnen. Durch das Überschreiten dieser Grenzen, sei es in Gedanken oder durch konkretes Handeln, kannst Du eine tiefere und authentischere Beziehung zur Wahrheit und zur Welt um Dich herum aufbauen.

***Spiegelpunkt**: 18° Steinbock: Die Disziplin*

12° Zwilling: Inspirationsquelle

Der 12. Grad im Zeichen Zwilling spricht von der einzigartigen Fähigkeit, aus der Synthese von Erkenntniskraft und Entkonditionierung eine unerschöpfliche Inspirationsquelle zu erschließen. Dieser Grad beleuchtet die Gabe, immer neue und kreative Perspektiven zu entdecken, indem wir uns für die unendlichen Möglichkeiten des Lebens öffnen. Er ermutigt dazu, über traditionelle Denkmuster hinauszudenken und die Welt mit einem Sinn für Wunder und Neugier zu betrachten. Indem wir uns von alten Überzeugungen lösen und lernen, die Welt aus unterschiedlichen

Blickwinkeln zu sehen, wird unser Geist zu einem fruchtbaren Boden für Innovationen und transformative Ideen. Die Fähigkeit, Inspiration in allem zu finden und Verbindungen zwischen scheinbar unzusammenhängenden Konzepten zu ziehen, ist das wahre Geschenk dieses Grades.

Aufgabe: Deine Herausforderung besteht darin, eine Lebenshaltung zu entwickeln, die Offenheit für Neues mit der Fähigkeit kombiniert, Inspiration in alltäglichen Erfahrungen zu finden. Versuche, die Welt um Dich herum bewusst wahrzunehmen und lasse Dich von ihr inspirieren, sei es durch Natur, Kunst, Wissenschaft oder die Begegnungen mit anderen Menschen. Sei bereit, Deine Sichtweise zu ändern und erlaube Dir, von der Vielfalt der Perspektiven und Ideen, die Dir begegnen, angeregt zu werden. Indem Du lernst, in jedem Moment und jeder Erfahrung einen Funken Inspiration zu sehen, wirst Du nicht nur Deinen eigenen kreativen Ausdruck bereichern, sondern auch zu einer Quelle der Inspiration für andere werden.

Spiegelpunkt: *17° Steinbock: Anleitung zum Gebrauch der Kräfte.*

13° Zwilling: Transzendente Verbindung

Dieser Grad, der die Methode des „Erkennens“, dem Zwilling der Geisteskraft verdeutlicht, beschreibt die Entwicklung einer transzendenten Verbindung zwischen dem Bewusstsein und der Außenwelt, weit über die materielle Erfahrung hinaus. Es geht nicht um die isolierten Eindrücke eines Gegenstandes, sondern um die Gesamtheit und die Beziehungen zwischen allen wahrgenommenen Aspekten, die durch den Denkprozess im Inneren des Menschen wieder miteinander verbunden werden. Diese integrative Wahrnehmung schafft eine Verbindung zur Welt, die weit über das hinausgeht, was die fünf Sinne einzeln erfassen können. Der „Denksinn“ nutzt diese Sinneswahrnehmungen, um eine tiefere, fast spirituelle Ebene des Verstehens und der Einheit mit dem „Ding an sich“ zu erreichen.

Aufgabe: Deine Herausforderung ist es, über die fragmentierten Einzelinformationen hinaus den verbindenden Sinn in der Vielfalt der Welt zu entdecken. Es gibt eine zugrunde liegende Struktur oder Logik, die alle Dinge zusammenhält und die nicht in den separaten Elementen selbst zu finden ist. Indem Du alle Teile des Puzzles zusammenfügst, wird ein umfassenderes Bild der Realität sichtbar. Versuche, diese transzendentale Verbindung in Deinem Alltag zu erkennen, indem Du Dir bewusst wirst, wie alles miteinander in Beziehung steht und sich gegenseitig beeinflusst. Diese Perspektive kann Dir helfen, ein tieferes Verständnis für die Komplexität und die Schönheit der Welt zu entwickeln und Deine eigene Position darin neu zu bewerten.

***Spiegelpunkt**: 16° Steinbock: archaische Triebkräfte*

14° Zwilling: Objektivität

Dieser Grad betont die Wichtigkeit von Objektivität in der Wahrnehmung der Außenwelt, einem Prozess, der uns lehrt, unsere Umgebung immer klarer zu erfassen und unser Weltbild stetig zu verfeinern. Es ist ein Aufruf, sich nie mit der Illusion absoluter Objektivität oder Perfektion zufriedenzugeben. Ein gesundes Misstrauen gegenüber unserem eigenen Weltbild ermöglicht es, dieses kontinuierlich zu hinterfragen und weiterzuentwickeln, um es noch präziser, objektiver und schlüssiger zu gestalten. 14° Zwilling lehrt uns die Balance zwischen dem Streben nach Klarheit und der Akzeptanz, dass unser Verständnis der Welt immer ein Werk im Prozess ist, beeinflusst durch unsere subjektiven Erfahrungen und Erkenntnisse.

Aufgabe: Mache es Dir zur Aufgabe, die Welt um Dich herum mit einem offenen und unvoreingenommenen Blick zu betrachten. Unterscheide sorgfältig zwischen Deinen Interpretationen und den tatsächlichen Fakten. Prüfe regelmäßig Dein Weltbild auf seine Gültigkeit und sei bereit, es anzupassen, wenn neue Informationen oder Perspektiven dies erfordern. Diese Praxis der bewussten Unterscheidung und ständigen Neubewertung fördert nicht nur eine objektivere Sichtweise, sondern ermöglicht es Dir auch, ein tieferes Verständnis für die Komplexität der Welt und die Vielfalt der in ihr existierenden Perspektiven zu entwickeln.

***Spiegelpunkt**: 15° Steinbock: Traditionelle gesellschaftliche Rollen*

16. Szene: Potential

75° - 79° = 15° Zwilling - 19° Zwilling

Der ***Krebs der Geisteskraft***. Die Idee des Ausdrucks entsteht aus dem inneren Potential. Wie beim Zuschauer eines Schachspiels: Die Wahrnehmung eines Zuges eines der Spieler tritt in Resonanz mit einer Reaktionsmöglichkeit. Impulsiv spürt der Zuschauer die Energie, eine Figur zu bewegen, aber es ist (noch) nicht sein Spiel, er ist nur Zuschauer. Sind wir aber aktiv am Spiel beteiligt, dann erzeugt unser Repertoire an Reaktions- und Lösungsmöglichkeiten den Impuls zur Äußerung. Vielleicht kennen wir sogar mehrere Möglichkeiten, auf einen Spielzug des Lebens zu reagieren. Das Potential unserer Reaktionen entspringt dem Meer all unserer Erfahrungen. Das Prinzip der Identifikation und der gefühlsmäßigen Wahrnehmung der eigenen Person des Krebses zeigt sich innerhalb der Geisteskraft als Identifikation mit den bisher gemachten Erfahrungen und gesammelten Informationen. Das Bild des Kosmos im Menschen wird lebendig.

15° Zwilling: Innerlicher Vortrag

Der Impuls des Potentials zeigt sich in einem innerlichen Vortrag. Dieser Grad symbolisiert einen Moment tiefgehender innerer Reflexion. Diese Situation, in der wir auf innere Impulse reagieren, als wären sie externe Fragen, ist entscheidend für die Entwicklung unserer Fähigkeit zur verbalen Ausdrucksweise und Kommunikation. Es ist, als würden wir in unserem Inneren proben, bevor wir unsere Gedanken in die Außenwelt tragen. Die Herausforderung besteht darin, aus dem Reichtum unserer Gedanken und gesammelten Informationen jene auszuwählen, die in der aktuellen Situation am nützlichsten sind. Dieser Prozess verfeinert unsere Unterscheidungsfähigkeit und befähigt uns, unsere Kommunikation bewusst und wirkungsvoll zu gestalten.

Aufgabe: Fokussiere Dich darauf, Deine innere Stimme zu schulen und zu lernen, wie Du sie konstruktiv nutzen kannst. Ziel ist es, die innere Welt als Quelle der Weisheit und Inspiration zu erkennen und zu nutzen. Im täglichen Leben bedeutet dies, die Kunst der adäquaten Kommunikation zu meistern – zu wissen, wann und wie man seine Gedanken und Ideen effektiv vermittelt. Es ermutigt dazu, sowohl die eigenen inneren Prozesse als auch die äußeren Umstände zu berücksichtigen, um die Kommunikation so effektiv und bedeutungsvoll wie möglich zu gestalten.

Spiegelpunkt: *14° Steinbock: freie Entfaltung für die Zukunft*

16° Zwilling: Entwicklung

16° Zwilling beschreibt den Ort des Potentials als einen ständigen Zustand der geistigen Metamorphose. Unser Geist ist unaufhörlich mit einem wirren, kaleidoskopartigen Konglomerat an Gedanken und Vorstellungen beschäftigt, die ein ständiges Hintergrundrauschen erzeugen. Dieser kontinuierliche Fluss von Geistesinhalten, der sich durch ständige Veränderung zu erhalten versucht, symbolisiert die dynamische Natur unserer inneren Welt. Die Fähigkeit, diesen inneren Dialog durch Praktiken wie die Meditation kurzzeitig zu stoppen, offenbart Momente der Klarheit und des Potentials für tiefgreifende persönliche Entwicklung. Die ständige Veränderung und Anpassung unserer Gedanken und Überzeugungen ist wesentlich für unser geistiges Wachstum und die Erweiterung unserer Wahrnehmung.

Aufgabe: Widme Dich der Entwicklung Deiner geistigen Flexibilität und Anpassungsfähigkeit. Versuche, Techniken wie Meditation zu nutzen, um die ununterbrochene Aktivität Deines Geistes zu beruhigen und Zugang zu tieferen Ebenen der Erkenntnis zu finden. Erkenne das Potenzial in diesem ständigen Fluss der Gedanken und nutze es, um Deine Perspektive zu erweitern und neue Möglichkeiten zu entdecken. Deine Aufgabe ist es, ein Bewusstsein für die ständige Metamorphose Deines Geistes zu entwickeln und diesen Prozess als Quelle der Inspiration und des Wachstums zu nutzen. Indem Du lernst, mit dem Wandel in Deinem Inneren umzugehen, öffnest Du Dich für tiefere Einsichten und die Entwicklung Deines wahren Potenzials.

***Spiegelpunkt**: 13° Steinbock: steinerne Werte*

17° Zwilling: Distanz

Die Synthese zwischen dem *Impuls zum Ausdruck* und dem *Meer der Informationen* erreicht ihre Vollendung durch die Distanz. Diese Distanz ermöglicht es uns, eine Verbindung zwischen dem inneren Drang, sich auszudrücken, und der überwältigenden Fülle von Informationen herzustellen. Indem wir uns in einen Zustand zwischen diesen beiden Extremen begeben, können wir relevante Informationen aus dem Hintergrundrauschen filtern, die den Anforderungen der aktuellen Situation entsprechen. Dieser Grad im Zeichen Zwilling symbolisiert die Notwendigkeit, einen Schritt zurückzutreten und aus einer höheren Warte zu betrachten, was uns erlaubt, eine klarere und zielgerichtete Kommunikation zu führen.

Aufgabe: Übe Dich in der Kunst, bewusst Distanz zu Deinen eigenen Gedanken und dem Informationsfluss um Dich herum zu schaffen. Dies kann durch Meditation, Reflexion oder einfach durch eine Pause in einem Moment der Überforderung erreicht werden. Lerne den Wert der Stille zu schätzen und wie diese Dir helfen kann, Klarheit zu gewinnen und relevante von irrelevanten Informationen zu unterscheiden. Deine Herausforderung besteht darin, ein Gleichgewicht zwischen Engagement und Zurückhaltung zu finden, sodass Du effektiver kommunizieren und handeln kannst, indem Du das Wesentliche vom Unwesentlichen trennst.

***Spiegelpunkt**: 12° Steinbock: Kollektivierung des Individuums*

18° Zwilling: Kernideen

18° Zwilling steht für das Festhalten an gewissen Kernideen, vergleichbar mit dem Kern einer Frucht, in dem das gesamte Potenzial der Pflanze enthalten ist. Diese Kernideen symbolisieren das Wesentliche unserer Gedanken und das, was wir in die Welt hinaustragen möchten. Sie beinhalten die gesamte Thematik dessen, was ausgesagt werden soll. Dieses Prinzip erinnert uns daran, wie wichtig es ist, das Wesentliche im Blick zu behalten und nicht in den unendlichen Strömungen der Assoziationen verloren zu gehen. Der Prozess des Festhaltens an Kernideen ermöglicht es uns, den Strom der Gedanken zu navigieren, ohne von chaotischen Tiefen mitgerissen zu werden, und bewahrt uns davor, die Orientierung darüber zu verlieren, welche Informationen wir eigentlich suchen.

Aufgabe: Deine Aufgabe besteht darin, Dich auf die Kernideen Deiner Gedanken und Projekte zu konzentrieren. Identifiziere, was wirklich wichtig ist, und lasse Dich nicht von der Fülle an Informationen und Möglichkeiten ablenken. Übe Dich darin, aus dem „Meer der Informationen“ diejenigen herauszufiltern, die für Deine Kernideen relevant sind, und diese gezielt zu verfolgen. Dies erfordert Disziplin und die Fähigkeit, Prioritäten zu setzen, um Dich nicht in Nebensächlichkeiten zu verlieren. Indem Du lernst, Deine Aufmerksamkeit auf das Wesentliche zu richten, kannst Du Deine Gedanken und Handlungen effektiver gestalten und einen klareren Weg durch die Komplexität der Welt finden.

***Spiegelpunkt**: 11° Steinbock: Gesetzesvermittlung*

19° Zwilling: Mentale Fülle

19° Zwilling steht für die mentale Fülle und die volle Möglichkeit des Ausdrucks. In diesem Stadium sind wir uns bewusst über das, was wir tun oder sagen könnten; unsere Gedanken und Ideen sind reich und vielfältig. Doch diese Ideen sind flüchtig – sie sind eine „verderbliche Ware“. Nicht umgesetzte Ideen tendieren dazu, ins Unbewusste abzudriften, ihre ungenutzte Energie bleibt jedoch als Blockade bestehen, ein Gefühl von etwas Unerledigtem, das die Entwicklung nachfolgender Ideen bremst. Dieser Zustand unterstreicht die Bedeutung, Gedanken in Aktion umzusetzen, um ihre potenzielle Energie positiv zu nutzen.

Aufgabe: Die Herausforderung liegt darin, Deine Ideen in die Tat umzusetzen, ohne übermäßig um Perfektion besorgt zu sein. Akzeptiere die Fülle und den ständigen Fluss Deiner Gedanken als Deine eigene Form der Perfektion. Dies bedeutet, Dich von der Angst zu lösen, Fehler zu machen oder nicht den Erwartungen zu entsprechen, und stattdessen den Wert in jedem Versuch und jeder geäußerten Idee zu erkennen. Lasse Deine mentalen Schöpfungen nicht ungenutzt verpuffen; transformiere sie in konkrete Aktionen oder Worte. Dadurch verhinderst Du das Gefühl des Unerledigten und förderst einen kontinuierlichen kreativen Fluss, der sowohl persönliches Wachstum als auch Innovation anregt.

***Spiegelpunkt**: 10° Steinbock: Die Rechtsstruktur*

17. Szene: Gestaltungskraft

80° - 84° = 20° Zwilling - 24° Zwilling

Der ***Löwe der Geisteskraft***. Der Ort des Geschehens, die Grundlage des Ausdrucks ist die schöpferische Kraft. Nie ist eine Situation wie die andere. Im besten Fall ist sie ähnlich. Die Reaktion wird also vorher so gestaltet, dass sie zur aktuellen Situation passt und vor allem wirksam ist. Der innere Drang zur Reaktion wird ausgelotet und durch spielerisches Ausprobieren in der Phantasie wird schließlich eine der möglichen Lösungen allen anderen vorgezogen. Das Löwe-Prinzip des kreativen Spielens wirkt innerhalb der Geisteskraft auf die Ideen und Informationen des geistigen Potentials.

20° Zwilling: Idee vom Endziel

20° Zwillinge, der Impuls der Gestaltungskraft, fokussiert uns auf das Endziel einer jeden Aktion oder Kommunikation, wobei das Ausdruckspotenzial so umgestaltet werden soll, dass eine konkrete Ausdrucksmöglichkeit entsteht. Es geht darum, vage Ideen in klare Worte zu fassen oder in Handlungen umzusetzen, indem man sich genau vorstellt, welches Bild oder welche Idee man anderen vermitteln möchte. Diese Gestaltungskraft zieht ihre Energie aus der Vorstellung, wie die Umsetzung geschehen könnte – welche Worte verwendet oder welche Handlungen gesetzt werden könnten, um das Ziel zu erreichen.

Aufgabe: Deine Aufgabe besteht darin, eine präzise Vorstellung davon zu entwickeln, welche Botschaft oder Idee Du vermitteln möchtest. Dies bildet die Grundlage für effektive Kommunikation und Handlung. Konzentriere Dich darauf, Dein Endziel klar zu definieren, bevor Du Dich äußerst oder handelst. Dies hilft, Deine Gedanken zu ordnen und sicherzustellen, dass Deine Kommunikation zielgerichtet und wirkungsvoll ist. Indem Du Dich auf das Endziel Deiner Botschaft konzentrierst, kannst Du sicherstellen, dass Deine Ideen ihre volle Kraft entfalten und die gewünschte Wirkung erzielen.

Spiegelpunkt: *9° Steinbock: Vertrauen ins Gesetz*

21° Zwilling: Geistige Tradition

21° Zwilling steht im Zeichen der geistigen Tradition, in der das gesamte Potenzial der Ideen, die zur aktuellen Situation passen, verwurzelt ist. Diese Ideen, die aus dem Hintergrundrauschen herausgefiltert wurden, repräsentieren die Wurzeln unserer Erfahrungen im Jetzt und bilden die Grundlage sowohl für die Interpretation der Gegenwart als auch für Visionen der Zukunft. Dieses Verständnis von geistiger Tradition betont die Bedeutung des Bewahrens und der Fortführung des Wissens und der Einsichten, die uns in der Vergangenheit geprägt haben, als Basis für jegliche zukunftsweisende Entwicklung.

Aufgabe: Achte darauf, das Wissen und die Informationen, die Du bereits besitzt, zu bewahren und zu nutzen. Auch wenn neue Ideen faszinierend sein mögen, ist es wichtig, bei Widersprüchen zu bereits gesichertem Wissen Vorsicht walten zu lassen und sich eher auf das zu stützen, was Du als gesichert erachtest. Deine Aufgabe besteht darin, ein Gleichgewicht zwischen der Aufnahme neuer Ideen und der Wertschätzung der geistigen Traditionen zu finden, die Dein Denken und Handeln bisher geleitet haben. Dies erfordert, dass Du sowohl offen für Neues bist als auch einen tiefen Respekt vor dem Wissen hast, das Du durch Deine Lebenserfahrung und Bildung erlangt hast.

Spiegelpunkt: *8° Steinbock: Utopie als Paradigma*

22° Zwilling: Integration

22° Zwilling symbolisiert die Integration neuer Ideen in bestehende geistige Traditionen, ein Prozess, der eine sorgfältige Abwägung erfordert: Welche Ideen können unverändert übernommen werden, welche müssen angepasst werden, und welche sind völlig neu? Diese Dynamik fordert, sowohl traditionelles Wissen als auch innovative Konzepte kritisch zu hinterfragen. Integration in diesem Sinne bedeutet nicht nur die Anpassung neuer Ideen an bestehende Rahmen, sondern auch die Transformation des Bestehenden durch neue Impulse. Diese Synthese ermöglicht es, Wissen und Verständnis auf eine Weise zu erweitern, die sowohl der Vergangenheit Respekt zollt als auch die Zukunft willkommen heißt.

Aufgabe: Entwickle ein Bewusstsein für den Wert der Integration als fortlaufenden Prozess des Lernens und Wachsens. Untersuche, wie neue Informationen und Ideen mit Deinen bestehenden Überzeugungen und dem Wissen, das Du als gesichert betrachtest, zusammenpassen. Sei bereit, Widersprüche als Anstoß zur Überprüfung und möglicherweise zur Neubewertung zu nutzen. Deine Herausforderung besteht darin, ein Gleichgewicht zwischen der Treue zu bewährten Traditionen und der Offenheit für Neuerungen zu finden, um ein reicheres und tieferes Verständnis der Welt zu fördern.

***Spiegelpunkt**: 7° Steinbock: Die Realpolitik*

23° Zwilling: Kreative Grenzüberschreitung

Die kreative Grenzüberschreitung als Methode in der Szene des Löwen der Geisteskraft betont die Notwendigkeit, über die Grenzen des Gewohnten hinauszugehen, um Neues zu schaffen. Diese Methode der Gestaltung fordert, sich bewusst dem Risiko auszusetzen und in neuen Situationen bisher ungesagte Aspekte zu einem vertrauten Thema auszudrücken. Selbst wenn die vertretene Meinung konstant bleibt, ist die Anpassungsfähigkeit des Ausdrucks an die gegebene Situation essentiell. Es ist ein fortwährender Prozess des Überschreitens bekannter Grenzen, um kreative und innovative Lösungen zu finden.

Aufgabe: Ihre persönliche Entwicklungsaufgabe besteht darin, die Bereitschaft zu kultivieren, immer wieder über Ihre gewohnten Denk- und Handlungsmuster hinauszugehen. Experimentieren Sie mit neuen Wegen des Ausdrucks, und seien Sie offen dafür, Ihre Perspektiven zu erweitern, indem Sie sich Herausforderungen stellen, die Sie aus Ihrer Komfortzone herausführen. Im Alltag bedeutet das, sich nicht nur auf altbewährte Methoden zu verlassen, sondern aktiv nach neuen Lösungsansätzen zu suchen, die Ihre Kreativität und Ihren Innovationsgeist anregen. Durch diesen Prozess der kreativen Grenzüberschreitung entwickeln Sie nicht nur Ihre Fähigkeiten weiter, sondern öffnen sich auch für ein reicheres, vielfältigeres Verständnis der Welt um Sie herum.

***Spiegelpunkt**: 6° Steinbock: Politische Vision*

24° Zwilling: Ausformung

Das Ergebnis der Gestaltungskraft im Zeichen des Zwillings ist die Ausformung der Gedanken in einer Weise, dass sie nach außen gebracht werden können. Kernideen erhalten eine spezifische Form. In diesem Prozess ist eine sorgfältige Selektion notwendig; nicht jede Idee passt, nicht jede kann realisiert werden. Entscheidungen müssen getroffen werden hinsichtlich der Darstellungsweise, des Inhalts und der Reihenfolge der Präsentation. Das Hintergrundrauschen aller möglichen Gedanken und Informationen wird dadurch nicht eliminiert, aber die klar herausgearbeiteten Ideen treten in den Vordergrund und bereiten sich auf den Ausdruck vor. Trotz der Fokussierung auf bestimmte Ideen und deren Formung setzt sich der kreative Prozess im Hintergrund fort, stets bereit für neue Entwicklungen und Einsichten.

Aufgabe: Nehmen Sie sich die Freiheit, eine Form des Ausdrucks zu wählen, die Ihrer Persönlichkeit und Ihren Kernideen entspricht, auch wenn dies bedeutet, dass Sie sich auf Teilwahrheiten beschränken müssen. Die Kunst liegt darin, aus der Fülle der Gedanken und Informationen bewusst auszuwählen und diese in einer kohärenten und ansprechenden Weise zu präsentieren. Diese Selektion ist entscheidend, um Klarheit und Prägnanz in Ihrer Kommunikation zu erreichen. Berücksichtigen Sie dabei, dass das Weglassen bestimmter Aspekte genauso wichtig sein kann wie die Hervorhebung anderer, um die Essenz Ihrer Botschaft effektiv zu vermitteln.

***Spiegelpunkt**: 5° Steinbock: Anspruch des Jetzt*

18. Szene: Ausdruck

85° - 89° = 25° Zwilling - 29° Zwilling

Die ***Jungfrau der Geisteskraft***. Die Synthese von innerem Potential und Gestaltungskraft führt schließlich zum konkreten Ausdruck. Dabei wird die Reaktion im Detail zerlegt und entweder in Worte gefasst und zu ganzen Sätzen geformt oder in einzelne Bewegungsabläufe zerlegt, um zusammengesetzt als kontinuierliche Reaktion nach außen zu gelangen. Die Analysefähigkeit des Jungfrauenprinzips zeigt sich in der Geisteskraft als detaillierte Ausdrucksfähigkeit.

25° Zwilling: Wesentliches

In der Welt der Zwillinge, wo die Beweglichkeit des Geistes und die Vielfalt der Perspektiven regieren, findet 25° eine besondere Resonanz in der Kunst des Ausdrucks des Wesentlichen. Hier sind wir am Punkt angelangt, an dem unsere Gedanken und Worte präzise ausgerichtet sind, um das Kernstück unserer Botschaft zu übermitteln. Dieser Grad symbolisiert jenen magischen Moment, in dem alles Überflüssige entfernt wurde und nur das reinste Essenz unseres Gedankenguts übrig bleibt, bereit, in die Welt hinausgetragen zu werden. Es ist, als ob die Informationen, die wir über lange Zeit gesammelt haben, nun destilliert sind und auf den entscheidenden Impuls warten, um sich vollständig zu entfalten. Diese Fähigkeit, das Wesentliche zu erkennen und auszudrücken, ist ein wertvolles Gut in einer Welt, die oft von Überinformation und Ablenkungen überflutet wird.

Aufgabe: Deine persönliche Entwicklungsaufgabe liegt darin, die Fähigkeit zu kultivieren, zwischen dem Wesentlichen und dem Unwesentlichen unterscheiden zu können. Übe dich darin, Informationen und Situationen auf ihren Kern zu reduzieren, um Klarheit in Deinem Denken und Handeln zu erreichen. Im Alltag kann dies bedeuten, dass Du bewusst Prioritäten setzt, Dich auf Deine Ziele konzentrierst und Dich nicht von Nebensächlichkeiten ablenken lässt. Lerne, das Stichwort für Deinen Ausdruck intuitiv zu erkennen, sodass Du im richtigen Moment Deine Erkenntnisse und Ideen klar und kraftvoll mitteilen kannst. Diese Praxis wird nicht nur Deine Kommunikationsfähigkeiten schärfen, sondern Dir auch helfen, bewusster und zielgerichteter durchs Leben zu gehen.

***Spiegelpunkt**: 4° Steinbock: Politische Aktion*

26° Zwilling: In die Begegnung bringen

26° Zwilling steht symbolisch für den Ort des Ausdrucks und das ist der Mut, Ideen und Gedanken aus dem inneren Refugium heraus in die Außenwelt zu tragen. Es geht hier nicht bloß um die passive Weitergabe von Informationen, sondern um eine aktive und bewusste Auseinandersetzung mit der Umwelt durch Kommunikation. Diese Gradposition unterstreicht die Bedeutung der Interaktion und des Austauschs, die für Zwillinge so charakteristisch ist. Die Herausforderung besteht darin, die eigene Botschaft klar und deutlich zu formulieren und den Schritt zu wagen, diese in die Welt zu setzen. Die Grenze zwischen dem Inneren Selbst und der äußeren Welt wird hierbei als Bühne des Ausdrucks verstanden, auf der Ideen Gestalt annehmen und mit der Umwelt konfrontiert werden.

Aufgabe: Nutze jede Gelegenheit, um Deine Gedanken und Visionen mit anderen zu teilen. Es geht nicht darum, Perfektion zu erreichen oder von jedem verstanden zu werden. Vielmehr ist es Deine Aufgabe, den Dialog zu suchen und Deine inneren Einsichten in Aktion zu übersetzen. Mut zur Unvollkommenheit ist gefragt, denn erst durch das Teilen mit der Welt erhalten Deine Ideen die Chance, zu wachsen und Wirkung zu entfalten. Betrachte jede Begegnung als Möglichkeit, zu lernen und zu wachsen. Deine persönliche Entwicklung und die Bereicherung Deines Alltags liegen in der Kunst, Dich auszudrücken und mit der Welt in Einklang zu bringen.

***Spiegelpunkt**: 3° Steinbock: Aktivitätsbereitschaft*

27° Zwilling: Entschluss zur Befreiung

Bei 27° Zwilling geht es um die bewusste Entscheidung, sich von den Fesseln zu befreien, die uns sowohl innerlich als auch äußerlich binden. Es symbolisiert einen Wendepunkt, an dem der Entschluss gefasst wird, nicht länger von Unsicherheiten, Zweifeln oder der Angst vor Ablehnung zurückgehalten zu werden. In diesem Grad spiegelt sich die Erkenntnis wider, dass wahre Freiheit beginnt, wenn wir uns erlauben, unsere Gedanken und Ideen ohne Zurückhaltung zu äußern. Wie der Bogenschütze seinen Pfeil freigibt, so lassen wir unsere Gedanken und Visionen in die Welt hinaus, bereit, die Konsequenzen unseres Ausdrucks zu akzeptieren und zu tragen. Dieser Prozess ist nicht nur eine Befreiung unserer Ideen, sondern auch eine fundamentale Selbstbefreiung von den Ketten, die unser wahres Potenzial zurückhalten.

Aufgabe: Reflektiere über die Bereiche Deines Lebens, in denen Du Dich zurückgehalten fühlst, sei es durch eigene Unsicherheiten, gesellschaftliche Erwartungen oder andere externe Faktoren. Identifiziere einen konkreten Schritt, den Du zur Überwindung dieser Barrieren unternehmen kannst, und setze ihn mutig um. Ob es darum geht, eine lang gehegte Idee zu realisieren, eine schwierige Wahrheit auszusprechen oder einfach nur einen neuen Weg zu erkunden, der erste Schritt zur Befreiung beginnt mit Deiner Entscheidung, ihn zu tun. Erinnere Dich daran, dass jede Handlung, die aus dem Wunsch nach authentischem Ausdruck und Wachstum entsteht, ein Schritt hin zur wahren Freiheit ist.

***Spiegelpunkt**: 2° Steinbock: Verkörperung*

28° Zwilling: Kreative Kombination

28° Zwilling zeigt die Methode des Ausdrucks und steht für die Fähigkeit, unterschiedliche Informationen und Erfahrungen in neue, innovative Ideen umzuwandeln. Diese Gradposition betont die Wichtigkeit der Flexibilität im Denken und der Offenheit gegenüber verschiedenen Perspektiven, um kreative Lösungen für aktuelle Herausforderungen zu finden. Im Zeichen Zwilling, das für Kommunikation, Neugier und Vielseitigkeit steht, unterstreicht dieser Grad die Bedeutung von Anpassungsfähigkeit und die Fähigkeit, Verbindungen zwischen scheinbar unzusammenhängenden Elementen herzustellen. Das Ergebnis ist eine kreative Synthese, die nicht nur neue Wege des Ausdrucks und der

Problemlösung eröffnet, sondern auch die Fähigkeit fördert, sich schnell an wechselnde Umstände anzupassen.

Aufgabe: Begegne den Herausforderungen mit Offenheit und der Bereitschaft, verschiedene Lösungsansätze zu erkunden. Versuche, Elemente aus unterschiedlichen Bereichen Deines Wissens und Deiner Erfahrung zu kombinieren, um innovative Lösungen zu entwickeln. Denke daran, dass Kreativität oft im Zusammenspiel divergierender Ideen entsteht. Nutze diese Fähigkeit, um nicht nur persönliche oder berufliche Probleme zu lösen, sondern auch, um neue Perspektiven in Dein Leben zu bringen. Sei mutig in der Anwendung unkonventioneller Ansätze und ermutige Dich selbst und andere, über den Tellerrand hinauszuschauen. Dieser Grad erinnert Dich daran, dass die kreative Kombination von Wissen und Erfahrung ein Schlüssel zur Entfaltung Deines vollen Potenzials ist.

***Spiegelpunkt**: 1° Steinbock: Instabile Wirklichkeit*

29° Zwilling: Aufführung

Die Vollendung des Ausdrucks durch Darstellung oder Aufführung. Dieses Stadium ist gleichsam der Höhepunkt der kommunikativen Bestrebungen des Zwillings, bei dem Gedanken und Informationen nicht nur innerlich verarbeitet, sondern äußerlich manifestiert werden. Es geht um die Kunstfertigkeit, mit der Sprache und Körpersprache genutzt werden, um Ideen und Emotionen zu vermitteln. In der Aufführung, sei es durch gesprochene Worte, Schrift oder körperlichen Ausdruck, findet die Information ihren Weg nach außen und erreicht die Außenwelt in ihrer reinsten Form. Dieser Grad betont die Bedeutung der Präzision und Eleganz im Ausdruck und lädt ein, die ästhetischen Aspekte der Kommunikation zu würdigen.

Aufgabe: Nutze die Kraft der Sprache, um Deine Botschaften mit der Welt zu teilen. Konzentriere Dich darauf, wie Du Deine Ideen präsentierst, und achte auf die Schönheit und Klarheit Deines Ausdrucks. Experimentiere mit verschiedenen Formen der Darstellung – sei es in Schriftform, durch öffentliches Sprechen oder mittels künstlerischer Ausdrucksformen wie Theater oder Tanz. Achte dabei auf die Reaktionen Deiner Umgebung, um zu verstehen, wie Deine Botschaft aufgenommen wird. Deine Aufgabe besteht darin, eine Brücke zwischen Deinem inneren Erleben und der äußeren Welt zu bauen, indem Du Deine Gedanken und Gefühle nicht nur verständlich, sondern auch berührend und inspirierend für andere zum Ausdruck bringst.

***Spiegelpunkt**: 0° Steinbock: Drang zur Verwirklichung*

19. Szene: Empfindung

90° - 94° = 0° Krebs - 4° Krebs

Die ***Waage der Geisteskraft***. Hier, am Deszendenten der Geisteskraft, findet die Begegnung zwischen der Information, also dem Bild der Außenwelt des Menschen aus der subjektiven Perspektive dieses Menschen einerseits und dem Funken göttlichen Bewusstseins andererseits statt. Der Funke des göttlichen Bewusstseins ist durch den Informationsaustausch aus der Perspektive des einzelnen Wesens in die Position dieses Wesens gerückt. Empfindung ist eine Wahrnehmung des Inneren, die über die bloße Information einer einzelnen Erinnerung hinausgeht. Empfindungen sind das gegenwärtige Erleben der eigenen Person und werden in ihrer Summe zu einem Gefühl innerer Ganzheit. Die Identifikation mit dem Wesen hat noch nicht stattgefunden, aber die Idee der Identitätsfindung ist bereits geboren, indem die Position des Wesens durch die Kraft des Geistes eingenommen wird. Der Zuschauer sitzt noch nicht auf dem ihm zugewiesenen Platz, sondern gibt im Stehen Tipps, wie das Schachspiel verlaufen könnte, aber er hat sich, ohne es zu merken, schon längst für eine Seite des Spiels entschieden. Das Waage-Prinzip der Partnerschaft zeigt sich in der Geisteskraft als Partnerschaft zwischen den Informationen des Einzelwesens und dem Funken des göttlichen Bewusstseins.

0° Krebs: Signal der Identität

Der Beginn des Krebszeichens markiert einen entscheidenden Wendepunkt: Hier entsteht ein innerer Impuls, der die Idee der Empfindung in Form eines Signals aus dem Innersten hervorbringt. Dieses Signal repräsentiert einen fundamentalen Wandel in der Art und Weise, wie wir mit der Welt interagieren. Während Zwillinge sich mit der äußeren Welt auseinandersetzen, durch das Empfangen und Übertragen von Informationen, betont der Krebs den Beginn einer inneren Reise. Das Signal, das aus dem Inneren aufsteigt, ist nicht von außen induziert, sondern entsteht aus dem eigenen Selbst. Es manifestiert sich als ein „Sinnesreiz" mit eindeutig subjektiver Wertigkeit, der eine direkte Verbindung von Innen nach Innen schafft. Plötzlich geht es nicht mehr nur um das neutrale Jonglieren mit externen Informationen; es entsteht eine Botschaft aus dem Kern des Seins, die unsere einzigartige Identität und subjektive Wahrnehmung der Welt verkörpert.

Aufgabe: Nimm Dir Zeit, um in Dich hineinzuhorchen und das Signal Deiner eigenen Identität zu erkennen. Was ist die Botschaft, die tief in Dir schlummert und darauf wartet, gehört zu werden? Beginne, diese Botschaft in Deine täglichen Interaktionen einzubringen. Es könnte sich um eine kreative Ausdrucksform handeln, ein tiefes Gefühl oder eine Erkenntnis, die Du bisher noch nicht geteilt hast. Der Schlüssel liegt darin, Dir selbst die Erlaubnis zu geben, authentisch zu sein und Dein inneres Signal nach außen zu tragen. Diese persönliche Offenbarung kann nicht nur Deine Beziehungen bereichern, sondern dient auch als Kompass für Deine Lebensreise, indem sie Dir hilft, Entscheidungen zu treffen, die wirklich zu Dir passen.

***Spiegelpunkt**: 29° Schütze: Anerkannte Religionspraxis*

1° Krebs: Sein im Überblick

1° Krebs beleuchtet die tiefgründige Verbindung zwischen der subjektiven Wahrnehmung der Welt und der eigenen Identität. Es unterstreicht, wie unser Verständnis der Außenwelt und die Art, wie wir mit ihr interagieren, direkt unsere Selbstwahrnehmung prägen. Diese wechselseitige Beziehung zwischen dem Individuum und seiner Umgebung offenbart, dass unsere Identität und das Bild, das wir von unserer Umwelt haben, untrennbar miteinander verbunden sind. In diesem Kontext wird das „So Sein" als ein Spiegelbild der Umgebung verstanden, das tief in unserem „Ätherleib" verankert ist. Es signalisiert den Beginn einer inneren Reise, bei der die Erkenntnis, dass wir ein lebendiges Echo unserer Umwelt sind, zum Vorschein kommt.

Aufgabe: Nimm Dir Zeit, um über die Art und Weise nachzudenken, wie Deine Umgebung Deine Wahrnehmung von Dir selbst beeinflusst. Erkenne die Spiegelungen Deiner Umgebung in Deinem eigenen Sein und betrachte, wie diese Wechselbeziehung Deine Identität formt. Versuche bewusst Elemente Deiner Umgebung zu wählen oder zu verändern, die eine positive Resonanz in Deinem inneren Selbst hervorrufen. Diese bewusste Gestaltung Deiner Umgebung kann ein mächtiges Werkzeug sein, um die Aspekte Deiner Identität zu stärken, die Du am meisten wertschätzt. Indem Du die Verbindung zwischen Deinem Innen und Außen erkundest, kannst Du ein tieferes Verständnis und eine größere Harmonie mit Deinem wahren Selbst erreichen.

***Spiegelpunkt**: 28° Schütze: Anleitung durch soziale Ideen*

2° Krebs: Die offene Gestalt

2° Krebs, die Synthese in der Waage der Geisteskraft, führt uns zur Erkenntnis der offenen Gestalt, einer tiefgründigen psychologischen und emotionalen Wahrnehmung, die auf der Gestalttheorie basiert. Diese Theorie offenbart, dass in jedem Moment ein vorrangiges Bedürfnis oder Verlangen im Bewusstsein des Menschen existiert, das unsere Aufmerksamkeit und Handlungen leitet. Wie ein Krug voll Wasser, der das Bild für den Durst ist, wird jede Lücke, jedes „Loch“ in unserer emotionalen oder physischen Befindlichkeit, ein spezifisches Bedürfnis in unser Bewusstsein rufen. Diese Lücken oder offenen Gestalten sind die treibenden Kräfte hinter unseren Empfindungen, die auf Erfüllung drängen. Im Krebs, dem Zeichen, das mit Emotionalität, Fürsorge und der Verbindung zu inneren Gefühlswelten assoziiert wird, unterstreicht dieser Grad die Bedeutung der intuitiven und emotionalen Wahrnehmung unserer grundlegendsten Bedürfnisse.

Aufgabe: Achte auf die „offenen Gestalten“ in Deinem Leben - jene unerfüllten Bedürfnisse oder Wünsche, die am drängendsten erscheinen. Nimm Dir einen Moment Zeit, um in Dich hineinzufühlen und zu identifizieren, welches Bedürfnis oder Verlangen derzeit Deine Aufmerksamkeit beansprucht. Sobald Du dieses erkannt hast, überlege, welche Schritte Du unternehmen kannst, um dieses Bedürfnis zu erfüllen. Dies kann eine direkte Aktion sein, wie das Trinken von Wasser, wenn Du durstig bist, oder etwas Komplexeres, wie das Suchen nach emotionaler Nähe oder Kreativität. Indem Du lernst, Deine offenen Gestalten zu erkennen und anzusprechen, förderst Du ein tieferes Verständnis und eine bessere Fürsorge für Dich selbst und Deine emotionale Gesundheit.

***Spiegelpunkt**: 27° Schütze: Sinn-Erkenntnis*

3° Krebs: Konfrontation

Dieser Grad thematisiert die Konfrontation mit der eigenen inneren Welt und den damit verbundenen Bedürfnissen. Es ist die Methode, mit der sich die Empfindung als Prozess verwirklicht. Es ist ein Aufruf, sich den unterschiedlichen Ebenen der Persönlichkeit zu öffnen und den Mut zu haben, die eigenen Bedürfnisse anzuerkennen und ihnen Raum zu geben. Dieser Grad warnt vor den Konsequenzen der Verleugnung oder Ignorierung innerer Bedürfnisse, die sich letztendlich dennoch durchsetzen und zu neurotischen Verhaltensweisen führen können. Die Konfrontation mit diesen offenen Gestalten, den unerfüllten Bedürfnissen, ist ein Schritt zur Selbstwahrnehmung und zur Heilung. Durch das Bewusstwerden und Akzeptieren der eigenen Empfindungen und Bedürfnisse, können wir Wege finden, diese konstruktiv in unser Leben zu integrieren.

Aufgabe: Nimm Dir Zeit, um in Dich zu gehen und Deine innersten Bedürfnisse zu erkunden. Es ist wichtig, diese zu akzeptieren, egal ob Du sofort einen Weg findest, sie auszuleben oder nicht. Das Bewusstsein für diese inneren Kräfte ist der erste Schritt, um zu verhindern, dass sie unbewusst und möglicherweise auf destruktive Weise durch Dich handeln. Erkunde konstruktive Wege, diese Bedürfnisse zu erfüllen, die zu Deiner persönlichen Entwicklung und Deinem Wohlbefinden beitragen.

***Spiegelpunkt**: 26° Schütze: detailliertes Ausgestalten*

4° Krebs: Anpassung

4° Krebs als *Ergebnis des Prozesses der Empfindung* spricht von einer intensiven inneren Erfahrung, bei der sich die Selbstwahrnehmung unaufhaltsam ins Bewusstsein drängt und ihre Beachtung einfordert. Dieses Stadium verdeutlicht einen Prozess, bei dem das innere Gefühl eine unmittelbare und rücksichtslose Forderung an das Bewusstsein stellt, wodurch die gesamte Aufmerksamkeit des Individuums auf das Erfüllen dieser inneren Bedürfnisse gerichtet wird. Die Botschaft „Befriedige mich - JETZT" symbolisiert die Dringlichkeit und die Unmittelbarkeit der inneren Forderungen. Eine Nichtbeachtung oder Verweigerung der Auseinandersetzung mit diesen Bedürfnissen kann zu einer Zerstörung des inneren Gleichgewichts führen, was die Notwendigkeit der Anpassung unterstreicht. Im Kern geht es darum, die Verbindung zwischen den eigenen Bedürfnissen und dem bewussten Handeln herzustellen, um ein harmonisches Selbst zu bewahren.

Aufgabe: Widme Dich der bewussten Erkennung und Erfüllung Deiner innersten Bedürfnisse. Versuche, Signale Deines Körpers und Deiner Seele nicht nur zu erkennen, sondern auch anzunehmen und in Einklang mit Deinem Handeln zu bringen. Erkenne, dass die Ignoranz gegenüber diesen inneren Signalen zu inneren Konflikten und Unzufriedenheit führen kann. Nimm Dir die Zeit, in Dich hineinzuhören und zu verstehen, was Dein Innerstes Dir mitteilen will. Durch die Anpassung an diese inneren Forderungen stärkst Du nicht nur Dein seelisches Gleichgewicht, sondern förderst auch eine tiefere Verbindung zu Dir selbst.

***Spiegelpunkt**: 25° Schütze: Zur eigenen Weltsicht stehen*

20. Szene: Identitätskrise

95° - 99° = 5° Krebs - 9° Krebs

Skorpion der Geisteskraft. Der *Ort des Geschehens der Identitätsfindung* liegt in der *Möglichkeit der Transformation der Identität*. Eine Empfindung, d.h. eine aktuelle innere Wahrnehmung, kann unser Selbstbild empfindlich stören. Dieses Selbstbild entweder zu stabilisieren oder zu verändern, ist die Aufgabe dieser Szene. War der Zuschauer des Schachspiels bis dahin zurückhaltend, so wird er in einer besonders kritischen Spielsituation plötzlich von Emotionen erfasst. Jetzt nimmt er vor dem Schachbrett Platz und greift selbst nach den Figuren. Es ist noch nicht klar, ob er sich so weit mit dem Spiel identifiziert, dass er es zu Ende spielt, oder ob er es bei einer Krisenintervention belässt, um danach wieder aufzustehen und seinen Platz als Zuschauer einzunehmen, aber für den Moment ist er mitten im Spiel. Diese Szene zeigt die Notwendigkeit, die subjektive Perspektive, die unsere Identität ausmacht, zu verändern. In Krisenzeiten wird die Perspektive des Anderen ausgeblendet (im Sinne von Nicht-Identifikation). Die Skorpion-Eigenschaft der Bindung und Fixierung zeigt sich in der Geisteskraft als Bindung an die subjektive Perspektive der eigenen Identität.

5° Krebs: Vorbereitung

Die *Idee der Identitätskrise* zeigt sich in der Vorbereitung auf kommende Veränderungen. Diese Vorbereitung dient dazu, die bestehende Ordnung zu stabilisieren und gleichzeitig offen und anpassungsfähig für Neues zu bleiben, um mögliche Krisen zu vermeiden oder deren Auswirkungen zu minimieren. Die Einsicht, dass Veränderungen unvermeidlich sind, und die Bereitschaft, sich darauf einzustellen, sind essenziell, um eine existenzielle Krise abzuwenden. Wie das frisch verheiratete Ehepaar, das eine Wiege kauft in Erwartung künftigen Nachwuchses, muss auch die menschliche Identität flexibel und vorbereitet sein, um neue Empfindungen und Erfahrungen zu integrieren.

Aufgabe: Nimm Dir Zeit, um über kommende Veränderungen in Deinem Leben nachzudenken und wie Du Dich darauf vorbereiten kannst. Überlege, welche Aspekte Deiner aktuellen Lebenssituation möglicherweise angepasst oder verbessert werden müssen, um zukünftigen Herausforderungen besser begegnen zu können. Dies kann bedeuten, sowohl materielle als auch emotionale Ressourcen zu schaffen, die es Dir ermöglichen, flexibel und widerstandsfähig zu bleiben. Indem Du bewusst Nischen für potenzielle Veränderungen in Deinem Leben einbaust, stärkst Du Deine Fähigkeit, mit dem Unvorhersehbaren umzugehen und Deine Identität durch Wachstum und Anpassung zu erweitern.

***Spiegelpunkt**: 24° Schütze: dramaturgisches Bewusstsein*

6° Krebs: astrale Kräfte

Die astralen Kräfte bei 6° Krebs symbolisieren die tiefen emotionalen und intuitiven Energien, die die menschliche Empfindungswelt durchdringen. Diese Energien, vergleichbar mit den Wellen auf der Oberfläche eines Ozeans, repräsentieren die feinstofflichen Einflüsse, die unser inneres Erleben und unsere Identität prägen. Die Herausforderung liegt darin, diese subtilen

Kräfte nicht als Bedrohung für unsere Selbstwahrnehmung zu sehen, sondern als Gelegenheit zur Integration und Stärkung unseres Wesens. Die Fähigkeit, diese astralen Einflüsse bewusst zu navigieren, ermöglicht es uns, ein tieferes Verständnis unserer selbst zu entwickeln und unsere innere Welt harmonisch mit der äußeren zu verbinden.

Aufgabe: Deine persönliche Entwicklungsaufgabe ist es, ein Bewusstsein für die subtilen emotionalen und intuitiven Strömungen in Deinem Leben zu schaffen. Lerne, diese Kräfte nicht als Bedrohung, sondern als Chance für Wachstum und Selbstentfaltung zu betrachten. Im Alltag bedeutet das, achtsam mit Deinen Gefühlen umzugehen und zu verstehen, wie diese Deine Wahrnehmung der Welt und Deiner Identität beeinflussen. Übe Dich darin, Deine Intuition als Führungsquelle zu nutzen, um Entscheidungen zu treffen, die nicht nur logisch, sondern auch emotional stimmig sind. Diese Praxis wird Dir helfen, Deine innere Stärke zu festigen und Dich auf Deinem Weg zu einer ausgewogenen und integrierten Persönlichkeit zu unterstützen.

***Spiegelpunkt**: 23° Schütze: Aufmerksamkeit und geistige Toleranz*

7° Krebs: seelische Evolution

Dieser Grad markiert einen Punkt seelischer Evolution, bei dem durch die kontinuierliche Integration neuer Erfahrungen und Empfindungen eine Erweiterung des Selbstgefühls stattfindet. Diese Entwicklung führt nicht zu einer Überhöhung der eigenen Identität, sondern zu einer natürlichen Evolution des Selbst. Es entsteht eine flexible und zugleich robuste Persönlichkeitsstruktur, die es ermöglicht, neu auftretende Empfindungen und Erlebnisse effektiver und mit größerer Leichtigkeit zu verarbeiten. Diese seelische Evolution spiegelt die Fähigkeit wider, sich an Veränderungen anzupassen und aus ihnen zu lernen, ohne dabei das Kernselbst zu verlieren. Vielmehr wird das Selbst durch jede neue Erfahrung bereichert und in seiner Tiefe erweitert.

Aufgabe: Deine Entwicklungsaufgabe besteht darin, Dich für die kontinuierliche Integration neuer Erfahrungen und Empfindungen zu öffnen, ohne Furcht vor Verlust Deiner eigenen Identität. Sieh jede neue Erfahrung als eine Möglichkeit, Dein Selbstverständnis zu erweitern und zu vertiefen. Im Alltag bedeutet dies, Neugier und Offenheit gegenüber Veränderungen zu bewahren, gleichzeitig aber ein festes Verständnis Deiner Kernwerte und Deiner Identität zu pflegen. Diese Balance fördert eine gesunde seelische Evolution, bei der Du Dich ständig weiterentwickelst und anpasst, ohne dabei Dein wahres Selbst aus den Augen zu verlieren.

***Spiegelpunkt**: 22° Schütze: Assimilation*

8° Krebs: Wachstumsbereitschaft

Die Methode der Wachstumsbereitschaft in der Szene des Skorpions der Geisteskraft betont die ständige Notwendigkeit der persönlichen Entwicklung und Anpassung. Dieser Grad erinnert uns daran, dass das Gefühl, vollständig entwickelt zu sein, eine Illusion ist, die schnell durch neue Erfahrungen widerlegt wird. Die Bereitschaft zu wachsen und sich zu verändern ist entscheidend, um die Herausforderungen des Lebens zu meistern und unser seelisches Gleichgewicht zu bewahren. Es ist eine Warnung vor der Versuchung, sich gegen neue Empfindungen zu verschließen aus Angst, die emotionale Integrität könnte unwiederbringlich gestört werden. Diese Haltung führt dazu, dass sich Neuerungen anstauen, bis sie schließlich überwältigend hereinbrechen und das seelische Gleichgewicht bedrohen. Die Lektion hier ist, dass Wachstum und Veränderung notwendige Bestandteile einer gesunden psychischen Entwicklung sind.

Aufgabe: Offenheit für Veränderungen und neue Erfahrungen ist der Schlüssel zu persönlichem Wachstum und seelischer Balance. Deine Aufgabe ist es, eine Haltung der ständigen Wachstumsbereitschaft zu kultivieren. Im Alltag bedeutet dies, Veränderungen nicht als Bedrohung, sondern als Gelegenheit zur Weiterentwicklung zu sehen. Erkenne, dass Veränderung und Anpassungsfähigkeit Dich nicht nur resilienter machen, sondern auch zu einem tieferen Verständnis Deines Selbst und einer stärkeren seelischen Gesundheit führen. Nutze die metaphorische Bedeutung dieses Grades, um Dich für das kontinuierliche Lernen und die Entwicklung zu öffnen, und erkenne, dass wahre Stabilität in der Fähigkeit zur Anpassung und im Wachstum liegt.

***Spiegelpunkt**: 21° Schütze: Die Volksseele*

9° Krebs: Weg zur Vollendung

Dieser spricht von einem lebenslangen Entwicklungsprozess, der sich auf dem Weg zur Vollendung befindet. Diese Reise symbolisiert die Erkenntnis, dass Vollkommenheit nicht als ein festes Ziel zu verstehen ist, das man endgültig erreichen kann. Stattdessen liegt die eigentliche Vollendung im fortwährenden

Streben selbst, in der unablässigen Bewegung hin zu einem idealen Zustand, der stets am Horizont bleibt, niemals ganz erreichbar, aber immer richtungsweisend. Dieser Prozess betont die Wichtigkeit der persönlichen Entwicklung und des Wachstums über die Fixierung auf ein konkretes Ziel hinaus. Die seelische Reife und die Weisheit, die auf diesem Weg erlangt werden, sind die wahren Marker der Vollendung.

Aufgabe: Befreie Dich von der Last unrealistischer Ideale und der Vorstellung eines ‚fertigen' Selbst. Das Streben nach Verbesserung und die Bereitschaft, Dich den Aufgaben des aktuellen Moments zu stellen, sind weitaus wertvoller als jedes feste Ziel. Deine Aufgabe besteht darin, den Prozess der kontinuierlichen Selbstentwicklung zu schätzen und zu umarmen. Im Alltag bedeutet das, den Moment zu akzeptieren, bewusst zu leben und die Herausforderungen anzunehmen, die das Leben bietet. Lerne, Freude und Erfüllung im gegenwärtigen Streben zu finden, ohne Dich von der Unmöglichkeit absoluter Vollendung entmutigen zu lassen. Dieser Weg der ständigen Selbstverbesserung und Anpassung ist die wahre Quelle der Vollkommenheit.

***Spiegelpunkt**: 20° Schütze: Ausprobieren fremder Sichtweisen*

21. Szene: Innovation

100° - 104° = 10° Krebs - 14° Krebs

Der ***Schütze der Geisteskraft***. Die Synthese von Empfindung und Identitätskrise ist eine Innovation der Identität. Entweder wird die Perspektive des Seins verändert oder der alte Standpunkt gefestigt, in jedem Fall findet eine Innovation statt. Der Kondensationskeim für die ausschließliche Identifikation des göttlichen Impulses mit dem geschaffenen Sein ist gelegt. Die geistige Kraft hat sich ein Selbstbild geschaffen, mit dem sich der göttliche Funke nun identifizieren kann. Das Schütze-Prinzip zeigt sich in der Geisteskraft als die Fähigkeit, alle verschiedenen Nuancen der Identität zu einem komplexen Selbstbild (= Selbstgefühl = Selbst-Identität) zusammenzufassen.

10° Krebs: Imitation

Im Herzen des 10. Grades im Krebs liegt die Gabe der Imitation als Impuls der Innovation, die weit mehr ist als das bloße Nachahmen anderer. Es ist ein tiefgründiger Prozess, durch den man die Vielfalt menschlicher Erfahrungen erkundet und versteht. Eine starke Eigenidentität ermöglicht es, sich empathisch in die Lebenswelt anderer zu versetzen, ohne die Furcht, von fremden Emotionen übermannt zu werden. Diese Fähigkeit, vorübergehend in andere Rollen zu schlüpfen, eröffnet die einzigartige Chance, sich die wertvollsten Eigenschaften und Sichtweisen anzueignen, die zur persönlichen Bereicherung beitragen. Durch das bewusste Erleben anderer Identitäten entfaltet sich die eigene Persönlichkeit in ihrer ganzen Tiefe und Komplexität. Dieses empathische Eintauchen in fremde Perspektiven ist essenziell für die Entwicklung einer reichen, individuellen Identität und führt zu einem vertieften Selbstverständnis.

Aufgabe: Nutze die Kraft der Empathie, um Dich bewusst in die Lage anderer zu versetzen. Versuche, deren Gefühle, Gedanken und Ansichten zu erforschen und zu verstehen. Diese Praxis ist nicht nur ein Weg zur persönlichen Entwicklung, sondern eröffnet auch neue Horizonte des Verstehens und der zwischenmenschlichen Verbindung. Indem Du über den Rand Deiner eigenen Identität hinausblickst, entdeckst Du neue Möglichkeiten für Wachstum und Verständnis, die Dein Leben bereichern können. Es ist eine Einladung, die Vielfalt menschlicher Erfahrungen zu umarmen und durch diese Erkundungen Deine eigene Identität zu stärken und zu erweitern.

***Spiegelpunkt**: 19° Schütze: Ritueller Kontakt zur Quelle*

11° Krebs: authentische Seele

Dieser Grad spricht von der authentischen Seele als Quelle der Wahrheit, welche den Ort der Innovation darstellt. Diese Gradbeschreibung betont, dass echte Authentizität nicht durch bloße Imitation erreicht werden kann, obwohl Imitation ein Werkzeug sein kann, um zu verstehen, was wirklich zur eigenen Seele gehört. Es gibt eine innere Wahrheit in jedem von uns, die entdeckt und anerkannt werden möchte. Der Versuch, Empfindungen zu imitieren, die unserer wahren Natur widersprechen, wird von unserer Seele zurückgewiesen. Dieser Prozess ist Teil der seelischen Evolution, eine Ent-Wicklung, die die Ausfaltung bereits vorhandener, aber vielleicht noch verborgener Aspekte unseres

Wesens bedeutet. Was nicht bereits in uns angelegt ist, kann auch nicht entfaltet werden. Diese Erkenntnis führt zu einem tieferen Verständnis unserer selbst und unserer einzigartigen Stellung in der Welt.

Aufgabe: Widme Dich der Entdeckung Deiner authentischen Seele, indem Du verschiedene Rollen und Perspektiven erkundest, aber stets mit der Absicht, das zu finden, was wirklich zu Dir gehört. Beachte, welche Empfindungen und Aktivitäten sich richtig und wahr anfühlen, und welche nicht. Diese innere Reise ist entscheidend für Deine seelische Entwicklung. Sie lehrt Dich nicht nur, Deine wahre Natur zu verstehen und zu akzeptieren, sondern auch, wie Du diese Authentizität in Deinem täglichen Leben zum Ausdruck bringen kannst. Indem Du lernst, das, was nicht zu Dir gehört, loszulassen, schaffst Du Raum für Deine wahre Essenz, um sich vollständig zu entfalten.

***Spiegelpunkt**: 18° Schütze: Rückzug zum Fundament*

12° Krebs: Veranlagung

Der 13. Grad im Zeichen Krebs beleuchtet die Entfaltung unserer Veranlagung durch den Prozess der Synthese im Schützen der Geisteskraft. Diese Gradbeschreibung verdeutlicht, wie unsere authentische Seele die verborgenen Strukturen und latenten Eigenschaften durch das Nachahmen äußerer Einflüsse aktiviert. Es ist ein dynamischer Prozess, bei dem nur jene Eigenschaften resonieren und sich entfalten können, die bereits in unserem Inneren angelegt sind. Dieser Grad spricht somit von der Notwendigkeit, unsere inneren Anlagen durch äußere Stimuli zu erkennen und zu entwickeln. Die Imitation dient hierbei nicht der

Verfälschung der eigenen Identität, sondern vielmehr als ein Katalysator für das Erwecken und Stärken unserer eigentlichen Veranlagungen. Es ist eine Einladung, die eigene Tiefe zu erkunden und die Resonanz als Wegweiser für die persönliche Entwicklung zu nutzen.

Aufgabe: Erkenne und fördere Deine angeborenen Talente und Fähigkeiten, indem Du Dich von den Menschen und Umgebungen inspirieren lässt, die Dich am meisten ansprechen. Achte darauf, wie bestimmte Aktivitäten oder Interaktionen mit anderen Dein Interesse wecken oder eine tiefe Resonanz in Dir hervorrufen. Nutze diese Erkenntnisse, um gezielt jene Aspekte Deines Selbst zu stärken, die authentisch zu Dir gehören. Indem Du lernst, Deine inneren Anlagen durch die Resonanz mit der Außenwelt zu entdecken und zu entwickeln, schaffst Du einen Pfad für eine tiefgreifende persönliche Entfaltung und ein erfülltes Leben.

***Spiegelpunkt**: 17° Schütze: Sicherheit im Umgang mit der Welt*

13° Krebs: Beständigkeit

Im Kern des 14. Grades des Krebszeichens steht die Beständigkeit als Methode der Innovation. Diese Betonung der Stabilität in bereits etablierten seelischen Bereichen unterstreicht, wie essentiell es ist, auf eine feste innere Verfassung bauen zu können. In einer Welt voller neuer und fremder Eindrücke dient diese seelische Basis als Fundament und Dreh- und Angelpunkt. Radikale Neuerungen, die die Grundfesten der Seele erschüttern, können zu emotionalem Chaos führen. Doch auf der Basis einer gesicherten inneren Verfassung ist ein breites Spektrum an Experimenten möglich. Beständigkeit in der Entwicklung unserer Persönlichkeit ermöglicht uns, mit Veränderungen umzugehen, ohne dabei das eigene Zentrum zu verlieren. Dieser Grad lehrt die Bedeutung der inneren Stabilität als Voraussetzung für Wachstum und Entfaltung.

Aufgabe: Pflege die stabilen Bereiche Deiner Seele durch regelmäßige Selbstreflexion und bewusste Bestärkung Deiner Kernwerte und -überzeugungen. Erkunde Neues mit der Gewissheit, dass Deine innere Beständigkeit Dir Sicherheit und Orientierung gibt. Erlaube Dir, aus einer Position der Stärke heraus zu experimentieren, ohne dabei Deine seelische Basis zu gefährden. Diese bewusste Balance zwischen dem Bewährten und dem Neuen fördert eine nachhaltige persönliche Entwicklung, in der Du Deinen wahren Kern bewahrst, während Du Dich weiterentwickelst und anpasst.

***Spiegelpunkt**: 16° Schütze: Festigung des Paradigmas*

14° Krebs: seelische Kompetenz

Das Wesen dieses Grades als Ergebnis der Innovation offenbart sich in der zunehmenden seelischen Kompetenz, die aus dem Innovationsprozess erwächst. Dieser Grad betont, wie durch innovative Prozesse immer mehr seelische Anlagen nutzbar gemacht werden können. Der Keim der Seele wird lebendiger und entwickelt sich stetig weiter, während die astralen Kräfte der Seele je nach Bedarf in nützliche Energien umgewandelt werden. Diese Transformation ermöglicht es uns, jeder Lebenssituation mit einem Gefühl der seelischen Fülle und Bereitschaft zu begegnen. Es ist ein Zeugnis dafür, wie die tiefen, oft verborgenen Schätze unserer Seele durch bewusstes Engagement und die Bereitschaft zur Veränderung zugänglich gemacht und für unser Wachstum genutzt werden können.

Aufgabe: Widme Dich der Weiterentwicklung Deiner seelischen Fähigkeiten, indem Du bewusst auf die Stimme Deiner inneren Anlagen hörst und diese in Deinem Alltag integrierst. Nimm Dir Zeit, die verschiedenen Facetten Deiner Persönlichkeit zu erkunden und zu verstehen, welche seelischen Kräfte in Dir schlummern. Suche nach Wegen, diese Kräfte für Dein persönliches Wachstum und zur Bewältigung von Herausforderungen einzusetzen. Indem Du Deine innere Welt erkundest und Dich mit Deinen tiefsten Anlagen verbindest, schaffst Du eine unerschöpfliche Quelle der Stärke und seelischen Kompetenz, die Dich durch alle Lebenslagen trägt.

***Spiegelpunkt**: 15° Schütze: Erwartung der Stimmigkeit*

22. Szene: Ratifikation

105° - 109° = 15° Krebs - 19° Krebs

Der ***Steinbock der Geisteskraft***. Die Idee der endgültigen Verdichtung des göttlichen Funkens in der Identität eines individuellen Wesens geschieht durch die Ratifizierung des Selbstbildes dieses Wesens. Die Ganzheit der Identität wird vom göttlichen Bewusstsein angenommen und in Kraft gesetzt. In unserem Beispiel des Schachspielers bedeutet dies: Er setzt sich endgültig als Spieler ein und akzeptiert die aktuelle Spielsituation als seine eigene. Damit übernimmt er ab diesem Zeitpunkt die volle Verantwortung für die Positionen und Bewegungen der Schachfiguren mit allen sich daraus ergebenden Konsequenzen. Das Steinbock-Prinzip zeigt sich innerhalb der Geisteskraft als Festigung des Selbstbildes (= Selbstgefühl) und als Verantwortung für die daraus resultierenden Gefühle.

15° Krebs: archetypisches Mandala

15° Krebs zeigt die Bedeutung des archetypischen Mandalas als Idee der Anerkennung unserer inneren psychischen Strukturen. Diese Mandalas repräsentieren universelle psychische Strukturen, die in der symbolischen Sprache der Formen und Muster eine allgemeingültige Wahrheit über das menschliche Bewusstsein und seine Verbindungen zum Kosmos darstellen. Das individuelle Geburtshoroskop, ein einzigartiges Mandala, veranschaulicht die einzigartigen psychischen und ökologischen Zusammenhänge der Persönlichkeit eines jeden Individuums. Diese tiefe Verflechtung von universellen Mustern und persönlichen Merkmalen bietet einen Rahmen für die Ratifikation oder Bestätigung unserer innersten Identität. Es lädt uns ein, die Reflexion unseres inneren Selbst in den Mustern der Welt um uns herum zu erkennen und diese Einsichten zur Bestärkung unseres Selbstverständnisses und unserer Lebensrichtung zu nutzen.

Aufgabe: Erkenne und akzeptiere, dass die Strukturen und Muster, die Du in der Außenwelt siehst, Spiegelungen Deiner eigenen inneren Strukturen sind. Nutze diese Erkenntnis, um Deine persönliche Wachstumsreise zu leiten, ohne das Bedürfnis zu verspüren, diese inneren Muster zu verbergen oder aufzulösen. Integriere die Weisheit, die in Deinem individuellen Mandala verankert ist, bewusst in Dein tägliches Leben, um eine tiefere Verbindung zwischen Deinem inneren Sein und der äußeren Welt zu schaffen. Diese bewusste Anerkennung und Integration der archetypischen Muster erweitert Dein Verständnis für Deine eigenen psychischen Strukturen und fördert ein harmonischeres, authentisches Leben.

***Spiegelpunkt**: 14° Schütze: Aufmerksamkeit im Jetzt*

16° Krebs: Wachstum

Auf 16° Krebs zeigt sich symbolhaft – als Ort der Ratifikation – die Entwicklung unserer Seele und Identität, die sich vom Keim bis zum vollständigen Menschen entfaltet. Diese Entwicklung wird durch unsere Grundanlagen prädestiniert, die wie ein genetischer Code, unsere seelische und persönliche Entwicklung über die Lebensspanne hinweg gültig und relevant macht. Genauso wie der genetische Code eines Baumes von der Keimphase bis zum mächtigen Urwaldriesen gültig bleibt und dessen Entfaltung bestimmt, sind auch unsere tiefsten Anlagen und Potenziale bereits in uns angelegt und warten darauf, im Laufe unseres Lebens entfaltet zu werden. Diese Perspektive eröffnet eine Sichtweise auf Entwicklung, die nicht auf radikale Veränderungen abzielt, sondern auf die Entfaltung und Vergrößerung dessen, was bereits existiert.

Aufgabe: Betrachte Deine persönliche Entwicklung als einen Prozess der Entfaltung und Verfeinerung Deiner angeborenen Anlagen. Anstatt nach einer grundlegenden Veränderung Deiner Persönlichkeit zu streben, konzentriere Dich darauf, Deine Talente und Fähigkeiten in immer subtilere und tiefere Bereiche Deines Lebens und Wirkens zu integrieren. Erkenne, dass auch scheinbar widersprüchliche Aspekte Deiner Persönlichkeit in harmonischer Weise zusammenwirken können, wenn sie im Licht Deiner wahren Natur und Bestimmung betrachtet werden. Nutze Dein Verständnis und Deine Akzeptanz dieser inneren Vielfalt als eine Quelle der Stärke und Anpassungsfähigkeit.

***Spiegelpunkt**: 13° Schütze: archetypische Symbole*

17° Krebs: Verantwortung

Die tiefe Bedeutung dieses Grades liegt in der Selbstverantwortung und der Verantwortung der bereits entwickelten Teile der Identität für jene Aspekte, die sich noch in der Entwicklung befinden. Ähnlich der Verantwortung einer Generation für die physische, seelische, geistige und kulturelle Entwicklung der nächsten, illustriert dieser Grad, wie essenziell es ist, für die eigene Weiterentwicklung Sorge zu tragen. Eine mangelhafte Entwicklung in einem Bereich erfordert verstärkte Bemühungen, um die nachfolgenden Aspekte in eine gesunde Richtung zu lenken. Dieses Prinzip verdeutlicht die Wichtigkeit des Bewusstseins und der Fürsorge für die eigenen inneren Wachstumsprozesse, um eine fundierte und ganzheitliche Entwicklung zu gewährleisten.

Aufgabe: Erkenne die Bedeutung der Selbstverantwortung für Deine persönliche Entwicklung und die Auswirkungen, die Deine seelischen, geistigen und kulturellen Zustände auf Deine zukünftige Entwicklung haben. Bemühe Dich, die Bereiche, in denen Du Dich bereits entwickelt hast, als Fundament zu nutzen, um jene Aspekte Deiner Persönlichkeit, die sich noch im Wachstum befinden, zu unterstützen und zu fördern. Sei Dir der Verantwortung bewusst, die Du für Deine eigene Entwicklung trägst, und erkenne, dass jeder Schritt der Selbstfürsorge und -entwicklung nicht nur Dir selbst, sondern auch Deiner Umgebung und den kommenden Generationen zugutekommt. Strebe danach, ein gesundes Gleichgewicht zwischen der Pflege Deiner entwickelten Identitätsaspekte und der Förderung Deiner Wachstumsbereiche zu finden, um eine harmonische und ganzheitliche Entwicklung zu fördern.

***Spiegelpunkt**: 12° Schütze: Wandel esoterischer Werte*

18° Krebs: hohe Regeln achten

Hier wird die Achtung höherer Lebensregeln als Methode zur Bewältigung innerpsychischer Spannungen und zur Herstellung eines harmonischen Ganzen hervorgehoben. Diese Gradbeschreibung unterstreicht die Bedeutung des Glaubens an eine höhere Ordnung und einen tieferen Sinn hinter den scheinbar unvereinbaren Gegensätzen des Lebens. Der Glaube an diese höhere Ordnung ermöglicht es uns, die innewohnenden Spannungen des Daseins anzunehmen und zu bewältigen. Es wird deutlich, dass, wenn wir zu diesem Glauben fähig sind, alle innerpsychischen Spannungen in ein harmonisches und sinnvolles Ganzes integriert werden können.

Aufgabe: Nimm Dir Zeit, um über die höheren Regeln und Ordnungen in Deinem Leben nachzudenken, die sich aus der Struktur Deines Inneren ergeben, und wie diese Deine Wahrnehmung von inneren Spannungen beeinflussen können. Erkenne die Bedeutung des Glaubens an eine übergeordnete Struktur und Ordnung, die Dir hilft, Konflikte und Gegensätze in Deinem Leben zu akzeptieren oder zu überwinden. Versuche, die Prinzipien dieser höheren Ordnung in Dein tägliches Leben zu integrieren, um ein tieferes Verständnis für die komplexen Zusammenhänge des Lebens zu entwickeln. Diese Praxis wird nicht nur dazu beitragen, Deine inneren Konflikte zu lösen, sondern auch eine stabilere und harmonischere Grundlage für Dein persönliches Wachstum und Deine Entwicklung schaffen.

***Spiegelpunkt**: 11° Schütze: spirituelle Entwicklung*

19° Krebs: Authentizität

Dieser Grad betont die Authentizität als Ergebnis der Ratifikation unserer Identität. Ein Zustand, in dem die Lebenskraft frei und ungebremst fließen kann, wird erreicht, indem wir die Struktur unseres Horoskops aktiv leben. Wenn unsere Identität nicht durch Blockaden, Entzug oder Fehlleitung unserer Lebenskraft beeinträchtigt wird, führt dies zu größtmöglicher Zufriedenheit und Lebensfreude. In diesem Fluss der Energie finden wir zu unserer authentischen Selbstausdrucksweise, die uns ein Gefühl von Wahrhaftigkeit und Echtheit vermittelt. Dieser Grad lehrt uns, dass die Freisetzung unserer authentischen Lebenskraft eine tiefgreifende Zufriedenheit und Freude mit sich bringt, die aus der harmonischen Übereinstimmung unserer äußeren Lebensumstände mit unserer inneren Wahrheit entsteht.

Aufgabe: Begebe Dich auf die Reise, die Authentizität Deiner Identität zu entdecken und zu leben. Achte darauf, wie die Strukturen Deines Horoskops und die damit verbundenen Energien in Deinem täglichen Leben zum Ausdruck kommen. Identifiziere Bereiche, in denen Du Dich blockiert oder entfremdet fühlst, und suche Wege, diese Blockaden zu lösen, um den freien Fluss Deiner Lebenskraft zu ermöglichen. Indem Du lernst, in Einklang mit Deiner astrologischen Struktur zu leben, wirst Du eine tiefere Zufriedenheit und eine authentischere Lebensweise erfahren. Dieser Prozess erfordert Bewusstsein und die Bereitschaft, sich den Herausforderungen zu stellen, die auf dem Weg zur wahren Authentizität liegen.

***Spiegelpunkt**: 10° Schütze: Traditionelle Einweihung*

23. Szene: Hervorhebung

110° - 114° = 20° Krebs - 24° Krebs

Der ***Wassermann der Geisteskraft***. Der Ort der Verdichtung bzw. deren Grundlage ist die Hervorhebung besonderer Aspekte der Identität. Erfolgreiche Eigenschaften und Strategien führen immer zu besonderen Erfolgserlebnissen und werden durch diese Bestätigung noch erfolgreicher. Wenn der Schachspieler merkt, dass er mit seinen individuellen Strategien dem Gegner ein ernst zu nehmendes Gegenüber bietet, stärkt dies seine Spielfreude und damit seine Identifikationsbereitschaft. Das Wandlungsprinzip des Wassermanns zeigt sich in der Geisteskraft als kühnes Ausprobieren neuer Identifikationen.

20° Krebs: Deutlichkeit einiger Details

Die Idee der Hervorhebung zeigt sich in der Deutlichkeit einiger Details der Identität. Dies eröffnet eine tiefe Einsicht in die Natur der menschlichen Identität und Gesellschaft. Wie in einem Mosaik, in dem einzelne Steine besondere Aufmerksamkeit auf sich ziehen und das Gesamtbild definieren, so gibt es in jeder Gemeinschaft und in der Psyche eines jeden Individuums bestimmte Aspekte, die herausstechen und als Wegweiser für Veränderung und Wachstum dienen. Diese markanten Punkte – seien es herausragende Persönlichkeiten in der Gesellschaft oder dominante Züge in unserem Charakter – fungieren als Leuchtfeuer, die den Pfad für andere erhellen und eine Richtung vorgeben. Sie sind der Schlüssel zur Transformation und zum Erfolg, indem sie die Massen inspirieren und in der eigenen Psyche die Bereiche hervorheben, die Anerkennung und Entwicklung verdienen.

Aufgabe: Die Herausforderung bei diesem Grad liegt darin, die eigenen „Trendsetter“ innerhalb der Psyche zu erkennen und zu kultivieren. Es geht darum, die besonderen Details in Dir selbst, die potenziell wegweisend sind, zu identifizieren und ihnen die gebührende Aufmerksamkeit zu schenken. Dies erfordert Selbstreflexion und das Bewusstsein, dass jeder von uns einzigartige Qualitäten besitzt, die, wenn sie richtig genutzt werden, nicht nur das individuelle Leben bereichern, sondern auch als Vorbild für andere dienen können. Metaphorisch gesprochen, solltest Du Deine eigenen „Trendsetter“ pflegen, damit sie Deine Entwicklung vorantreiben und Dir dabei helfen, Dein volles Potenzial zu entfalten.

***Spiegelpunkt**: 9° Schütze: Mysterien Dramatisierung*

21° Krebs: kontinuierliche Basis

21° Krebs symbolisiert die Bedeutung einer stabilen und kontinuierlichen Grundlage in der Entwicklung der Identität. Diese Gradposition unterstreicht, wie aus der Konstanz und Vorhersehbarkeit des alltäglichen Lebens die Möglichkeit entsteht, Einzigartigkeit und Verschiedenheit wertzuschätzen. In einer Welt, die von Gleichförmigkeit geprägt ist, erlangen unerwartete oder abweichende Elemente besondere Bedeutung. Ähnlich wie das Fundament eines Hauses, das dessen Struktur trägt und Stabilität verleiht, bildet die kontinuierliche Basis unserer Identität den Untergrund, auf dem sich unsere einzigartigen Talente und Fähigkeiten entfalten können. Diese Basis ermöglicht es, dass die besonderen Aspekte unserer Persönlichkeit, unsere „Hervorhebungen“, sich voll entwickeln und zum Tragen kommen können.

Aufgabe: Deine persönliche Entwicklungsaufgabe besteht darin, die kontinuierliche Basis in Deinem Leben zu erkennen, zu schätzen und zu stärken. Das bedeutet, die Gewohnheiten, Routinen und Grundwerte zu pflegen, die Dir Stabilität und Sicherheit geben. Gleichzeitig sollst Du offen für die Zufälligkeiten und die Einzigartigkeit des Lebens bleiben, um die Vielfalt und die Möglichkeiten, die das Leben bietet, voll ausschöpfen zu können. Metaphorisch gesprochen, ist es, als würdest Du in einem stabilen Boot auf einem ruhigen Fluss fahren, bereit, die interessanten und unerwarteten Dinge zu bemerken und zu erforschen, die entlang des Ufers auftauchen. Diese Balance zwischen Stabilität und Offenheit für Neues ermöglicht es Dir, ein erfülltes und ausgewogenes Leben zu führen.

Spiegelpunkt: *8° Schütze: Schritt für Schritt*

22° Krebs: Bewertung des Neuen

In dieser Synthese geht es um die dynamische Interaktion zwischen dem Alten und dem Neuen, zwischen Tradition und Innovation. Diese Gradposition verdeutlicht die Notwendigkeit, das Neue stets zu bewerten und in Beziehung zu unserer bestehenden Identität zu setzen. In vergangenen Zeiten waren es Märchenfiguren und mythologische Helden, die durch ihre Taten moralisch bewertet wurden und als Orientierungspunkte für gesellschaftliche Werte und Verhaltensweisen dienten. Heute übernehmen prominente Persönlichkeiten diese Rolle, deren Handlungen und Lebensstile von der Öffentlichkeit und den Medien kritisch hinterfragt werden. Ähnlich verhält es sich in der inneren Welt des Einzelnen, wo neue Empfindungen und Ideen aufkommen und von der bestehenden Identität bewertet werden müssen.

Aufgabe: Deine Aufgabe ist es, die Bewertung des Neuen als kontinuierlichen Prozess der persönlichen Entwicklung zu begreifen. Es geht darum, Neues bewusst wahrzunehmen, zu hinterfragen und zu integrieren, ohne dabei die eigene Wertebasis zu verlieren. Du solltest lernen, zwischen wertvollen Innovationen und flüchtigen Trends zu unterscheiden und das Neue nicht blindlings, sondern mit einem Sinn für das Gute und Nützliche zu adoptieren. Diese Fähigkeit zur kritischen Bewertung ist essentiell, um in einer sich schnell wandelnden Welt authentisch und integer zu bleiben. Es ist ein Balanceakt zwischen Bewahrung und Veränderung, der Dich in Deiner Entwicklung voranbringt und Dir hilft, ein reiches und tiefgründiges Leben zu führen.

***Spiegelpunkt**: 7° Schütze: Esoterik im Herzen der Religion*

23° Krebs: positive Verstärkung

Dieser Grad thematisiert die positive Verstärkung individueller Nuancen, eine kraftvolle Methode zur Hervorhebung und Weiterentwicklung der eigenen Einzigartigkeit. Die Mechanik der Aufmerksamkeit als Energie und Belohnung verwandelt individuelle Besonderheiten in gesellschaftliche Trendsetter. Genau wie in der Vergangenheit mythische Helden oder Götterfiguren Orientierung boten, so prägen heute berühmte Persönlichkeiten durch ihre Lebensweise kollektive Verhaltensmuster. Diese Dynamik findet auch in der persönlichen Psyche statt, wo bestimmte Empfindungen und Charakterzüge, die Aufmerksamkeit und Anerkennung erlangen, verstärkt werden und so zur individuellen und kollektiven Entwicklung beitragen.

Aufgabe: Deine Aufgabe besteht darin, die positiven Aspekte Deiner Persönlichkeit, die Anerkennung und Aufmerksamkeit erlangen, bewusst zu verstärken und weiterzuentwickeln. Erkenne, welche Deiner Eigenschaften oder Fähigkeiten von Deinem Umfeld positiv hervorgehoben werden, und nutze diese Rückmeldungen als Energiequelle zur Selbstverbesserung. Es geht nicht darum, sich blindlings anzupassen oder nur nach äußerer Anerkennung zu streben. Vielmehr solltest Du ein feines Gespür dafür entwickeln, welche Aspekte Deiner Identität nicht nur von anderen wertgeschätzt werden, sondern auch authentisch zu Dir passen und Dein Wachstum fördern. Diese bewusste Kultivierung und Verstärkung Deiner eigenen Stärken ermöglicht es Dir, eine positive Rolle in Deinem sozialen Umfeld einzunehmen und Deine Persönlichkeit in harmonischer Weise zu entfalten.

***Spiegelpunkt**: 6° Schütze: spirituelle Sehnsucht*

24° Krebs: Reformierungstendenz

Dieser Grad im Krebszeichen repräsentiert den Drang nach Erneuerung und die Fähigkeit, gesellschaftliche Ideale neu zu bewerten und zu formen. In der heutigen Welt, wo Biographien berühmter Persönlichkeiten die Sagen und Mythen der Vergangenheit ersetzen, spiegelt sich der kollektive Wunsch nach Entwicklung und Transformation wider. Die Vorbilder, die wir wählen, und die Ideale, die wir personifizieren, zeigen nicht nur unsere persönlichen Präferenzen, sondern auch die Entwicklungsrichtung der Gesellschaft als Ganzes. Diese Tendenz zur Reformierung beeinflusst sowohl die kollektive Identität als auch die individuelle Seele, indem sie uns dazu bringt, ständig über die Bedeutung und Ausrichtung unserer Werte und Handlungen nachzudenken.

Aufgabe: Konzentriere Dich darauf, positive Rollenmodelle in Deinem Leben zu identifizieren, die für Dich persönlich bedeutungsvoll sind. Versuche, ihr Wesen und ihre Qualitäten zu verstehen, indem Du Dich gedanklich in ihre Position versetzt. Dabei ist es wichtig, nicht nur zu bewundern, sondern auch kritisch zu hinterfragen, ob und warum diese Personen oder Ideale für Dich als Vorbilder geeignet sind. Dieser Prozess der bewussten Auswahl und Bewertung von Vorbildern stärkt Deine Fähigkeit zur Selbstreflexion und fördert eine gezielte persönliche Entwicklung, die in Einklang mit Deinen wahren Werten und Überzeugungen steht.

Spiegelpunkt*: 5° Schütze: funktionale Philosophie*

24. Szene: Identifikation

115° - 119° = 25° Krebs - 29° Krebs

Die ***Fische der Geisteskraft***. Die Synthese von Ratifikation und Akzentuierung führt schließlich zur endgültigen Identifikation. Die Annahme der individuellen Identität und die gleichzeitige ständige Umstrukturierung und Neuanpassung der Gefühle sorgen für eine gute Homöostase der Seele, die die Grundlage für das Erwachen des Selbstbewusstseins bildet. Das göttliche Bewusstsein - oder zumindest ein Funke davon - wurde von der Geisteskraft erfolgreich auf die Identifikation eines Lebewesens beschränkt. Die Geisteskraft hat ihre Arbeit getan und überlässt nun das Feld der nachfolgenden Selbstkraft. Das Fische-Prinzip zeigt sich in der Geisteskraft als Auflösung der Einzelempfindungen in der Ganzheit und als vollkommenes Aufgehen dieser Einzelempfindungen in der Identität als Ganzes.

25° Krebs: Ideen harmonische Entwicklung

Die Position von 25° Krebs steht für das Prinzip der sanften, evolutionären Veränderung und das Streben nach Harmonie in der persönlichen Entwicklung. Anstatt durch radikale Umbrüche oder tiefgreifende Krisen voranzuschreiten, liegt der Fokus auf dem kontinuierlichen, bedächtigen Integrieren von Neuerungen, die zunächst auf ideeller Ebene erforscht und bewertet werden. Diese Methode ermöglicht eine beständige Anpassung und Weiterentwicklung, bei der Neues behutsam aufgenommen und Unpassendes ausgesondert wird. Solch ein Ansatz spiegelt eine tiefgreifende Akzeptanz und ein Verständnis dafür wider, dass echtes Wachstum Zeit benötigt und dass jeder Schritt, ob klein oder groß, in Richtung der eigenen Idealvorstellung von Selbst und Leben bedeutend ist.

Aufgabe: Die Herausforderung besteht darin, sich bewusst zu machen, dass jede Entscheidung, die Du triffst, gleichzeitig eine Abkehr von anderen Möglichkeiten darstellt. Diese Erkenntnis soll Dich nicht einschränken, sondern vielmehr die Bedeutung jeder Wahl unterstreichen. Um in Deiner Entwicklung voranzukommen, ist es essenziell, Dich auf ausgewählte Bereiche zu konzentrieren und Meisterschaft in diesen zu erlangen. Akzeptiere, dass Fortschritt oft bedeutet, sich von bestimmten Optionen zu distanzieren, um sich anderen mit voller Hingabe widmen zu können. Indem Du diese Wahl triffst, ermöglichst Du Dir, tiefer in die Felder einzutauchen, die für Dich wahrhaft bedeutsam sind und in denen Du wachsen und gedeihen kannst.

***Spiegelpunkt**: 4° Schütze: Die eigene Philosophie*

26° Krebs: astrale Energien

Der Bereich der astralen Energien bei 26° Krebs verweist auf eine tiefe Verbindung zwischen dem Individuum und dem Universum. Diese Gradposition spricht von der Resonanz, die entsteht, wenn unsere innersten Empfindungen mit dem kosmischen Fluss übereinstimmen. Die astralen Energien wirken als eine Art Prüfstein für die Echtheit und Authentizität unserer Bestrebungen und Ideen. Wenn eine Idee oder ein Ziel wirklich mit unserem innersten Wesen übereinstimmt, wird es von diesen feinstofflichen Energien unterstützt und verstärkt. Umgekehrt werden Ideen, die nicht authentisch sind oder die lediglich aus einem Wunsch nach Anerkennung oder einem „guten Image" entstehen, durch diese Energien entlarvt und fallen gelassen.

Aufgabe: Deine Herausforderung besteht darin, Deine Ziele und Bestrebungen einer inneren Prüfung zu unterziehen, um festzustellen, ob sie wirklich mit Deinem innersten Wesen in Einklang stehen. Nimm Dir Zeit für Selbstreflexion und meditative Praktiken, um eine tiefere Verbindung zu Deinem inneren Selbst herzustellen. Lerne, den Unterschied zwischen den Impulsen zu erkennen, die wirklich aus Deinem Kern kommen, und jenen, die durch äußere Einflüsse oder den Wunsch nach Anerkennung motiviert sind. Diese bewusste Ausrichtung und Überprüfung Deiner Ziele im Licht der astralen Energien ermöglichen es Dir, einen Pfad zu wählen, der nicht nur authentisch und erfüllend ist, sondern der auch von den subtilen Kräften des Universums unterstützt wird.

Spiegelpunkt: *3° Schütze: Lenkung der Schicksalsmächte*

27° Krebs: Kooperation

Die Synthese der Identifikation im Zeichen des Krebses auf dem 27. Grad zeigt sich in der Kooperation zwischen individuellen Ideen und den astralen Energien. Wenn eine Idee, die tief mit unserer wahren Natur resoniert, einmal in unserer Psyche Wurzeln geschlagen hat, beginnen die astralen Energien, diesen Keim zu nähren. Aus diesem Keim erwächst eine kraftvolle Entität, die zu einer majestätischen Verkörperung eines Aspekts unserer Seele heranreift. Diese Dynamik betont die Wichtigkeit des Einklangs zwischen unserem innersten Wesen und den subtilen energetischen Strömungen, die uns umgeben. Die bewusste Ausrichtung auf diese Kooperation ermöglicht es uns, tiefgreifende Veränderungen und Entwicklungen in unserem Leben herbeizuführen.

Aufgabe: Fokussiere Dich darauf, Ideen und Empfindungen, die in Resonanz mit Deiner tiefsten Natur stehen, zu erkennen und zu fördern. Übe Dich in Achtsamkeit und Intuition, um zu verstehen, welche Energien und Konzepte wirklich zu Dir passen und welche lediglich oberflächliche Anziehungskräfte sind. Indem Du lernst, diese Unterscheidung zu treffen und Deine Handlungen sowie Gedanken danach auszurichten, kooperierst Du aktiv mit den astralen Energien. Diese Zusammenarbeit wird nicht nur Deine persönliche Entwicklung vorantreiben, sondern auch eine harmonischere und erfüllendere Beziehung zu Deinem Umfeld und dem Kosmos insgesamt fördern.

***Spiegelpunkt**: 2° Schütze: Akzeptieren der Subjektivität*

28° Krebs: Balance

Die Balance zwischen beständiger Identität und neuen Empfindungen kennzeichnet den 28. Grad im Zeichen Krebs. Dieser Grad betont die Bedeutung des Gleichgewichts in unserer psychischen Entwicklung. Er lehrt, dass wahres Wachstum in der Fähigkeit liegt, Neues zu integrieren, ohne die eigene, bereits entwickelte Identität zu verlieren. Die Kunst, neue Empfindungen und Erfahrungen mit einem klaren Blick zu beurteilen und sie nur dann in unser Sein zu integrieren, wenn ein entsprechendes Gegengewicht in unserer Psyche gefunden wird, gewährleistet die seelische Homöostase. Dieser Prozess ermöglicht es, eine dynamische Balance aufrechtzuerhalten, bei der jedes neue Yin von einem passenden Yang begleitet wird, sodass unsere Seele in einem Zustand des Gleichgewichts bleibt.

Aufgabe: Deine Aufgabe besteht darin, ein Bewusstsein für die Notwendigkeit der Balance zwischen Bewahrung Deiner Kernidentität und der Offenheit für neue Erfahrungen zu entwickeln. Achte darauf, wie Du neue Empfindungen in Dein Leben einlädst und bewerte sie sorgfältig, bevor Du sie annimmst oder ablehnst. Übe Dich in der Kunst, für jedes neue Element, das Du integrierst, ein Gegengewicht zu schaffen, das Deine innere Harmonie erhält. Diese bewusste Praxis fördert nicht nur Deine psychische Gesundheit, sondern auch Deine Fähigkeit, auf authentische und angepasste Weise zu wachsen.

***Spiegelpunkt**: 1° Schütze: Die unerkannte Wahrheit im Hintergrund*

29° Krebs: kraftvolle Identität

29° Krebs verdeutlicht, dass eine kraftvolle Eigenidentität aus einem komplexen Zusammenspiel innerpsychischer Kräfte und Regelkreise erwächst. Je vielschichtiger und dynamischer diese internen Beziehungen sind, desto resilienter zeigt sich das psychische System gegenüber externen Störungen. Eine robuste Identität gewinnt ihre Stärke nicht durch Unbeweglichkeit, sondern durch die Fähigkeit, selbst massive Störungen auszugleichen. Dies geschieht durch das flexible Übernehmen und Anpassen von Aufgaben durch verschiedene Persönlichkeitsbereiche, bis ein Gleichgewicht wiederhergestellt ist. Die Seele befindet sich so in einem Zustand fließender Homöostase, der Anpassungsfähigkeit und Stabilität gleichermaßen ermöglicht.

Aufgabe: Entwickle ein tiefes Verständnis für die komplexen Beziehungen innerhalb Deiner Psyche, indem Du bewusst auf die Vielfalt Deiner inneren Stimmen und Kräfte achtest. Erkenne, wie diese in Zeiten der Herausforderung zusammenwirken, um Dein Gleichgewicht zu wahren. Praktiziere Achtsamkeit oder Meditation, um Dein Bewusstsein für diese Prozesse zu schärfen. Diese Praxis wird nicht nur Deine Resilienz in schwierigen Zeiten stärken, sondern Dir auch helfen, ein tieferes Verständnis Deiner eigenen Identität und Deiner Fähigkeit zur Selbstregulierung zu entwickeln. Indem Du lernst, wie Deine Seele in Homöostase fließt, erkennst Du die Kraft Deiner eigenen Anpassungsfähigkeit und Stärke.

Spiegelpunkt*: 0° Schütze: Verschiedene Wirklichkeiten*

25. Szene: Dämmerung

120° - 124° = 0° Löwe - 4° Löwe

Der ***Widder der Selbstkraft***. Das ist der Impuls des Erwachens und zugleich der Impuls der ganzen Ich-Kraft. Im Erwachen des Bewusstseins zeigen sich zum ersten Mal die Ich-Kräfte. Diese Phase ist vergleichbar mit dem morgendlichen Erwachen aus dem Schlaf. Das Ich tritt aus der Bewusstlosigkeit heraus und erkennt das Licht (des Bewusstseins) in der Morgendämmerung. Das Widder-Prinzip der triebhaften Spontaneität zeigt sich in der Selbstkraft als spontanes Aufkeimen der Ich-Idee im Bewusstsein des Menschen.

0° Löwe: Mentalisierung

0° Löwe markiert einen entscheidenden Moment im Tierkreis, in dem die Dunkelheit der Nacht der Helligkeit der Dämmerung weicht. In dieser Phase der Mentalisierung beginnt das bisher Unbewusste, Form anzunehmen und in das Bewusstsein zu treten. Wie die ersten Strahlen der Morgensonne, die die Dunkelheit durchbrechen, so leuchtet die Erkenntnis „Ich bin es, der betrachtet" in das Bewusstsein des Menschen. Diese Selbsterkenntnis ist ein bedeutender Schritt in der persönlichen Entwicklung, denn sie symbolisiert den Übergang von einer instinktiven, rein gefühlsmäßigen Existenz zu einem Zustand, in dem Gedanken und Reflexionen eine zentrale Rolle spielen. Die Mentalisierung bei 0° Löwe lädt dazu ein, die eigene Identität und das Selbstbewusstsein zu stärken. Sie fördert das Bewusstsein darüber, dass nicht nur die Außenwelt, sondern auch das innere Erleben Gegenstand der Betrachtung sein kann. Diese Entwicklung öffnet neue Wege zur Selbstreflexion und zur bewussten Gestaltung des eigenen Lebens.

Aufgabe: Deine persönliche Aufgabe besteht darin, Dich aktiv mit Deinen eigenen Gedanken und Gefühlen auseinanderzusetzen und diese bewusst zu hinterfragen. Beginne damit, Momente der Reflexion in Deinen Alltag einzubauen. Vielleicht in Form eines Tagebuchs, in dem Du Deine Gedanken und Empfindungen festhältst, oder durch meditative Praktiken, die Dir helfen, einen Schritt zurückzutreten und Dich selbst aus einer neuen Perspektive zu betrachten. Diese Praxis wird nicht nur Dein Selbstbewusstsein stärken, sondern Dir auch ermöglichen, bewusster Entscheidungen zu treffen und Dein Leben aktiv nach Deinen Vorstellungen zu gestalten. Nutze diese Erkenntnis auch metaphorisch, um in verschiedenen Lebensbereichen „das Licht einzuschalten" und Bewusstsein zu schaffen, wo vorher automatisches Handeln vorherrschte.

***Spiegelpunkt**: 29° Skorpion: Funktionalität der Gemeinschaft*

1° Löwe: geistiger Bestand

1° offenbart eine tiefgreifende Einsicht: der geistige Bestand, das Bewusstsein über die eigene mentale und emotionale Grundlage. In der Metapher der Dämmerung, dem Übergang zwischen Tag und Nacht, wird uns die Bedeutung der bewussten Selektion von Empfindungen klar. Nicht jede Regung aus dem Unbewussten sollte ins Bewusstsein gelangen, um eine Überflutung mit Eindrücken, eine Empfindungsinflation, zu vermeiden. Diese

Selektion schützt das Bewusstsein vor Überforderung, ähnlich wie der sichtbare Teil eines Eisberges, der nur dank der enormen, unsichtbaren Masse unter Wasser existieren kann. Dieser Grad symbolisiert das Bewusstsein über diesen Mechanismus, die Erkenntnis, dass nur ein Bruchteil unserer inneren Welt bewusst erlebt wird, während der Rest, unser individuelles und kollektives Unbewusstes, uns trägt und leitet.

Aufgabe: Es gilt, das Verständnis zu vertiefen, dass die sichtbaren Aspekte unseres Lebens nur die Spitze des Eisbergs darstellen. Die Aufforderung besteht darin, die enorme, unsichtbare Macht anzuerkennen, die unser sichtbares Ich unterstützt und formt. Diese Erkenntnis soll uns leiten, unsere innere Welt zu würdigen und mit ihr im Einklang zu leben. So wie eine effektive Führung das Verständnis und die Unterstützung der Gemeinschaft benötigt, erfordert ein harmonisches Leben die Anerkennung und Integration unserer inneren, unbewussten Bestandteile. Die Herausforderung besteht darin, diese unsichtbare Basis regelmäßig zu reflektieren und zu integrieren, um ein ausgewogenes und authentisches Leben zu führen.

***Spiegelpunkt**: 28° Skorpion: Risikobereitschaft für seine Werte*

2° Löwe: Kristallisation

In der Welt des Löwen bei 2° entfaltet sich ein Prozess der orientierenden Kristallisation. Dieser Grad beschreibt die Fähigkeit, aus der Vielzahl an Einzelteilen der Realität ein kohärentes Ganzes zu formen. Es geht hier um das Talent, heterogene Elemente so zu organisieren, dass sie sich zu einem größeren Bild zusammenfügen. Dieser Vorgang erfordert nicht nur ein ausgeprägtes Organisationstalent, sondern auch eine tiefe Vertrautheit mit den Einzelteilen, um zu wissen, wo sie ihren Platz im größeren Schema finden. Der Moment, in dem die Einzelteile zu einem qualitativ neuen Ganzen integriert werden, markiert einen Qualitätssprung – eine Transformation, die durch bewusste Gestaltung und Strukturierung erreicht wird. Dieser Grad symbolisiert somit die Fähigkeit, durch bewusste Auswahl und Anordnung der Komponenten eine neue Ordnung und Bedeutung zu erschaffen.

Aufgabe: Entwickle ein feines Gespür für die Details Deines Lebens und erkenne, wie diese sich zu einem größeren Ganzen zusammenfügen lassen. Deine persönliche Aufgabe ist es, die einzelnen Aspekte Deines Lebens – sei es beruflich, persönlich oder spirituell – so zu organisieren und zu integrieren, dass sie Deine individuellen Ziele und Werte widerspiegeln. Übe Dich darin, den Überblick zu behalten und gleichzeitig den Wert jedes Teils zu schätzen. Erkenne und würdige die Bedeutung der kleinsten Elemente, denn in ihrer richtigen Anordnung liegt das Geheimnis für harmonisches Wachstum und kreative Selbstverwirklichung.

***Spiegelpunkt**: 27° Skorpion: Die ewige Arbeit*

3° Löwe: Selektion

3° Löwe steht für einen entscheidenden Moment der Selektion, vergleichbar mit der Evolution, in der nicht alles, was existiert, ins Licht des Bewusstseins tritt. Ähnlich wie nur ein kleiner Teil des Eisbergs über dem Wasser sichtbar ist, repräsentiert dieser Grad die bewusste Auswahl, welche Teile unserer Persönlichkeit, unserer Gedanken und Empfindungen wir in unser Bewusstsein aufnehmen. Diese Selektion ist essentiell für die Entwicklung des Ichbewusstseins und dient als Basis unserer Identität. Wie in einem Selektionskampf, bestimmt diese bewusste Wahl, welche Aspekte unseres Selbst gestärkt werden und zur vollen Bewusstheit erwachen. Diese innere Dynamik spiegelt die Evolution der Arten wider, wo nicht jede Spezies überlebt, sondern nur die, die am besten an ihre Umwelt angepasst sind. So steht der 3° Löwe für die bewusste Entscheidung, welche Bestandteile unseres inneren Wesens wir pflegen und entwickeln möchten, um ein reiches und authentisches Ichbewusstsein zu formen.

Aufgabe: Die Welt der Ideen und Möglichkeiten ist unendlich. Deine Aufgabe ist es, aus diesem Pool diejenigen Ideen und Impulse zu selektieren, die am besten zu Deinen Zielen und Deinem Wesen passen. Während Du diesen Auswahlprozess durchführst, ist es wichtig, diplomatisch und rücksichtsvoll gegenüber denen zu sein, deren Ideen oder Vorschläge Du nicht verfolgst. Übe Dich in der Kunst, konstruktives Feedback zu geben, ohne andere zu entmutigen. Dies erfordert Feingefühl und Achtung vor der Kreativität und den Bemühungen anderer. Indem Du lernst, auszuwählen, was zu Deinem Wachstum beiträgt, ohne Brücken abzubrechen, stärkst Du nicht nur Dein eigenes Ichbewusstsein, sondern förderst auch positive Beziehungen in Deinem Umfeld.

***Spiegelpunkt**: 26° Skorpion: Fester Stand im Leben*

4° Löwe: Ichkraft

Der Grad des verweist auf die Entfaltung der Ichkraft, ein Resultat des innerpsychischen Prozesses, der im Zwielicht der Dämmerung seinen Ursprung hat. Diese Ichkraft repräsentiert die souveräne Stärke des Selbstbewusstseins, die sich an der Spitze der menschlichen Identität etabliert, gleichsam als wäre das Ich die Essenz und Gesamtheit der persönlichen Identität. In dieser Metapher zieht sich das Ich wie der legendäre Münchhausen am eigenen Schopf aus dem Sumpf, schwebend ohne feste Grundlage im Raum der Freiheit. Die Frage nach der Souveränität des Ichs, ob trotz oder gerade wegen seiner grundlosen Schwebung, bleibt ein Paradox, das die Ambiguität der menschlichen Existenz widerspiegelt.

Aufgabe: Deine Herausforderung ist es, die eigene Ichkraft zu erkunden und zu verstärken, ohne dabei den Bezug zur inneren und äußeren Realität zu verlieren. Reflektiere über die Grundlagen Deiner Identität und wie diese in der Wechselwirkung mit der Welt steht. Entwickle ein Bewusstsein für die Balance zwischen dem Anspruch auf individuelle Souveränität und der Akzeptanz, dass wahre Stärke oft aus der Verbindung und nicht aus der Isolation entsteht. Übe Dich darin, die scheinbare Paradoxie zu akzeptieren, dass das Selbst sowohl Zentrum als auch Teil eines größeren Ganzen ist. Finde Wege, wie Deine Ichkraft positiv auf Dein Umfeld wirken kann, ohne die Verbindung zu den tieferen, unsichtbaren Wurzeln Deines Seins zu verlieren.

***Spiegelpunkt**: 25° Skorpion: Geistige Heimat bauen*

26. Szene: Traumschatten

125° - 129° = 5° Löwe - 9° Löwe

Der ***Stier der Selbstkraft*** ist der Ort des Geschehens des Erwachens. In der Nacht, wenn nur das Unterbewusstsein aktiv ist, werden alle Erlebnisse des Tages in der Psyche des Menschen neu geordnet. Kurz nach dem Einschlafen beschäftigen sich die Träume oft mit Ereignissen des vergangenen Tages. Später in der Nacht kommen immer mehr weiter zurückliegende Ereignisse ins Spiel. In den Träumen am Morgen, kurz vor dem Aufwachen, sind die Erlebnisse des Vortages bereits in die Gesamtpersönlichkeit eingeordnet und repräsentieren so die Identität der Person, die Summe aller Erfahrungen aus der Sicht ihrer momentanen Lebenssituation. Die Stimmungen der letzten nächtlichen Träume bleiben oft den ganzen Tag als unterschwellige Gefühle erhalten und beeinflussen die Entscheidungen des neuen Tages. Ebenso wirken frühere Inkarnationen auf das gegenwärtige Leben ein. So wie der gestrige Tag während der Nacht in die Person integriert wird, so wird das frühere Leben während des Todeszustandes (= Bardozustand) in das „Karma" (= Kausalkörper) dieser Person integriert. Das Ich-Bewußtsein des jetzigen Lebens findet darin seinen Grund. Die „Traumschatten" seines Zwischenlebensschlafes (Bardo) bilden den Ort und die Grundlage des Ich- oder Selbstbewusstseins dieses Menschen. Der begrenzende Charakter des Stierprinzips zeigt sich in der Selbstkraft als Abgrenzung des Ich von der übrigen Welt. Im Schlaf sind die Schatten des Traumes die ganze Welt. Hier erwacht das Ich. Diese innere Welt muss vom Ich in Besitz genommen werden. Das gelingt aber nur, wenn gleichzeitig die Außenwelt als Gegensatz wahrgenommen wird:

Der Andere ist anders! Mit der Frage „Wer bist du?“ kann sich das Ich der eigenen Innenwelt nähern und eine Antwort auf die Frage „Wer bin ich?“ erhalten.

5° Löwe: Spannung aktueller Werte

Dieser Grad des Löwen thematisiert die Spannung, die aus aktuellen, unvollendeten Projekten und Lebenssituationen entsteht. Jeder Mensch trägt eine Sammlung von unvollständigen Geschichten mit sich, wobei das Ende einer Aufgabe oft mit dem Beginn einer neuen zusammenfällt. Diese offenen Enden können von einer Reihe von Dingen stammen – von persönlichen Beziehungen, die einer Klärung bedürfen, über kreative Projekte bis hin zu alltäglichen Aufgaben. Diese offenen Gestalten prägen nicht nur unseren Alltag, sondern finden auch in unseren Träumen ihren Niederschlag. Dort arbeitet unser Unbewusstes mit großer Anstrengung und spielerischer Leichtigkeit daran, uns Lösungen für diese unvollendeten Geschichten zu präsentieren. Oftmals sind diese Lösungsvorschläge jedoch schwer zu interpretieren und überschreiten selten die Schwelle zum bewussten Verstand. In dem Versuch, das scheinbare Chaos dieser Traumschatten zu ordnen, strebt das Ich danach, seine Stabilität zu bewahren, indem es sich von dieser Basis abgrenzt.

Aufgabe: Dein Weg besteht darin, die Fähigkeit zu entwickeln, die Prioritäten in Deinem Leben fließend anzupassen. Nicht jede Aufgabe, die momentan Deine Aufmerksamkeit fordert, ist auch die wichtigste. Erlaube Dir, mit spielerischer Leichtigkeit Aufgaben auch einmal liegen zu lassen, um Dich dringenderen Angelegenheiten zu widmen. Diese Flexibilität und das Multitasking sind essenziell, um die vielfältigen Aspekte Deines Lebens in Einklang zu bringen und effektiv zu managen. Die Kunst liegt darin, die Balance zwischen dem Abschluss bestehender Projekte und der Aufnahme neuer Herausforderungen zu finden, ohne dabei den Überblick zu verlieren oder sich in den unzähligen Möglichkeiten zu verlieren.

Spiegelpunkt*: 24° Skorpion: Der Durchblick*

6° Löwe: unveränderliche Urnatur

6° Löwe beleuchtet die unveränderliche Urnatur des Menschen, einen Ort tief in uns, an dem die ewigen, archetypischen Kräfte wirken. Diese Kräfte sind in der Astrologie durch die Positionen der Planeten symbolisiert und spiegeln die grundlegenden Antriebe und Potenziale eines Individuums wider. Die Art und Weise, wie diese Energien im Leben eines Menschen zum Ausdruck kommen, kann jedoch variieren. Manchmal werden sie in ihrer reinen Form gelebt, oft aber durch gesellschaftliche Normen und persönliche Erfahrungen verändert oder sogar unterdrückt. Dies kann zu einem inneren Konflikt führen, in dem das eigentliche Selbst um Anerkennung ringt. Träume können Einblick in diese innere Dynamik geben, indem sie die Spannung zwischen der gelebten Erfahrung und der unveränderlichen Urnatur aufzeigen.

Aufgabe: Deine Aufgabe ist es, Dich Deiner tiefsten, unveränderlichen Natur bewusster zu werden und Wege zu finden, diese authentischer in Deinem Leben zum Ausdruck zu bringen. Dies kann bedeuten, Dich mit Deinen Träumen und unbewussten Impulsen auseinanderzusetzen, um zu verstehen, wo Konflikte zwischen Deiner inneren Natur und Deinem äußeren Leben bestehen. Es geht darum, Deine Lebenssituation so anzupassen, dass sie mehr im Einklang mit Deiner Urnatur steht. Dies kann Herausforderungen mit sich bringen, besonders wenn es bedeutet, sich gegen Konventionen oder Erwartungen zu stellen. Dennoch ist die Annäherung an Deine eigene Urnatur ein Weg zu tieferer Selbstakzeptanz und Authentizität. Indem Du lernst, Deine einzigartigen, archetypischen Energien frei zu leben, ermöglicht dies eine tiefere Verbindung zu Dir selbst und anderen.

***Spiegelpunkt**: 23° Skorpion: Trivialisierung der Erleuchtung*

7° Löwe: innovative Interpretation

Hier entsteht durch die innovative Interpretation eine Neuordnung der archetypischen Energien und der aktuellen Lebenssituation. Diese Neuinterpretation entsteht, wenn man die Herausforderungen der Gegenwart mit den tiefsten Aspekten der eigenen Persönlichkeit in Einklang bringt. Die Urnatur eines Menschen dient hier als fernes, ideales Ziel, das richtungsweisend für den aktuellen Lebensweg ist. Zwischen diesem Ziel und der gegenwärtigen Situation spannt sich der Entwicklungsweg auf, der weder die Lebensrealität noch die Urnatur in Frage stellt, sondern beide respektiert. Ein zu radikales Infragestellen würde entweder zu einem Zusammenbruch des Ichbewusstseins oder zu Orientierungslosigkeit führen. Träume dienen als Wegweiser, indem sie aufzeigen, wo Spannungen zwischen der gelebten Erfahrung und der Urnatur bestehen.

Aufgabe: Deine Aufgabe ist es, Dich der ständigen Synthese zwischen Deiner aktuellen Lebenssituation und Deiner Urnatur bewusst zu werden. Nutze Deine Träume und Reflexionen, um die Bereiche Deines Lebens zu identifizieren, in denen Spannungen zwischen dem, was Du lebst, und dem, was Deiner tiefsten Natur entspricht, bestehen. Suche nach Wegen, wie Du Deine täglichen Entscheidungen und Handlungen so anpassen kannst, dass sie mehr im Einklang mit Deiner wahren Natur stehen. Dieser Prozess der Neuinterpretation soll Dir helfen, Deine persönliche Entwicklung voranzutreiben und gleichzeitig eine Brücke zwischen Deinem innersten Selbst und Deiner aktuellen Lebensrealität zu bauen. Es geht darum, ein Gleichgewicht zu finden, das weder das Leben noch die Urnatur in Frage stellt, sondern beide ehrt und harmonisiert.

Spiegelpunkt: *22° Skorpion: Der Magier*

8° Löwe: Alphazustand

Die Methode im Stier der Selbstkraft ist der Alphazustand, einen entspannten Bewusstseinszustand, der auf der Schwelle zwischen Wachen und Schlafen existiert. Dieser Zustand, charakterisiert durch Alphawellen im Gehirn (7-14 Hz), ermöglicht einen Zugang zur Oberfläche des Unbewussten. In diesem Schwebezustand wird das Tor zwischen dem Ichbewusstsein und dem Unbewussten nur leicht geöffnet, ermöglicht durch den „Zensor“, der das Bewusstsein davor bewahrt, vom unlogischen Chaos der Empfindungen überwältigt zu werden. Der Alphazustand bietet eine einzigartige Gelegenheit, kreativ zu arbeiten und Lösungen für Probleme zu finden, indem er einen fließenden Zugang zu den sonst verborgenen Schichten des Geistes bietet. Durch Meditation, Visualisierungstechniken oder Biofeedback kann man lernen, diesen Zustand bewusst herbeizuführen und zu nutzen.

Aufgabe: Übe Dich in Techniken, die Dir helfen, den Alphazustand bewusst zu erreichen und zu halten. Beginne mit einfachen Atemübungen oder geführten Meditationen, um Deinen Geist zu beruhigen und Dich auf eine Frequenz von 7-14 Hz einzustimmen. Ziel ist es, die kreative und heilende Kraft Deines Unbewussten zugänglich zu machen. Nutze diesen Zustand, um kreative Lösungen für alltägliche Probleme zu finden oder um Dich einfach zu entspannen und Stress abzubauen. Diese Praxis kann nicht nur Deine mentale und emotionale Gesundheit fördern, sondern auch Deine Intuition und Kreativität stärken.

Spiegelpunkt: *21° Skorpion: Akzeptanz der Tradition*

9° Löwe: Belichtung der Traumfragmente

9° Löwe markiert einen entscheidenden Moment, in dem die Traumfragmente ins Licht des Bewusstseins gehoben werden. In diesem Prozess werden die Inhalte der Träume, die nächtlichen Echos unserer tiefsten Ängste, Wünsche und Konflikte, beleuchtet und bieten somit eine einzigartige Chance zur Selbstreflexion und Erkenntnis. Diese Traumfragmente ermöglichen es dem Ich, zu erkennen, an welchen Punkten das Ego von der Urnatur abweicht. Durch die Hinweise aus unseren Träumen wird offengelegt, wo wir unserer wahren Natur zuwidergehandelt haben, wo Gefühle verdrängt wurden und wie ein Ausgleich geschaffen werden kann. Dieser Prozess fordert jedoch eine Hingabe an die

Weisheit des Unbewussten, eine Bereitschaft, sich den höheren Mächten anzunähern, ohne dabei die eigene Ich-Stärke zu verlieren.

Aufgabe: Nimm Dir die Zeit, Deine Träume zu reflektieren und zu deuten. Versuche, die Botschaften und Symbole Deiner Träume zu verstehen und zu erkennen, wo diese auf Diskrepanzen zwischen Deinem gelebten Leben und Deiner wahren Natur hinweisen. Dies erfordert, dass Du einen Schritt zurücktrittst und Deine aktuellen Lebensumstände sowie Deine Handlungen und Entscheidungen aus einer neuen Perspektive betrachtest. Nutze diese Erkenntnisse, um bewusste Veränderungen in Deinem Leben vorzunehmen, die Dich Deiner Urnatur näherbringen. Durch diesen Prozess der inneren Abstimmung und Anpassung förderst Du nicht nur Deine persönliche Entwicklung, sondern stärkst auch Deine Beziehung zum Unbewussten.

***Spiegelpunkt**: 20° Skorpion: Freiheit der Entscheidung*

27. Szene: Ich-Ausrichtung

130° - 134° = 10° Löwe - 14° Löwe

Der ***Zwilling der Selbstkraft*** und damit die Information oder der Keim des Erwachens ist die Synthese von Dämmerung und Traumschatten. Wie bereits in der Szene „Traumschatten“ beschrieben, bilden diese die Grundlage für die Entscheidungen des erwachenden Ichs. Das Ergebnis ist eine Orientierung des Ichs an den überlieferten Erfahrungen. Das Bewusstsein wird in bestimmte Bahnen gelenkt und auf bestimmte Ziele ausgerichtet. Das Ich setzt die Prioritäten des Tages aufgrund der „emotionalen Rückstände“ der nächtlichen Träume und ebenso setzt das Ich die Prioritäten des Lebens aufgrund der „emotionalen Rückstände“ des Bardo-Zustandes. Die Qualitäten des Zwillingsprinzips werden in der Selbstkraft gelebt, indem das Ich erkennt, wie es sich in die Außenwelt einbringen will.

10° Löwe: spontane Aktivität

10° Löwe ist der Impuls im Zwilling der Selbstkraft und symbolisiert die Phase der spontanen Aktivität, in der das Ich durch innere, unbewusste Impulse zur Aktion angeregt wird. In diesem Zustand fließt die Energie unmittelbar und ungefiltert, ohne dass über die zugrunde liegenden Gefühle oder Motivationen reflektiert wird. Es geht nicht darum, die Quellen oder die Richtigkeit dieser inneren Antriebe zu hinterfragen, da dies nur den Fluss der kreativen und lebensbejahenden Kräfte stören würde. Die spontane Aktivität steht für die Fähigkeit, das volle Potenzial des Moments zu nutzen, indem man sich voll und ganz einer Aufgabe oder einem Impuls hingibt. Diese Unmittelbarkeit des Handelns basiert auf einer tief verwurzelten, aber oft unbewussten Basis innerer Motivation und Energie.

Aufgabe: Öffne Dich für die spontanen Impulse, die aus Deinem Inneren kommen. Erlaube Dir, in Momenten der Inspiration oder des starken inneren Antriebs zu handeln, ohne zu viel über die Konsequenzen nachzudenken oder die Impulse zu sehr zu analysieren. Die Herausforderung besteht darin, diese spontanen Aktivitäten als Ausdruck Deiner tiefsten Wünsche und Bedürfnisse zu erkennen und ihnen Raum zu geben. Dabei ist es wichtig, ein Gleichgewicht zu finden, sodass Deine Handlungen im Einklang mit Deinem übergeordneten Lebensplan und Deinen ethischen Grundsätzen stehen. Nutze diese spontanen Momente als Gelegenheit, mehr über Dich selbst zu lernen und Deine Lebensrichtung gegebenenfalls neu zu justieren, um eine größere Harmonie zwischen Deinem inneren Selbst und Deinen äußeren Ausdrucksformen zu erreichen.

***Spiegelpunkt**: 19° Skorpion: Erkennen des Zusammenhangs*

11° Löwe: soziale Ordnung

11° Löwe beleuchtet die Notwendigkeit sozialer Ordnung und gesellschaftlicher Etikette. Im Zentrum steht die Erkenntnis, dass spontane Aktivitäten, obwohl sie aus einem inneren Impuls heraus entstehen, innerhalb einer Gemeinschaft gewissen Regeln und Strukturen folgen müssen. Diese soziale Ordnung ermöglicht es, dass individuelle Handlungen und kollektive Bedürfnisse in Einklang gebracht werden, ohne dass die Vitalität und der Spaß an der spontanen Aktivität verloren gehen. Es geht darum, die eigene unbewusste Motivation so zu kanalisieren, dass sie sowohl der persönlichen Entfaltung dient als auch die harmonische Zusammenarbeit in der Gruppe fördert. Die wahre Herausforderung und auch die Kunst bestehen darin, die eigene Rolle innerhalb der sozialen Ordnung zu finden und auszufüllen, ohne dabei die Perspektive zu verlieren, dass man nur ein Teil eines größeren Ganzen ist.

Aufgabe: Reflektiere über die Rolle, die Du innerhalb Deiner verschiedenen sozialen Kreise spielst, und überlege, wie Deine spontanen Impulse am besten innerhalb der jeweiligen sozialen Ordnungen zum Ausdruck kommen können. Erkenne, dass die Einhaltung von Regeln und die Anpassung an gesellschaftliche Konventionen nicht zwangsläufig die Unterdrückung Deiner persönlichen Freiheit bedeuten, sondern vielmehr eine Basis für kreatives und harmonisches Miteinander schaffen. Praktiziere das Gleichgewicht zwischen persönlicher Ausdruckskraft und sozialer Verantwortung, indem Du bewusst Situationen wählst, in denen Du Deine individuellen Talente und Impulse einbringen kannst, ohne dabei den sozialen Frieden zu stören.

***Spiegelpunkt**: 18° Skorpion: Die Rituale*

12° Löwe: reifes Spiel

12° Löwe steht für das reife Spiel, in dem die spontane Aktivität in die sozialen Regeln integriert wird. Dieser Grad verdeutlicht, dass kein Protokoll so starr sein sollte, dass es nicht zum Besseren geändert werden kann. Spontane Aktivität mag manchmal die Grenzen des Erlaubten überschreiten, was als Aufforderung gesehen werden kann, diese Grenzen zu überdenken. Es geht darum, eine Balance zwischen der eigenen Motivation und der etablierten sozialen Ordnung zu finden, ohne dabei die Freude und den kreativen Ausdruck zu verlieren. Dieser Prozess erfordert ein tiefes Verständnis für das Spiel zwischen Individuum und Gemeinschaft, zwischen Spontaneität und Struktur.

Aufgabe: Erkunde die Möglichkeiten, Deine individuelle Kreativität und spontane Impulse auszudrücken, während Du gleichzeitig die sozialen Normen und Regeln respektierst. Dein Ziel sollte es sein, durch Deine Handlungen zu demonstrieren, wer Du bist, ohne dabei unnötige Konflikte zu provozieren. Achte sorgfältig auf die Reaktionen Deiner Umgebung, um zu verstehen, wo Du möglicherweise Grenzen überschreitest. Diese Achtsamkeit ermöglicht es Dir, ein gesundes Gleichgewicht zwischen Authentizität und sozialer Anpassung zu finden, das sowohl persönliche Erfüllung als auch sozialen Zusammenhalt fördert.

***Spiegelpunkt**: 17° Skorpion: Der innere Kreis*

13° Löwe: im Flow sein

13° Löwe repräsentiert das Ideal des „Im Flow seins“, wo die Kunst darin besteht, die spontanen Eingebungen mit den gesellschaftlich überlieferten Normen und Regeln auszubalancieren. Wie ein Fluss, der sein Bett selbst formt und dennoch ständig verändert, symbolisiert dieser Grad die dynamische Balance des menschlichen Ausdrucks. Trotz kontinuierlicher Veränderung im Ausdruck bleibt das Individuum seinen inneren Regeln treu, was auf eine tiefere, innere Ordnung hinweist, die sich in der Flexibilität und Anpassungsfähigkeit manifestiert.

Aufgabe: Entwickle ein Gefühl dafür, im Flow zu sein, indem Du Dich vollständig in Aktivitäten einbringst, die Dir Freude bereiten und bei denen Du die Zeit vergisst. Finde Tätigkeiten, die es Dir erlauben, Deine inneren Impulse zum Ausdruck zu bringen, ohne dabei die sozialen Normen zu missachten. Experimentiere mit unterschiedlichen Aktivitäten, um herauszufinden, bei welchen Du diesen Zustand der Selbstvergessenheit und tiefen Zufriedenheit erreichen kannst. Achte darauf, wie diese Erfahrungen Dein Wohlbefinden und Deine Kreativität beeinflussen. Ziel ist es, eine Harmonie zwischen persönlicher Freiheit und sozialer Verantwortung zu finden, die es Dir ermöglicht, sowohl individuell zu wachsen als auch positiv auf Dein Umfeld zu wirken.

Spiegelpunkt: *16° Skorpion: Aufstieg in der sozialen Hierarchie*

14° Löwe: Darstellung

Dieser Grad des Löwen betont die Wichtigkeit der Selbstdarstellung und der Offenbarung persönlicher Ziele, Interessen und Identitäten. Diese Ausdrucksform, obwohl sie manchmal als übertrieben oder unangenehm empfunden werden kann, spielt eine essentielle Rolle für die individuelle Entfaltung. Sie ermöglicht es der Umwelt, eine Person zu verstehen und ihr einen Platz in der Gemeinschaft zu zuweisen, wo sie ihr volles Potenzial zum Wohle aller entfalten kann. Einmal angenommen, minimieren sich externe Widerstände und eröffnen Chancen, persönliche Motivationen in die Welt zu tragen und zu verwirklichen.

Aufgabe: Deine Aufgabe liegt darin, einen Weg zu finden, Dich authentisch und ohne Scheu auszudrücken. Erkenne die Bedeutung Deiner persönlichen Darstellung für Deine eigene Entwicklung und für die Gemeinschaft. Im Alltag könntest Du damit beginnen, Deine Interessen und Ziele klar zu kommunizieren und Dich in Situationen zu begeben, die Deine Einzigartigkeit wertschätzen und fördern. Lerne, Feedback als Wegweiser zu sehen und nicht als Kritik. Auf diese Weise kann Deine Selbstdarstellung zu einem kraftvollen Werkzeug für persönliches Wachstum und positive Veränderungen in Deinem Umfeld werden.

***Spiegelpunkt**: 15° Skorpion: soziale Anziehung*

28. Szene: natürliches Charisma

135° - 139° = 15° Löwe - 19° Löwe

Die erste Szene der Ausstrahlung ist der ***Krebs der Selbstkraft***. Die Idee der Ausstrahlung manifestiert sich in einem natürlichen Charisma. Das neu erwachte Ich entdeckt seine natürliche Ausstrahlung und hält sie zunächst für sein eigenes Verdienst. Erst mit der Zeit erkennt es, dass etwas viel Grundlegenderes als das Ich die Quelle dieser Kraft ist. Die Identität mit den eigenen Anlagen führt zur Athentizität, die dieses Charimsa hervorbringt. Damit hat das Ich die ersten Spuren des Selbst entdeckt. Das Krebs-Prinzip der Selbstwahrnehmung zeigt sich in der Selbstkraft als Identifikation des Ich mit den Wirkungen des Selbst, d.h. mit dem göttlichen Bewußtseinsfunken.

15° Löwe: Freude des Seins

Hier wird die essentielle Freude des Seins beleuchtet. Diese unbeschwerte Lebensfreude, die ihre Wurzeln in einem kindlichen, unbewussten Zustand des Glücks findet, ist der Ursprung aller Ausstrahlung und Charisma. Sie zeigt, dass wahre Begeisterung und eine positive Ausstrahlung nicht erzwungen oder durch psychologische Strategien erzeugt werden müssen. Vielmehr ist es die echte Faszination für das Leben und seine Wunder, die eine Person leuchten lässt. Wenn diese Freude verloren geht, verblasst auch die Ausstrahlung eines Menschen. Doch wenn sie erhalten bleibt, strahlt man natürlich und anziehend auf andere.

Aufgabe: Pflege Deine kindliche Begeisterung und Neugier im Alltag. Sie sind Schlüssel zu einer lebensbejahenden Haltung und einer anziehenden Ausstrahlung. Experimentiere mit neuen Aktivitäten, die Deine Freude am Leben steigern, und teile diese Begeisterung mit anderen. Das kann so einfach sein wie die bewusste Wertschätzung kleiner Alltagswunder oder das Ausprobieren neuer Hobbys, die Dich faszinieren. Auf diese Weise wird Deine Freude nicht nur Dein eigenes Leben bereichern, sondern auch eine Quelle der Inspiration für die Menschen um Dich herum sein.

Spiegelpunkt: *14° Skorpion: Kollektive Seele*

16° Löwe: Kollektives Sein

Der 17. Grad (=16°) im Löwe zeichnet sich durch ein Paradoxon aus, das auf den ersten Blick verwirrend erscheint: das Zusammenspiel von Kollektivität und individueller Persönlichkeit. Diese Verbindung unterstreicht die Notwendigkeit, eine Synthese zwischen dem Bedürfnis nach individuellem Ausdruck und der Integration in eine Gemeinschaft zu finden. Das natürliche Charisma, welches hier als „kollektive Persönlichkeit" bezeichnet wird, entfaltet sich vollständig nur, wenn die Freude am Sein sich ungehindert in jeder Facette des Selbst ausbreiten kann. Das bedeutet, dass jede Form der Unterdrückung oder Vernachlässigung eines Lebensbereichs die Freude und damit das Charisma in anderen Bereichen beeinträchtigt. Es geht also darum, eine Ganzheitlichkeit zu erreichen, in der sich das Individuum voll und ganz mit seiner Gesamtpersönlichkeit identifiziert und diese Freude auch in einem kollektiven Rahmen zum Ausdruck bringen kann. Die Gesamtheit aller Teilpersönlichkeiten ist der Ort, an dem sich das natürliche Charisma entfalten kann.

Aufgabe: Persönlich gilt es, die Balance zwischen individuellem Ausdruck und kollektiver Zugehörigkeit zu finden. Erkenne und pflege die Teile Deiner Persönlichkeit, die Du vielleicht vernachlässigt hast, und integriere sie in Dein tägliches Leben, um ein ganzheitliches Wohlbefinden zu erreichen. Im Alltag bedeutet dies, Wege zu finden, wie Deine einzigartigen Talente und Freuden einen positiven Beitrag zum Wohl der Gemeinschaft leisten können. Ob in der Familie, im Freundeskreis oder bei der Arbeit – suche nach Gelegenheiten, Deine vollständige Persönlichkeit einzubringen und dadurch das kollektive Wohl zu fördern. Dies kann durch ehrenamtliches Engagement, kreative Projekte oder durch die Förderung eines positiven, inspirierenden Umfelds geschehen. Hauptsache, jeder Teil Deiner Persönlichkeit findet irgendwo ihren Ausdruck.

***Spiegelpunkt**: 13° Skorpion: Alle für Einen*

17° Löwe: Ich-Alchemie

Die Ich-Alchemie auf 17° Löwe symbolisiert einen tiefgreifenden inneren Transformationsprozess, der das Konzept der alchemistischen Umwandlung auf die persönliche Entwicklung anwendet. In dieser alchemistischen Metapher wird das Selbst als zu transformierende Substanz betrachtet, die durch den Prozess des Zerlegens, Reinigens und Wiedervereinigens zu einer höheren Form des Seins führt. Es handelt sich um einen zyklischen Vorgang des ständigen Ausprobierens, des Lernens aus direkten Erfahrungen und des darauf folgenden Selbstvertrauens, das aus der wiederholten Anwendung und Überprüfung der eigenen Ich-Qualitäten in der Auseinandersetzung mit der Welt resultiert.

Diese Dynamik unterstützt nicht nur die Integration der impulsiven Lebensfreude in die Gesamtpersönlichkeit, sondern führt auch zu einer qualitativen Aufwertung des Seins.

Aufgabe: Persönlich besteht die Herausforderung darin, die eigenen Lebenserfahrungen als Teil eines umfassenderen Wandlungsprozesses zu begreifen. Dies erfordert, dass Du mutig Bereiche Deines Lebens explorierst, die einer Transformation bedürfen. Ermutige Dich, alte Muster aufzubrechen und durch Reflexion und bewusste Anwendung Deiner Fähigkeiten Raum für neues Wachstum zu schaffen. Im Alltag solltest Du nach Gelegenheiten suchen, Deine erlernten Lektionen anzuwenden, sei es durch das Eingehen neuer Herausforderungen oder durch die kreative Lösung von Problemen. Dieser Prozess stärkt nicht nur Dein Selbstvertrauen, sondern auch Deine Fähigkeit, mit Veränderungen konstruktiv umzugehen und Deine Persönlichkeit in ihrer Ganzheit zum Ausdruck zu bringen.

***Spiegelpunkt**: 12° Skorpion: öffentliche Forschung*

18° Löwe: freier Lebensausdruck

Dieser Grad steht im Zeichen des freien Lebensausdrucks, ein Konzept, das tief in der Idee verankert ist, dass unsere innersten Anlagen und Energien nicht zufällig sind, sondern einen göttlichen Ursprung haben. Diese Kräfte, obwohl ursprünglich göttlicher Natur, werden oft in der Kindheit durch die gesellschaftlichen Normen und Erziehungsmoral in ungeeignete Bahnen gelenkt, was zu pervertierten Energieflüssen führt. Freier Lebensausdruck meint die Rückkehr zu diesen reinen, ursprünglichen Anlagen und die ungestörte Umsetzung unserer natürlichen

Motivationen in Aktionen. Es ist der ungehinderte Fluss unserer innersten Energien, der unser natürliches Charisma entfacht und es ermöglicht, authentisch zu leben.

Aufgabe: Persönlich geht es darum, jene Aspekte Deines Selbst zu identifizieren und zu befreien, die durch gesellschaftliche Konventionen unterdrückt wurden. Beginne damit, Deine wahren Interessen und Leidenschaften zu erkunden, die Du vielleicht aufgrund äußerer Erwartungen vernachlässigt hast. Im Alltag suche nach Ausdrucksformen, die es Dir ermöglichen, diese wiederentdeckten oder neu identifizierten Anlagen konstruktiv und kreativ in Dein Umfeld einzubringen. Ob in der Kunst, im sozialen Engagement oder in Deiner beruflichen Tätigkeit – finde Wege, wie Du Deine essentiellen Energien in Bereiche lenken kannst, wo sie nicht nur akzeptiert, sondern auch wertgeschätzt werden und zum kollektiven Wohl beitragen.

Spiegelpunkt: *11° Skorpion: allgemeine Kulturebene*

19° Löwe: Wertschätzung natürlicher Energien

Hier wird die Wertschätzung unserer natürlichen Energien als Ergebnis des natürlichen Charismas symbolisiert. Diese Anerkennung entsteht aus der Erkenntnis, dass jede subjektive und persönliche Motivation in uns einen ursprünglich göttlichen Ursprung hat. Diese Einsicht bewirkt, dass der geistige „Zensor“, welcher bisher am Rande unseres Bewusstseins unsere Motivationen prüfte und gegebenenfalls blockierte, sich aus Respekt vor diesen natürlichen Energien zurückzieht. Dadurch löst sich jeder Energiestau an dieser Grenze zum Bewusstsein auf, und die Unerschöpflichkeit unserer geistigen Ressourcen wird durch den klaren und ungehinderten Fluss dieser Energien offenkundig.

Aufgabe: Dein Ziel ist es, das ursprüngliche Ziel jeder Kraft in Dir zu erkennen und zu vertrauen, dass dieses Ziel grundlegend gut ist. Energiestaus, die durch Blockaden entstehen, können die eigentlichen Intentionen verzerren. Deine Aufgabe besteht darin, jede innere Kraft auf ihr ursprüngliches, positives Ziel auszurichten. Reflektiere über die Bereiche Deines Lebens, in denen Energie gestaut oder umgeleitet wurde. Arbeite daran, diese Energiebahnen zu identifizieren und leite die Energien bewusst in Bahnen, die entweder ihrer ursprünglichen Bestimmung entsprechen oder zumindest dem kollektiven Wohl dienen. Dies kann durch kreative Ausdrucksformen, soziales Engagement oder persönliche Transformation geschehen. Ziel ist es, einen Zustand zu erreichen, in dem Deine Energien frei fließen können, um sowohl Deine persönliche Entwicklung zu fördern als auch einen positiven Beitrag zum kollektiven Bewusstsein zu leisten.

***Spiegelpunkt**: 10° Skorpion: Krisenüberbrückung*

29. Szene: Aristokratie

140° - 144° = 20° Löwe - 24° Löwe

Die zweite Szene der Ausstrahlung ist der ***Löwe der Selbstkraft*** und zeigt sich im Spiel der Aristokratie als Vorstufe zu echtem Selbstbewusstsein. Aristokratisches Verhalten ist der Ort, die Grundlage und zugleich das Gegenteil von natürlichem Charisma. Denn obwohl Aristokraten allein schon durch ihre Abstammung eine majestätische Würde ausstrahlen sollten, wirkt ihr Verhalten manchmal doch recht gekünstelt. Aber hier soll sich das Selbstbewusstsein verwirklichen, hier wird es sich letztlich manifestieren. Das Löwe-Prinzip zeigt sich in der Selbstkraft als Ahnung des Ich, seiner königlichen Abstammung vom Ich.

20° Löwe: Neu-Adel

Der Impuls der Aristokratie als Löwe der Selbstkraft, also der Löwe-Bereich im Löwen, beleuchtet die Idee des „Neu-Adels", eine moderne Form der Aristokratie, die Mut, Selbstbewusstsein und die Bereitschaft, sich neuen Herausforderungen zu stellen, betont. Die Konzeption des Neu-Adels lädt dazu ein, aristokratische Verhaltensweisen nicht als bloße Nachahmung traditioneller Muster zu verstehen, sondern vielmehr als einen Prozess des Wachstums und der persönlichen Entwicklung. Wie einst tapfere Ritter und Drachentöter für ihren Mut geadelt wurden, symbolisiert der Neu-Adel den Mut, sich unbekannten Situationen zu stellen und durch sie zu wachsen. Die Anerkennung, dass wahres Selbstbewusstsein oft durch das „So-tun-als-ob" beginnt, führt zu einem tiefen Verständnis dafür, dass Authentizität und Selbstvertrauen durch Handeln und Erfahrung entwickelt werden.

Aufgabe: Deine persönliche Herausforderung besteht darin, Dich mutig neuen Situationen und Herausforderungen zu stellen, auch wenn Du Dich ihnen zunächst nicht gewachsen fühlst. Indem Du „so tust, als ob“ Du bereits das nötige Selbstvertrauen und die Fähigkeiten besitzt, schaffst Du Raum für persönliches Wachstum und echtes Selbstbewusstsein. Suche im Alltag bewusst nach Situationen, die Dich herausfordern, und nimm sie als Gelegenheiten wahr, Dich weiterzuentwickeln. Durch dieses bewusste „So-tun-als-ob“ ermöglichst Du es Dir, die Grenzen Deiner Komfortzone zu erweitern und letztendlich ein authentischeres und selbstsichereres Selbst zu kultivieren.

***Spiegelpunkt**: 9° Skorpion: Verbundenheit durch kollektive Erfahrung*

21° Löwe: Alt-Adel

Der Ort der Aristokratie ist der Alt-Adel. Er repräsentiert die bereits vorhandenen, selbstbewussten Kräfte, die eine solide Basis für neue Unternehmungen und Herausforderungen bieten. Diese Kraftquelle steht symbolisch für die etablierten, durch Erfahrungen gereiften Persönlichkeitsanteile, die durch Selbstreflexion und Bewährung in der Gemeinschaft zu einer verlässlichen Grundlage für weitere Entwicklungen geworden sind. Der Alt-Adel erinnert uns daran, dass wahre Aristokratie nicht nur eine Frage der Abstammung oder des ererbten Status ist, sondern vielmehr eine Frage der Verantwortung gegenüber der Gemeinschaft und des Mutes, sich für das Wohl derselben einzusetzen.

Aufgabe: Deine persönliche Aufgabe ist es, die bereits in Dir vorhandenen Stärken und Fähigkeiten zu erkennen, zu schätzen und bewusst einzusetzen. Dies umfasst die Anerkennung Deiner eigenen Errungenschaften und die Wertschätzung der Weisheit, die Du durch Lebenserfahrung erlangt hast. Im Alltag bedeutet dies, dass Du eine Führungsrolle übernehmen solltest, die nicht auf Autorität, sondern auf dem Respekt und Vertrauen basiert, das Du Dir durch Deine Taten und Deinen Charakter verdient hast. Es geht darum, Deine reife Persönlichkeit in den Dienst der Gemeinschaft zu stellen und dadurch eine Vorbildfunktion zu übernehmen, die andere inspiriert und motiviert. Nutze Deine erworbene Weisheit und Dein Selbstbewusstsein, um positive Veränderungen in Deinem Umfeld anzustoßen und einen Beitrag zum Wohl der Gemeinschaft zu leisten.

***Spiegelpunkt**: 8° Skorpion: Wille zur Erneuerung*

22° Löwe: Lebensspiel

Die Synthese aus Alt- und Neu-Adel zeigt das Lebensspiel im Löwe der Selbstkraft. Dieses Lebensspiel ist ein metaphorisches Feld, auf dem junge Helden durch die Bewährung in herausfordernden Situationen, wie der Drachentötung, die Möglichkeit zur Erhebung in den Adelsstand erhalten. Dieser Prozess spiegelt nicht nur ein Initiationsritual wider, sondern unterstreicht auch die Opferbereitschaft des Einzelnen für höhere, transpersonale Ziele. Das Spiel mit dem Leben – oder symbolisch mit dem Tod – offenbart die Bereitschaft, das Ego für größere Ideale aufs Spiel zu setzen, was eine tiefe Läuterung und Transformation des Selbstbewusstseins mit sich bringt. Es zeigt das Risiko, das die volle Auslebung des Selbst mit sich bringt.

Aufgabe: Deine Aufgabe ist es, Dich Herausforderungen zu stellen, die Dich über Deine bisherigen Grenzen hinauswachsen lassen. Sieh diese Herausforderungen als moderne „Drachen“, die es zu bezwingen gilt, um nicht nur Deinen Mut und Deine Stärke zu beweisen, sondern auch um Deinen Platz innerhalb der Gemeinschaft neu zu definieren. Dabei geht es nicht darum, tatsächliche Gefahren aufzusuchen, sondern vielmehr darum, symbolische Kämpfe anzunehmen – sei es durch das Überwinden persönlicher Ängste, das Streben nach einem höheren Ziel oder das Engagement für das Gemeinwohl. Erkenne, dass jedes Opfer, das Du bringst, und jede Herausforderung, der Du Dich stellst, Dich Deinem inneren Adel einen Schritt näher bringt und Dein Selbstbewusstsein stärkt.

***Spiegelpunkt**: 7° Skorpion: Kollektive Emotionen*

23° Löwe: Ego-Yoga-Spiel

Das Ego-Yoga-Spiel als Methode der Aristokratie offenbart eine tiefere Ebene der Aristokratie, bei der es um die Unterordnung des Egos unter ein höheres Prinzip geht. „Yoga“ bedeutet Joch, und im Kontext dieses Grades geht es darum, das eigene Ego einem edleren Ziel oder Spiel dienstbar zu machen. Dieses Spiel manifestiert sich in der Aristokratie als Ritterlichkeit und majestätische Ehre, wobei das Geben des eigenen Wortes als heilige Verpflichtung angesehen wird, die unter allen Umständen eingehalten werden muss. Diese Regeln bilden das Rückgrat der aristokratischen Ehre, und ihre Missachtung führt zum Verlust der Würde und des Ansehens.

Aufgabe: Dein Weg fordert Dich heraus, bewusst Risiken einzugehen, um Deine Authentizität und Würde zu wahren. Es geht darum, Dich mutig Situationen auszusetzen, in denen das Risiko besteht, Dich lächerlich zu machen oder Kritik zu erfahren, wenn Du für Deine Überzeugungen und Werte einstehst. Die wahre Prüfung Deines Charakters und Deiner Ehre liegt in der Bereitschaft, diese Herausforderungen anzunehmen, statt aus Angst vor Bloßstellung oder Misserfolg vorzeitig aufzugeben. Erkenne, dass die Würde nicht darin liegt, niemals zu fallen, sondern darin, dass Du Dich jedes Mal mit Anmut und Stärke wieder erhebst. Diese Aufgabe ermutigt Dich, Dein Selbstverständnis von Würde zu erweitern und zu akzeptieren, dass wahre Majestät in der Resilienz und im Mut liegt, Dein authentisches Selbst zu leben, unabhängig von äußeren Urteilen oder Herausforderungen.

***Spiegelpunkt**: 6° Skorpion: Suche nach den Ur-Sachen*

24° Löwe: Unabhängigkeit

Dieser Grad steht für die Entwicklung innerer Unabhängigkeit – eine Freiheit sowohl von äußeren Umständen als auch von den Impulsen des eigenen Egos. In diesem Stadium wird das Ich nicht länger von Trieben oder externen Anforderungen hin und her geworfen, sondern kann eigenständige Wege gehen und persönliche Ziele verfolgen. Es ist eine Phase, in der sich das Individuum aus den Verstrickungen sozialer und materieller Abhängigkeiten löst und zu einem psychisch autonomen System heranreift. Die Fähigkeit, den „Uterus“ der sozialen Gemeinschaft und der Herkunftsfamilie zu verlassen, ermöglicht nun die Erkenntnis, wo die Grenzen zwischen sozialer Identität und persönlichem Selbst liegen.

Aufgabe: Die Herausforderung besteht darin, Deine individuellen Stärken kreativ und würdevoll zum Ausdruck zu bringen, um zu demonstrieren, dass Du nicht auf den Schutz durch Deine Familie oder andere soziale Gruppen angewiesen bist. Durch Dein selbstständiges Handeln entlastest Du nicht nur Dich selbst von der Notwendigkeit externer Bestätigung, sondern befreist auch andere von der Verantwortung für Dein Wohlergehen. Nutze die Gelegenheit, Dich in Bereichen zu beweisen, die Mut erfordern und Dich vielleicht dem Risiko des Scheiterns aussetzen. Dabei geht es nicht nur um den Mut, sich neuen Herausforderungen zu stellen, sondern auch um die Bereitschaft, sich möglicherweise der Lächerlichkeit preiszugeben, um die Authentizität und Würde des eigenen Selbst zu bewahren. Dieser Schritt in Richtung Selbstständigkeit und Eigenverantwortung ist ein essenzieller Aspekt der persönlichen Entwicklung und Reifung.

***Spiegelpunkt**: 5° Skorpion: Verbindende Kraft*

30. Szene: Selbstbewusstsein

145° - 149° = 25° Löwe - 29° Löwe

Die dritte Szene der Ausstrahlung ist die ***Jungfrau der Selbstkraft***. Durch die Synthese von natürlichem Charisma und gespielter Aristokratie als „Modell“ für die Entwicklung entsteht schließlich das wahre Selbstbewusstsein. Dies bedeutet eine Zurückdrängung des Egos zugunsten einer Verbindung mit dem wahren Selbst. Die primäre und einzige Aufgabe des Egos ist es, den Keim der Seele vor Verletzungen zu schützen. Nun, da die Seele größer geworden ist, wird sie durch das Ego nur noch eingeschränkt. Das Ego verliert in dem Maße an Bedeutung, wie die Angst vor seelischer Verletzung schwindet. Die Seele wächst aus dem Ich heraus wie ein Kind aus seinen Schuhen. Wichtig ist nun das, was dem Selbst die größte Ausdrucksmöglichkeit und Freiheit gibt. Die Anpassungsfähigkeit des Jungfrauenprinzips zeigt sich in der Selbstkraft als Anpassung des Ich an die höheren Anforderungen des Selbst.

25° Löwe: Offenbarung des Selbst

Die Offenbarung des Selbst ist der Impuls im Jungfrau-Bereich der Selbstkraft und markiert einen Wendepunkt, an dem das Selbstbewusstsein durch die gewonnene Unabhängigkeit von äußeren Umständen und inneren Triebkräften seine volle Ausprägung findet. Vor dieser Entwicklungsstufe war das Ichbewusstsein lediglich ein Vermittler innerhalb eines Netzwerks aus Trieben und äußeren Anforderungen ohne klare Abgrenzung zwischen dem Individuum und seiner sozialen Umwelt. Erst die Loslösung von sozialen Zwängen ermöglicht die volle Entfaltung und Wahrnehmung des wahren Selbst. Dieser Prozess der Selbstoffenbarung veranschaulicht eine tiefgreifende Transformation, in der das Individuum seine eigene, unverwechselbare Identität erkennt und annimmt.

Aufgabe: Deine Aufgabe besteht darin, mutig Bereiche Deiner Persönlichkeit zu erkunden und auszudrücken, die bisher im Verborgenen lagen oder durch äußere Einflüsse unterdrückt wurden. Ermutige Dich selbst, Risiken einzugehen und möglicherweise auch Misserfolge in Kauf zu nehmen, um Dein authentisches Selbst zu leben. Dies beinhaltet, dass Du Dich in Situationen begibst, in denen Du Dich verwundbar zeigst oder Kritik ausgesetzt sein könntest, denn nur so kannst Du die Tiefe Deines wahren Selbst erkunden. Die Würde Deines Seins hängt nicht davon ab, immer Anerkennung zu finden, sondern in Deiner Fähigkeit, Dir selbst treu zu bleiben und Deine Einzigartigkeit unabhängig von äußerer Bestätigung zu würdigen.

***Spiegelpunkt**: 4° Skorpion: Widerstandskraft*

26° Löwe: Licht des Ego

Das „Licht des Ego" repräsentiert einen wichtigen Aspekt des Selbstbewusstseins. Auch wenn das wahre Selbst bereits erkannt wurde, so zieht das Leben einen immer wieder zurück zu sozialen Verpflichtungen und Herausforderungen. Das Ego, ursprünglich entwickelt, um mit diesen sozialen Aufgaben umzugehen, muss nun als Plattform dienen, auf der sich das wahre Selbst manifestiert. Mit Übung gelingt es zunehmend, das Selbst im Alltag nicht aus den Augen zu verlieren und es fest in das tägliche Bewusstsein zu integrieren. Diese Entwicklung verdeutlicht die Fähigkeit, die eigene Identität auch innerhalb der Rollen und Aufgaben, die das soziale Leben mit sich bringt, zu bewahren und zu stärken.

Aufgabe: Dein Ziel ist es, Dich in der Vielfalt Deines Lebens nicht zu verlieren. Konzentriere Dich darauf, wer Du wirklich bist, und nutze diese Selbstkenntnis, um in allen Deinen Handlungen authentisch zu bleiben. Dies bedeutet, sich bewusst zu sein, dass selbst im dichtesten sozialen Gefüge Deine einzigartige Persönlichkeit und Deine Werte das Leitlicht sein sollten. Experimentiere mit Wegen, wie Du Dein wahres Selbst in die täglichen Routinen und sozialen Interaktionen einbringen kannst, ohne dabei Kompromisse bei Deiner Integrität einzugehen. Betrachte es als ein fortlaufendes Projekt, in dem Du lernst, Dein inneres Licht so zu kanalisieren, dass es auch im Ego seinen Ausdruck findet und nicht durch äußere Erwartungen oder Anforderungen überschattet wird.

***Spiegelpunkt**: 3° Skorpion: Einheitsgeist*

27° Löwe: Bewusstseinskaleidoskop

Diese Phase der Entwicklung repräsentiert das „Bewusstseinskaleidoskop", eine Metapher für die vielschichtige und dynamische Natur des Selbstbewusstseins und der Selbsterkenntnis. Durch die Differenzierung des Ichs ermöglicht diese Stufe des Bewusstseins es dem Individuum, sich selbst aus verschiedenen Perspektiven zu betrachten und zu erkennen. Wie in einem Kaleidoskop, das bei jeder Bewegung neue Muster bildet, offenbart sich das Ich in unzähligen Facetten und Komplexitäten, die um das Zentrum des bewussten Zeugen angeordnet sind. Diese Stufe der Selbstreflexion ermöglicht es, das Ich als Objekt der Betrachtung zu sehen und die tiefgründigen Fraktale verschiedener Selbstaspekte zu erkunden.

Aufgabe: Deine Aufgabe ist es, die Vielschichtigkeit Deines Selbstbewusstseins zu erkunden und zu würdigen. Versuche, Dich selbst aus unterschiedlichen Blickwinkeln zu betrachten und die mannigfaltigen Aspekte Deiner Persönlichkeit zu erfassen. Dies kann durch kreative Selbstausdrucksformen, Meditation oder reflektierende Schreibübungen geschehen. Ziel ist es, ein tieferes Verständnis und eine umfassendere Wertschätzung für die Komplexität Deines eigenen Ichs zu entwickeln. Dabei geht es nicht nur darum, Dich selbst in der Fülle Deiner Erscheinungsformen zu sehen, sondern auch darum, die Einheit in dieser Vielfalt zu erkennen. Indem Du dieses Bewusstseinskaleidoskop erkundest, lernst Du, flexibler mit Deinen eigenen inneren Erfahrungen umzugehen und eine reichere Selbstkenntnis zu erlangen.

***Spiegelpunkt**: 2° Skorpion: Zusammenarbeit*

28° Löwe: Sehnsucht nach bewusstem Sein

Die Methode des Selbstbewusstseins ist die Sehnsucht nach bewusstem Sein und kennzeichnet eine innere Antriebskraft und ein Leuchtfeuer, das den Weg zur Selbstverwirklichung und bewussten Existenz weist. Diese tief verwurzelte Sehnsucht treibt das Ego dazu, instinktiv jene Schritte zu unternehmen, die das Erreichen eines bewussten Seinszustands zum Ziel haben. Wie in einer Trance folgt das Ego der Anziehungskraft des bewussten Selbst, beginnt, den inneren Instinkten zu vertrauen und entwickelt eine Bereitschaft, sich führen zu lassen. Dieser Prozess illustriert die transformative Reise von der unbewussten Existenz hin zu einem Leben, das von Selbstbewusstsein und tiefem Verständnis für das eigene Sein geprägt ist.

Aufgabe: Sieh die Bewusstseinsarbeit als eine Reise zum Horizont – ein Ziel, das immer in Sicht, doch stets außer Reichweite zu sein scheint. Um den Mut auf dieser endlosen Reise nicht zu verlieren, lenke Deine Aufmerksamkeit auf die Wegmarken, die Du bereits passiert hast, und die kleinen Wunder am Wegrand. Selbst wenn der Horizont das eigentliche, scheinbar unerreichbare Ziel bleibt, sind es die erreichten Etappenziele und die Schönheit des Weges selbst, die Deiner Reise Bedeutung und Wert verleihen. Nutze die Bewusstseinsarbeit, um Dich auf das Hier und Jetzt zu konzentrieren, und erkenne, dass jeder Schritt auf dem Weg bereits Teil Deines Ziels ist.

***Spiegelpunkt**: 1° Skorpion: Zerbrechlichkeit der Objektgrenzen*

29° Löwe: geistige Offenheit

Die geistige Offenheit, die sich als Ergebnis des Prozesses der Jungfrau der Selbstkraft manifestiert, markiert den Höhepunkt des Selbstbewusstseinsprozesses. Diese Offenheit reflektiert einen Zustand, in dem die Kräfte des Selbst durch die Person hindurch auf die Außenwelt strahlen. Ähnlich wie die Sonne, die unvoreingenommen alles in der Welt erleuchtet und sich von nichts in ihrer Strahlkraft beeinträchtigen lässt, so vermag das erwachte Selbstbewusstsein, sein Licht furchtlos in die Welt hinauszutragen. Dieses Stadium zeichnet sich durch das furchtlose Aufnehmen und Weitergeben von Erfahrungen und Wissen aus, ein

Zeichen echter und unerschütterlicher Offenheit eines selbstbewussten Individuums.

Aufgabe: Deine Aufgabe ist es, eine Haltung unerschütterlicher Offenheit zu kultivieren, die es Dir erlaubt, alle Formen von Diversität gelassen nebeneinander existieren zu lassen. Lass Dich nicht in Deinem Selbstverständnis erschüttern, sondern nutze Deine geistige Offenheit, um als Geschenk der offenherzigen Toleranz an die Welt zu dienen. Dies bedeutet, sich den Mut zu bewahren, die eigenen Überzeugungen und Werte zu leben, während man gleichzeitig die Perspektiven und Erfahrungen anderer würdigt. Durch diese Offenheit ermöglichst Du nicht nur ein tiefes Verständnis und Akzeptanz für die Vielfalt des Lebens, sondern bekräftigst auch Deine eigene Rolle als ein integratives und inspirierendes Element innerhalb der sozialen Gemeinschaft.

***Spiegelpunkt**: 0° Skorpion: sozialer Zusammenhang*

31. Szene: Keimpersönlichkeit

150° - 154° = 0° Jungfrau - 4° Jungfrau

Die ***Waage der Selbstkraft***. Das Ich der Selbstkraft tritt in den Bereich des Du der Selbstkraft ein und trifft auf das Fundament des Charakters, das Ego, das durch die unmittelbare Umgebung des Menschen geformt wurde. Dieses Ego war die Grundvoraussetzung für das Erwachen des Selbst. Nun beginnt für die Selbstkraft die Phase der Kollektivierung, der Reintegration, und was für die Selbstkraft reintegriert werden muss, ist das Ego. Die Begegnung mit dem Ego wird für das Selbst zum Charakterisierungsimpuls.

0° Jungfrau: Persönlichkeitsindikatoren

Der Impuls zur Keimpersönlichkeit reflektiert sich in den unverwechselbaren Persönlichkeitsindikatoren. Jede Persönlichkeit besitzt einzigartige Merkmale, die als charakteristische Anzeichen des eigenen Ichs dienen. Diese Elemente der Persönlichkeit können mit den markanten Zügen verglichen werden, die ein Karikaturist hervorhebt, um eine Person mit nur wenigen Strichen unverkennbar darzustellen. Ursprünglich vom Ego geformt und noch in ihrer rohen Form, bieten diese Indikatoren dem Selbst eine Grundlage, um bei der Charakterisierung des Menschen anzusetzen und weiterzuentwickeln.

Aufgabe: Deine Herausforderung besteht darin, die individuellen Merkmale Deiner Persönlichkeit zu erkennen und zu wertschätzen, die Dich einzigartig machen. Versuche, Dich selbst durch die Augen eines Karikaturisten zu sehen, der die Besonderheiten jedes Charakterzugs herausarbeitet. Nutze diese Erkenntnisse, um Deine persönliche Entwicklung voranzutreiben, indem Du bewusst an diesen Merkmalen arbeitest, um sie zu verfeinern und positiv in Deine Interaktionen mit der Welt einzubringen. Dabei geht es nicht darum, Dich selbst zu karikieren, sondern um eine tiefere Auseinandersetzung mit den Aspekten Deiner Persönlichkeit, die Dich definieren. Erkenne und feiere diese Einzigartigkeit, während Du gleichzeitig offen für Wachstum und Transformation bleibst.

***Spiegelpunkt**: 29° Waage: Gastfreundschaft*

1° Jungfrau: sozialer Kontext

Der soziale Kontext bildet den örtlichen Rahmen, in dem die Keimpersönlichkeit sich entfaltet und entwickelt. Familie, Arbeitskollegen, Freundeskreis und alle anderen regelmäßigen sozialen Kontakte prägen den Hintergrund, gegen den sich die individuellen Persönlichkeitsindikatoren abzeichnen. Diese sozialen Beziehungen fordern oft, dass das Individuum sich an vorgegebene Erwartungen anpasst, was unweigerlich zu Konflikten mit bestimmten persönlichen Eigenschaften führen kann. Der soziale Kontext dient somit als Spiegel und Testfeld für die persönliche Entwicklung, indem er sowohl Widerstand als auch Unterstützung bietet.

Aufgabe: Deine Aufgabe besteht darin, einen ausgewogenen Umgang mit den Erwartungen Deines sozialen Umfelds zu finden, ohne dabei Deine persönliche Integrität und Einzigartigkeit zu kompromittieren. Lerne, Konflikte als Chancen für Wachstum zu betrachten und nutze sie, um Deine Persönlichkeitsindikatoren bewusst zu stärken und weiterzuentwickeln. Dabei geht es nicht darum, sich blindlings anzupassen, sondern vielmehr darum, einen Weg zu finden, wie Du authentisch bleiben und gleichzeitig harmonisch in Deinem sozialen Kontext agieren kannst. Erkenne und würdige die Vielfalt der Perspektiven innerhalb Deiner sozialen Kreise und strebe danach, ein tiefes Verständnis für die unterschiedlichen Bedürfnisse und Sichtweisen zu entwickeln.

***Spiegelpunkt**: 28° Waage: Bindung an gesellschaftliche Prozesse*

2° Jungfrau: provokative Entwicklungshilfe

Die provokative Entwicklungshilfe repräsentiert eine dynamische Interaktion zwischen den persönlichen Charakteranlagen und dem sozialen Kontext. Der soziale Kontext fungiert als Katalysator für die Entfaltung der Persönlichkeit, indem er durch kontinuierliche Anforderungen und Erwartungsdruck die Person provoziert, sich zu ihrer wahren Natur zu bekennen. Diese Interaktion dient als entscheidende Entwicklungshilfe, indem sie den Menschen dazu anregt, Konflikte als Möglichkeiten zur Selbstentfaltung zu nutzen und sich authentisch zu positionieren.

Aufgabe: Deine Aufgabe besteht darin, die spezifischen Reize zu identifizieren, die sowohl bei Dir als auch bei den Menschen in Deinem Umfeld besondere Leistungen hervorrufen. Werde Dir bewusst, welche Schlüsselreize Dich zu Höchstleistungen antreiben und welche ähnliche Wirkung auf Deine Mitmenschen haben. Lerne, diese Reize gezielt einzusetzen, um Dich und andere zu motivieren. Dieser bewusste Umgang mit motivationalen Schlüsselreizen kann dazu beitragen, verborgene Potenziale zu entdecken und zu entfalten. Nutze diese Erkenntnisse, um ein Umfeld zu schaffen, das nicht nur die Entwicklung des Einzelnen, sondern auch das kollektive Wachstum fördert.

***Spiegelpunkt**: 27° Waage: Gesetze der Metakommunikation*

3° Jungfrau: Interaktion

Interaktion ist das Herzstück der Entwicklung der Keimpersönlichkeit. Dieser Grad betont, wie essenziell der Austausch mit der Umwelt für die Entfaltung individueller Charakterzüge ist. Eigenschaften und Persönlichkeitsmerkmale können nicht isoliert existieren; sie offenbaren sich erst im Kontext der Beziehung zu anderen. Durch diesen ständigen Austausch werden die individuellen Anlagen sichtbar und erfahrbar. Die lebenswichtige Erfahrung verschiedenster Situationen ermöglicht es dem beobachtenden Selbst, die Nuancen der eigenen Persönlichkeit zu erkennen und zu verstehen.

Aufgabe: Nimm jede Gelegenheit wahr, die Vielschichtigkeit Deines Charakters durch Interaktion mit Deinem Umfeld zu erkunden. Bedenke dabei, dass Deine Selbstwahrnehmung und Urteilsbildung immer auch ein Spiegel Deiner inneren Welt sind. Bleibe offen und neugierig gegenüber neuen Erfahrungen und Sichtweisen, die Dich herausfordern und Deine Perspektive erweitern. Jede Begegnung und jede Reaktion bietet Dir die Chance, Dich selbst besser zu verstehen und die Komplexität Deines Seins zu würdigen. Nutze diese Interaktionen als Wegweiser für Deine persönliche Entwicklung und als Möglichkeit, unerwartete Seiten an Dir zu entdecken.

***Spiegelpunkt**: 26° Waage: ohne jeden Halt*

4° Jungfrau: Erkenntnis der Wandelbarkeit

Die Erkenntnis der Wandelbarkeit offenbart eine tiefgreifende Wahrheit über das Wesen des Egos. Das Ego erkennt, dass es selbst nicht stabil ist, sondern einer ständigen Veränderung unterliegt. Diese Erkenntnis entspringt der Beobachtung, wie das eigene Ego auf Umweltreize reagiert und wie vormals feste Einstellungen und bewusste Motivationen als bloße Rationalisierungen tiefer liegender, unbewusster Motivationen entlarvt werden können. In kritischen Momenten können diese bewussten Motive sogar völlig zusammenbrechen, was die Wandelbarkeit des Selbst unterstreicht.

Aufgabe: Akzeptiere, dass Veränderlichkeit und Anpassungsfähigkeit essentielle Bestandteile Deines Seins sind. Erkenne, dass die Prinzipien, an denen Du festhältst, und die Routinen, die Du etabliert hast, unter bestimmten Umständen geändert werden müssen. Sei flexibel in Deinem Denken und Handeln. Überprüfe regelmäßig Deine Herangehensweisen und Methoden auf ihre Effizienz und Zweckmäßigkeit. Erlaube Dir, von festgefahrenen Wegen abzuweichen und neue, effektivere Strategien zu entwickeln. Indem Du diese Flexibilität praktizierst, erweiterst Du nicht nur Dein Repertoire an Lösungsstrategien, sondern förderst auch ein tieferes Verständnis und Akzeptanz Deiner eigenen wandelbaren Natur.

***Spiegelpunkt**: 25° Waage: Wunsch nach Regelung der Begegnung*

32. Szene: Umwandlung

155° - 159° = 5° Jungfrau - 9° Jungfrau

Der ***Skorpion der Selbstkraft*** ist die Grundlage der Charakterisierung. Hier, in der Wandlungsphase des Egos, zeigt sich der Ort der Charakterisierung. In diesem ständigen Prozess der Veränderung, ausgelöst durch sich ständig verändernde Situationen, muss es einmal einen stabilen Kern geben, eben den Charakter des Menschen. Dieser Charakter muss fest genug sein, um dem Selbst eine Identität zu geben, und gleichzeitig wandelbar und flexibel genug, um den jeweiligen Situationen gerecht zu werden. Eine gute Erinnerung an vergangene Ereignisse schafft Identität. Die Fähigkeit, diese Erinnerungen an aktuelle Situationen anzupassen, schafft die notwendige Flexibilität.

5° Jungfrau: Routine

Die Routine als Impuls der Umwandlung klingt widersprüchlich. Aber während individuelle Charaktereigenschaften sich als Selbsttäuschungen entpuppen und unter bestimmten Umständen zusammenbrechen können, bewahrt die Gesamtheit der Persönlichkeit eine relative Stabilität. Diese Stabilität erfordert jedoch, dass Teile der Persönlichkeit immer wieder zerbrechen und durch neue ersetzt werden, selbst wenn sie keine Illusionen darstellen. Nur so kann die Gesamtpersönlichkeit flexibel bleiben und adäquat auf neue Situationen reagieren. Dieser Prozess der kontinuierlichen Anpassung und Erneuerung ermöglicht es, den Wechselfällen des Lebens gerecht zu werden.

Aufgabe: Implementiere feste Handlungsabläufe in Deinen Alltag, die Dir Struktur und Unterstützung bieten, ohne dass Du Dich sklavisch an sie bindest. Diese Routinen sollten als Stützpfeiler dienen, um den Herausforderungen des täglichen Lebens zu begegnen. Es ist jedoch entscheidend, regelmäßig zu überprüfen, ob diese Abläufe noch zu Deinen aktuellen Lebensumständen passen oder ob Anpassungen erforderlich sind, um Effizienz und Effektivität zu gewährleisten. Sei bereit, Änderungen vorzunehmen und Flexibilität zu zeigen, um sicherzustellen, dass Deine Routinen Dir dienen, anstatt Dich einzuschränken.

***Spiegelpunkt**: 24° Waage: Taktgefühl*

6° Jungfrau: Ressourcen

Die Ressourcen der Persönlichkeit stellen verborgene Verhaltensweisen und Charakterzüge dar, die oft nur in Extremsituationen zum Vorschein kommen. Diese tief im Unbewussten verankerten Aspekte der Persönlichkeit leisten den Sozialisierungsversuchen des bewussten Selbst am längsten Widerstand. Viele Menschen transformieren diese Aspekte ihres Egos nicht bewusst, sondern verdrängen sie hinter moralische Barrieren, wo sie auf eine Gelegenheit warten, um in außergewöhnlichen Momenten hervorzubrechen und die Führung der Persönlichkeit zu übernehmen.

Aufgabe: Erkunde die verborgenen Ressourcen Deiner Persönlichkeit, die in den Tiefen Deines Unbewussten ruhen. Beginne, Dich selbst in herausfordernden oder ungewöhnlichen Situationen bewusst zu beobachten, um zu verstehen, welche verdrängten Aspekte Deines Ichs zum Vorschein kommen. Das Ziel ist nicht, diese Aspekte zu unterdrücken oder zu verurteilen, sondern zu erkennen, wie sie als wertvolle Ressourcen für Wachstum und Selbstentwicklung genutzt werden können. Akzeptiere und integriere diese verborgenen Ressourcen, um ein vollständigeres Bild Deiner Persönlichkeit zu erhalten und Deine Reaktionen in zukünftigen Situationen bewusster zu gestalten.

***Spiegelpunkt**: 23° Waage: intuitives Verhalten*

7° Jungfrau: Initiations-Übung

Die Initiationsübung symbolisiert die Verschmelzung der täglichen Routinen mit den unterdrückten Ressourcen der Persönlichkeit. Dieser Prozess führt zu einer fortlaufenden Reihe von Initiationen, bei denen jede Bewusstwerdung eines bisher verdrängten Persönlichkeitsaspekts eine Neugeburt darstellt. Durch diese Integration werden kontinuierlich neue Aspekte des Egos in den Prozess der Sozialisierung aufgenommen, um sie in sozial akzeptable Charakterzüge umzuwandeln, noch bevor sie durch Stresssituationen zum Ausdruck kommen könnten.

Aufgabe: Nutze die Herausforderungen und die Routine des Alltags als Gelegenheiten zur Selbstentwicklung. Erkenne, dass die Prägungen Deiner Vergangenheit einen reichen Schatz an verborgenen Talenten und Fähigkeiten darstellen, die darauf warten, entdeckt und in Stärken umgewandelt zu werden. Erforsche Dein inneres Potenzial durch Selbstreflexion und die Bereitschaft, Dich neuen Erfahrungen zu öffnen. Diese Entdeckungsreise ist nicht nur eine Gelegenheit zur persönlichen Entfaltung, sondern auch ein Weg, um zu verstehen, wie Du auf einzigartige Weise zu jeder Situation beitragen kannst. Indem Du Dich selbst besser verstehst, wirst Du in der Lage sein, Dein Verhalten und Deine Reaktionen bewusster zu steuern und so Dein Leben und das Deiner Mitmenschen bereichernd zu gestalten.

***Spiegelpunkt**: 22° Waage: Pioniergeist*

8° Jungfrau: Utopie des Selbst

Die Utopie des Selbst als Methode der Umwandlung veranschaulicht die visionäre Zielvorstellung, dass alle Komponenten des Egos bewusst gemacht, transformiert und in den sozialen Kontext integriert werden. Obwohl dieses Ziel praktisch unerreichbar ist, dient es als leitendes Ideal, das den Prozess der Persönlichkeitsentwicklung und -sozialisierung maßgeblich unterstützt. Diese Utopie motiviert uns, uns ständig weiterzuentwickeln und die verschiedenen Aspekte unserer Persönlichkeit in ein harmonisches Ganzes zu integrieren, auch wenn das endgültige Ziel einer vollständigen Bewusstheit und Integration eine Idee bleibt, die uns immer wieder herausfordert und inspiriert.

Aufgabe: Stelle Dir Deine persönliche Utopie des Selbst vor – ein Idealbild, in dem alle Deine Ego-Aspekte bewusst, transformiert und harmonisch in Dein Leben integriert sind. Nutze diese Vision als Orientierungshilfe in Deinem alltäglichen Leben. Erkenne, dass der Weg dorthin ein fortlaufender Prozess ist, der ständiges Wachstum und Anpassung erfordert. Akzeptiere die Unvollkommenheit des Prozesses als Teil Deiner menschlichen Erfahrung und lasse Dich von Deiner Utopie leiten, um stetig an Dir zu arbeiten und Dich selbst sowie Deinen Platz in der Welt besser zu verstehen.

***Spiegelpunkt**: 21° Waage: Kurzfristige Fürsorge*

9° Jungfrau: Angleichung

Das Ergebnis der Umwandlung ist die Bewusstwerdung des verdrängten Potentials des Grundcharakters und dessen Angleichung an die aktuellen Umstände der Umgebung. Diese Angleichung ist ein nie endender Prozess der Umwandlung, bei dem Schattenanteile des Egos in den Tiefen der Persönlichkeit entdeckt und angeglichen werden möchten. Jede positive Eigenschaft birgt eine dunkle Seite, und das Selbst ist gefordert, diese Gegensätze zu vereinen und in die Gesamtpersönlichkeit sinnvoll zu integrieren. Es handelt sich um eine fortwährende Reise der Selbstentdeckung und -verbesserung, bei der es gilt, die Balance zwischen Licht und Schatten in uns zu finden und beides als Teil unseres Wesens anzunehmen.

Aufgabe: Deine persönliche Entwicklungsaufgabe besteht darin, die Balance zwischen Deinen positiven Eigenschaften und den Schattenanteilen Deiner Persönlichkeit zu finden. Erkenne, dass jeder Aspekt Deines Seins seinen Wert hat und zur Ganzheit Deiner Persönlichkeit beiträgt. Im Alltag heißt das, offen für Selbstreflexion zu sein und aktiv an der Integration aller Teile Deines Ichs zu arbeiten. Dies kann durch Meditation, Tagebuchschreiben oder andere Formen der Selbstbeobachtung geschehen. Ziel ist es, ein tieferes Verständnis für Dich selbst zu entwickeln und ein harmonisches Gleichgewicht in Deinem Leben zu schaffen.

***Spiegelpunkt**: 20° Waage: Idee gesellschaftlicher Freude*

33. Szene: Kulturelles Selbst

160° - 164° = 10° Jungfrau - 14° Jungfrau

Der ***Schütze der Selbstkraft*** ist das kulturelle Selbst, die Synthese von Keimpersönlichkeit und Transformation. Dies ist das Ziel der Charakterisierung, die Sozialisierung des anarchischen Egos durch die Fähigkeit des Selbst zur Selbstreflexion. Aber auch die Beobachtung und Interpretation der Außenwelt spielt eine wichtige Rolle. Um das Ich an den sozialen Kontext anzupassen, braucht der Mensch eine Vorstellung von den Erwartungen und Anforderungen, die dieser soziale Kontext an ihn stellt. Um den Charakter zu kultivieren, muss sich der Mensch eine Vorstellung davon machen, was Kultur ist.

10° Jungfrau: Sozialisierung

Der Impuls des kulturellen Selbst offenbart sich in der Notwendigkeit der Sozialisierung des Egos. Dieser Grad markiert einen Wendepunkt, an dem das Individuum sich der eigenen Existenz und damit verbundener Verantwortlichkeiten bewusst wird. Die Herausforderung liegt in der Ausbalancierung zwischen den äußeren Anforderungen der Gesellschaft und den eigenen, inneren Bedürfnissen. Es wird erwartet, dass der Einzelne ein Verständnis für die sozialen Erwartungen entwickelt und sein Verhalten entsprechend anpasst. Dieser Prozess ist essentiell für die persönliche Entwicklung und die Kultivierung des Selbst. Die Fähigkeit, sich selbst im sozialen Gefüge zu positionieren und dabei authentisch zu bleiben, wird zur zentralen Aufgabe.

Aufgabe: Deine Herausforderung besteht darin, ein tieferes Verständnis für die oft unausgesprochenen oder unbewussten Erwartungen Deiner sozialen Umgebung zu entwickeln. Dies erfordert Aufmerksamkeit, Empathie und die Bereitschaft, Dich selbst zu hinterfragen. Die Kunst liegt darin, einen Weg zu finden, der sowohl den äußeren Anforderungen gerecht wird als auch Deinen inneren Werten und Bedürfnissen entspricht. Nutze diese Erkenntnisse, um Deinen Lebensplan bewusst auszurichten und ein harmonisches Gleichgewicht zwischen persönlicher Entfaltung und sozialer Integration zu finden. Die Reflexion über Dein eigenes Verhalten und die aktive Gestaltung Deines Sozialisierungsprozesses sind dabei Schlüssel zu einer erfüllten Existenz im Einklang mit Dir selbst und der Gesellschaft.

***Spiegelpunkt**: 19° Waage: Reaktionsressourcen*

11° Jungfrau: Wahres Wesen

Der Ort des kulturellen Selbst ist das wahre Wesen des Menschen als zentraler Punkt. Unter der Oberfläche des oft widersprüchlichen und ungestümen Egos liegt die eigentliche Essenz eines jeden Individuums verborgen. Diese Entdeckungsreise zum Kern des eigenen Seins fordert eine Art alchemistische Transformation, durch die aus der rohen Form der Persönlichkeit jener Charakter geformt wird, der den wahren Neigungen, Talenten und Bestimmungen des Einzelnen am nächsten steht. Dieser Prozess der Selbsterkenntnis und Selbstrealisierung ist ein tiefgreifendes Unterfangen, das sowohl Einsicht als auch Mut erfordert, sich den tiefsten Schichten des eigenen Ichs zu stellen.

Aufgabe: Deine persönliche Aufgabe liegt darin, den Schleier, der Dein wahres Wesen verdeckt, zu lüften und Dich mutig auf die Reise zur Entdeckung Deines authentischen Selbst zu begeben. Beginne damit, Dich selbst in all Deinen Facetten zu erforschen und zu akzeptieren – sowohl die leuchtenden als auch die schattigen Seiten. Ermutige Dich, über oberflächliche Selbstbilder hinauszugehen und die Tiefe Deines wahren Ichs zu erforschen. Diese Reise ist nicht immer einfach und kann Herausforderungen mit sich bringen, aber sie ist essentiell für die Entwicklung eines Charakters, der in vollkommener Harmonie mit seinen angeborenen Neigungen und Fähigkeiten steht. Lasse diese tiefgreifende Selbsterkenntnis als Kompass dienen, der Dir den Weg zu einem erfüllten und authentischen Leben weist.

***Spiegelpunkt**: 18° Waage: wachsame Erwartung*

12° Jungfrau: Kybernetik

Die Kybernetik, als Synthese des kulturellen Selbst lehrt uns, dass wahres Meistern von Lebenssituationen einer Kunst gleichkommt – der Kunst des Steuermanns. Wie ein Steuermann, der geschickt die Winde nutzt, um sein Schiff zielgerichtet zu lenken, sind wir aufgerufen, die Herausforderungen (den „Wind“) unseres Lebens so zu navigieren, dass wir unsere Bestimmung erreichen. Es geht darum, externe Einflüsse und interne Impulse so zu harmonisieren, dass sie uns unterstützen, unser wahres Wesen zu leben und unseren kosmischen Aufgaben gerecht zu werden. Diese Fähigkeit zur kybernetischen Steuerung verlangt von uns, nicht nur auf das Leben zu reagieren, sondern aktiv mitzugestalten und die Richtung vorzugeben.

Aufgabe: Betrachte Dein Leben als eine Reise, bei der Du der Kapitän Deines Schiffes bist. Deine Aufgabe besteht darin, die Segel so zu setzen, dass die Winde des Schicksals Dich voranbringen, statt Dich vom Kurs abzubringen. Es geht nicht darum, alle Stürme zu vermeiden, sondern zu lernen, sie zu Deinem Vorteil zu nutzen. Deine Fähigkeit, zwischen persönlichen Bedürfnissen und äußeren Anforderungen zu vermitteln, wird zu Deiner größten Stärke. Entwickle ein Gespür dafür, wann es Zeit ist, den Kurs zu halten, und wann es notwendig ist, die Richtung zu ändern. Das Ziel ist nicht die absolute Kontrolle über jede Lebenslage, sondern die Weisheit und Flexibilität, jede Situation so zu nutzen, dass sie Deinem Wachstum und Deiner Entfaltung dient.

***Spiegelpunkt**: 17° Waage: Bereitschaft zur Konsequenz*

13° Jungfrau: Verwurzelung

Die Methode des kulturellen Selbst ist die Verwurzelung der menschlichen Seele innerhalb der psychischen Strukturen ihrer Herkunftsfamilie. Diese Verwurzelung ermöglicht es, die eigenen, vielleicht noch unbewussten Anlagen durch die symbolische Bedeutung der Eigenschaften und des Lebens der Eltern zu erkennen. Das Bild der Eltern fungiert hier als Spiegel für die eigenen seelischen und geistigen Anlagen. Indem man ihr Leben annimmt und empathisch nachempfindet, übernimmt man aktiv die Steuerung seines Lebens. Diese symbolische Interaktion mit dem Erbe der Herkunftsfamilie bedeutet nicht, dass man äußerlich den Weg der Eltern nachahmt, sondern dass man die tieferen, bedeutungsvollen Inhalte ihres Lebens für die eigene Entwicklung nutzt.

Aufgabe: Deine Aufgabe besteht darin, dich mit den überlieferten Werten und Eigenschaften deiner Herkunftsfamilie auseinanderzusetzen und zu reflektieren, inwiefern diese dein Leben und deine Persönlichkeit geprägt haben. Erkunde, welche Aspekte dieser Vererbung dich in deiner persönlichen und spirituellen Entwicklung unterstützen und welche du vielleicht neu bewerten oder transformieren möchtest. Diese Auseinandersetzung ermöglicht es dir, ein tieferes Verständnis für deine Wurzeln zu entwickeln und gleichzeitig den Weg für deine individuelle Entwicklung zu ebnen. Es geht darum, die Verantwortung für dein eigenes Verhalten zu übernehmen und dir selbst ein klares Bild von deinen Zielen und Werten zu machen, die von deinen familiären Prägungen inspiriert, aber nicht begrenzt werden.

Spiegelpunkt: *16° Waage: Kontakterfahrung*

14° Jungfrau: Soziales Ich

Dieser Grad zeigt die Evolution des sozialen Ichs, das aus dem Prozess der Umwandlung des anarchischen Egos entsteht. Es findet einen Konsens, der es ermöglicht, individuelle Anlagen und Bedürfnisse mit dem sozialen Kontext harmonisch zu verbinden. Die Fähigkeit, sich ein klares und stimmiges Bild vom sozialen Umfeld zu machen, ist entscheidend für diesen Prozess. Die Herausforderung besteht darin, die eigenen Bedürfnisse und Anlagen auf eine Weise auszuleben, die gesellschaftlich akzeptabel ist, auch wenn dies manchmal große Umwege erfordert. Die Übereinstimmung des persönlichen Bildes mit der Realität spielt eine Schlüsselrolle bei der erfolgreichen Integration des Individuums in seine soziale Umgebung.

Aufgabe: Reflektiere über die Art und Weise, wie Du Deine persönlichen Anlagen und Bedürfnisse im Einklang mit Deinem sozialen Umfeld auslebst. Deine Aufgabe ist es, einen Weg zu finden, der sowohl Deinen inneren Werten treu bleibt als auch gesellschaftlich anerkannt ist. Dies kann bedeuten, kreative Lösungen zu finden oder Kompromisse einzugehen, ohne dabei Deine Essenz zu verlieren. Lerne, Dein soziales Ich so zu gestalten, dass es eine Brücke zwischen Deinem wahren Selbst und den Anforderungen der Gesellschaft bildet. Erkenne die Bedeutung von Flexibilität und Anpassungsfähigkeit, ohne dabei Deine individuellen Werte und Überzeugungen zu kompromittieren.

***Spiegelpunkt**: 15° Waage: Empfangsbereitschaft*

34. Szene: Regelung

165° - 169° = 15° Jungfrau - 19° Jungfrau

Die erste Szene und damit der Anstoß zur Selbsterziehung ist der ***Steinbock der Selbstkraft***. Das Bild der Außenwelt, das als Grundlage für die Anpassung der Keimpersönlichkeit an den sozialen Kontext diente, wird hier durch die Reaktionen der Umwelt überprüft. Die Reaktionen dienen als Regulativ für die Vorstellung, welchen Platz die Persönlichkeit in der Welt einnimmt. Die inneren Kräfte werden mit den äußeren Umständen in Einklang gebracht. Gibt es für die vorhandenen Energien keine Wege, so bahnen sie sich welche.

15° Jungfrau: Animalische Motivation

Hier wird der Fokus auf die Regulation und bewusste Steuerung unserer tief verwurzelten, animalischen Motivationen gelegt. Diese innere Arbeit verlangt, dass jede emotionale Regung, die aus den Tiefen der Psyche aufsteigt, vom Ich bewusst kontrolliert und auf ihre soziale Verträglichkeit geprüft wird. Diese strengen Kontrollmechanismen formen letztendlich die Muster unserer Persönlichkeit, indem sie unsere grundlegendsten Triebe in kulturell akzeptable Bahnen lenken. So wie in der Technik physische Kräfte durch komplexe Mechanismen nutzbar gemacht werden, transformiert die Psyche ihre animalischen Kräfte zu höheren kulturellen Ausdrucksformen. Energie darf sich nicht ungehindert entladen, sondern muss durch die Strukturen des Selbst geleitet werden, um konstruktiv genutzt zu werden.

Aufgabe: Verstehe und erkenne die fundamentalen Kräfte Deiner Psyche, um sie für positive und sinnvolle Zwecke zu nutzen. Das Wissen um die Natur dieser animalischen Antriebe und das Bewusstsein für Dein Endziel ermöglichen es Dir, den Pfad zwischen beiden zu gestalten. Es ist entscheidend, sich mit diesen Grundmotivationen vorurteilsfrei auseinanderzusetzen und sie als Quelle von Energie und Inspiration zu sehen, die, wenn richtig kanalisiert, zu Deinem Wachstum und Deiner Entwicklung beitragen können.

***Spiegelpunkt**: 14° Waage: Zentralgedanken*

16° Jungfrau: Energiebahnen

In diesem Grad steht die Lenkung psychischer Energien durch die geschickte Anordnung von Energiebahnen im Vordergrund. Analog zur Verkehrsplanung, bei der Straßen und Umgehungswege gebaut werden, um den Fluss des Verkehrs zu lenken, muss das Ich die Ströme psychischer Energie so leiten, dass sie einen sozial verträglichen Ausdruck finden. Die Aufgabe besteht darin, auf die Bedürfnisse und Energien, die aus den Tiefen des Unbewussten aufsteigen, zu reagieren und ihnen einen Weg zu weisen, der sowohl der individuellen Entfaltung dient als auch gesellschaftlichen Normen entspricht. Die Fähigkeit, die eigenen inneren Kräfte auf konstruktive Weise in die Außenwelt zu integrieren, ist entscheidend für ein harmonisches Zusammenspiel zwischen Individuum und Gemeinschaft.

Aufgabe: Erkenne und gestalte die Bahnen, auf denen Deine psychischen Energien fließen, bewusst. Versuche, ein Verständnis für die Dynamik Deiner inneren Antriebe zu entwickeln und leite sie so, dass sie sowohl Deine persönlichen Ziele unterstützen als auch sozial verantwortlich sind. Überlege, wie Du unerwünschte oder destruktive Energieströme umleiten kannst, um positive und konstruktive Ausdrucksformen zu finden. Dies erfordert Achtsamkeit, Selbstreflexion und die Bereitschaft, an Dir zu arbeiten. Nutze diese Erkenntnisse, um bewusst Wege zu schaffen, die zu einem erfüllten Leben führen, in dem Deine wahren Potenziale zum Ausdruck kommen können.

***Spiegelpunkt**: 13° Waage: Akzeptanz des Unabänderlichen*

17° Jungfrau: Innere Führung

Die innere Führung steht – als Synthese im Steinbock der Selbstkraft – für eine intuitive Regelung und Navigation durch das Leben, vergleichbar mit dem Umgang mit Trampelpfaden in öffentlichen Parkanlagen: Statt gegen den natürlichen Verlauf zu arbeiten, erkennen und formalisieren wir diese Pfade als legitime Wege, da sie einem echten Bedürfnis entsprechen. Analog dazu leitet uns unsere innere Führung dazu an, den psychischen Energien, die aus den Tiefen unseres Unbewussten aufsteigen, auf natürliche und sozial verträgliche Wege zu lenken. Diese Fähigkeit, von innen heraus auf die Bedürfnisse und Energien zu reagieren, stellt einen harmonischen Umgang mit unseren innersten Antrieben und der äußeren Welt sicher.

Aufgabe: Entwickle ein tiefes Verständnis und Bewusstsein für Deine innere Stimme und lerne, ihr zu folgen. Achte auf die intuitiven Signale Deines Körpers und Geistes und nimm sie als Richtungsweiser für Deine Entscheidungen und Handlungen. Übe Dich darin, Deinen inneren Kompass zu verstehen und ihm zu vertrauen, insbesondere in Situationen, in denen rationale Überlegungen und äußere Einflüsse zu widersprüchlichen oder unsicheren Entscheidungen führen könnten. Diese Praxis der inneren Führung ermöglicht es Dir, authentisch und im Einklang mit Deinem wahren Selbst zu leben, während Du gleichzeitig soziale Harmonie und persönliche Erfüllung förderst.

***Spiegelpunkt**: 12° Waage: Bewährung*

18° Jungfrau: Gefühlsnorm

Hier geht es um die Etablierung von Gefühlsnormen als Methode, um sowohl das Selbst als auch die psychischen Energien zu regulieren. Das Ich erlaubt nur die Entfaltung jener Gefühle, für die gesellschaftlich akzeptable Ausdruckswege gefunden wurden. Unkonventionelle, sogenannte „Offroad-Gefühle" werden entweder unterdrückt oder es werden neue Wege für ihre Integration geschaffen. Diese selektive Zulassung und Kanalisierung von Emotionen ermöglicht eine sozial verträgliche Artikulation der inneren Welt und verhindert, dass ungesteuerte emotionale Energie das soziale Gefüge stört.

Aufgabe: Beobachte und reflektiere über Deine emotionalen Reaktionen und frage Dich, welche „Wege" Du für die unterschiedlichen Arten Deiner Emotionen gebaut hast. Identifiziere die Gefühle, für die Du vielleicht noch keinen Weg gefunden hast, und überlege, wie Du sie auf eine konstruktive und gesellschaftlich annehmbare Weise zum Ausdruck bringen kannst. Erkenne die Wichtigkeit, auch unkonventionelle Emotionen nicht einfach zu unterdrücken, sondern kreative und gesunde Ausdrucksformen für sie zu finden. Ziel ist es, ein Gleichgewicht zu schaffen, in dem Du sowohl Deinen emotionalen Bedürfnissen gerecht wirst als auch soziale Harmonie wahrst.

***Spiegelpunkt**: 11° Waage: Grunderfahrung*

19° Jungfrau: Geregelter Ablauf

Hier erreicht das Konzept der Regelung seinen Höhepunkt in einem vollkommen geregelten Ablauf des emotionalen Innenlebens. Hier agiert das Ich als fast unbeteiligter Beobachter eines Lebens, das durch tiefe Selbstkenntnis und innere Harmonie gekennzeichnet ist. Diese Stufe symbolisiert eine bemerkenswerte Meisterschaft über die eigenen Emotionen und Triebe, wobei das Individuum gelernt hat, seine innersten Impulse so zu steuern, dass sie sowohl den persönlichen Bedürfnissen als auch den sozialen Anforderungen entsprechen. „Alles unter Kontrolle“ zu haben, bedeutet hier nicht eine rigide Selbstbeschränkung, sondern vielmehr das Erreichen eines Zustands, in dem innere Balance und äußere Anforderungen nahtlos ineinandergreifen.

Aufgabe: Vertraue auf Deine Instinkte und die durch Übung gewonnene innere Weisheit, die Dich wie auf Schienen durchs Leben leitet. Deine Handlungsroutinen sind so verinnerlicht, dass sie Dich intuitiv und effizient zum Ziel führen. Dieser Grad fordert Dich auf, die Tiefe Deines Selbstvertrauens zu erkunden und zu nutzen. Es geht darum, in Einklang mit Deinem inneren Kompass zu handeln und dabei die gewonnenen Einsichten und Fähigkeiten anzunehmen, die sich aus einem bewussten Umgang mit Deinen Emotionen und Trieben ergeben. Erkenne, dass diese tief verankerte Selbstführung es Dir erlaubt, mit Gelassenheit und Vertrauen den Herausforderungen des Lebens zu begegnen.

***Spiegelpunkt**: 10° Waage: Kerngedanken*

35. Szene: Prägung

170° - 179° = 20° Jungfrau - 24° Jungfrau

Die zweite Szene und damit der Ort der Selbsterziehung ist der ***Wassermann-Bereich der Selbstkraft***. Die Ziele des Selbst müssen der bestimmende Faktor der Selbsterziehung bleiben. Die Anpassung an die Umwelt soll es dem Menschen ermöglichen, seine Ziele mit möglichst geringem Energieaufwand zu erreichen. Wenn die Anpassung an die Umwelt die Verwirklichung der Ziele verhindert, dann hat sie ihren Sinn mehr als verfehlt. Die Formung der Persönlichkeit durch Selbsterziehung muss also im Sinne der Ziele des Selbst erfolgen.

20° Jungfrau: Ökonomische Ausrichtung

Der Grad der ökonomischen Ausrichtung symbolisiert die Notwendigkeit, persönliche Ziele und Bestrebungen so zu gestalten und anzupassen, dass sie sich innerhalb des sozialen Kontextes realisieren lassen. Diese strategische Ausrichtung erfordert, dass das Individuum stets das Endziel vor Augen hat, um bei jeder Entscheidung die Richtung bestimmen zu können, die es im Hier und Jetzt einschlagen muss. So wie ein Reisender an jeder Kreuzung wissen muss, wo sein Ziel liegt, um die richtige Abzweigung zu wählen, so muss das Selbst seine Anpassungsstrategien und Motivationen so ausrichten, dass sie den Weg zur Verwirklichung der eigenen Ziele ebnen.

Aufgabe: Bewahre in Deinem Alltag und bei allen kleinen Entscheidungen stets die großen Ziele Deines Lebens im Blick. Es ist essentiell, dass tägliche Entscheidungen nicht impulsiv aufgrund momentaner Stimmungen oder situativer Launen getroffen werden, sondern in Übereinstimmung mit den übergeordneten Zielen und Richtungen, die Du für Dein Leben festgelegt hast. Diese konsequente Ausrichtung hilft Dir, kohärente Schritte in Richtung Deiner Lebensziele zu machen und stellt sicher, dass Deine täglichen Handlungen Dich Deinem ultimativen Ziel näherbringen, anstatt Dich davon abzulenken.

***Spiegelpunkt**: 9° Waage: Klare Vorstellung*

21° Jungfrau: Einheit

Hier steht die Einheit der Person im Zentrum der Prägung. Das Erreichen eines Zieles verliert seinen Wert, wenn es auf Kosten anderer persönlicher Ziele geht. Es ist von wesentlicher Bedeutung, dass die Persönlichkeitsentwicklung und Zielverfolgung des Einzelnen auf einer breiten Front voranschreiten, um die Einheit der Person zu wahren. Konzentriert man sich zu stark auf ein einzelnes Ziel und passt den Charakter ausschließlich an diesen einen Lebensbereich an, gefährdet dies die ganzheitliche Integrität des Individuums. Die wahre Herausforderung besteht also darin, alle Ziele des Selbst im Einklang miteinander zu verfolgen und zu verwirklichen.

Aufgabe: Arbeite daran, die Integrität Deiner Persönlichkeit als Einheit zu bewahren. Es ist entscheidend, eine ausgeglichene Priorisierung in allen Lebensbereichen vorzunehmen. Opfere nicht alle anderen Wünsche und Bestrebungen für ein einziges Ziel. Dies erfordert eine bewusste Reflexion über Deine Ziele und die Entwicklung einer Strategie, die es Dir ermöglicht, verschiedene Aspekte Deines Lebens in Einklang zu bringen. Indem Du

Deine Ziele harmonisierst und aufeinander abstimmt, förderst Du ein ausgewogenes und erfülltes Leben, das Deiner Persönlichkeit als Ganzes Rechnung trägt und nicht nur fragmentarische Aspekte Deiner Identität hervorhebt.

Spiegelpunkt: *8° Waage: Analogien*

22° Jungfrau: Geschicktes Taktieren

In der Synthese der Prägung als Wassermann der Selbstkraft wird die Fähigkeit zum geschickten Taktieren betont, die für die Synthese der Prägung unerlässlich ist. Es geht darum, sowohl individuelle Ziele zu verwirklichen als auch die Einheit der Persönlichkeit zu wahren, was oft ein sorgfältiges Balancieren und Manövrieren erfordert. Dieses Taktieren gleicht dem Navigieren an einer Kreuzung, wo man entscheiden muss, welche Richtung eingeschlagen werden soll, um letztendlich das gewünschte Ziel zu erreichen. Die Kunst liegt darin, die Prozesse des gegenwärtigen Lebens so zu nutzen, dass sie die Verwirklichung der Ziele des Selbst unterstützen, ohne dabei die Gesamtheit der Persönlichkeit zu gefährden.

Aufgabe: Entwickle eine Multitasking-Strategie in Deinem täglichen Leben. Jede Situation verlangt nach unterschiedlichen Aktionen und erlaubt es nicht immer, jedes Ziel in einem durchgängigen Prozess zu verfolgen. Versuche, verschiedene Ziele gleichzeitig zu verfolgen und je nach Situation flexibel zu entscheiden, welchem Ziel Du näher kommen willst. Achte dabei besonders auf die Anforderungen Deiner Umwelt und darauf, wie diese Deine Entscheidungen beeinflussen können. Durch ein geschicktes Taktieren kannst Du die verschiedenen Aspekte Deines Lebens harmonisieren und Deine persönliche Integrität wahren.

***Spiegelpunkt**: 7° Waage: Ideelle Heimat*

23° Jungfrau: Reine Einfalt

Die Methode der Prägung ist die reine Einfalt und betont die Bedeutung einer unvoreingenommenen Annäherung an die eigene Entwicklung und Zielverfolgung, unabhängig von der bisher erreichten Position im sozialen Kontext. Diese Herangehensweise ermutigt dazu, sich den Bedürfnissen und Zielen des eigenen Selbst mit einer Art kindlicher Einfachheit und Offenheit zu nähern. Eine solche Einstellung ermöglicht es, Charakter und Persönlichkeit in einer Weise zu formen, die den wahren Zielen des Selbst entspricht und verhindert, dass die Persönlichkeit ausschließlich durch die Anpassung an äußere Umstände geformt wird. Die reine Einfalt wird so zum Schlüssel für eine authentische und unverfälschte Selbstentwicklung.

Aufgabe: Übe Dich in der Kunst der Unvoreingenommenheit. Selbst wenn Du zu wissen glaubst, welche Informationen oder Erfahrungen für Dich von Bedeutung sind, schließe nicht voreilig die Augen vor dem, was auf den ersten Blick unwichtig erscheinen mag. Diese Offenheit erlaubt es Dir, neue Perspektiven zu entdecken und Dein Verständnis für Dich selbst und die Welt zu vertiefen. Ermutige Dich selbst, stets bereit zu sein, neue Wege zu erkunden und dabei eine Haltung der Neugier und des Staunens zu bewahren, wie sie für Kinder so charakteristisch ist.

***Spiegelpunkt**: 6° Waage: Geschützter Rahmen*

24° Jungfrau: Selbstachtung

Das Ergebnis dieses Prozesses des Wassermanns der Selbstkraft markiert einen Punkt, an dem durch Prägung die uneingeschränkte Selbstachtung erreicht wird. Diese Selbstachtung entsteht, wenn der Charakter so geformt ist, dass die inneren Bedürfnisse des Selbst im Einklang mit den Anforderungen der Umwelt und des sozialen Kontextes stehen. Die persönlichen Ziele und die Realisierung dieser Ziele tragen nicht nur zur eigenen Entwicklung bei, sondern dienen auch der Verwirklichung gemeinschaftlicher Ziele. Dies stellt eine harmonische Verbindung zwischen individuellen Bestrebungen und dem Wohl der Gemeinschaft dar.

Aufgabe: Erkenne, dass die Verfolgung Deiner persönlichen Ziele nicht gleichbedeutend mit Egoismus ist. Gehe Deine Wege direkt und lasse Dich nicht durch den Versuch, anderen vorauseilend zu gefallen, von diesen Wegen abbringen. Das Erreichen Deiner persönlichen Ziele ist auch ein Beitrag zum Gemeinwohl. Bewahre diese Haltung der Selbstachtung, indem Du Deine Ziele mit Integrität und ohne Kompromisse an Deine eigenen Werte verfolgst. Deine Entscheidungen sollten von Deinen tiefsten Überzeugungen und einem klaren Verständnis dafür geleitet sein, wie Deine Ziele mit den Bedürfnissen Deiner Umgebung harmonieren können.

***Spiegelpunkt**: 5° Waage: Wunsch nach ideeller Klarheit*

36. Szene: Integrität

175° - 179° = 25° Jungfrau - 29° Jungfrau

Die dritte Szene und damit die Synthese der Selbsterziehung ist der ***Fische-Bereich der Selbstkraft***. Hier sind Regulierung und Prägung miteinander verbunden. Der Mensch kennt nun die Ziele seines Selbst und hat sein Ich so erzogen, dass die Integrität seiner Gesamtpersönlichkeit diesen Zielen dient. Damit ist gewährleistet, dass alle Handlungen auf dem Weg zu diesen Zielen zugleich auch der Gemeinschaft dienen, in der der Mensch lebt.

25° Jungfrau: Details im Sinne der Ganzheit

Der Fokus liegt auf der harmonischen Integration der Details in den größeren Kontext der Ganzheit, was den Impuls der Integrität verdeutlicht. Dieser Grad betont, wie wichtig es ist, dass einzelne Handlungen und Entscheidungen nicht ausschließlich selbstbezogenen Bedürfnissen folgen, sondern stets im Bewusstsein des Gesamtzusammenhangs getroffen werden. Es wird darauf hingewiesen, dass, auch wenn individuelle Ziele erreicht werden könnten, sie ihren eigentlichen Zweck verfehlen, wenn sie nicht im Einklang mit dem übergeordneten Ganzen stehen. Die wahre Herausforderung und Kunst liegt darin, das Detail so zu leben und zu gestalten, dass es die Ganzheit nicht nur nicht stört, sondern aktiv bereichert und voranbringt.

Aufgabe: Überprüfe und reflektiere regelmäßig, ob Deine Handlungen und die Verfolgung Deiner kleinen Ziele im Einklang mit dem übergeordneten Zweck Deines Lebens stehen. Achte darauf, dass jede Deiner Handlungen, selbst die kleinste, dem größeren Zweck dient und diesen widerspiegelt. Bewahre eine Haltung der Achtsamkeit, um sicherzustellen, dass auch scheinbar unwichtige Entscheidungen und Aktionen zur Erreichung dieses Zwecks beitragen und im Sinne der Ganzheit sind. Vermeide Handlungen, die, obwohl sie möglicherweise kurzfristige Ziele erreichen, langfristig Deinem übergeordneten Lebenszweck widersprechen oder die Harmonie und Integrität Deines Lebenswegs stören könnten.

***Spiegelpunkt**: 4° Waage: Keim des Kollektivs*

26° Jungfrau: Kultivierte Emotionen

Der Ort, in dem es um die Integrität geht, ist die Kultivierung von Emotionen, die auf einen höheren Sinn ausgerichtet sind. Dieser Grad betont die Wichtigkeit, Emotionen nicht nur zum Selbstzweck zu leben, sondern sie in Kanäle zu lenken, durch die sie zur Ganzheit beitragen. Die Unterdrückung der Kräfte des Selbst wäre demnach kontraproduktiv; stattdessen geht es darum, emotionale Energien so umzuwandeln, dass sie konstruktiv und im Einklang mit dem Gesamtzweck des Individuums wirken. Das Ziel ist eine Harmonisierung der emotionalen Kräfte mit den übergeordneten Zielen des Selbst, sodass persönliche Entwicklung und soziale Integration Hand in Hand gehen.

Aufgabe: Erkunde und nutze die potenzielle Kraft der Emotionen, indem Du sie in konstruktive Bahnen lenkst. Identifiziere destruktive Emotionen und überlege, wie diese umgewandelt werden können, um positive Veränderungen zu bewirken. Entwickle ein Bewusstsein dafür, wie Deine emotionalen Reaktionen nicht nur Deine persönliche Entwicklung beeinflussen, sondern auch, wie sie zum Wohl der Gemeinschaft beitragen können. Ziel ist es, einen Weg zu finden, auf dem Emotionen sowohl der persönlichen Entfaltung dienen als auch einen positiven Beitrag zum sozialen Umfeld leisten.

***Spiegelpunkt**: 3° Waage: Verbundenheit*

27° Jungfrau: Lenkung

Die Synthese der Integrität steht für die meisterhafte Lenkung emotionaler Details und die Ausrichtung der Gesamtpersönlichkeit auf bewusste Ziele. Dieser Grad symbolisiert einen Zustand, in dem das Selbst die vollständige Kontrolle über die Persönlichkeit erlangt hat, indem es alle animalischen Energien in den Dienst des höheren Bewusstseins stellt. Diese Selbstbeherrschung ermöglicht eine harmonische Integration der verschiedenen Aspekte des Seins, wodurch ein Individuum seine inneren Kräfte effektiv auf seine Lebensziele ausrichten kann. Es geht hierbei nicht nur um die Unterdrückung des Egos oder unbewusster Triebe, sondern vielmehr um die bewusste Lenkung und Nutzung dieser Kräfte zur Erreichung eines übergeordneten, sinnvollen Lebensziels.

Aufgabe: Nutze die Kraft der Selbstbeherrschung, um Deine inneren Ressourcen zielgerichtet einzusetzen. Durch das bewusste Management Deiner emotionalen und mentalen Energien kannst Du Reibungsverluste minimieren und Deine Ziele effizienter verfolgen. Im Alltag bedeutet dies, sich der eigenen emotionalen Reaktionen bewusst zu werden und sie so zu steuern, dass sie Dich unterstützen, statt Dich von Deinen Zielen abzulenken.

Dies fördert nicht nur Deine persönliche Entwicklung, sondern auch Deine Fähigkeit, positiv auf Deine Umgebung zu wirken.

Spiegelpunkt*: 2° Waage: Wandlung des Details*

28° Jungfrau: Kenntnis der Ziele

Die Methode der Integrität liegt in der Kenntnis der eigenen Ziele. Es wird betont, dass die klare Kenntnis dessen, wohin die Lebensreise führen soll, die grundlegende Basis für jede Weiterentwicklung darstellt. Nur wenn man seine Ziele kennt, kann man seine Kräfte effektiv in die gewünschte Richtung lenken. Diese Erkenntnis ermöglicht es, bei jeder Entscheidung und jedem Schritt im Leben bewusst und zielführend zu agieren. Das Verständnis für die eigenen Ziele transformiert somit die Entscheidungsfindung und die Navigation durch das Leben von einem zufälligen Umherirren zu einer zielgerichteten Reise. Jede Situation wird zur Gelegenheit, bewusst zu wählen und die eigenen Kräfte in den Dienst der eigenen Bestimmung und der übergeordneten Ziele zu stellen.

Aufgabe: Entwickle ein tiefes Verständnis für Deine wahren Ziele im Leben. Nimm Dir Zeit, um über Deine Richtung nachzudenken und diese klar zu definieren. Im Alltag bedeutet dies, sich regelmäßig zu fragen, ob die aktuellen Tätigkeiten und Entscheidungen wirklich zu diesen Zielen beitragen. Es geht darum, sich nicht in den Unwägbarkeiten des Alltags zu verlieren, sondern stets die übergeordneten Ziele im Auge zu behalten und die eigenen Handlungen daran auszurichten. Diese Klarheit in den Zielen fördert eine zielgerichtete Lebensführung und ermöglicht es,

Herausforderungen gezielt zu begegnen und Chancen im Sinne der eigenen Bestrebungen zu nutzen.

***Spiegelpunkt**: 1° Waage: Entwicklung der Gemeinschaft*

29° Jungfrau: Selektion

Dieser Grad offenbart die hohe Kunst der Selektion als Ergebnis gelebter Integrität. Diese Fähigkeit zur Auslese der Wahrnehmung basiert auf einem tiefen Verständnis der Ziele des Selbst und der vollen Beherrschung des Charakters. Durch diese gezielte Wahrnehmung werden externe Eindrücke, die nicht mit den Zielen des Selbst harmonieren, ausgefiltert. Es entsteht ein Zustand, in dem nur jene Umstände wahrgenommen werden, die die Erreichung der eigenen Ziele unterstützen. Dieser Prozess ist Ausdruck einer tiefen Selbstkenntnis und der Fähigkeit, die eigene Energie und Aufmerksamkeit effizient und effektiv auf das Wesentliche zu konzentrieren. Es ist ein Zeugnis dafür, wie durch die konsequente Ausrichtung auf das Selbst alle Handlungen und Entscheidungen einen klaren, zielgerichteten Pfad verfolgen.

Aufgabe: Praktiziere die Kunst der selektiven Wahrnehmung, indem Du bewusst entscheidest, welche Informationen und Einflüsse Du zulässt. Diese gezielte Auswahl hilft Dir, Dich auf das zu konzentrieren, was wirklich zählt und im Einklang mit Deinen tiefsten Zielen und Werten steht. Im Alltag bedeutet dies, Ablenkungen zu minimieren und Deine Energie auf Bereiche zu lenken, die Deine persönliche Entwicklung fördern und Dich Deinen Zielen näherbringen. Diese bewusste Filterung stärkt nicht nur Deine Fähigkeit zur Zielverfolgung, sondern auch Dein allgemeines Wohlbefinden, indem sie Überforderung reduziert und Klarheit schafft.

***Spiegelpunkt**: 0° Waage – Selbstopfer*

37. Szene: Grundideen

180° - 184° = 0° Waage - 4° Waage

Der ***Widder der Gedankenkraft*** ist der Grundgedanke. Es ist der Impuls der Sehnsucht. Die Vorstellung des Menschen, dass es außer ihm noch andere gibt, und der Wunsch, sich mit diesen anderen zu verbinden, führt ihn nach außen. Die Aufmerksamkeit richtet sich auf die Welt. Dies ist eine Wendung vom Subjekt zum Objekt. Die Wahrnehmung der Außenwelt als etwas wirklich Äußeres und nicht nur als Reiz und Auslöser von Reaktionen ist die Voraussetzung für die Entstehung von Vorstellungen über die Welt im Kopf des Menschen.

0° Waage: Selbstopfer

Dieser Grad symbolisiert den Beginn einer Phase, in der das Konzept des Selbstopfers im Mittelpunkt steht. Dies markiert einen Wendepunkt, bei dem die Aufmerksamkeit von der eigenen Person ab- und der äußeren Welt zugewandt wird. Es ist eine symbolische Geste, bei der das Selbst zwar weiterhin existiert, jedoch nicht mehr im Fokus der Aufmerksamkeit steht. Stattdessen dient das Selbst nun als Fundament für die Interaktion mit der Umgebung. Die hier gesammelten Eindrücke und Ideen, die durch das Beobachten und Erleben der Außenwelt entstehen, werden zum neuen Schwerpunkt. Dieser Akt des Selbstopfers ist keineswegs selbstlos, sondern eröffnet eine neue Perspektive, die eine objektivere Auseinandersetzung mit der Welt um uns herum ermöglicht.

Aufgabe: Deine Aufgabe besteht darin, Dich dem Fluss des Lebens zu überlassen. Es geht nicht darum, aktiv auszuwählen, sondern sich auswählen zu lassen und den sich daraus ergebenden Aufgaben mit Offenheit und Bereitschaft zu begegnen. Dies kann bedeuten, im Alltag bewusst Momente zu schaffen, in denen Du Dich von den Bedürfnissen anderer leiten lässt, um dadurch ein tieferes Verständnis für die Welt und Deine Rolle darin zu entwickeln. Lass Dich auf diese Weise metaphorisch von den Strömungen des Lebens tragen, um Deine wahren Aufgaben zu erkennen und zu erfüllen.

***Spiegelpunkt**: 29° Jungfrau: Selektion*

1° Waage: Entwicklung der Gemeinschaft

1° Waage markiert einen essenziellen Schritt hin zur kollektiven Entwicklung und Betonung der Gemeinschaft. In diesem Grad wird die tiefe Verbundenheit des Menschen mit seinem sozialen und ökologischen Umfeld hervorgehoben. Diese Verbundenheit, obgleich oft unbewusst, legt den Grundstein für die individuellen und gemeinschaftlichen Ideen und Handlungen. Sie repräsentiert die Basiserfahrung der menschlichen Existenz auf diesem Planeten, in der der Mensch nicht nur als isoliertes Individuum, sondern als Teil eines größeren Ganzen verstanden wird. Die Erkenntnis, dass jede persönliche Idee und Handlung in diesem interdependenten Netz verankert ist, fördert ein tieferes Verständnis für die Notwendigkeit der gemeinschaftlichen Entwicklung und Kooperation.

Aufgabe: Dein Ziel sollte es sein, ein Bewusstsein für die untrennbare Verbindung zwischen Deinem individuellen Wohl und dem der Gemeinschaft zu entwickeln. Erkenne, dass wahre Objektivität eine Illusion ist und dass jeder Mensch durch seine individuellen Ziele und Perspektiven geprägt wird. Diese Erkenntnis sollte nicht zu Enttäuschung führen, sondern vielmehr die Basis für ein gemeinsames Streben nach einem höheren kollektiven Ziel bilden. Deine Aufgabe ist es, dieses kollektive Ziel im Blick zu behalten und in Deinem Handeln zu berücksichtigen, dass die Summe individueller Bestrebungen eine reichhaltige und vielfältige Kultur formt.

***Spiegelpunkt**: 28° Jungfrau – Kenntnis der Ziele*

2° Waage: Wandlung des Details

2° Waage – als Synthese von ‚Selbstopfer' und ‚Entwicklung der Gemeinschaft', als Synthese der ‚Grundidee' als ‚Widder der Gedankenkraft' – steht für eine tiefgreifende Transformation, die das Individuum durch das Zusammenwirken von Selbstopfer und der Entwicklung innerhalb der Gemeinschaft erfährt. In diesem Prozess gibt das Individuum bewusst Teile seines Selbst auf, um dem größeren Ganzen zu dienen. Dieses „Opfer" geschieht nicht aus Selbstlosigkeit, sondern vielmehr mit dem Ziel, Teil eines größeren Zusammenhangs zu werden und von diesem getragen zu sein. Diese Integration in die Gemeinschaft führt zu einer Transformation des Einzelnen, die ihn als ein verändertes Detail innerhalb des gesamten sozialen Gefüges neu definiert. Es handelt sich um eine Wandlung, die nicht nur die Person selbst betrifft, sondern auch die Art und Weise, wie sie zur Gemeinschaft beiträgt und von ihr wahrgenommen wird.

Aufgabe: Deine Aufgabe ist es, die Bedeutung des temporären Verzichts auf eigene egoistische Wünsche zu erkennen und zu schätzen. Durch das bewusste Zurückstellen Deiner persönlichen Bedürfnisse zugunsten der Unterstützung anderer kannst Du erleben, wie sich solch ein Verzicht als Befreiung von Lasten anfühlt und es Dir ermöglicht, gemeinsam mit der Gemeinschaft zu neuen Höhen aufzusteigen. Indem Du anderen hilfst, ihre Ziele zu erreichen, wirst Du feststellen, dass Deine eigenen Ziele oft mühelos erreicht werden. Diese Erkenntnis fördert nicht nur Deine persönliche Entwicklung, sondern stärkt auch das kollektive Wohl und die Verbundenheit innerhalb der Gemeinschaft.

***Spiegelpunkt**: 27° Jungfrau: Lenkung*

3° Waage: Verbundenheit

Die Methode der Grundidee ist die essenzielle Verbundenheit des Menschen mit seiner Gemeinschaft. Diese tiefgreifende Verbundenheit ist nicht nur ein soziales Bedürfnis, sondern auch eine spirituelle Wahrheit. Sie verweist darauf, dass unsere individuelle Existenz tief verwurzelt ist in der kollektiven Erfahrung und im göttlichen Ganzen. Unter der Oberfläche der dualen, materiellen Welt bleibt die Verbindung unseres Bewusstseins mit der Einheit, die alles durchdringt, unverändert bestehen. Diese Erkenntnis ist entscheidend für das Verständnis unserer Rolle und unseres Platzes in der Welt. Sie erinnert uns daran, dass unsere individuellen Handlungen und Entscheidungen in einem größeren, gemeinschaftlichen und universellen Kontext eingebettet sind.

Aufgabe: Konzentriere Dich darauf, die Verbindungen und Gemeinsamkeiten zwischen Dir und anderen zu entdecken und zu stärken. Achte darauf, wie Deine persönlichen Ziele und Handlungen mit denen Deiner Gemeinschaft und dem größeren Ganzen verwoben sind. Indem Du Deine Aufmerksamkeit auf das richtest, was Du mit anderen teilst, und wie Du gemeinsame Interessen fördern kannst, stärkst Du nicht nur die Bindungen innerhalb Deiner Gemeinschaft, sondern auch Dein Verständnis und Deine Erfahrung der universellen Verbundenheit. Diese Praxis hilft Dir, über Deinen eigenen Horizont hinaus zu sehen und einen Sinn für ein gemeinschaftliches Wohl und eine tiefere, spirituelle Verbundenheit zu entwickeln.

***Spiegelpunkt**: 26° Jungfrau: Kultivierte Emotionen*

4° Waage: Keim des Kollektivs

Der Grad repräsentiert die Entstehung des Kollektivs, einen zentralen Moment, in dem der einzelne Mensch den Keim der Gemeinschaft in sich spürt und sich dadurch einer größeren Gruppe zugehörig fühlt. Dieser innere Impuls, Teil etwas Größeren zu sein, ist die treibende Kraft hinter der Bildung von Gemeinschaften. Es ist die Sehnsucht nach sozialer Verbindung, die Menschen dazu bewegt, sich in gutem Willen und mit gemeinsamen Anstrengungen zusammenzuschließen. Der Keim des Kollektivs symbolisiert daher den Beginn eines Prozesses, in dem individuelle Bedürfnisse und Wünsche in den Dienst gemeinschaftlicher Ziele und Bestrebungen gestellt werden. Diese Dynamik ist essenziell für die Entstehung und Entwicklung von Gemeinschaften, die auf gegenseitiger Unterstützung, Zusammenarbeit und dem Teilen gemeinsamer Werte basieren.

Aufgabe: Deine Aufgabe liegt darin, die Bedeutung von gemeinsamer Arbeit und Kooperation zu erkennen und aktiv zu fördern. Es geht darum, die bereits geleisteten gemeinsamen Anstrengungen nicht nur zu schätzen, sondern auch als Fundament und Inspiration für zukünftige Projekte zu nutzen. Indem Du die Geschichten und Erfahrungen erfolgreicher Zusammenarbeit teilst und verbreitest, hilfst Du dabei, ein Bewusstsein für die Kraft der Gemeinschaft zu schaffen und andere zur Mitwirkung zu motivieren. Achte auf Möglichkeiten, wie Du selbst zur kollektiven Anstrengung beitragen kannst, um so nicht nur Deine eigenen Ziele zu erreichen, sondern auch einen wertvollen Beitrag zum Wohl der Gemeinschaft zu leisten.

***Spiegelpunkt**: 25° Jungfrau: Details im Sinne der Ganzheit*

38. Szene: Vorstellung

185° - 189° = 5° Waage - 9° Waage

Der ***Stier der Gedankenkraft***. Die Ideen bilden die Grundlage des Begehrens. Ideen werden gesammelt und einerseits zu Vorstellungen verbunden, andererseits in bereits bestehende Vorstellungen eingeordnet. Die größte Befriedigung stellt sich ein, wenn neue Ideen in bereits bestehende Vorstellungen passen und sich ohne viel Anstoß einordnen lassen. Die äußere Welt wird so Stück für Stück im Inneren gedanklich nachgebaut.

5° Waage: Wunsch nach Klarheit

Dieser Grad symbolisiert das Streben nach ideeller Klarheit und ein tiefes Verlangen, die Welt in ihrem Kern zu verstehen. Es geht um den Wunsch, eine geistige Erweiterung des Selbst zu erfahren, indem man ein klares Bild von der Objektwelt gewinnt. Diese Klarheit bezieht sich nicht nur auf das physische Verstehen der Dinge in ihrer Platzierung und Form, sondern auch darauf, wie diese Objekte im Geist des Einzelnen widergespiegelt werden. Dieses Streben nach Verständnis und Klarheit ist ein fundamentales menschliches Bedürfnis, das darauf abzielt, die äußere Welt im Inneren des Menschen zu ordnen und somit eine Brücke zwischen der inneren und äußeren Welt zu schlagen.

Aufgabe: Dein Ziel sollte es sein, eine möglichst objektive Perspektive anzustreben und Dich bewusst über die Begrenzungen Deiner eigenen Wahrnehmung zu werden. Versuche, über die Grenzen Deiner persönlichen Interessensgebiete hinauszublicken, um ein umfassenderes Verständnis der Welt zu erlangen.

Dies erfordert, Dich von den erkenntnishemmenden Scheuklappen zu befreien, die durch eine zu enge Fokussierung auf spezifische Interessen entstehen können. Durch diese Öffnung gegenüber der Vielfalt der Welt und der Bereitschaft, Dich mit neuen Ideen und Perspektiven auseinanderzusetzen, kannst Du eine tiefere und klarere Sicht auf die Welt und Deine Rolle in ihr entwickeln.

***Spiegelpunkt**: 24° Jungfrau - Selbstachtung*

6° Waage: Geschützter Rahmen

Hier wird der Wert eines geschützten Rahmens für die Entwicklung von Ideen und Theorien hervorgehoben. Dieses Konzept beruht auf der Erkenntnis, dass der ständige Zustrom neuer Eindrücke den Geist überfordern und das Ordnen dieser Eindrücke in kohärente Vorstellungen erschweren kann. Ein bewusster Rückzug oder eine Fokussierung auf eine begrenzte Anzahl von Ideen ermöglicht es, eine Grundtheorie der Welt zu entwickeln, die dann durch neue Informationen und Eindrücke erweitert und verfeinert werden kann. Dieser Ansatz unterstreicht die Bedeutung der Reduktion und Selektion von Informationen auf das Wesentliche, um tiefere Einsichten und ein klares Verständnis der Welt zu erlangen.

Aufgabe: Deine Aufgabe besteht darin, eine bewusste Selektion und Organisation von Informationen vorzunehmen. Versuche, Dich auf das Wesentliche zu konzentrieren und alles Überflüssige beiseitezulassen, um die Klarheit Deiner Lebenslinie zu verbessern. Dies erfordert, dass Du regelmäßig reflektierst, welche Informationen für Dein Leben und Deine Ziele wirklich relevant sind. Durch das Ausfiltern unwichtiger Details kannst Du Deine Aufmerksamkeit und Energie auf das richten, was für Deine persönliche und berufliche Entwicklung von Bedeutung ist. Dieser Prozess hilft Dir nicht nur, Deine Ziele effektiver zu erreichen, sondern auch, ein tieferes Verständnis für Deine Rolle innerhalb der Gemeinschaft und der Welt zu entwickeln.

***Spiegelpunkt**: 23° Jungfrau – Reine Einfalt*

7° Waage: Ideelle Heimat

Die ideelle Heimat ist ein Konzept, das die innere Welt des Menschen betrifft. Sie entsteht, wenn ein geschützter Rahmen und ideelle Klarheit verschmelzen, was zu einer stabilen und wohligen Vorstellungswelt führt. Diese Lieblingsvorstellungen bilden eine Art geistige Heimat, in der sich der Mensch sicher und verstanden fühlt. Diese Vorstellungen sind das Ergebnis der selektiven Wahrnehmung und Verarbeitung der äußeren Welt und spiegeln das Bedürfnis des Menschen wider, seine Umgebung zu ordnen und zu verstehen. Die ideelle Heimat bietet somit einen Rückzugsort, an dem der Mensch seine Werte, Überzeugungen und Ideale in einer harmonischen und stimmigen Weise erleben kann.

Aufgabe: Es ist wichtig, die Grundlagen Deiner geistigen Heimat zu pflegen und weiterzuentwickeln. Dies umfasst nicht nur materielle Aspekte Deines Lebens, sondern vor allem die Ideen und Werte, die Dir persönlich wichtig sind. Achte darauf, die Ideen, die Dir Heimatgefühl und Orientierung geben, bewusst zu kultivieren und in Deinem Alltag zu integrieren. Dies kann bedeuten, dass Du regelmäßig Zeit für Reflexion und Selbstverständnis aufwendest, um Deine persönliche Philosophie und die Prinzipien, die Dein Leben leiten, zu schärfen. Indem Du Deine ideelle Heimat pflegst, stärkst Du Dein inneres Gleichgewicht und Deine Fähigkeit, mit den Herausforderungen der Außenwelt umzugehen.

***Spiegelpunkt**: 22° Jungfrau – Geschicktes Taktieren*

8° Waage: Analogien

Auf dem Grad von 8° Waage wird die Fähigkeit, Analogien zu erkennen, als entscheidende Methode für die Vorstellungskraft und das Verständnis der Welt hervorgehoben. Diese Fähigkeit erlaubt es dem Menschen, Ideen und Konzepte in einen größeren Zusammenhang zu stellen und die universellen Muster, die in allen Erscheinungsformen des Lebens existieren, zu begreifen. Die Erkenntnis, dass alles Existierende ein Gleichnis ist und bestimmte Muster immer wieder auftreten, ermöglicht ein tieferes Verständnis der Welt. Indem man lernt, von den konkreten Fakten zu abstrahieren und die zugrunde liegenden Muster zu erkennen, erschließt sich eine neue Ebene des Begreifens und der Weisheit.

Aufgabe: Schärfe Deine Wahrnehmung für die Muster, die hinter den offensichtlichen Erscheinungsformen liegen. Indem Du trainierst, Analogien in verschiedenen Bereichen des Lebens zu erkennen, entwickelst Du nicht nur ein tieferes Verständnis für die Welt und ihre Zusammenhänge, sondern eröffnest Dir auch die Möglichkeit, zukünftige Entwicklungen und Tendenzen intuitiv zu erfassen. Diese Fähigkeit wird Dir helfen, das Verborgene zu sehen und Einsichten zu gewinnen, die anderen verborgen bleiben. Durch das Erkennen von Analogien kannst Du eine Brücke zwischen scheinbar unzusammenhängenden Ideen und Phänomenen schlagen und so zu innovativen Lösungen und kreativen Ansätzen gelangen.

***Spiegelpunkt**: 21° Jungfrau - Einheit*

9° Waage: Klare Vorstellung

Eine klare Vorstellung von der Welt ist entscheidend für das Aufbauen gesunder Beziehungen zwischen dem Individuum und seiner Umwelt. Unklare und verschwommene Bilder führen zu Missverständnissen, falschen Erwartungen und letztlich zu Enttäuschungen. Eine akkurate, klare Vorstellung von der Außenwelt ermöglicht es, realistische Erwartungen zu setzen und adäquate Entscheidungen zu treffen. Dies erfordert eine stetige Auseinandersetzung mit der Realität, ein kritisches Hinterfragen eigener Annahmen und das Bestreben, die eigene Perspektive kontinuierlich zu schärfen und anzupassen.

Aufgabe: Entwickle ein klares Bewusstsein über die Erwartungen, die Deine Umwelt an Dich stellt. Es ist essenziell, diese Erwartungen zu kennen und zu verstehen, ob und inwiefern Du diesen entsprechen möchtest. Unbekannte oder ignorierte Erwartungen können zu Missverständnissen und Frustrationen führen. Diese Aufgabe erfordert Offenheit für Feedback, die Bereitschaft zur Selbstreflexion und die Fähigkeit, konstruktiv mit Kritik umzugehen. Durch diese Auseinandersetzung kannst Du bewusster agieren und Deine Beziehungen zu anderen auf eine gesunde, klare Basis stellen.

***Spiegelpunkt**: 20° Jungfrau – Ökonomische Ausrichtung*

39. Szene: Einstellung

190° - 194° = 10° Waage - 14° Waage

Der ***Zwilling der Gedankenkraft*** ist die persönliche Einstellung. Als persönliche Einstellung können die Gedanken und Vorstellungen bezeichnet werden, auf die der Mensch seine Aufmerksamkeit richtet. Diese Vorliebe der geistigen Aufmerksamkeit wird durch die Synthese der Vorstellungen mit den Grundideen gebildet. Aus der Rückkopplung zwischen den Vorstellungen und den von außen angestoßenen Ideen kristallisieren sich einige wichtige Themenbereiche heraus. Die Aufmerksamkeit wird auf bestimmte Bereiche der Objektwelt gelenkt, auf die sich schließlich das Begehren konzentriert.

10° Waage: Kerngedanken

Im Herzen dieses Grades findet sich ein tiefgründiger Prozess, der die Kraft der persönlichen Einstellung und Kerngedanken beleuchtet. Es handelt sich hierbei um eine faszinierende Einladung, zu erkennen, dass unsere innersten Überzeugungen und Ideen über die Welt nicht bloß Reflexionen unserer äußeren Erfahrungen sind. Vielmehr entspringen sie einer inneren Struktur, einem persönlichen Theoriegerüst, das vorwegnimmt, was wir im Leben erwarten können. Dieser Grad unterstreicht, dass unsere äußere Welt in vielerlei Hinsicht ein Spiegel unserer inneren Landschaft ist. Die Dinge, denen wir begegnen, spiegeln wider, wer wir sind und was wir denken. Während dies nicht impliziert, dass wir absolute Kontrolle über jedes Ereignis haben, deutet es darauf hin, dass wir durch die Gestaltung unserer inneren Welt einen erheblichen Einfluss darauf haben können, wie das Äußere uns entgegentritt. Es ist eine Einladung, unsere innersten Überzeugungen zu hinterfragen und zu erkennen, dass wir durch die Veränderung unserer Gedanken die Welt um uns herum verändern können.

Aufgabe: Diese Gradposition ermutigt Dich, die Macht Deiner Gedanken bewusst zu nutzen. Du bist aufgefordert, zu erkennen, wie jeder Gedanke, jede Überzeugung und jede innere Einstellung die Realität, die Du erlebst, formt und beeinflusst. Die Aufgabe besteht darin, Dir Deiner Kerngedanken bewusst zu werden und aktiv daran zu arbeiten, diese so auszurichten, dass sie positive und konstruktive Realitäten schaffen. Es geht darum, eine bewusste Wahl zu treffen: Dich von negativen, einschränkenden Glaubenssätzen zu lösen und durch Gedanken, die Freiheit, Liebe und Harmonie fördern, ein erfüllteres Leben zu gestalten. Lerne, Deine innere Welt so zu gestalten, dass sie ein Fundament bildet, auf dem eine wünschenswerte äußere Realität erwachsen kann.

***Spiegelpunkt**: 19° Jungfrau – Geregelter Ablauf*

11° Waage: Grunderfahrung

Dieser Grad taucht tief in das Konzept der Grunderfahrung ein und betont, dass unsere persönliche Einstellung und Wahrnehmung der Welt tief in den empirischen Erfahrungen des Lebens verwurzelt sind. Es ist eine lebendige Erinnerung daran, dass die Theorien und Überzeugungen, die wir über die Welt haben, letztlich in den realen, gelebten Erfahrungen ihren Anker finden müssen. Diese Position spricht zu einer Harmonisierung des Inneren und Äußeren, einer Integration von Theorie und Praxis.

Sie lädt dazu ein, zu erkennen, dass unsere tiefsten Einsichten und Überzeugungen nicht isoliert von der Welt existieren, sondern durch unsere Interaktionen und Erfahrungen mit ihr geformt und bestätigt werden. Der Grad betont die Bedeutung der persönlichen Erfahrung als Grundlage für Verständnis und Wachstum und ermutigt zu einem Leben, in dem Theorie und Praxis in Einklang gebracht werden.

Aufgabe: Erkunde und würdige die Tiefe Deiner persönlichen Erfahrungen und wie diese Deine Sicht auf die Welt prägen. Die Aufgabe besteht darin, Deine Theorien über das Leben bewusst zu reflektieren und zu überprüfen, wie gut sie mit Deinen tatsächlichen Erfahrungen übereinstimmen. Arbeite darauf hin, eine Balance zwischen Deinen inneren Überzeugungen und der äußeren Realität zu finden. Lasse Deine Erfahrungen als Lehrmeister dienen, um Deine Theorien anzupassen und zu verfeinern. Suche nach Wegen, wie Du Deine persönlichen Erfahrungen nutzen kannst, um ein tieferes Verständnis und größere Harmonie in Deinem Leben zu schaffen. Engagiere Dich in einem kontinuierlichen Dialog zwischen dem, was Du glaubst, und dem, was Du lebst, um ein reicheres, authentischeres und ausgewogeneres Dasein zu führen.

***Spiegelpunkt**: 18° Jungfrau - Gefühlsnorm*

12° Waage: Bewährung

Dieser Grad steht für einen entscheidenden Moment auf dem Weg der Selbstentfaltung und des Verständnisses der Welt. Es geht hier um die Bewährung der Kerngedanken, die an den realen Grunderfahrungen des Lebens gemessen werden. In diesem Grad wird der Prozess der Synthese zwischen persönlicher Einstellung und der empirischen Welt deutlich: Die theoretischen Vorstellungen von der Außenwelt unterziehen sich einem Praxistest. Nur jene Theorien, die sich als praxistauglich erweisen, also eine Kongruenz zwischen Idee und Erfahrung zeigen, können Bestand haben. Dieser Grad symbolisiert eine wichtige Phase der Erkenntnis, in der wir lernen, unsere inneren Überzeugungen mit der Realität abzugleichen. Es ist ein Moment der Wahrheit, in dem die Überlebensfähigkeit unserer inneren Landkarten auf die Probe gestellt wird, und verlangt eine ehrliche Auseinandersetzung mit dem, was wirklich ist.

Aufgabe: Nutze diesen Grad als Anlass, um Deine persönlichen Theorien und Überzeugungen einer Prüfung zu unterziehen. Stelle Dir die Aufgabe, nicht nur zu überlegen, ob Deine Ideen über die Welt mit Deinen tatsächlichen Erfahrungen übereinstimmen, sondern auch, wie Du Deine Theorien anpassen kannst, um eine größere Harmonie zwischen Deinem inneren Verständnis und der äußeren Realität zu erreichen. Dieser Vorgang erfordert Offenheit, Anpassungsfähigkeit und die Bereitschaft, von gesammelten Erfahrungen zu lernen. Es geht darum, einen dynamischen Gleichgewichtszustand zwischen Theorie und Praxis zu finden, in dem Deine persönliche Entwicklung und Dein Verständnis der Welt fortlaufend verfeinert und erweitert werden.

***Spiegelpunkt**: 17° Jungfrau – Innere Führung*

13° Waage: Akzeptanz des Unabänderlichen

Hier geht es um die essenzielle Fähigkeit, das Unabänderliche im Leben zu akzeptieren. Diese Akzeptanz bildet die Methode im Zwilling der Gedankenkraft, unserer persönlichen Einstellung, durch die wir lernen, mit den unvermeidlichen Aspekten der Welt in Frieden zu leben und zu arbeiten. Es ist die Erkenntnis, dass nicht alles in unserer Macht steht zu ändern oder zu beeinflussen. Diese Weisheit, oft ausgedrückt in dem Wunsch nach der Gelassenheit, Dinge hinzunehmen, die wir nicht ändern können, spiegelt eine tiefe Lebensweisheit wider. Sie erfordert von uns, mit einer gewissen Demut und Weisheit durch das Leben zu gehen, indem wir erkennen, was in unserer Kontrolle liegt und was jenseits unserer Einflussnahme steht.

Aufgabe: Entwickle eine Haltung der Gelassenheit gegenüber den unveränderlichen Aspekten Deines Lebens. Diese Aufgabe erfordert, dass Du lernst, inneren Frieden mit Dingen zu finden, die außerhalb Deiner Kontrolle liegen. Anstatt Energie in den Widerstand gegen Unabänderliches zu investieren, richte Deine Aufmerksamkeit und Deine Kräfte auf Bereiche, in denen Du tatsächlich einen Unterschied machen kannst. Übe Dich darin, ohne heftige emotionale Reaktionen auf Herausforderungen zu reagieren, die einfach Teil des Lebens sind. Diese Praxis wird nicht nur Deine persönliche Resilienz stärken, sondern auch zu einem tieferen Verständnis der Dynamik des Lebens führen. Akzeptiere das Unabänderliche als Teil des natürlichen Flusses des Lebens und nutze Deine Energie und Ressourcen, um positive Veränderungen dort zu bewirken, wo es möglich ist.

***Spiegelpunkt**: 16° Jungfrau - Energiebahnen*

14° Waage: Zentralgedanken

14° Waage offenbart das Konzept der Zentralgedanken als kreatives Ergebnis unserer innersten Aufmerksamkeit. Diese Gedanken, nicht bloß als mentale Konstrukte, sondern als Spiegelbilder unserer äußeren Welt verstanden, formen die Objekte unserer Wahrnehmung – Menschen, Dinge und Situationen, die unsere ganze Aufmerksamkeit auf sich ziehen. Diese Gradposition lehrt uns, dass das, was wir in der Außenwelt erleben, direkt aus dem Kern unserer inneren Aufmerksamkeit entspringt. Es ist eine Aufforderung, unsere Aufmerksamkeit bewusst zu lenken, da sie die Realität um uns herum formt und manifestiert. Die Zentralgedanken sind somit nicht nur passive Reflexionen, sondern aktive Schöpfungen, die unsere Beziehungen und Interaktionen mit der Welt um uns herum prägen.

Aufgabe: Werde Dir der Macht Deiner Aufmerksamkeit und Deiner Zentralgedanken bewusst. Erkenne, dass die Struktur Deiner sozialen Umwelt ein direktes Abbild Deiner inneren Einstellungen und Überzeugungen ist. Deine Herausforderung besteht darin, zu lernen, Deine Aufmerksamkeit gezielt auf jene Aspekte Deines Lebens zu richten, die Du fördern und entwickeln möchtest. Indem Du Deine inneren Konstellationen bewusst gestaltest, kannst Du Einfluss darauf nehmen, wie sich diese in Deiner Außenwelt manifestieren. Verinnerliche, dass langfristige und stabile Veränderungen ihren Ursprung im Inneren haben und dass durch die gezielte Pflege Deiner inneren Welt positive Transformationen in Deinem äußeren Leben möglich werden.

***Spiegelpunkt**: 15° Jungfrau – Animalische Motivation*

40. Szene: Kontaktfähigkeit

195° - 199° = 15° Waage - 19° Waage

Der ***Krebs der Gedankenkraft*** ist das innere Potential der Kontaktfähigkeit. Hier manifestiert sich der Impuls zur Begegnung. So wie der Archetyp des Krebses sich mit allem identifizieren kann, so ist die Kontaktfähigkeit als fraktale Spiegelung des Krebses in der Gedankenkraft noch völlig undifferenziert auf die ganze Welt ausgerichtet. So wie das gedruckte Buch nicht bestimmt, von wem es einmal gelesen wird, sondern nur die Möglichkeit in sich trägt, überhaupt gelesen zu werden, so ist die Kontaktfähigkeit nur die Voraussetzung für jede wirkliche Begegnung.

15° Waage: Empfangsbereitschaft

Dieser Grad bringt die Idee der Kontaktfreudigkeit zum Ausdruck, manifestiert durch eine tiefgreifende Empfangsbereitschaft. Diese Qualität, die mit offenen Armen das Leben und seine vielfältigen Begegnungen begrüßt, ist keinesfalls eine passive Haltung, sondern vielmehr eine aktiv gepflegte Fähigkeit. Empfangsbereitschaft erfordert ein bewusstes Engagement, um immer wieder neu aufgebaut und erhalten zu werden. Sie ist ein Zeugnis der inneren Offenheit und der Bereitschaft, sich auf Neues einzulassen und den Fluss des Lebens mit all seinen Überraschungen zu umarmen. In diesem Grad offenbart sich ein passiver Impuls nicht als Mangel an Aktion, sondern als eine bewusste Entscheidung, sich dem Leben und seinen vielfältigen Möglichkeiten zu öffnen.

Aufgabe: Kultiviere eine Haltung der Empfangsbereitschaft in Deinem Leben. Lerne, mit einer offenen und einladenden Einstellung durch das Leben zu gehen, bereit, die Vielfalt an Menschen, Situationen und Erfahrungen, die das Leben bietet, freudig zu empfangen. Deine Aufgabe ist es, Dir dieser inneren Offenheit bewusst zu werden und sie aktiv zu pflegen, um so ein reiches, vielseitiges soziales Umfeld zu schaffen, das Deine Entwicklung und Dein Wohlbefinden fördert. Erkenne, dass wahre Kontaktfreudigkeit eine aktive Bemühung erfordert, immer wieder neu zu empfangen und sich einzulassen, was letztendlich zu tieferen und bereichernden Beziehungen im Leben führt.

***Spiegelpunkt**: 14° Jungfrau – Soziales Ich*

16° Waage: Kontakterfahrung

Dieser Punkt hebt die zentrale Rolle der Kontakterfahrung in der Entwicklung von Kontaktfähigkeit hervor. Kontakterfahrungen, die wir im Laufe des Lebens sammeln, formen und prägen uns auf tiefgreifende Weise. Diese wiederkehrenden Begegnungen mit anderen Menschen und Situationen schaffen ein reichhaltiges Repertoire an Erfahrungen, die unsere Einstellungen und unsere Offenheit für zukünftige Interaktionen maßgeblich beeinflussen. Es ist ein dynamischer Prozess, in dem die gesammelten Erfahrungen unsere Fähigkeit, Beziehungen zu knüpfen und zu pflegen, fortwährend formen. Die Bewusstwerdung und Integration dieser Erfahrungen in unser Verhalten ist entscheidend für eine reife und ausgeglichene Kontaktfähigkeit.

Aufgabe: Reflektiere über Deine vergangenen Kontakterfahrungen und wie sie Deine gegenwärtige Fähigkeit beeinflusst haben, Beziehungen zu gestalten und aufrechtzuerhalten. Deine Aufgabe ist es, aus diesen Erfahrungen bewusst zu lernen, positive Aspekte zu verstärken und aus Herausforderungen Wachstumsmöglichkeiten zu machen. Erkenne, wie jede Begegnung, ob positiv oder herausfordernd, ein Baustein Deiner kontinuierlichen Entwicklung in Sachen Kontaktfähigkeit ist. Bemühe Dich, offener und adaptiver in der Gestaltung zukünftiger Kontakte zu sein, indem Du bewusst Raum für neue Erfahrungen schaffst, die Deine Fähigkeit, bedeutungsvolle Beziehungen zu knüpfen, weiter bereichern und vertiefen.

Spiegelpunkt: 13° Jungfrau - Verwurzelung

17° Waage: Bereitschaft zur Konsequenz

Dieser Grad spricht eine wesentliche Wahrheit über menschliche Interaktionen und Begegnungen an – die Bereitschaft zur Konsequenz jedes Kontaktes mit der Außenwelt. Diese Gradposition betont die Synthese von Erfahrung und der Fähigkeit, die möglichen Auswirkungen unserer Handlungen abzuschätzen und dafür Verantwortung zu übernehmen. Es ist ein Aufruf, sich der Tatsache bewusst zu werden, dass jede Begegnung, jeder Kontakt und jede Handlung Konsequenzen nach sich zieht, die sowohl bereichernd als auch herausfordernd sein können. Die Bereitschaft zur Konsequenz beinhaltet somit die Anerkennung, dass unsere Entscheidungen und Aktionen in die Welt hinauswirken und einen Kreislauf von Ursache und Wirkung in Gang setzen.

Aufgabe: Nimm eine Haltung der Verantwortung für Deine Handlungen an. Diese Verantwortung erstreckt sich nicht nur auf Deine Absichten, sondern auch auf die tatsächlichen Auswirkungen Deiner Handlungen auf andere und auf die Umwelt. Entwickle ein tiefes Selbstbewusstsein und die Fähigkeit zur Selbstreflexion, um Deine Handlungen und deren potenzielle Konsequenzen bewusst abzuwägen. Erkenne, dass wahre Stärke und Reife darin liegen, sowohl die positiven als auch die negativen Folgen Deiner Begegnungen zu akzeptieren und daraus zu lernen. Schreite mit Mut und Integrität voran, indem Du Dich Deinen Aufgaben stellst und Dich der Welt und Deinen Mitmenschen gegenüber verantwortungsvoll verhältst.

***Spiegelpunkt**: 12° Jungfrau - Kybernetik*

18° Waage: wachsame Erwartung

Dieser Punkt thematisiert eine besondere Form der Kontaktfähigkeit – die wachsame Erwartung. Diese Haltung, obwohl passiv in ihrer Natur, ist keineswegs ein Zeichen von Inaktivität oder Desinteresse. Vielmehr ist es ein bewusster Akt der Vorbereitung, bei dem man sich zurückzieht, um dem Gegenüber Raum zu geben, die Initiative zu ergreifen. Es ist eine Kunst des Zulassens, bei der die eigene Bereitschaft zur Interaktion nicht durch aufdringliches Verhalten, sondern durch Offenheit und Empfangsbereitschaft signalisiert wird. Dieser Grad betont das subtile Gleichgewicht zwischen dem Zeigen der eigenen Präsenz und dem Gewähren von Raum für die Annäherung anderer. Es ist eine Einladung, die feinen Dynamiken zwischenmenschlicher Beziehungen zu erkennen und zu respektieren.

Aufgabe: Entwickle eine tiefe Wertschätzung für die Kunst der wachsamen Erwartung in Deinen Beziehungen. Lerne, wie Du durch zurückhaltendes Verhalten und die bewusste Entscheidung, Dich nicht sofort in den Vordergrund zu drängen, tiefere und authentischere Kontakte ermöglichen kannst. Übe Dich in Geduld und in der Fähigkeit, Deine eigene Präsenz so zu gestalten, dass sie andere einlädt, sich Dir zu nähern. Erkenne, dass wahre Begegnungen oft dann geschehen, wenn wir bereit sind, auf das Eintreten des anderen zu warten und ihm die Handlungsfreiheit zu lassen, den ersten Schritt zu tun. Diese Haltung kann zu reicheren und erfüllenderen Interaktionen führen, in denen beide Seiten sich gesehen und wertgeschätzt fühlen.

***Spiegelpunkt**: 11° Jungfrau – Das wahre Wesen*

19° Waage: Reaktionsressourcen

19° Waage thematisiert die Entwicklung von Reaktionsressourcen als kreatives Ergebnis der Kontaktbereitschaft. In der Tiefe unserer Persönlichkeit liegen unendliche Möglichkeiten des Reagierens verborgen, die es uns ermöglichen, auf nahezu jede Situation angemessen zu reagieren. Diese Fähigkeit, aus dem Unbewussten heraus zu agieren, weist auf ein reichhaltiges inneres Potenzial hin, das in der Begegnung mit der Außenwelt zur Entfaltung kommt. Es ist eine Erinnerung daran, dass unsere inneren Ressourcen in der Interaktion und im Kontakt mit anderen eine wesentliche Rolle spielen und maßgeblich dazu beitragen, wie wir uns in der Welt bewegen und mit ihr interagieren.

Aufgabe: Vertraue auf die Vielfalt und Tiefe Deiner inneren Reaktionsmöglichkeiten. Es ist nicht notwendig, jede Handlung im Voraus zu planen, da eine übermäßige Planung die natürliche Spontaneität einschränken kann. Stattdessen ist es von Vorteil, Dich auf den reichen Schatz Deiner intuitiven Reaktionsfähigkeit zu verlassen, die es Dir ermöglicht, flexibel und angemessen auf die Dynamiken des Lebens zu reagieren. Lerne, die Planung loszulassen und stattdessen in jedem Moment präsent zu sein, offen für das, was das Leben Dir bietet. Dies erfordert ein tiefes Vertrauen in Deine Fähigkeit, auf unvorhersehbare Ereignisse intuitiv und kreativ zu reagieren. Kultiviere dieses Vertrauen und lass Dich von der Weisheit und den Ressourcen leiten, die Dir innewohnen und die Deine Erfahrungen und Interaktionen in der Welt bereichern.

***Spiegelpunkt**: 10° Jungfrau - Sozialisierung*

41. Szene: Flirt

200° - 204° = 20° Waage - 24° Waage

Der ***Löwe der Gedankenkraft***. In der fünften Szene der Gedankenkraft kommt wieder das spielerische Element des Löwen zum Tragen. Im Spiel werden soziale Konventionen erfahren und erlernt. Der Flirt ist eine Möglichkeit, sich mit verschiedenen Menschen und ihren Kommunikationsformen vertraut zu machen, ohne sich auf längere Auseinandersetzungen einlassen zu müssen. Das Lernspiel des Flirtens ist die Basis der Begegnung. Hier muss sich die Kontaktfähigkeit einspielen und bewähren.

20° Waage: Idee gesellschaftlicher Freude

Hier entfaltet sich die Idee gesellschaftlicher Freude, der Impuls zum Flirt, der in dem Wunsch, sich in großen Gesellschaften angemessen einzubringen, zum Ausdruck kommt. Diese Idee verkörpert eine feinsinnige Balancierung zwischen dem Vorantreiben eigener Interessen und Fähigkeiten und der Aufrechterhaltung einer harmonischen Beziehung zum Gegenüber. Der Flirt, als mikrogesellschaftliches Ereignis, wird zur Bühne subtiler Kommunikation, bei der Schritt für Schritt und mit gegenseitigem Einverständnis persönliche Schichten offenbart werden. Diese Interaktionen bleiben oftmals an der Oberfläche, da die Unsicherheit über die Authentizität des anderen die Tiefe der Verbindung begrenzt.

Aufgabe: Betrachte gesellschaftliche Interaktionen als Chance zur Freude und zum spielerischen Austausch, ohne jedoch von jedem Kontakt tiefe Offenbarungen oder Verpflichtungen zu erwarten. Übe Dich in der Kunst des Flirts als Weg, um Freude und Leichtigkeit in den Alltag zu bringen, dabei aber auch ein gesundes Maß an Selbstpräsentation und Zurückhaltung zu wahren. Erkenne die Schönheit in der vorübergehenden Verbindung mit anderen und nutze diese Begegnungen, um die Vielfalt menschlicher Erfahrungen zu erforschen, ohne Dich dabei zu sehr auf die Tiefe oder die Dauerhaftigkeit der Kontakte zu konzentrieren. Lerne, in der Ungewissheit und in der Oberflächlichkeit dieser Begegnungen eine Form der gesellschaftlichen Freude zu finden.

Spiegelpunkt: *9° Jungfrau - Angleichung*

21° Waage: Kurzfristige Fürsorge

Dies beleuchtet das Konzept der kurzfristigen Fürsorge innerhalb der Dynamik des Flirts. Diese Art der Zuwendung, die sich intensiviert, solange die Interaktion andauert, spiegelt ein tiefes, wenngleich flüchtiges Interesse am Gegenüber wider. Das Wesen dieser kurzfristigen Fürsorge liegt darin, dass sie die individuelle Eigentümlichkeit des anderen wertschätzt, solange diese Person im Fokus unserer Aufmerksamkeit steht. Das Potenzial für solche Begegnungen ist grenzenlos, da es unzählige interessante Menschen gibt, denen wir begegnen können. Die wahre Tiefe und Bedeutung jeder Person kann uns jedoch nur dann offenbart werden, wenn wir ihnen unsere volle Anteilnahme schenken, und zwar aus tiefstem Herzen und für die Dauer des Zusammenseins.

Aufgabe: Öffne Dich der Möglichkeit, kurzfristige Fürsorge in Deinen täglichen Begegnungen zu üben. Die Herausforderung besteht darin, sich jeder Interaktion voll und ganz hinzugeben, auch wenn diese nur von kurzer Dauer ist. Entwickle die Fähigkeit, in jedem Gespräch echtes Interesse und tiefes Mitgefühl zu zeigen, und erkenne den Wert, den jede Person in Dein Leben bringen kann, auch wenn sie nur vorübergehend Teil davon ist. Diese Praxis fördert nicht nur eine tiefere Verbundenheit mit den Menschen um Dich herum, sondern erweitert auch Dein Verständnis und Deine Wertschätzung für die Vielfalt menschlicher Erfahrungen. Indem Du Dich für die kurzfristige Fürsorge öffnest, bereicherst Du Dein eigenes emotionales und soziales Leben.

***Spiegelpunkt**: 8° Jungfrau – Utopie des Selbst*

22° Waage: Pioniergeist

22° Waage wird vom Pioniergeist angetrieben, einer Synthese aus der Idee der gesellschaftlichen Freude und der kurzfristigen Fürsorge. Dieser Geist motiviert zu ständiger Erneuerung und dem Wunsch, immer wieder neue Erfahrungen zu machen. Jede Begegnung, jeder Mensch, den wir treffen, bietet etwas Einzigartiges und jede Erfahrung kann unser eigenes Wesen bereichern. Dieser unermüdliche Drang nach Neuem, nach unerschlossenen Horizonten, ist tief in der menschlichen Natur verankert und spiegelt den ewigen Wunsch nach Wachstum und Entwicklung wider.

Aufgabe: Schärfe Deinen Pioniergeist, indem Du aktiv nach neuen Erfahrungen suchst und offen für das Unbekannte bleibst. Sieh jede Begegnung als Gelegenheit, Dein eigenes Verständnis und Deine Perspektiven zu erweitern. Sei bereit, aus Deiner Komfortzone herauszutreten und das Risiko einzugehen, etwas Neues zu lernen oder anders zu erleben. Diese Haltung ermutigt nicht nur zur persönlichen Entwicklung, sondern fördert auch ein tieferes Verständnis und eine größere Wertschätzung für die Vielfalt des Lebens. Nutze jede Gelegenheit, um Dein Wissen und Deine Erfahrungen zu erweitern, und erinnere Dich daran, dass der wahre Pioniergeist in der Bereitschaft liegt, das Unbekannte zu umarmen und das Potenzial jeder neuen Erfahrung voll auszuschöpfen.

Spiegelpunkt: *7° Jungfrau - Initiationsübung*

23° Waage: intuitives Verhalten

In der Welt des Flirts, einem Spielfeld voller unbekannter Variablen und flüchtiger Begegnungen, ist das intuitive Verhalten nicht nur eine Kunst, sondern eine essentielle Fähigkeit. Sie ermöglicht es uns, in Sekundenbruchteilen die Komplexität menschlicher Interaktionen zu navigieren. Ein tieferes Verständnis und die geschickte Anwendung unserer intuitiven Kräfte erlauben es uns, ohne bewusste Analyse auf die dynamischen und oft unvorhersehbaren Situationen zu reagieren, die wir im sozialen Gefüge antreffen. Dieses intuitive Verständnis basiert auf einer subtilen Wahrnehmung und schnellen Interpretation von Zeichen und Signalen, die unser Gegenüber aussendet, und erfordert eine bemerkenswerte Anpassungsfähigkeit und Sensibilität.

Aufgabe: Entwickle eine feine Sensibilität für die ungeschriebenen Regeln und das unsichtbare Kommunikationsnetzwerk, das in sozialen Interaktionen existiert. Übe Dich darin, auf Deine innere Stimme zu hören und lerne, den subtilen Hinweisen und der nonverbalen Kommunikation, die in jedem Moment zwischenmenschlicher Begegnungen fließen, Aufmerksamkeit zu schenken. Im Alltag bedeutet dies, dass Du lernst, Deinen spontanen Reaktionen zu vertrauen und Deine Fähigkeit zu schärfen, ohne umfassende Analyse angemessen zu reagieren. Diese Praxis fördert nicht nur Dein Selbstvertrauen und Deine soziale Kompetenz, sondern eröffnet auch neue Wege der Verbindung und des Verständnisses mit den Menschen um Dich herum.

***Spiegelpunkt**: 6° Jungfrau - Ressourcen*

24° Waage: Taktgefühl

Taktgefühl, eine subtile Kunst, die im Ergebnis des Flirts ihre Blüte findet, umfasst weit mehr als nur die Fähigkeit, sich geschickt in sozialen Situationen zu bewegen. Es ist ein tiefes Verständnis für das Unaussprechliche, für die Worte, die zwischen den Zeilen schweben und die Stille, die zwischen den Worten herrscht. Dieses Gespür entwickelt sich durch Übung und Achtsamkeit und führt zu einer ausgeprägten Fähigkeit, nicht nur zu hören, was gesagt wird, sondern auch zu erfassen, was ungesagt bleibt. In diesem stillen Dialog offenbart sich oft das Wesentliche einer Beziehung oder Situation. Das Taktgefühl ermöglicht es uns, mit Feingefühl und Respekt zu navigieren, wobei das Verständnis für den anderen im Mittelpunkt steht. Es ist eine Brücke, die Diskretion und Empathie verbindet und uns lehrt, die Komplexität menschlicher Interaktionen mit einer intuitiven Eleganz zu meistern.

Aufgabe: Pflege eine Haltung der Zurückhaltung und des respektvollen Interesses gegenüber den Erfahrungen und Perspektiven anderer, ohne sie in die Enge zu treiben oder unnötig zu provozieren. Übe Dich darin, das Unaussprechliche in den

Kommunikationsformen Deiner Mitmenschen zu erkennen und darauf einzugehen. Dieses Verständnis hilft Dir, andere dazu zu bewegen, ihre Fähigkeiten im Einklang mit ihren Möglichkeiten zu entfalten. Das Ziel ist es, eine Umgebung des Vertrauens und der Offenheit zu schaffen, in der echte Begegnungen und tiefere Verbindungen entstehen können, ohne dass Worte die gesamte Geschichte erzählen müssen.

***Spiegelpunkt**: 5° Jungfrau - Routine*

42. Szene: Gastfreundschaft

205° - 209° = 25° Waage - 29° Waage

Die ***Jungfrau der Gedankenkraft*** ist die Synthese aus Kontaktfähigkeit und Flirt. Das Ergebnis ist die notwendige Information für die reale Begegnung. Gastfreundschaft ist die Tugend der Begegnung. Dazu muss ich die Kommunikationsformen der Gäste, in diesem Fall der Menschen gegenüber, kennen und akzeptieren. Wenn ich sie nicht kenne, kann ich mich auch nicht darauf einstellen und es wird ständig zu Missverständnissen kommen, wenn ich sie nicht akzeptiere, werde ich mein Gegenüber ständig vor den Kopf stoßen und das Ziel der Begegnung, was immer es auch sein mag, wird kaum erreicht werden.

25° Waage: Regelung der Begegnung

Im Herzen des Wunsches nach einer Regelung der Begegnung liegt das Gastrecht, ein uraltes Prinzip, das den Rahmen für Interaktionen und Beziehungen bildet. Es erinnert uns daran, dass Krieg und Frieden oft nur durch die dünnen Linien der Konvention und des gegenseitigen Respekts getrennt sind. Durch die Festlegung allgemeiner Regeln für Begegnungen ermöglichen wir es, auch Fremden mit einem Grundvertrauen zu begegnen. Dieses Vertrauen basiert auf der Annahme, dass es einen gemeinsamen Nenner gibt, der es uns erlaubt, miteinander zu interagieren, ohne dass unsere grundlegendsten Werte und Sicherheiten bedroht sind. Es schafft eine Basis für friedliche Koexistenz und gegenseitiges Verständnis in einer Welt, die durch Vielfalt und Unterschiedlichkeit gekennzeichnet ist.

Aufgabe: Schaffe Klarheit in Deinen Beziehungen, indem Du offen kommunizierst, welche Regeln und Prinzipien in Deinem Leben und in Deinen Begegnungen mit anderen wichtig sind. Dies hilft nicht nur, Missverständnisse zu vermeiden, sondern fördert auch ein Umfeld der Sicherheit und des Respekts. Selbst wenn andere Deine Regeln nicht annehmen wollen, ist das Verständnis darüber eine Basis für klare Interaktionen. Nutze dies als Gelegenheit, Deine Toleranz und Dein Verständnis für die Perspektiven anderer zu erweitern, während Du gleichzeitig Deine eigenen Grenzen und Werte wahrst.

***Spiegelpunkt**: 4° Jungfrau – Erkenntnis der Wandelbarkeit*

26° Waage: ohne jeden Halt

Dieser Grad offenbart einen Ort unendlicher Möglichkeiten, den virtuellen Raum der Begegnung, wo feste Strukturen und Grenzen zu schwinden scheinen. In diesem freien Raum, wo es keinen Halt gibt, liegt die Schönheit der potenziellen Möglichkeiten jeder Interaktion. Hier, wo nichts festgelegt ist, zeigt sich die wahre Freiheit der menschlichen Beziehung, geprägt durch die Freiheit des Einzelnen, jederzeit jede Rolle anzunehmen oder zu verlassen. Diese Art von Begegnung erfordert eine Offenheit, die jenseits von Vorurteilen und Erwartungen existiert und erlaubt, dass jede Interaktion einzigartig und unvorhersehbar bleibt. Dieser Grad lehrt uns die Akzeptanz der Ungewissheit und die Wertschätzung des Moments, frei von der Last der Erwartungen.

Aufgabe: Praktiziere die Kunst des Loslassens, indem Du Begegnungen ohne vorgefasste Erwartungen oder Ziele angehst. Erlaube Dir, in den freien Raum der Möglichkeiten einzutauchen, der sich in jeder Begegnung offenbart. Indem Du die Dinge einfach geschehen lässt, öffnest Du Dich für die kreative Freiheit des Augenblicks und für unerwartete Wesentlichkeiten, die Dein Leben bereichern können. Lerne, auf das zu reagieren, was kommt, ohne den Verlauf zu erzwingen, und entdecke die Schönheit in der Unvorhersehbarkeit des Lebens.

***Spiegelpunkt**: 3° Jungfrau - Interaktion*

27° Waage: Gesetze der Metakommunikation

Die Gesetze der Metakommunikation sind eine faszinierende Synthese aus dem Wunsch nach einer Regelung der Begegnung und dem Konzept des freien, haltlosen Raumes. Sie ermöglichen eine Kommunikationsebene, auf der das Unausgesprochene, durch Worte oder Gesten Angedeutetes, den Verlauf einer Begegnung bestimmt. Diese Art der Kommunikation beruht auf versteckten Hinweisen, die das Gegenüber aufgreifen kann oder auch bewusst ignorieren darf. In diesem dynamischen Austausch, oft unbewusst praktiziert, wird der Ball der Verantwortung über die Kommunikationsthemen geschickt zwischen den Beteiligten hin und her gespielt. Wenn ein dringendes Thema nicht angesprochen wird, verdichten sich die Metahinweise bis zum unübersehbaren „Wink mit dem Zaunpfahl“, womit die Grenze zur verbalen Kommunikation überschritten wird. Diese subtile Form des Austauschs spiegelt die Komplexität menschlicher Interaktion wider und zeigt, wie Kultur und gemeinsame Verständnisse die Art und Weise prägen, wie wir kommunizieren.

Aufgabe: Versuche, in Deinen täglichen Begegnungen bewusster auf die subtilen Formen der Metakommunikation zu achten. Dies bedeutet, nicht nur den wörtlichen Inhalt von Gesprächen zu hören, sondern auch die nicht verbalen, zwischen den Zeilen versteckten Botschaften zu erfassen. Trainiere Deine Fähigkeit, diese Hinweise zu erkennen und angemessen darauf zu reagieren. Verstehe, dass Kommunikation weit mehr ist als gesprochene Worte und dass ein tiefes Verständnis für den Kontext, in dem sie stattfindet, essenziell ist. Diese Praxis wird nicht nur Deine kommunikativen Fähigkeiten erweitern, sondern auch zu tieferen und erfüllenderen zwischenmenschlichen Beziehungen führen..

***Spiegelpunkt**: 2° Jungfrau – Provokative Entwicklungshilfe*

28° Waage: Bindung an gesellschaftliche Prozesse

Die Bindung an gesellschaftliche Prozesse bei 28° Waage symbolisiert die Verflechtung des Einzelnen mit den überlieferten, traditionellen Regeln und Normen einer Kultur sowie den realen Interaktionen zwischen Menschen. Diese Gradposition unterstreicht die Bedeutung des Zuhörens auf die „äußere Stimme" – die Stimme der Gesellschaft, die uns leitet, was in einer bestimmten Begegnung angemessen ist. Im Kontrast zum 28° Widder, wo es um das Hören der inneren Stimme geht, fokussiert sich die Waage auf die Harmonisierung individueller Handlungen mit den Erwartungen der Umwelt. Dieser Grad offenbart, wie essenziell es für soziales Miteinander und für die Aufrechterhaltung des Friedens ist, sensibel für die gesellschaftlichen Konventionen zu sein, ohne dabei die persönliche Integrität zu kompromittieren.

Aufgabe: Entwickle ein tieferes Verständnis für die Rolle, die gesellschaftliche Normen und Traditionen in Deinem Leben spielen. Sei offen dafür, die ungeschriebenen Gesetze Deiner Kultur oder Gemeinschaft zu erkennen und anzuerkennen, wie sie Deine zwischenmenschlichen Beziehungen prägen. Gleichzeitig solltest Du darauf achten, Dich nicht blindlings anzupassen, sondern einen Weg zu finden, authentisch zu bleiben, während Du Dich respektvoll in den sozialen Kontext einfügst. Diese Balance zu finden, ermöglicht es Dir, mit weniger Anstrengung mehr zu erreichen und gleichzeitig echte Verbindungen zu anderen aufzubauen.

***Spiegelpunkt**: 1° Jungfrau – Sozialer Kontext*

29° Waage: Gastfreundschaft

Die Quintessenz des Gastrechts manifestiert sich in der Gastfreundschaft, die eine kunstvolle Balance zwischen zu viel und zu wenig Fürsorge erfordert. Dieses rechte Maß an Aufmerksamkeit ist entscheidend, da Überfürsorge leicht in Bevormundung umschlagen kann, während zu geringe Fürsorge als Vernachlässigung empfunden wird. Gastfreundschaft in diesem Sinne wird zu einer subtilen Kunst, die Sensibilität und ein tiefes Verständnis für die Bedürfnisse des anderen verlangt. Sie erfordert ein intuitives Gespür dafür, wann es Zeit ist, Raum zu geben und wann Unterstützung oder Nähe gefragt ist. Diese Fähigkeit, die richtige Balance zu finden, macht wahre Gastfreundschaft aus und schafft eine Umgebung, in der sich jeder willkommen und wertgeschätzt fühlt.

Aufgabe: Entwickle eine feinfühlige Wahrnehmung für die Bedürfnisse Deiner Gäste oder der Menschen in Deinem Umfeld, ohne dabei ihre Grenzen zu überschreiten. Achte darauf, ein gastfreundliches Klima zu schaffen, in dem sich jeder angenommen fühlt, ohne das Gefühl zu haben, in seiner persönlichen Freiheit eingeschränkt zu sein. Übe Dich darin, sowohl physische als auch emotionale Räume zu gestalten, die zu wahrer Begegnung und Austausch einladen. Dabei ist es wichtig, die feine Linie zwischen Fürsorge und Freiheit nicht nur zu erkennen, sondern sie mit Empathie und Respekt zu navigieren.

***Spiegelpunkt**: 0° Jungfrau - Persönlichkeitsindikatoren*

43. Szene: Gemeinschaft

210° - 219° = 0° Skorpion - 4° Skorpion

Die ***Waage der Gedankenkraft*** ist die Idee der Gemeinschaft. Der Impuls zur Verschmelzung mit einem größeren Ganzen ist die Gemeinschaft der Menschen. Dieser Gruppe fühlt man sich besonders zugehörig. Um in diese Gemeinschaft aufgenommen und anerkannt zu werden, tut man vieles bis alles. „Gemeinsam sind wir stark", und so ist auch der Einzelne in der Gemeinschaft und für die Gemeinschaft stark.

0° Skorpion: sozialer Zusammenhang

Der Beginn des Skorpions markiert eine tiefgehende Auseinandersetzung mit dem sozialen Zusammenhang, der sich in kleinen, oft zufällig zusammengewürfelten Gruppen von Menschen manifestiert. Hier entfalten sich dynamische Prozesse, die eine soziale „Hierarchie" ganz natürlich entstehen lassen, ohne dass jemand bewusst eingreifen muss. Diese organische Entwicklung einer sozialen Ordnung ist ein faszinierendes Phänomen, das die Sehnsucht des Menschen nach Zugehörigkeit und seinen Platz in der Gemeinschaft widerspiegelt. Es zeigt, wie intuitiv und unwillkürlich wir uns in Gruppenstrukturen einfügen und wie diese Strukturen die Interaktionen und Beziehungen innerhalb der Gruppe formen. Diese Erkenntnis betont die Bedeutung von sozialen Bindungen und die unausgesprochene Vereinbarung untereinander, sich an diese unsichtbaren Linien zu halten, die unsere Interaktionen leiten.

Aufgabe: Nutze Deine Fähigkeit zur distanzierten Betrachtung, um die Dynamik der Gruppen, in denen Du Dich bewegst, besser zu verstehen. Beobachte, wie sich soziale Zusammenhänge formen und wie Du darin agierst. Überlege, wie Du positiv zur Gruppendynamik beitragen kannst, indem Du jedem Individuum hilfst, seinen Platz zu finden, basierend auf seinen Stärken und Fähigkeiten. Indem Du ein tieferes Verständnis für diese Prozesse entwickelst, kannst Du aktiv an der Gestaltung einer harmonischen und produktiven Gemeinschaft mitwirken, in der sich alle wertgeschätzt und einbezogen fühlen.

Spiegelpunkt: 29° Löwe – Geistige Offenheit

1° Skorpion: Fragile Objektgrenzen

Dieses Konzept betont die Vorstellung, dass keine Entität, sei es ein Objekt oder ein Lebewesen, vollständig von seiner Umgebung isoliert ist. Jede scheinbar feste Grenze ist in Wahrheit durchlässig und letztendlich eine Illusion. Diese Durchlässigkeit unterstreicht die unauflösliche Verbundenheit jedes Einzelnen mit dem größeren Ganzen. Der Mensch, weit entfernt davon, eine isolierte Entität zu sein, ist ein integraler Bestandteil des Universums, sowohl abhängig von ihm als auch beitragend zu seinem Gesamtsinn. Diese gegenseitige Durchdringung verdeutlicht die essenzielle Wahrheit, dass die Individualität in der kollektiven Existenz aufgeht und beide, Mensch und Welt, einander bedingen und bereichern.

Aufgabe: Erkenne und würdige die durchlässigen Grenzen Deines Seins und wie Du durch Dein Umfeld geprägt wirst, aber auch, wie Du dieses Umfeld prägst. Öffne Dich neuen sozialen

Kreisen und Herausforderungen und sei bereit, Deine einzigartigen Fähigkeiten und Talente in verschiedenen Zusammenhängen einzubringen. Akzeptiere Einladungen zur Teilnahme an neuen Gemeinschaften oder Projekten und erkenne den Wert Deines Beitrags in unterschiedlichen Sphären. Durch diese Offenheit förderst Du nicht nur Deine eigene Entwicklung, sondern verstärkst auch die Verbindung zwischen individuellem Dasein und kollektiver Ganzheit. Betrachte es als Deine Aufgabe, durch aktive Teilnahme und Beitrag zur stetigen Transformation und zum Wohl des größeren Systems beizutragen, indem Du Dich neuen Erfahrungen nicht verschließt und Deine Talente großzügig teilst.

***Spiegelpunkt**: 28° Löwe – Sehnsucht nach bewusstem Sein*

2° Skorpion: Zusammenarbeit

Dieser Grad betont die Bedeutung der Synthese innerhalb der Gemeinschaft, die nicht nur das physische Zusammenkommen der Menschen bedeutet, sondern auch eine tiefergehende Verbindung, die aus der Erkenntnis entsteht, dass jeder Mensch untrennbar mit der Welt verflochten ist. Diese Verbindung führt zu einer verstärkten Zusammenarbeit zwischen den Mitgliedern einer Gemeinschaft, wobei das Ziel nicht nur die Erfüllung individueller Bedürfnisse, sondern das Wohl des gesamten Systems ist. Auf einer abstrakten Ebene verdeutlicht dies das Prinzip, dass das Wohl des Einzelnen im Wohl des Ganzen liegt und dass jedes Detail, jede Handlung, jedes Individuum zur Gesamtheit beiträgt. Dieses Prinzip spiegelt die Skorpion-Energie wider, die Transformation durch tiefgehende Verbindungen und die Überwindung des Ego zugunsten eines größeren Ziels anstrebt.

Aufgabe: Betrachte ein Projekt oder eine Herausforderung in Deinem Leben unter dem Gesichtspunkt der Zusammenarbeit. Identifiziere, wie jede Beteiligung – sei es von Dir selbst oder von anderen – zum Gesamterfolg beiträgt. Reflektiere darüber, wie die Anerkennung der tiefen Verflechtung jedes Einzelnen mit dem kollektiven Ziel nicht nur das Projekt voranbringt, sondern auch zu Deiner persönlichen Transformation beiträgt. Erwäge, wie Du durch Deine Handlungen und Interaktionen die Idee der Zusammenarbeit als ein Spiegelbild der Verbindung zwischen dem Individuum und dem Universum fördern kannst. Nutze diese Reflexion, um konkrete Schritte zu unternehmen, die die Kooperation stärken und das gemeinsame Ziel unterstützen, wobei Du Dich auf das Prinzip konzentrierst, dass der Erfolg des Einzelnen im Erfolg der Gemeinschaft liegt.

***Spiegelpunkt**: 27° Löwe - Bewusstseinskaleidoskop*

3° Skorpion: Erwartung des Einheitsgeistes

Dieser Grad spricht von der grundlegenden Bedeutung der Gemeinschaft und der Erwartung, dass nur durch ein Einstimmen auf die kollektive „Melodie“ wahre Einheit erreicht werden kann. Es geht darum, eine Inspiration zu finden, die die Essenz der Gemeinschaft erfasst und darauf aufbauend gemeinsam die Zukunft zu gestalten. Die Fähigkeit, sich auf einen gemeinsamen Geist einzulassen, ermöglicht es, von einem kollektiven Bewusstsein getragen zu werden, das über das individuelle Selbst hinausgeht. In dieser Einheit liegt die Kraft, Veränderungen herbeizuführen und gemeinsame Ziele zu erreichen. Dieser Prozess erfordert ein tiefes Verständnis für das, was alle Mitglieder der Gemeinschaft verbindet, und die Bereitschaft, persönliche Unterschiede zugunsten eines größeren, gemeinsamen Zieles zurückzustellen.

Aufgabe: Widme Dich der Aufgabe, das Verbindende in Deinem sozialen Kontext zu identifizieren und in den Vordergrund zu rücken. Versuche zu erkennen, was die Menschen um Dich herum auf einer tieferen Ebene vereint, und richte Deine Aufmerksamkeit und Energie darauf, diesen gemeinsamen Nenner zu stärken. Engagiere Dich in Dialogen und Aktivitäten, die das Bewusstsein für gemeinsame Werte und Ziele fördern. Indem Du Dich auf das konzentrierst, was Euch vereint, trägst Du zur Schaffung eines starken Einheitsgeistes bei, der die Basis für kollektive Anstrengungen und die gemeinsame Gestaltung der Zukunft bildet. Deine Aufgabe ist es, durch Dein Engagement und Deine Offenheit für das Gemeinsame eine Brücke zwischen individuellen Perspektiven zu bauen und so zur Entstehung eines kraftvollen kollektiven Bewusstseins beizutragen.

***Spiegelpunkt**: 26° Löwe – Licht des Ego*

4° Skorpion: Widerstandskraft

Dieser Grad unterstreicht, wie der kreative Prozess innerhalb einer Gemeinschaft sowohl die kollektive als auch die individuelle Fähigkeit, widrigen Umständen zu trotzen, hervorbringt und stärkt. Es ist die gemeinschaftliche Kraft, die es ermöglicht, Herausforderungen zu begegnen, die ein Einzelner allein nicht überwinden könnte. Die Gemeinschaft fungiert als ein Netzwerk der Unterstützung, in dem Schwächen des Einzelnen durch die Stärken anderer ausgeglichen werden können. Der Grundsatz „Gemeinsam sind wir stark“ spiegelt sich in der Fähigkeit wider, zusammenzuhalten und sich gegenseitig zu stützen, wodurch die gesamte Gemeinschaft widerstandsfähiger gegenüber externen Bedrohungen wird.

Aufgabe: Reflektiere über die Widerstandsfähigkeit in Deinem Leben und in den Gemeinschaften, denen Du angehörst. Erkenne an, wie gegenseitige Unterstützung und Zusammenarbeit die Fähigkeit verbessern, schwierige Zeiten zu überstehen. Identifiziere Bereiche, in denen Du entweder Unterstützung anbieten oder annehmen könntest, um die gemeinsame Widerstandsfähigkeit zu stärken. Setze Dir zum Ziel, aktiv Beiträge zu leisten, die das gemeinschaftliche Netzwerk festigen, sei es durch das Teilen von Ressourcen, Wissen oder emotionaler Unterstützung. Deine Aufgabe ist es, die Idee zu verinnerlichen und zu leben, dass die Stärke der Gemeinschaft in ihrer Fähigkeit liegt, jedes Mitglied in Zeiten der Not zu unterstützen. Engagiere Dich für den Aufbau und die Pflege starker, unterstützender Beziehungen, die die Widerstandsfähigkeit aller Beteiligten fördern.

***Spiegelpunkt**: 25° Löwe – Offenbarung des Selbst*

44. Szene: Mutation

215° - 219° = 5° Skorpion - 9° Skorpion

Der ***Skorpion der Gedankenkraft*** ist der Ort der Kommunion: die soziale Mutation. Mutationen sind Veränderungen im System, die das System sprunghaft an veränderte Bedingungen anpassen sollen. Nicht immer gelingt die Anpassung, dann geht das System entweder zugrunde oder es macht einen erneuten Mutationssprung. Da sich die Bedingungen für jede menschliche Gemeinschaft ständig ändern, ist die Gesellschaft durch eine permanente soziale Mutation gekennzeichnet.

5° Skorpion: Verbindende Kraft

In der Tiefe des Skorpionzeichens, das für Transformation und die Fähigkeit, tiefgehende emotionale Bindungen einzugehen, steht, offenbart sich der Grad der verbindenden Kraft. Diese Kraft ist der Kern der gesellschaftlichen Mutation, eine Quelle des Mutes, die es Individuen und Gemeinschaften ermöglicht, sich neuen Herausforderungen zu stellen. Es ist eine Erinnerung daran, dass die Stärke einer Gemeinschaft in ihrer Einheit liegt, die in Zeiten der Ruhe vielleicht unsichtbar bleibt, in Momenten der Not jedoch unzerstörbar wird. Diese unerschütterliche Verbindung zeigt, dass mit zunehmendem Widerstand auch die kollektive Stärke wächst. Die Fähigkeit, sich in schwierigen Zeiten zusammenzuschließen, transformiert die Gemeinschaft und stärkt ihre Mitglieder, wodurch sie widerstandsfähiger gegenüber zukünftigen Herausforderungen werden.

Aufgabe: Überwinde die Tendenz, allein zu handeln. Erkenne den Wert und die Macht der kollektiven Anstrengung. Engagiere Dich für die Zusammenarbeit, indem Du andere in Deine Vorhaben einbindest und ihnen spezifische Rollen und Aufgaben zuweist. Deine Rolle liegt darin, Initiative zu ergreifen, um die verschiedenen Talente und Kräfte zu einer einheitlichen Anstrengung zu organisieren. Identifiziere Möglichkeiten, wie Du durch Führung und Koordination die Einzelkräfte zu einem starken, kooperativen Netzwerk bündeln kannst, das fähig ist, gemeinsame Ziele zu erreichen. Indem Du den Fokus auf das Verbindende legst und aktiv nach Wegen suchst, die Zusammenarbeit zu fördern, trägst Du zur Stärkung der kollektiven Widerstandsfähigkeit bei. Deine Aufgabe ist es, die verbindende Kraft der Gemeinschaft zu erkennen, zu nutzen und zu verstärken, um so eine Basis für gegenseitige Unterstützung und erfolgreiche gemeinsame Bewältigung zukünftiger Herausforderungen zu schaffen.

***Spiegelpunkt**: 24° Löwe - Unabhängigkeit*

6° Skorpion: Suche nach den Ur-Sachen

Im Zeichen des Skorpions, welches die Tiefe der Transformation und die Ergründung verborgener Wahrheiten symbolisiert, finden wir den Grad der Suche nach den Ur-Sachen. Diese Suche ist der Antrieb hinter jeder Mutation und jedem Fortschritt; es ist ein ständiges Streben nach Verständnis der grundlegenden Ursachen aller Dinge. Diese tiefgehende Forschung dient dem Ziel, einen Zustand der Geborgenheit zu erreichen, der an die Pränatalphase erinnert, in der das Bewusstsein noch ungeteilt und in vollkommener Einheit war. Die Menschheit, aus dieser ursprünglichen Einheit herausgefallen, erlebt eine tiefe Sehnsucht nach Wiederherstellung der verlorenen Geborgenheit, die sich in der ständigen Flucht nach vorn manifestiert. Jeder Schritt des Fortschritts ist somit ein Schritt näher an das Verständnis unserer eigenen Motivationen und der tiefen Ursachen unseres Seins, wodurch Vergangenheit und Zukunft in der Gegenwart zu einem kreativen Ergebnis verschmelzen.

Aufgabe: Widme Dich der Erforschung der tieferen Ursachen hinter Deinen Handlungen, Gefühlen und den Ereignissen in Deinem Leben. Versuche zu verstehen, wie vergangene Erfahrungen Deine gegenwärtigen Entscheidungen beeinflussen und wie diese Erkenntnisse Deine Zukunft formen können. Sieh diese Suche nicht als eine Flucht, sondern als eine mutige Konfrontation mit dem, was ist, um eine Brücke zwischen Deinem inneren Selbst und den äußeren Umständen zu bauen. Nutze Reflexion, Meditation oder kreative Ausdrucksformen als Werkzeuge, um Deine tiefsten Motivationen und Wünsche zu erkunden. Indem Du die Ursachen Deiner Handlungen und Deines Seins verstehst, kannst Du bewusstere Entscheidungen treffen und so aktiv an der Gestaltung einer Zukunft mitwirken, die die Pole der Zeit in einem harmonischen und kreativen Ergebnis vereint. Deine Aufgabe ist es, durch diese tiefgreifende innere Arbeit einen Zustand der Geborgenheit und Verbundenheit in Deinem Leben zu fördern und gleichzeitig zur kollektiven Transformation beizutragen.

***Spiegelpunkt**: 23° Löwe – Ego-Yoga-Spiel*

7° Skorpion: Kollektive Emotionen

Im Kontext des Skorpionzeichens, das für seine Fähigkeit zur tiefen emotionalen Verbindung und Transformation steht, befindet sich der Grad der kollektiven Emotionen. Diese repräsentieren die Synthese gesellschaftlicher Mutationen und fungieren als kraftvolle Triebfeder für gemeinschaftliche Veränderungen. Kollektive Emotionen – die gemeinsam geteilten Gefühle, die eine Gruppe oder Gemeinschaft bewegen – sind eine dynamische Kraft, die nicht nur vereint, sondern auch die Richtung des Fortschritts bestimmt. Sie entstehen in Momenten, in denen die Gemeinschaft durch eine äußere Bedrohung oder eine innere Erkenntnis mobilisiert wird, und rufen die verbindende Kraft der Gemeinschaft hervor. Diese emotionalen Strömungen bewegen Individuen dazu, gemeinsam zu handeln, und legen damit den Grundstein für tiefgreifende gesellschaftliche Wandlungen.

Aufgabe: Reflektiere über die Rolle, die kollektive Emotionen in Deinem Leben und in den Gruppen, denen Du angehörst, spielen. Erkenne an, wie gemeinsame Gefühle zu gemeinsamen Aktionen führen und wie Du Dich aktiv in diesen Prozess einbringen kannst. Identifiziere ein aktuelles Thema oder eine Herausforderung, die starke Emotionen in Deiner Gemeinschaft oder Gruppe hervorruft. Überlege, wie Du diese Emotionen kanalisieren und in positive Aktion umwandeln kannst, um Veränderung und Fortschritt zu fördern. Deine Aufgabe besteht darin, die verbindende Kraft kollektiver Emotionen zu nutzen, um gemeinsame Ziele zu erreichen und zur Entwicklung der Gemeinschaft beizutragen. Engagiere Dich dafür, den emotionalen Zusammenhalt zu stärken und als Katalysator für positive Veränderungen innerhalb Deiner

Gemeinschaft zu wirken, indem Du die Kraft der Emotionen als Triebfeder für gemeinschaftliches Handeln erkennst und förderst.

***Spiegelpunkt**: 22° Löwe - Lebensspiel*

8° Skorpion: Wille zur Erneuerung

Innerhalb des Skorpionzeichens, das mit tiefgreifender Transformation und der Fähigkeit, sich ständig neu zu erfinden, assoziiert wird, steht der Grad des Willens zur Erneuerung. Dieser Wille fungiert als treibende Kraft in der gesellschaftlichen Mutation, ein dynamisches Streben nach Veränderung und Fortschritt. Wie das rhythmische Pulsieren des Lebens selbst wird der Wille zur Erneuerung zur Schaukelbewegung, die darauf abzielt, das Gesamtsystem aus seinem derzeitigen Zustand heraus und in ein neues Gleichgewicht hinein zu bewegen. Es ist diese Energie, die Emotionen aufwallen lässt und den Impuls gibt, bestehende Verhältnisse zu hinterfragen und letztendlich zu transformieren.

Aufgabe: Sieh jede Herausforderung als Gelegenheit, den Mut für einen neuen Anlauf zu sammeln, auch wenn es scheint, als würden Deine Ziele außer Reichweite bleiben. Verstehe, dass nicht alle Ziele auf direktem Weg erreichbar sind; manchmal bedarf es eines rhythmischen Anschwungnehmens, eines beharrlichen Schwung-Holens, um über die Hürden des Lebens zu gelangen. Ermutige Dich selbst, in diesen Prozess der Erneuerung nicht nur physische, sondern auch emotionale und spirituelle Energie zu investieren. Deine Aufgabe ist es, Dich von temporären Rückschlägen nicht entmutigen zu lassen, sondern diese als Ansporn zu nehmen, um mit noch größerer Entschlossenheit voranzuschreiten. Nutze den Wunsch nach Erneuerung als Deine

Motivation, immer wieder neue Anläufe zu wagen, indem Du Dich auf das schwingende Bewegen zwischen Versuch und Irrtum einlässt, um letztlich das angestrebte neue Gleichgewicht zu erreichen.

***Spiegelpunkt**: 21° Löwe – Alt-Adel*

9° Skorpion: Verbunden durch kollektive Erfahrung

Im Zeichen des Skorpions, bekannt für seine Assoziation mit Transformation und tiefgreifendem, gemeinschaftlichem Wandel, steht der Grad der Verbundenheit durch kollektive Erfahrung. Dieser Grad unterstreicht, wie gemeinsam durchlebte Ereignisse – seien es Krisen, Erfolge oder Wandlungsprozesse – die Basis für eine tiefere Verbundenheit innerhalb einer Gemeinschaft bilden. Solche kollektiven Erfahrungen schaffen ein starkes, unsichtbares Band, das Individuen nicht nur in ihrer gegenwärtigen Existenz verbindet, sondern auch als gemeinsames Fundament für die Zukunft dient. Auch wenn der Weg durch kollektive Desillusionierung geprägt sein mag, führt die gemeinsame Auseinandersetzung mit Herausforderungen zur Entwicklung kollektiver Weisheit. Diese Weisheit wiederum stärkt die Resilienz der Gemeinschaft und befähigt sie, sich an neue Gegebenheiten anzupassen und aus ihnen zu lernen.

Aufgabe: Reflektiere über die kollektiven Erfahrungen in Deinem Leben und in den Gruppen, zu denen Du gehörst. Erkenne, wie diese gemeinsamen Erlebnisse die Beziehungen innerhalb dieser Gemeinschaften geformt haben. Überlege, welche Lektionen ihr als Kollektiv gelernt habt und wie diese Erkenntnisse euch auf zukünftige Herausforderungen vorbereiten können. Identifiziere Wege, wie Du aktiv zur Stärkung dieses gemeinsamen Bandes beitragen kannst, sei es durch das Teilen von Geschichten, das Organisieren von gemeinsamen Reflexionsrunden oder das Initiieren von Projekten, die auf euren kollektiven Erfahrungen aufbauen. Deine Aufgabe ist es, die Bedeutung kollektiver Erfahrungen zu würdigen und zu nutzen, um eine tiefere Verbundenheit und eine resilientere Gemeinschaft zu fördern. Ermutige andere, ihre Geschichten und Perspektiven zu teilen, um so das gemeinsame Verständnis und die kollektive Weisheit weiter zu vertiefen.

***Spiegelpunkt**: 20° Löwe – Neu-Adel*

45. Szene: soziale Struktur

220° - 224° = 10° Skorpion - 14° Skorpion

Der ***Schütze der Gedankenkraft*** ist die soziale Struktur. Hier zeigt sich die Synthese und der Keim der Gemeinschaft. Hier verbindet sich die Gemeinschaft mit dem ständigen sozialen Wandel. Die soziale Struktur ist also nichts Statisches, sondern etwas Überzeitliches. So wie eine Rosenblüte nicht die ganze Rose ausmacht, sondern erst der gesamte zeitliche Zyklus vom Samen über den Keim, die Knospe, die Blüte und wieder den Samen die Ganzheit der Pflanze ausmacht, so ist auch die Sozialstruktur nicht eine Momentaufnahme der Gesellschaft, sondern der gesamte Entwicklungsprozess des sich ständig verändernden sozialen Organismus. Die Sozialstruktur ist also ein räumliches und zeitliches Gefüge, in das der Mensch eingebettet ist.

10° Skorpion: Krisenüberbrückung

Die Fähigkeit, Krisen zu überbrücken erfordert eine tiefe Einsicht in die sozialen Strukturen und deren Bedeutung für das Überleben und Wohl einer Gemeinschaft. Dieses Prinzip erinnert daran, wie in der Natur der Winter eine Zeit der Prüfung darstellt, in der Ressourcen knapp werden. Analog dazu begegnen Menschen diesen Herausforderungen durch die Schaffung von Systemen der Arbeitsteilung und Vorratswirtschaft, welche die Lasten auf mehrere Schultern verteilen und so ein Überdauern ermöglichen. Es ist ein Zeugnis menschlicher Anpassungsfähigkeit und Kreativität, wie durch kooperative Anstrengungen und gegenseitige Unterstützung selbst die härtesten Zeiten überstanden werden können. Diese Fähigkeit zur Krisenbewältigung spiegelt sich nicht nur in materiellen, sondern auch in psychologischen und sozialen Aspekten wider. Sie zeigt, wie wichtig es ist, aufeinander angewiesen zu sein und gemeinsam Lösungen zu finden, die dem Einzelnen allein vielleicht nicht möglich wären.

Aufgabe: Deine persönliche Entwicklungsaufgabe liegt darin, die Bedeutung von Gemeinschaft und gegenseitiger Unterstützung zu erkennen und zu schätzen. Lerne, Dich auf andere zu verlassen und Dich dabei gleichzeitig auf Deine eigenen Stärken zu konzentrieren. Im Alltag bedeutet das, Vertrauen in die Arbeitsteilung zu setzen und zu verstehen, dass jede Person eine wichtige Rolle spielt. Indem Du anderen ihre Aufgaben überlässt, ermöglichst Du nicht nur ein effizienteres Erreichen gemeinsamer Ziele, sondern förderst auch ein Umfeld des Vertrauens und der Kooperation. Es geht darum, gemeinsam Brücken über Krisen zu bauen, wodurch nicht nur individuelle, sondern auch kollektive Stärke und Resilienz gestärkt werden.

***Spiegelpunkt**: 19° Löwe - Wertschätzung*

11° Skorpion: allgemeine Kulturebene

Die allgemeine Kulturebene meint die Bedeutung des kollektiven Wissens und Verständnisses einer Gemeinschaft und dessen Einfluss auf die Bewältigung von Krisensituationen. Sie verdeutlicht, wie das durchschnittliche kulturelle und wissenschaftliche Niveau das Fundament für die kollektive Reaktion in Zeiten der Not bildet. Je höher das kulturelle Niveau, desto sensibler und schneller kann eine Gemeinschaft auf Herausforderungen reagieren und umso effektiver können Krisen gemeinsam bewältigt werden. Dieses Prinzip unterstreicht die Wichtigkeit der Bildung und des kulturellen Austauschs als Mittel zur Stärkung des sozialen Gefüges. In einer Welt, die ständig vor neuen Herausforderungen steht, wird die Fähigkeit, als Kollektiv zu lernen und sich anzupassen, zum Schlüssel für die Zukunftsfähigkeit.

Aufgabe: Deine persönliche Entwicklungsaufgabe ist es, das Bewusstsein für die Bedeutung von Bildung und kulturellem Austausch zu schärfen. Beteilige Dich aktiv am kulturellen Leben Deiner Gemeinschaft und suche nach Wegen, Dein eigenes Wissen zu erweitern und mit anderen zu teilen. Im Alltag könnte dies bedeuten, an Bildungsprogrammen teilzunehmen, Vorträge zu besuchen oder Dich in Diskussionsforen einzubringen. Es geht darum, nicht nur Dein persönliches Niveau zu heben, sondern auch zum kollektiven Wissensschatz beizutragen und so die Resilienz Deiner Gemeinschaft gegenüber künftigen Krisen zu stärken. Erkenne, dass jede Erweiterung des Horizonts ein Baustein für ein stärkeres, weitsichtigeres Kollektiv ist.

***Spiegelpunkt**: 18° Löwe - Lebensausdruck*

12° Skorpion: öffentliche Forschung

In diesem Grad des Skorpions, der Synthese und Synergie des Schützen der Gedankenkraft, offenbart sich die Rolle der öffentlichen Forschung als zentrale Säule der sozialen Struktur, die das kulturelle Niveau mit der Krisenüberbrückung verbindet. Diese Verbindung ermöglicht es der Gemeinschaft, zukünftigen Krisen mit Weitsicht und Effizienz zu begegnen. Indem einige Mitglieder für Forschungstätigkeiten abgestellt werden, die von der Gemeinschaft unterstützt werden, entsteht eine Elite von Wissenschaftlern, die an Lösungen für noch unbekannte Probleme arbeiten. Diese Forscher agieren an der vordersten Front des wissenschaftlichen Fortschritts und tragen die Hoffnung vieler in sich. Ihre Arbeit ist ein Ausdruck des kollektiven Strebens nach Sicherheit, Fortschritt und Wohlstand und symbolisiert die Bedeutung von Innovation und gemeinschaftlicher Unterstützung.

Aufgabe: Deine persönliche Entwicklungsaufgabe besteht darin, die Bedeutung der öffentlichen Forschung und des kollektiven Engagements für das Wohl der Gemeinschaft zu erkennen und zu wertschätzen. Engagiere Dich im Alltag dafür, Forschungsinitiativen zu unterstützen, sei es durch direkte Beteiligung, finanzielle Beiträge oder die Förderung des Bewusstseins für ihre Bedeutung. Erkenne, wie wichtig es ist, in die Zukunft zu investieren, indem Du Ressourcen für die Lösung von Problemen bereitstellst, die uns alle betreffen könnten. Dies kann auch bedeuten, sich für Bildung und Wissenschaft einzusetzen, um eine fundierte und aufgeklärte Gesellschaft zu fördern, die in der Lage ist, den Herausforderungen von morgen zu begegnen.

***Spiegelpunkt**: 17° Löwe – Ich-Alchemie*

13° Skorpion: Alle für Einen

Hier wird der Fokus auf den menschlichen Wert „Alle für Einen“ gelegt, der den Kern sozialer Strukturen und den humanistischen Sinn des Zusammenhalts betont. Es geht darum, die Aufmerksamkeit gezielt auf Individuen innerhalb der Gemeinschaft zu lenken, die in Krisenzeiten Unterstützung benötigen. Dieser Ansatz verdeutlicht, dass die wahre Stärke einer Gemeinschaft nicht in der bloßen Funktionalität liegt, sondern im Wohlergehen jedes Einzelnen. Durch die Bereitschaft, individuelle Bedürfnisse und Lebenskrisen als Wegweiser für notwendige Veränderungen innerhalb der Gesellschaft zu nutzen, gewinnt die Gemeinschaft an Flexibilität und Anpassungsfähigkeit. Diese Philosophie fördert eine Gesellschaft, die weit entfernt von einer Ansammlung „blinder Roboter" ist und stattdessen auf Menschlichkeit, Empathie und gegenseitige Unterstützung setzt.

Aufgabe: Es ist wichtig, den Wert jedes Einzelnen innerhalb einer Gemeinschaft anzuerkennen und zu unterstützen. Deine Aufgabe besteht darin, in Deinem Alltag bewusst auf diejenigen zu achten, die Hilfe benötigen, und Dich für deren Wohlergehen einzusetzen. Dies kann durch kleine Gesten der Freundlichkeit, das Anbieten Deiner Zeit oder Fähigkeiten oder durch das Eintreten für diejenigen, die keine Stimme haben, geschehen. Gleichzeitig ist es eine Aufforderung, den Gemeinschaftssinn zu stärken, indem Du das Prinzip „Alle für Einen" lebst. Auf diese Weise trägst Du zu einer kulturellen Evolution bei, in der Empathie und Unterstützung die Grundpfeiler bilden.

***Spiegelpunkt**: 16° Löwe – Kollektives Sein*

14° Skorpion: Kollektive Seele

Die kollektive Seele symbolisiert das Ergebnis einer sozialen Struktur, in der die Gemeinschaft als ein einziges Wesen agiert. Diese Einheit entsteht durch eine gemeinsame Entwicklungsgeschichte und Kultur, die es den Mitgliedern ermöglicht, über individuelle Unterschiede hinweg zu einer konsensuellen Entscheidungsfindung zu gelangen. Obwohl nicht alle Entscheidungen von jedem Einzelnen unterstützt werden, ähnelt die

Dynamik der einer Vogelschar, die sich durch eine ungeschriebene Übereinkunft in eine Richtung bewegt. Diese Bewegung reflektiert die Kompromissbereitschaft und den gemeinschaftlichen Geist, die für das Funktionieren der kollektiven Seele essentiell sind. Die Balance zwischen der Aufgabe individueller Bedürfnisse zugunsten des Gemeinwohls und der Bewahrung der persönlichen Integrität stellt eine herausfordernde, aber grundlegende Anforderung an jedes Gemeinschaftsmitglied dar.

Aufgabe: Deine Aufgabe ist es, zu reflektieren, wie weit Du bereit bist, Dich für das Wohl der Gemeinschaft einzusetzen, ohne Dich dabei selbst zu verlieren. Dies erfordert eine bewusste Auseinandersetzung mit den Werten und Zielen der Gruppe, der Du angehörst, sowie mit Deinen persönlichen Grenzen. Im Alltag bedeutet dies, ein Gleichgewicht zwischen individuellen Interessen und dem Gemeinschaftswohl zu finden, ohne dabei Deine eigene Identität zu kompromittieren. Engagiere Dich in der Gemeinschaft, bringe Dich ein, aber bleibe Dir und Deinen Werten treu.

***Spiegelpunkt**: 15° Löwe – Freude des Seins*

46. Szene: Das heilige Band

225° - 229° = 15° Skorpion - 19° Skorpion

Der ***Steinbock der Gedankenkraft*** ist das heilige Band der Verbundenheit mit einer Gemeinschaft oder einer Sache, vielleicht sogar einer Idee. Er zeigt uns die Idee und den Impuls der Verbindung. Das heilige Band wird bereits durch den Ort der Geburt und die familiäre Herkunft geknüpft. Es wird vererbt. Es bestimmt die Zugehörigkeit zu einer Zunft, einer Religion oder einer Ethnie, vielleicht auch zu einem Familienskript und einer bestimmten sozialen Schicht. Sie bestimmt die Wünsche nach Zugehörigkeit und die Ziele, zu welchem Kreis von Menschen man gehören möchte.

15° Skorpion: soziale Anziehung

Die Idee des heiligen Bandes spricht von den tiefen, oft unbewussten Verbindungen, die Menschen innerhalb ihrer Gemeinschaften formen. Diese Verbindungen basieren auf gemeinsamen moralischen, ethnischen und kulturellen Grundlagen, die eine mühelose Verständigung und Sympathie ermöglichen. Solch eine Anziehungskraft sorgt für eine natürliche Hierarchie und Gruppierung von Menschen, die auf ähnlichen Werten und Überzeugungen beruht, ähnlich den gesetzlich geregelten Kastensystemen, wie sie in Indien historisch existierten. Diese soziale Dynamik, die sich „automatisch" einstellt, spiegelt ein fundamentales menschliches Bedürfnis wider: die Suche nach Zugehörigkeit und Verbindung auf der Grundlage von Ähnlichkeiten, die das Fundament für Unterstützung und gemeinschaftliches Wachstum bilden.

Aufgabe: Erkenne die Bedeutung und Kraft sozialer Anziehung in Deinem Leben und nutze diese Erkenntnis, um bewusst Beziehungen zu pflegen, die auf gemeinsamen Werten und Überzeugungen basieren. Achte darauf, wie diese Dynamiken die Struktur Deiner sozialen Kreise beeinflussen und wie sie zu Deinem Gefühl der Zugehörigkeit beitragen. Es geht darum, ein Gleichgewicht zu finden zwischen der natürlichen Tendenz, sich mit ähnlichen Menschen zu umgeben, und der Offenheit, von der Vielfalt anderer Kulturen und Perspektiven zu lernen. Diese Balance zu finden, fördert nicht nur persönliches Wachstum, sondern stärkt auch das soziale Gefüge und die kulturelle Vielfalt innerhalb Deiner Gemeinschaft.

***Spiegelpunkt**: 14° Löwe - Darstellung*

16° Skorpion: Aufstieg in der sozialen Hierarchie

Hier wird der Aufstieg in der sozialen Hierarchie als ein entscheidender Aspekt der sozialen Strukturen und des heiligen Bandes, das eine Gemeinschaft zusammenhält, hervorgehoben. Dieser Grad betont die Notwendigkeit, Individuen innerhalb einer Gemeinschaft Entwicklungsmöglichkeiten und Aufstiegschancen zu bieten, um sie langfristig an sich zu binden und deren Engagement und Loyalität zu sichern. Die Möglichkeit des sozialen Aufstiegs wirkt motivierend und trägt zur Evolution der Gesellschaft bei, indem sie sicherstellt, dass Talente und Fähigkeiten dort eingesetzt werden, wo sie den größten Nutzen für das Gemeinwohl erbringen. Gleichzeitig wird die Bedeutung von hierarchischen Strukturen anerkannt, die, wenn sie sinnvoll und gerecht gestaltet sind, zur Effizienz und Stabilität der Gemeinschaft beitragen können.

Aufgabe: Reflektiere über Deine Rolle innerhalb der hierarchischen Strukturen, in denen Du Dich bewegst, und erkenne die Bedeutung von sozialem Aufstieg sowohl für das Individuum als auch für die Gemeinschaft. Setze Dich dafür ein, dass diese Strukturen gerecht und transparent sind, um allen Mitgliedern der Gemeinschaft faire Aufstiegschancen zu bieten. Gleichzeitig solltest Du sensibel dafür sein, wann starre Hierarchien der sozialen Gerechtigkeit im Weg stehen und wo Flexibilität und Anpassungsfähigkeit gefordert sind, um den Bedürfnissen des Einzelnen gerecht zu werden und die Gemeinschaft als Ganzes zu stärken.

***Spiegelpunkt**: 13° Löwe – Im Fluss sein*

17° Skorpion: Innerer Kreis

Dieser Grad beleuchtet den inneren Kreis einer Gemeinschaft als Synthese des heiligen Bandes, die die soziale Anziehung mit der Möglichkeit eines Aufstiegs in der sozialen Hierarchie vereint. Diese Position, die je nach Individuum in verschiedenen Sphären wie Politik, Wissenschaft, Wirtschaft, Sport, Kunst oder Religion angesiedelt sein kann, repräsentiert eine Elite, der anzugehören viele anstreben. Der Wunsch, Teil dieses inneren Kreises zu werden, zeigt nicht nur das menschliche Bedürfnis nach Anerkennung und Einfluss, sondern auch den Wunsch, aktiv an der Gestaltung und Steuerung der Gemeinschaft teilzuhaben. Dieses Streben nach Zugehörigkeit zu einer Gruppe von Einflussreichen wirft wichtige Fragen hinsichtlich der eigenen Werte, Ziele und des Beitrags zur Gemeinschaft auf.

Aufgabe: Du befindest Dich in einer Position, die nicht nur ein tiefes Verständnis für die Mechanismen Deiner Gemeinschaft erfordert, sondern auch ein hohes Maß an Verantwortung für Deine Handlungen mit sich bringt. Auch wenn Du Dir dessen nicht immer bewusst bist, beeinflussen Deine Entscheidungen und Aktionen das gesamte System. Es ist wichtig, sich dieser Rolle bewusst zu sein und die Auswirkungen Deiner Entscheidungen sorgfältig zu bedenken. Deine Ziele und Handlungen sind integraler Bestandteil des kollektiven Wohlergehens. Strebe danach, Deine Führungskompetenz ethisch und zum Wohl aller einzusetzen, indem Du Deine persönlichen Ambitionen mit den Bedürfnissen und Zielen der Gemeinschaft in Einklang bringst.

***Spiegelpunkt**: 12° Löwe – Reifes Spiel*

18° Skorpion: Rituale

Die Rituale sind das Herzstück und die eigentliche Methode des heiligen Bandes und dienen als Schlüsselmechanismen zur Stärkung der sozialen Hierarchie und des Zugehörigkeitsgefühls innerhalb einer Gemeinschaft. Sie manifestieren das jeweilige Paradigma und verdichten die Bindungen zwischen den Menschen und ihrer Gruppe. Durch die zyklische Wiederholung von Ritualen wird das Band der Zugehörigkeit nicht nur bewahrt, sondern auch verstärkt, sodass das Gefühl der Einheit und Identität innerhalb der Gruppe lebendig und wirkungsvoll bleibt. Rituale fungieren somit als lebenswichtige Festigungsmechanismen, die ohne regelmäßige Erneuerung zu einem Verblassen der gemeinschaftlichen Bindungen führen würden.

Aufgabe: Nimm aktiv an den Ritualen Deiner Gemeinschaft teil, erkenne deren Bedeutung und trage dazu bei, sie zu bewahren und weiterzuentwickeln. Diese Rituale können sowohl formelle Zeremonien als auch alltägliche Handlungen sein, die das Zusammengehörigkeitsgefühl stärken. Deine Aufgabe ist es, die Verbindung zu Deiner Gemeinschaft durch die bewusste Teilnahme und Wertschätzung dieser Rituale zu vertiefen. Gleichzeitig solltest Du darauf achten, dass diese Rituale das Wohl des Einzelnen und der Gemeinschaft fördern und nicht zur Ausgrenzung oder Unterdrückung anderer führen. Sei offen dafür, Traditionen zu hinterfragen und anzupassen, um sie inklusiv und relevant für die heutige Zeit zu gestalten.

***Spiegelpunkt**: 11° Löwe – Soziale Ordnung*

19° Skorpion: Erkennen des Zusammenhangs

Hier offenbart sich das tiefe Verständnis der Zusammenhänge innerhalb einer Gemeinschaft als das Ergebnis des heiligen Bandes. Mitglieder, die es bis zum inneren Kreis ihrer jeweiligen Gruppe geschafft haben, gewinnen Einblicke in die komplexen Beziehungen und Entscheidungsfindungen, die außerhalb ihrer Reichweite lagen. Dieses Verständnis ist nicht auf religiöse Gemeinschaften beschränkt; es erstreckt sich auch auf weltliche, wo der umfassende Überblick über das Wirken der Gruppe und die Gründe hinter den Entscheidungen der Elite klar wird. Oft wird erst nach dem Erreichen einer solchen Position deutlich, warum bestimmte Versprechen nicht eingehalten werden können oder warum bestimmte Lösungen erst jetzt erkennbar werden.

Aufgabe: Ihre Aufgabe ist es, das erlangte Wissen und Verständnis der Zusammenhänge verantwortungsvoll zu nutzen. Es geht darum, diese Einblicke in einer Weise einzusetzen, die nicht nur zum persönlichen Vorteil, sondern zum Wohl der Gemeinschaft beiträgt. Bewerten Sie kritisch, wie Ihre Handlungen und Entscheidungen das größere Bild beeinflussen, und streben Sie danach, ein Bewusstsein für die weitreichenden Konsequenzen Ihres Handelns zu entwickeln. Seien Sie ein aktiver Teilnehmer am kollektiven Wachstum und nutzen Sie Ihre Position, um positive Veränderungen anzustoßen und die Gemeinschaft auf einen Weg des gemeinsamen Verständnisses und der gegenseitigen Unterstützung zu führen.

Spiegelpunkt*: 10° Löwe – Spontane Aktivität*

47. Szene: Erhellung

230° - 234° = 20° Skorpion - 24° Skorpion

Der ***Wassermann der Gedankenkraft*** ist die Erleuchtung. Dies ist der Ort und die Grundlage der Verbindung. Hier wird das heilige Band geknüpft. Die Zusammenhänge der Gemeinschaft, der man angehört, werden nun offenbar. Man erfährt die Ursachen von Ereignissen und Entscheidungen und kann sich so selbst ein Bild von der Richtigkeit der Dinge machen. Mit diesem Wissen um die Zusammenhänge erhält man auch die Freiheit und die Verantwortung, diese Entscheidungen mitzutragen oder etwas dagegen zu unternehmen.

20° Skorpion: Freiheit der Entscheidung

In der Tiefe des Skorpions entfaltet sich die Idee der Erhellung durch die Freiheit der Entscheidung. Diese Freiheit wurzelt in der Erkenntnis der Zusammenhänge. Wer die Verbindungen zwischen Handlungen und ihren Folgen versteht, erhält die Macht zu wählen – nicht nur blindlings Anweisungen zu folgen, sondern bewusst Wege zu beschreiten oder zu vermeiden, mit voller Kenntnis ihrer Konsequenzen. Diese Stufe der Freiheit ist nicht bloß eine Frage der Auswahlmöglichkeiten; es ist die tiefere Freiheit, die sich aus dem bewussten Akzeptieren der Verantwortung für die eigenen Entscheidungen ergibt.

Aufgabe: Persönlich lädt Dich dieser Grad ein, Deine Entscheidungsfindung zu reflektieren. Bist Du Dir der tieferen Zusammenhänge Deiner Entscheidungen bewusst? Im Alltag geht es darum, diese Erkenntnisse aktiv anzuwenden. Bevor Du eine Entscheidung triffst, nimm Dir einen Moment, um über die möglichen Folgen nachzudenken – nicht nur für Dich, sondern auch für die Menschen um Dich herum und sogar in größerem Maßstab. Diese Praxis kann helfen, Deine Entscheidungen sorgfältiger und mit größerer Weitsicht zu treffen, was zu einer tieferen Zufriedenheit und Harmonie im Leben führen kann.

***Spiegelpunkt**: 9° Löwe – Belichtung der Traumfragmente*

21° Skorpion: Akzeptanz der Tradition

Hier begegnen wir der tiefgründigen Akzeptanz der Tradition, die als festes Flussbett der Geschichte und Kultur verstanden wird. Wie ein mächtiger Strom, der sich über Jahrhunderte sein Bett gegraben hat, vermag auch die Tradition nicht, auf einfache Überredung hin, ihren Lauf zu ändern. Hier offenbart sich eine Spannung zwischen der individuellen Freiheit der Entscheidung und der kollektiven Weisheit der Vergangenheit. Die Herausforderung besteht darin, persönliche Freiheit in den Dienst eines größeren Ganzen zu stellen, ohne sich dabei zu verlieren. Es geht darum, die Werte und Lehren der Tradition zu erkennen, zu würdigen und sinnvoll in die eigene Lebensgestaltung einzubinden. Diese Anerkennung der Tradition bedeutet nicht die Aufgabe persönlicher Freiheit, sondern die bewusste Entscheidung, Teil eines größeren historischen und kulturellen Kontinuums zu sein.

Aufgabe: Persönlich wirst Du aufgefordert, Dein Verhältnis zu Traditionen zu reflektieren. Wie kannst Du das Erbe Deiner Vorfahren ehren und gleichzeitig Deinen eigenen Weg gehen? Im Alltag sollst Du Situationen finden, in denen Du traditionelle Werte sinnvoll in moderne Kontexte einbettest. Es geht darum, Brücken zwischen Vergangenheit und Gegenwart zu bauen und so zu einem tieferen Verständnis und Respekt für das zu gelangen, was war, und dem, was ist. Dadurch kannst Du eine Grundlage schaffen, auf der Neues wachsen kann, ohne das Bewährte zu vergessen.

***Spiegelpunkt**: 8° Löwe - Alphazustand*

22° Skorpion: Magie

Auf diesem Grad, der die Synergie im Wassermann der Gedankenkraft symbolisiert, offenbart sich die magische Synthese aus ‚Freiheit der Entscheidung' und ‚Akzeptanz der Tradition' in Gestalt des Magiers. Diese Position symbolisiert die Erkenntnis, dass die Auswirkungen einer Entscheidung nicht in Stein gemeißelt sind, sondern vielmehr flexibel und formbar durch die kreative Einbindung in traditionelle Strukturen. Der Magier steht für jene, die verstehen, dass Tradition nicht starr sein muss, sondern durch bewusste und innovative Entscheidungen neu belebt werden kann. Es ist die Fähigkeit, innerhalb des scheinbaren Gefängnisses der Tradition neue Pfade zu erkunden und diese sinnvoll zu nutzen, um Veränderung und Erneuerung herbeizuführen. Dabei wird klar, dass die wahre Magie in der geschickten Verknüpfung von Altem und Neuem liegt, in der Fähigkeit, Traditionen nicht nur zu bewahren, sondern sie lebendig und relevant für die Gegenwart zu machen.

Aufgabe: Persönlich fordert Dich dieser Grad auf, Deine kreativen Fähigkeiten zu nutzen, um traditionelle Grenzen zu erweitern. Wie kannst Du alte Weisheiten in neue Kontexte einbringen? Im Alltag besteht Deine Aufgabe darin, Traditionen zu hinterfragen und gleichzeitig zu respektieren. Finde Wege, wie Du durch kreative Anpassungen und Interpretationen Traditionen auffrischen und für Deine persönliche Entwicklung sowie die der Gemeinschaft bereichernd gestalten kannst. Nutze Deine Einblicke und Deine Kreativität, um Traditionen nicht als Einschränkungen, sondern als Basis für Innovation und Wachstum zu sehen.

***Spiegelpunkt**: 7° Löwe – Innovative Interpretation*

23° Skorpion: Trivialisierung der Erleuchtung

Auf 23° Skorpion erfahren wir die Trivialisierung der Erleuchtung als Weg, spirituelle Einsichten greifbar und im Alltag lebendig zu machen. Diese Stufe der Erkenntnis unterstreicht die Bedeutung, Erleuchtungserfahrungen so zu transformieren, dass sie in die „Niederungen der Welt" herabgestiegen und dort anwendbar werden. Die Trivialisierung ist dabei kein Prozess der Entwertung, sondern vielmehr eine kraftvolle Überführung von hochfliegenden Idealen in praktische, alltagstaugliche Handlungen und Entscheidungen. Es geht darum, die oft abstrakten Konzepte spiritueller Erkenntnisse so zu gestalten, dass sie in der alltäglichen Realität eine wirkliche Veränderung bewirken können.

Aufgabe: Persönlich ermutigt Dich dieser Grad, spirituelle oder tiefgründige Einsichten in Deinem Alltag zu verankern. Überlege, wie Du Deine spirituellen Überzeugungen in alltägliche Entscheidungen einfließen lassen kannst, sodass sie Deine Handlungen und Interaktionen leiten. Im Alltag besteht Deine Aufgabe darin, praktische Wege zu finden, um Deine höheren Erkenntnisse zum Wohle Deiner Umwelt und Gemeinschaft einzusetzen. Dies könnte durch achtsame Kommunikation, durch das Teilen Deiner Einsichten in einer zugänglichen Weise oder durch einfache Handlungen der Güte und Unterstützung geschehen. Es geht darum, die spirituelle Erleuchtung nicht als entferntes Ideal zu betrachten, sondern als lebendigen Teil Deiner täglichen Erfahrung zu integrieren.

Spiegelpunkt: *6° Löwe – Unveränderliche Urnatur*

24° Skorpion: Der Durchblick

Der Durchblick symbolisiert einen bedeutenden Moment der Klarheit und des Verständnisses im alltäglichen Leben. Es geht um das tiefe Verstehen der Strukturen und Systeme, in die wir eingebettet sind. Dieses Bewusstsein ermöglicht eine neue Ebene der Einsicht in unsere Lebensumstände, Beziehungen und die Rollen, die wir spielen. Es eröffnet die Möglichkeit, unser Handeln bewusst und in Einklang mit dem größeren Ganzen zu gestalten. Der Durchblick ist weniger eine plötzliche Offenbarung als vielmehr das Ergebnis eines stetigen Prozesses des Fragens, Lernens und Reflektierens. Es ist die Fähigkeit, die Verbindungen zu sehen, die unsichtbar bleiben, bis wir lernen, tiefer zu blicken.

Aufgabe: Auf einer persönlichen Ebene lädt dieser Grad dazu ein, über die Strukturen nachzudenken, die Dein Leben prägen. Wie kannst Du Dein Verständnis für die komplexen Netzwerke, in denen Du agierst, vertiefen? Im Alltag bedeutet dies, bewusster Entscheidungen zu treffen, die nicht nur für Dich selbst, sondern auch für die Gemeinschaft und Umwelt um Dich herum von Vorteil sind. Versuche, in Deinen täglichen Interaktionen über den

Tellerrand hinaus zu schauen und die tieferen Zusammenhänge zu erkennen. Durch dieses verfeinerte Bewusstsein kannst Du zu einem konstruktiveren Mitglied Deiner Gemeinschaft werden und einen positiveren Einfluss auf die Welt um Dich herum ausüben.

***Spiegelpunkt**: 5° Löwe – Spannung aktueller Werte*

48. Szene: Bewusste Bindung

235° - 239° = 25° Skorpion - 29° Skorpion

Der ***Fische-Bereich der Gedankenkraft*** ist die bewusste Verbindung. Das ist die Synthese der heiligen Verbindung mit der Erleuchtung. Erst jetzt ist die bewusste Verbindung möglich. Bisher waren die Identifikationen des Bewusstseins reaktiv und ererbt, aber jetzt ist die Situation erkannt und befreit den Menschen, so dass er sich bewusst für oder gegen eine Bindung entscheiden kann.

25° Skorpion: Geistige Heimat bauen

Die Vision einer bewussten Bindung formt das Fundament für das Errichten einer gemeinsamen geistigen Heimat. In jeder Kultur teilen Individuen zahlreiche Vorstellungen und Werte, die das kollektive Bewusstsein prägen. Diese geteilten Ideen und Normen lenken individuelle Bedürfnisse in Richtungen, die für die Gemeinschaft als Ganzes förderlich sind. Durch Rituale und gemeinsam gelebte Traditionen entsteht ein stärkeres Zusammengehörigkeitsgefühl, das über die bloße Summe der Einzelteile hinausgeht. Die Schaffung einer geistigen Heimat erfordert somit ein tiefes Verständnis und eine aktive Pflege dieser kulturellen Bande. Es geht darum, Werte und Ideen zu teilen und zu leben, die die individuelle und kollektive Seele nähren.

Aufgabe: Persönliche Entwicklung und alltägliche Praxis sind eng miteinander verbunden, wenn es um den Aufbau einer geistigen Heimat geht. Beginne damit, Deine eigenen Werte und Überzeugungen zu reflektieren und zu erkennen, wie diese mit denen Deiner Gemeinschaft übereinstimmen. Engagiere Dich in Aktivitäten, die das kulturelle Erbe pflegen und weitergeben, sei es durch Kunst, Bildung oder soziales Engagement. Schaffe Räume, in denen offener Austausch und gegenseitiges Verständnis gefördert werden, um so ein starkes Gefühl der Zugehörigkeit und des gemeinsamen Wachstums zu fördern. Diese Aufgabe ermutigt Dich, aktiv an der Gestaltung einer Welt mitzuarbeiten, in der individuelle und kollektive Entwicklung Hand in Hand gehen.

Spiegelpunkt*: 4° Löwe - Ichkraft*

26° Skorpion: Fester Stand im Leben

Der Ort der bewussten Bindung ist ein fester Stand im Leben und repräsentiert die Brücke zwischen den hohen geistigen Idealen und den alltäglichen, materiellen Anforderungen. Dieses Gleichgewicht zu finden, ist eine Kunst – es bedeutet, sich nicht von der trivialen Welt überwältigen zu lassen, sondern sie als einen Ort zu sehen, an dem geistige Ideale verwirklicht werden können. Dieser Grad lehrt uns, dass die Realität oft ein Kompromiss ist, doch gerade in diesem Kompromiss liegt die Möglichkeit, unsere höchsten Visionen in die Praxis umzusetzen. Es erfordert Stärke, Weisheit und Flexibilität, die eigenen Ideale in einer Welt zu verankern, die scheinbar von ganz anderen Werten regiert wird. Der feste Stand symbolisiert somit nicht nur physische oder materielle Stabilität, sondern auch eine gefestigte innere Haltung, die es uns ermöglicht, unseren Idealen treu zu bleiben und gleichzeitig praktisch und erdverbunden zu handeln.

Aufgabe: Deine Aufgabe besteht darin, eine Balance zwischen Deinen idealistischen Visionen und den realen Gegebenheiten

Deines Lebens zu finden. Erkenne, dass wahre geistige Heimat nicht nur in der Abstraktion existiert, sondern im Alltag gelebt werden muss. Arbeite daran, Deine Ideale in konkretes Handeln zu übersetzen, ohne die Verbindung zu Deinem inneren Kompass zu verlieren. Dies könnte bedeuten, kleine, bedeutsame Schritte zu unternehmen, um Deine Überzeugungen in die Welt zu tragen – sei es durch berufliches Engagement, ehrenamtliche Tätigkeiten oder einfach durch die Art, wie Du mit anderen interagierst. Es geht darum, ein Leuchtturm Deiner Werte in der materiellen Welt zu sein, ohne dabei die Hoffnung zu verlieren, dass selbst im Trivialen das Potenzial für Transformation und Wachstum steckt.

***Spiegelpunkt**: 3° Löwe - Selektion*

27° Skorpion: Die ewige, magische Arbeit

Die Integration eines gefestigten Standes im Leben mit der geistigen Heimat mündet in der ewigen, magischen Arbeit an der realen Welt. Diese Arbeit ist ein kontinuierlicher Prozess, bei dem das Streben nach Verwirklichung geistiger Ideale niemals endet. Die Gemeinschaft, der man sich zugehörig fühlt, bleibt stets einen Schritt hinter diesen Idealen zurück, was eine ständige Anstrengung erfordert, um die Kluft zwischen dem Ideal und der Realität zu verringern. Diese unermüdliche Arbeit reflektiert das tiefgreifende Engagement für persönliche und kollektive Weiterentwicklung. Es handelt sich um eine magische Arbeit, weil sie die Transformation der materiellen Welt durch die Kraft des Geistes anstrebt, ein Prozess, der sowohl Hingabe als auch eine tiefe Verbundenheit mit den universellen Prinzipien erfordert.

Aufgabe: Deine Aufgabe besteht darin, Dich aktiv und bewusst an dieser ewigen Arbeit zu beteiligen, indem Du stets danach strebst, Deine geistigen Ideale in der physischen Welt zu manifestieren. Dies kann durch persönliche Weiterentwicklung, soziales Engagement oder kreative Ausdrucksformen geschehen. Achte darauf, wie Deine Handlungen und Entscheidungen nicht nur Dein eigenes Leben, sondern auch Deine Gemeinschaft beeinflussen können. Es geht darum, einen Weg zu finden, wie Du Deine höchsten Visionen in Einklang mit den täglichen Herausforderungen und Möglichkeiten bringen kannst. Dieser Prozess ist sowohl eine persönliche als auch eine kollektive Reise, die Geduld, Ausdauer und eine ständige Neuausrichtung erfordert, um sich den sich wandelnden Umständen anzupassen, ohne dabei das ultimative Ziel aus den Augen zu verlieren.

***Spiegelpunkt**: 2° Löwe - Kristallisierung*

28° Skorpion: Risikobereitschaft für Werte

Die Methode der bewussten Bindung ist die Risikobereitschaft für seine geistigen Werte. Die wahre Essenz liegt in der tiefen Verbindung zwischen persönlicher Überzeugung und dem Mut, dafür einzustehen. Diese Bereitschaft, sich für das, was einem heilig ist, einzusetzen, sogar unter Inkaufnahme persönlicher Opfer, illustriert ein starkes Engagement für die eigenen Ideale. Es ist ein Zeugnis dafür, wie sehr man an seine geistigen Vorstellungen gebunden ist. Diese Bindung ist nicht passiv; sie fordert aktives Handeln und die Bereitschaft, Risiken einzugehen, um die Werte, die man vertritt, in der Welt sichtbar zu machen. Dieser Grad im Skorpion symbolisiert einen Wendepunkt, an dem Überzeugungen nicht mehr nur innere Leitsterne sind, sondern zu handlungsleitenden Prinzipien werden. Es geht darum, die eigene Authentizität zu leben und zu verteidigen, was oft Herausforderungen mit sich bringt. Doch genau in diesen Herausforderungen findet sich die Chance, die Tiefe der eigenen Bindung an diese Werte zu demonstrieren und zu vertiefen.

Aufgabe: Deine Herausforderung besteht darin, eine Balance zwischen dem Bewahren Deiner geistigen Werte und der Notwendigkeit, sich den dynamischen Veränderungen der Welt anzupassen, zu finden. Vertraue darauf, dass Du durch Deine Handlungen und Entscheidungen einen Weg findest, Deine Werte zum Ausdruck zu bringen und gleichzeitig offen für die Transformation zu bleiben. Es geht nicht darum, Dich gegen die Welt zu stellen, sondern darum, einen Weg zu finden, wie Deine Ideale in dieser Welt einen fruchtbaren Boden finden können. Dies erfordert Kreativität, Mut und die Fähigkeit, Chancen zu erkennen, bei denen Dein Einsatz einen Unterschied machen kann. Sieh Risiken nicht als Bedrohung, sondern als Gelegenheiten, durch die Deine Überzeugungen gestärkt und Deine Bindungen vertieft werden.

***Spiegelpunkt**: 1° Löwe – Geistige Potenz*

29° Skorpion: Funktionalität der Gemeinschaft

Die funktionale Gemeinschaft basiert auf einer magischen Bindungskraft, die aus den gemeinsamen inneren Bildern, dem ‚Common Sense‘ ihrer Mitglieder erwächst. Diese Form der Gemeinschaftlichkeit überschreitet die Grenzen des Materiellen, indem sie Verhaltensgesetze schafft, die auf den immateriellen Vorstellungen ihrer Mitglieder beruhen. Es ist eine Manifestation dessen, wie stark und richtungsweisend gemeinsame geistige Werte für das soziale Gefüge sein können. In dieser Art von Gemeinschaft findet jeder Einzelne seinen Platz und seinen Beitrag, nicht durch materielle Zwänge, sondern durch die tiefe, innere Übereinstimmung mit den kollektiven Idealen und Vorstellungen. Aus dieser fast magischen Übereinstimmung emergiert eine fließende, nahezu reibungslose Funktion innerhalb der Gemeinschaft, die sich durch eine starke innere Verbundenheit und ein tiefes Verständnis füreinander auszeichnet.

Aufgabe: Deine Aufgabe ist es, zu erkennen und zu schätzen, wie Deine eigenen inneren Bilder und Vorstellungen zu denen der Gemeinschaft beitragen, der Du angehörst. Es geht darum, einen aktiven Beitrag zu leisten, indem Du Deine einzigartigen Fähigkeiten und Überzeugungen einbringst, um die kollektive Vision zu stärken. Dies bedeutet auch, offen und empfänglich für die geistigen Bilder anderer zu sein und zu verstehen, wie diese zur Gesamtheit der Gemeinschaft beitragen. Fördere den Austausch von Ideen und Werten, um die magische Funktionalität zu erhalten und zu vertiefen. Erkenne, dass es die gemeinsamen Vorstellungen und die Bereitschaft, für diese einzustehen, sind, die eine Gemeinschaft wahrhaft stark und widerstandsfähig machen.

***Spiegelpunkt**: 0° Löwe - Mentalisierung*

48. Szene: Bewusste Bindung

49. Szene: Essentialisierung

240° - 244° = 0° Schütze - 4° Schütze

Der ***Widder der Fraktalkraft*** ist die Essentialisierung. Sie ist der Antrieb zur Abstraktion. Das reale Geschehen in der Welt wird zum Gleichnis einer dahinter liegenden Wahrheit und Gesetzmäßigkeit. Um diese Gesetzmäßigkeiten erkennen zu können, wird aus dem persönlichen Erleben das Wesentliche herausdestilliert. Nicht mehr das Ereignis selbst ist wesentlich, sondern der dahinter liegende Sinn, die göttliche Botschaft oder das Naturgesetz, das sich durch dieses Ereignis mitteilt. Einzelereignisse sind subjektive Einmaligkeiten und haben nur für den unmittelbar Betroffenen eine Bedeutung. Will man die Welt als Ganzes verstehen, muss man sich von dieser subjektiven Perspektive lösen und einen höheren, allgemeineren Standpunkt einnehmen. Durch das reale Geschehen hindurch muss der Blick auf die unsichtbaren Ursachen des Geschehens gelenkt werden.

0° Schütze: Fülle der Wirklichkeiten

Die Erkenntnis, dass es so viele Wirklichkeiten gibt, wie es wahrnehmende Menschen gibt, bildet den Kern der Idee der Essentialisierung, dem Widder der Fraktalkraft. Diese unendliche Vielfalt der Perspektiven weckt das tiefe Bedürfnis, die zugrunde liegende Wahrheit oder zumindest universelle Gesetzmäßigkeiten zu entdecken, die diese vielfältigen Realitäten miteinander verbinden. Es ist eine Reise, die nicht nur den Verstand herausfordert, sondern auch die Seele nährt, indem sie uns lehrt, über den Horizont unserer eigenen begrenzten Erfahrungen hinaus zu blicken und die reiche Komplexität menschlicher Erfahrungen zu schätzen. Dieser Grad symbolisiert den Beginn einer spirituellen und philosophischen Expedition, die dazu bestimmt ist, die Essenz hinter der sichtbaren Welt zu erkunden und zu verstehen, dass die Wahrheit oft vielschichtig und weit entfernt von einfacher Kategorisierung ist.

Aufgabe: Deine Aufgabe besteht darin, die Vielfalt der Wirklichkeiten anzuerkennen und aktiv zu erforschen, wie unterschiedliche Perspektiven zu einem tieferen Verständnis der Welt beitragen können. Versuche, über Deine eigenen Erfahrungen hinaus zu blicken und die Realitäten anderer zu verstehen. Dies kann durch Dialog, Bildung, Reisen oder das Eintauchen in verschiedene Kulturen geschehen. Dein Ziel sollte es sein, eine allgemeingültige Gesetzmäßigkeit in der Vielfalt zu finden, die das menschliche Erleben verbindet, und diese Erkenntnisse zu nutzen, um Brücken zwischen scheinbar widersprüchlichen Weltsichten zu bauen. Auf diese Weise kann die Fülle der Wirklichkeiten sich von einer Quelle der Verwirrung zu einem Schatz an Weisheit und Einsicht verwandeln.

***Spiegelpunkt**: 29° Krebs – Kraftvolle Identität*

1° Schütze: Die unerkannte Wirklichkeit im Hintergrund

Die Erkenntnis, dass hinter der Vielfalt aller individuell wahrgenommenen Realitäten eine tiefere, unerkannte und möglicherweise unerkennbare Wirklichkeit steht, ist der Ort, an dem die Essenz der weltzentrischen Perspektive entsteht. Diese grundlegende Wirklichkeit, aus der alle subjektiven Wahrheiten entstehen, umfasst das Konzept, dass unsere persönlichen Perspektiven und Interpretationen lediglich Fragmente einer umfassenderen, universellen Realität sind. Die Bedeutung dieses Grades fördert die Anerkennung, dass jede individuelle Sichtweise einen Wert hat, da sie Teil eines größeren Ganzen ist. Es geht darum, zu verstehen, dass unsere Versuche, die Welt zu interpretieren und zu verstehen, immer durch den Filter unserer persönlichen Erfahrungen und unseres Bewusstseins geprägt sind.

Aufgabe: Deine Herausforderung besteht darin, sowohl die Vielfalt der subjektiven Wahrheiten als auch die Suche nach der tieferen, universellen Realität zu würdigen. Es geht nicht darum, eine einzige absolute Wahrheit zu finden, sondern zu erkennen, dass unsere persönlichen Wahrheiten Wege sind, sich der unfassbaren Gesamtheit anzunähern. Übe Dich in Offenheit und Toleranz gegenüber den Perspektiven anderer, während Du Deine eigene spirituelle und philosophische Suche fortsetzt. Achte auf Momente, in denen Du Einblicke in die größere Ordnung des Lebens erhältst, und nutze diese, um ein ausgewogeneres Verständnis Deiner selbst und der Welt zu entwickeln. Durch das Streben nach Balance in Deinem Inneren und in Deinen Beziehungen kannst Du ein tieferes Verständnis für die Komplexität des Lebens gewinnen und dazu beitragen, Brücken zwischen den scheinbar getrennten Welten zu bauen.

***Spiegelpunkt**: 28° Krebs - Balance*

2° Schütze: Akzeptieren der Subjektivität

In der Synthese der vielen Perspektiven mit der unerkannten Wirklichkeit spiegelt sich die Reise nach Wahrhaftigkeit und Erkenntnis. Dies hebt das Prinzip der Subjektivität hervor, ein

Schlüssel zur tiefen Akzeptanz der Vielfalt der Perspektiven und Wahrheiten, die unsere Welt formen. Diese Position erinnert uns daran, dass unsere Suche nach Wahrheit immer durch die Linse unserer eigenen Erfahrungen und Überzeugungen gefiltert wird. Es gibt eine unermessliche Vielfalt an Realitäten, und jede Person trägt eine einzigartige Sichtweise bei, die wertvoll und gültig ist. Die Akzeptanz, dass es keine absolute Wahrheit gibt, sondern eine Vielzahl von Wahrnehmungen, lädt zu einem tieferen Verständnis und Respekt für die Ansichten anderer ein. Dieser Grad ermutigt dazu, offen für die Fülle des Lebens und seine vielfältigen Interpretationen zu sein, und lehrt uns, dass in der Anerkennung der Subjektivität ein Weg zur Harmonie liegt.

Aufgabe: Erkunde die Grenzen Deiner Wahrnehmung, indem Du aktiv nach neuen Erfahrungen und unterschiedlichen Meinungen suchst. Dies kann bedeuten, ein Buch aus einem Genre zu lesen, das Du normalerweise meidest, oder Gespräche mit Menschen zu führen, deren Lebenswege weit von Deinem eigenen entfernt liegen. Ziel ist es, die eigene Sichtweise zu erweitern und eine tiefere Empathie für die Subjektivität anderer zu entwickeln. Fördere eine Kultur der Akzeptanz und des Zuhörens in Deinem Umfeld. Ob in der Familie, unter Freunden oder am Arbeitsplatz – ermutige den Austausch von Ideen und Meinungen, ohne sofort zu urteilen. Dies schafft ein Umfeld, in dem Vielfalt geschätzt wird und jeder sich ermutigt fühlt, seinen einzigartigen Beitrag zum großen Ganzen zu leisten.

***Spiegelpunkt**: 27° Krebs - Kooperation*

3° Schütze: Lenkung durch Schicksalsmächte

Die Methode der Essentialisierung ist die subtile, aber kraftvolle Wirklichkeitslenkung durch Schicksalsmächte. Diese zeigt sich in der Weise, wie das Universum uns durch Ereignisse und Begegnungen leitet, um uns näher an unsere wahre Bestimmung zu bringen. Wenn wir vom Weg abkommen, dienen unerwartete Umstände als Korrekturen, die uns wieder auf Kurs bringen. Diese Lenkung ist kein Zeichen externer Mächte, die über uns richten, sondern reflektiert die tiefere Verbindung zwischen unserer Seele und dem kosmischen Ganzen. Es geht hierbei nicht um Vorherbestimmung im klassischen Sinne, sondern um die Interaktion zwischen individueller Freiheit und universeller Ordnung, wobei jede Wahl und jede Handlung Resonanzen im Gewebe des Lebens erzeugt. Dieses Verständnis öffnet uns für die Erkenntnis, dass unser Leben und unsere Entscheidungen Teil eines größeren, göttlichen Plans sind, in dem wir ko-kreativ mitwirken.

Aufgabe: Achte auf die Zeichen und Fügungen in Deinem Leben, die Dich zu bestimmten Entscheidungen und Wegen führen. Sieh diese Ereignisse als Gelegenheiten, von denen Du lernen und die Du als Richtungsweiser nutzen kannst. Praktiziere Achtsamkeit und Reflexion, um die subtilen Hinweise des Universums zu deuten und Deinen eigenen Weg der Weisheit zu gehen. Nutze die Prinzipien der Lenkung durch Schicksalsmächte, um flexibler auf unerwartete Veränderungen zu reagieren. Statt Widerstand zu leisten, frage Dich, was das Leben Dir durch diese Herausforderungen lehren möchte. Teile Deine Erfahrungen mit anderen, um gemeinsam zu wachsen und ein tieferes Verständnis für die wechselseitige Verbundenheit aller Dinge zu entwickeln.

***Spiegelpunkt**: 26° Krebs – Astrale Energien*

4° Schütze: Eigene Philosophie

Das Ergebnis des Prozesses der Essentialisierung ist die Bildung einer persönlichen Philosophie. Diese individuelle Weltanschauung entwickelt sich über die Lebensjahre hinweg und verdichtet sich zu einer reichen Lebenserfahrung im Alter. Diese Philosophie bildet das Fundament, auf dem unser Verständnis von Welt und Leben ruht. Sie ist einzigartig für jeden Einzelnen und spiegelt die Summe unserer Erkenntnisse, Werte und Überzeugungen wider. Während sie im besten Fall Weisheit und Flexibilität verkörpert, kann sie im Alter jedoch auch zu einer verhärteten Ansicht führen, die den Fortschritt und das Verständnis für neue Perspektiven behindert.

Aufgabe: Fordere Dich selbst heraus, indem Du Deine eigene Philosophie regelmäßig hinterfragst und überprüfst. Integriere neue Erkenntnisse und Perspektiven in Dein Weltbild, um geistige Flexibilität zu bewahren und zu fördern. Dies kann durch Lektüre, Diskussionen oder die Reflexion neuer Erfahrungen geschehen. Vermeide die Erstarrung Deiner Ansichten durch Offenheit für Wandel und Wachstum. Nutze Deine persönliche Philosophie als einen Kompass, der Dir Orientierung gibt, aber sei bereit, diesen nach Bedarf neu auszurichten. Teile Deine Einsichten mit anderen, aber sei ebenso offen dafür, von ihnen zu lernen. In Diskussionen und Austauschmomenten liegt die Chance, nicht nur Deine eigene Sichtweise zu schärfen, sondern auch einen Beitrag zum gemeinschaftlichen Wachstum zu leisten.

***Spiegelpunkt**: 25° Krebs – Ideen harmonischer Entwicklung*

50. Szene: Integration

245° - 249° = 5° Schütze - 9° Schütze

Der ***Stier der Fraktalkraft*** ist die Integration der aus der Essentialisierung gewonnenen Vorstellungen von den Gesetzmäßigkeiten hinter allem Geschehen in die Vorstellungswelt der sozialen Gemeinschaft, der man angehört. Die Basis, der Stierbereich der fraktalen Kraft, ist die Angleichung der persönlichen Weltvorstellung an die der Gemeinschaft. Ohne dieses Korrektiv würde sich der Mensch möglicherweise in den phantastischsten Welten verlieren und sich vielleicht bald in einer optimistischen, pessimistischen oder paranoiden Weltsicht derart verstricken, dass er jegliche Überlebensfähigkeit verliert. Andererseits kann gerade dieses Korrektiv zu paranoiden und psychotischen Weltbildern führen, wenn Realitätsverleugnung und Doppel- oder Mehrfachbotschaften „normal" und an der Tagesordnung sind.

5° Schütze: funktionale Philosophie

Die ‚funktionale Philosophie' unterscheidet sich von der ‚eigenen Philosophie' durch ihren pragmatischen und auf Sachlichkeit ausgerichteten Charakter. Sie ist unkompliziert und verzichtet auf komplexe gedankliche Verrenkungen. Die Behauptung, keine Philosophie zu haben, ist oft ein Mittel, sich abzugrenzen und die Auseinandersetzung mit der eigenen, unausgesprochenen Lebensphilosophie zu umgehen. Die ‚funktionale Philosophie' lädt dazu ein, sich bewährten Denkweisen anzuschließen, die ihre Nützlichkeit im Alltag unter Beweis gestellt haben. Sie fordert uns auf, unsere Überzeugungen und Handlungen stets auf ihre Praktikabilität zu prüfen, um so einen Lebensweg zu beschreiten, der sowohl persönlich bereichernd als auch im Einklang mit der umgebenden Realität steht.

Aufgabe: Bemühe Dich, Deine Philosophie so zu gestalten, dass sie nicht nur theoretisch überzeugend, sondern auch im praktischen Leben umsetzbar ist. Sei offen dafür, Deine Ansichten zu hinterfragen und anzupassen, um sie lebensnah und anwendbar zu halten. Reflektiere regelmäßig über die Praxistauglichkeit Deiner Überzeugungen und passe sie gegebenenfalls an neue Erkenntnisse an. Es geht also darum, darauf zu achten, dass Deine Handlungen und Entscheidungen von einer Philosophie geleitet werden, die nicht nur in Theorie, sondern auch in der Praxis Bestand hat. Nutze Deine Lebensphilosophie als Werkzeug, um mit Herausforderungen effektiv umzugehen, und teile Deine Erfahrungen mit anderen, um gemeinsam praktikable Wege des Lebens zu erkunden und zu fördern.

***Spiegelpunkt**: 24° Krebs - Reformierungstendenzen*

6° Schütze: spirituelle Sehnsucht

Die spirituelle Sehnsucht ist ein zentraler Antrieb der menschlichen Seele, der uns dazu bewegt, über unsere funktionale Philosophie hinauszugehen, und Antworten auf die tiefsten Fragen des Lebens zu suchen. Dieser Grad beleuchtet den tiefen Wunsch nach Verständnis und Sinn, der uns innewohnt. Wenn diese spirituelle Sehnsucht nicht durch unsere Lebensphilosophie angesprochen und erfüllt wird, kann dies zu einer inneren Leere führen, die sowohl unsere psychische als auch physische Gesundheit beeinträchtigt. Es ist die Erkenntnis, dass unser Streben nach Sinn und Verständnis der Welt nicht nur ein intellektuelles Unterfangen ist, sondern eine tiefe spirituelle Reise, die unsere gesamte Existenz umfasst.

Aufgabe: Widme Dich der Erforschung und Befriedigung Deiner spirituellen Sehnsucht. Dies kann durch Meditation, Studium spiritueller Texte oder durch die Praxis spiritueller Rituale geschehen. Suche nach Wegen, wie Du Deine spirituelle Suche mit Deinem täglichen Leben verbinden kannst, um eine tiefer gehende Harmonie und Erfüllung zu erfahren. Erkenne die Bedeutung der spirituellen Dimension in den alltäglichen Momenten. Finde im Einfachen und Gewöhnlichen Anlässe für Dankbarkeit und Wunder, und teile diese Erkenntnisse mit Deinem Umfeld. Dies kann ein Weg sein, um nicht nur Deine eigene spirituelle Reise zu bereichern, sondern auch anderen zu helfen, ihre eigene spirituelle Sehnsucht zu erkennen und zu nähren.

***Spiegelpunkt**: 23° Krebs – Positive Verstärkung der Nuancen*

7° Schütze: Esoterik im Herzen der Religion

Hier entfaltet sich die tiefe Erkenntnis, dass wahre Esoterik im Kern jeder Religion verankert ist. Diese Erkenntnis eröffnet Wege, die spirituelle Sehnsucht zu stillen, ohne notwendigerweise die Zugehörigkeit zu einer bestimmten Religion oder Philosophie zu ändern. Es geht vielmehr darum, tiefer in die Symbolik und Mystik einzutauchen, um die essenziellen Wahrheiten, die allen spirituellen Traditionen gemein sind, zu erkunden und zu verstehen. Diese tiefere Einsicht in Bedeutungen erlaubt es, die universellen Prinzipien zu erkennen, die sich hinter verschiedenen

Praktiken und Lehrsystemen verbergen. Der Schlüssel liegt darin, über die buchstäbliche Auslegung hinauszugehen und die symbolische Sprache zu entschlüsseln, die uns direkt mit dem spirituellen Kern verbindet.

Aufgabe: Widme Dich dem Studium der esoterischen Dimensionen Deiner eigenen spirituellen oder religiösen Tradition. Versuche, die symbolische Bedeutung hinter den Ritualen, Texten und Lehren zu verstehen. Dies kann durch Meditation, das Studium heiliger Schriften oder den Austausch mit Gleichgesinnten geschehen. Ziel ist es, eine tiefere, persönlichere Verbindung zu den spirituellen Wahrheiten zu finden, die Dein Leben bereichern und leiten können. Nutze die gewonnenen Einsichten, um Deine täglichen Praktiken und Dein Verständnis von Spiritualität zu vertiefen. Teile Deine Erkenntnisse in Gesprächen mit anderen, wobei der Fokus darauf liegen sollte, Brücken zu bauen und Gemeinsamkeiten zwischen verschiedenen spirituellen Wegen zu finden. Dies fördert nicht nur Deine eigene spirituelle Entwicklung, sondern trägt auch zu einem tieferen, interreligiösen Dialog bei.

***Spiegelpunkt**: 22° Krebs – Bewertung des Neuen*

8° Schütze: Schritt für Schritt

Die sorgfältige Zusammenführung der persönlichen Philosophie mit dem breiteren Spektrum der Religion oder spirituellen Überzeugung betont die Relevanz eines schrittweisen Prozesses als Methode der Integration. Dieser Ansatz vermeidet Missverständnisse und vorschnelle Schlüsse, indem er anerkennt, dass jede Religion ein menschengemachtes System ist, das versucht, das im Grunde Unsagbare und die hinter weltlichen Erfahrungen liegende Realität in eine begreifbare Form zu bringen. Durch eine schrittweise Annäherung an diese symbolischen Ausdrücke können wir unsere tiefsten, oft unbewussten Überzeugungen mit den Lehren einer Religion verbinden und so zu einem tieferen, persönlichen Verständnis und einer lebendigen Spiritualität gelangen. Dieser Prozess unterstreicht, dass wahre spirituelle Entwicklung und Integration Zeit und Geduld erfordern, und lehrt uns, den Wert des langsamen, aber stetigen Fortschritts zu schätzen.

Aufgabe: Nimm Dir Zeit, die Symbolik und die tieferen Lehren Deiner spirituellen oder religiösen Überzeugungen zu erforschen. Versuche, schrittweise Verbindungen zwischen Deinen persönlichen Erfahrungen und diesen Lehren herzustellen, um Deine Spiritualität zu vertiefen und zu personalisieren. Sei geduldig mit Dir selbst in diesem Prozess; Erkenntnis kommt oft in Schritten. Fördere einen bewussten und reflektierten Umgang mit Deiner Spiritualität. Nutze tägliche Rituale oder Praktiken, um Deine spirituellen Überzeugungen schrittweise in Dein Leben zu integrieren. Achte darauf, wie sich diese Integration auf Deine Sichtweise und Dein Verhalten im Alltag auswirkt, und teile Deine Erkenntnisse mit anderen, die auf ihrer eigenen spirituellen Reise sind.

***Spiegelpunkt**: 21° Krebs – Kontinuierliche Basis*

9° Schütze: Mysterien Dramatisierung

Die Dramatisierung der Mysterien als Ergebnis der Integration beleuchtet einen entscheidenden Schritt auf dem spirituellen Pfad: die innere Nachempfindung und Auseinandersetzung mit den tiefgründigen Geschichten und Symbolen, die in den Mysterien der Weltreligionen verborgen sind. Obwohl die Symbolik traditioneller Religionen vielleicht noch nicht vollständig verstanden wird, ermöglicht diese Phase die Erkenntnis, dass jegliche religiöse Geschichten Spiegelbilder individueller spiritueller Entwicklungsstadien sein können. Dieses Stadium markiert den Übergang von einem äußeren Zuhören zu einem inneren Erleben der spirituellen Lehren. Die Mysterien werden nicht mehr als äußere Erzählungen wahrgenommen, sondern als lebendige, innere Erfahrungen, die den Weg zu tieferer Weisheit und Einsicht bahnen.

Aufgabe: Beginne, die Mysterien Deiner eigenen spirituellen Tradition oder anderer Traditionen, die Dich anziehen, tiefgründiger zu erforschen. Versuche, deren Symbolik und Geschichten in Deinem persönlichen Leben zu dramatisieren, indem Du meditierst oder kreative Ausdrucksformen wie das Schreiben, Malen oder sogar das Schauspiel nutzt, um diese Geschichten und ihre Bedeutungen in Deinem eigenen Leben nachzuempfinden. Nutze die Erkenntnisse und Gefühle, die Du aus der Dramatisierung der Mysterien gewinnst, um Deine täglichen Entscheidungen und Interaktionen zu beeinflussen. Teile Deine Erfahrungen und Einsichten in Gesprächen mit Freunden oder in Gruppen, die sich mit spirituellen Themen beschäftigen, um gemeinsam zu wachsen und voneinander zu lernen.

***Spiegelpunkt**: 20° Krebs – Deutlichkeit der Details*

51. Szene: Erkenntnis

250° - 254° = 10° Schütze - 14° Schütze

Der ***Zwilling der Fraktalkraft*** ist die Erkenntnis der Sinnhaftigkeit (oder Sinnlosigkeit, je nachdem) des Alltags und der Gemeinschaft. Das Weltbild der Gemeinschaft, ihre Lebensphilosophie oder Religion wird nun mit den eigenen Erfahrungen und Erkenntnissen in Verbindung gebracht und aus dieser Kombination erkennt man den Weg und das Ziel des eigenen Lebens und der Gemeinschaft. Die Essenz der eigenen Erfahrung wird mit den Vorstellungen der Gemeinschaft zur allgemeinen Weltanschauung oder Religion.

10° Schütze: Traditionelle Einweihung

Die traditionelle Einweihung als Grundimpuls der Erkenntnis betont die Erfahrung durch formale Einführung in die Geheimnisse einer Religion oder Weltanschauung. Hier wird auch die Wissenschaft als eine Form der Einweihung in die materialistische Weltsicht unserer Zeit betrachtet. Dieser Prozess zielt darauf ab, die alltägliche Wirklichkeit mithilfe von Gesetzmäßigkeiten zu erklären, die nicht unmittelbar aus der alltäglichen Erfahrung abgeleitet werden können. Einweihung dient hier der schrittweisen Erkenntnis abstrakter Wahrheiten und der Integration dieser in das eigene Weltbild. Die Lehren aus Kernforschungszentren wie CERN und spirituelle Einsichten großer Persönlichkeiten wie Buddha oder Jesus, obwohl nicht alltäglich, sind auf das praktische Leben anwendbar und fördern ein tieferes Verständnis der Welt.

Aufgabe: Erkenne die Bedeutung der Einweihung in verschiedene Lebensbereiche, sei es durch Religion, Philosophie oder Wissenschaft. Engagiere Dich in Lernprozessen, die Dein Verständnis für die Welt erweitern, und integriere diese Erkenntnisse in Dein alltägliches Leben. Sei offen für die schrittweise Enthüllung tieferer Wahrheiten, die Dein Weltbild bereichern. Nutze das Wissen und die Weisheit, die Du aus Deinen Einweihungen gewonnen hast, um praktische Entscheidungen zu treffen und Dein Leben sinnvoll zu gestalten. Fördere Dialoge über verschiedenste Weltanschauungen in Deinem Umfeld, um ein breiteres Verständnis und Toleranz für unterschiedliche Perspektiven zu schaffen.

***Spiegelpunkt**: 19° Krebs - Authentizität*

11° Schütze: spirituelle Entwicklung

Dieser Grad symbolisiert als Ort der Erkenntnis eine tiefe Reise der spirituellen Entfaltung, wo Einsicht und Weisheit nicht nur gesucht, sondern auch gelebt werden müssen. Es geht hier nicht um Wissen im herkömmlichen Sinne, sondern um das Verstehen und Integrieren spiritueller Prinzipien in das eigene Leben. Der Schlüssel liegt in der Fähigkeit, religiöse und wissenschaftliche Einsichten so zu verinnerlichen, dass sie echte Antworten auf die existentiellen Fragen des Lebens bieten. Dieser Grad betont die Bedeutung der Anwendbarkeit philosophischer Ideen in der realen Welt, auf einer Ebene, die mit dem aktuellen Entwicklungsstand des Einzelnen resoniert. Die Suche nach Wahrheit wird hier zu einer persönlichen Mission, die über bloße Akkumulation von Informationen hinausgeht und sich der tiefgründigen Ergründung des Lebenssinns widmet.

Aufgabe: Deine Herausforderung besteht darin, Ideen und Ideale nicht nur zu reflektieren, sondern sie aktiv in Dein Leben zu integrieren. Beginne damit, Deine spirituellen Überzeugungen und philosophischen Ansichten in klare Handlungen umzusetzen. Dies könnte bedeuten, tägliche Praktiken zu entwickeln, die Deinem Streben nach Sinn und Erkenntnis Nahrung geben. Ebenso ist es wichtig, dass Du offen für den stetigen Wandel bist und erkennst, dass spirituelles Wachstum ein dynamischer Prozess ist, der Flexibilität und Anpassungsfähigkeit erfordert. Finde praktikable Wege, wie Deine spirituellen Ziele im Alltag Ausdruck finden können, und lebe sie mit Überzeugung und Authentizität.

***Spiegelpunkt**: 18° Krebs – Hohe Regeln achten*

12° Schütze: Wandel esoterischer Werte

Durch die Synergie der Tradition mit der individuellen Entwicklung entfaltet sich ein dynamisches Bild des Wertewandels, das die Notwendigkeit betont, sich an verändernde Umstände und Perspektiven anzupassen. Dieses Prinzip spiegelt sich in der Idee wider, dass moralische und ethische Richtlinien nicht statisch sind, sondern sich mit der Zeit und dem Kontext entwickeln. Es illustriert, wie die Menschheit und der Einzelne durch unterschiedliche Phasen der moralischen Auffassungen gehen, von „Auge um Auge“ zu „die andere Wange hinhalten“. Wie ein Bergsteiger, der seine Ausrüstung je nach Terrain anpassen muss, erinnert uns dieser Grad daran, dass auch unsere ethischen Überzeugungen flexibel sein müssen, um den sich ständig ändernden

Anforderungen unseres inneren und äußeren Lebens gerecht zu werden. Wir befinden uns in einer Ära des Übergangs, in der alte Werte neu bewertet und gegebenenfalls umgeformt werden, um den Weg für ein neues Zeitalter zu ebnen.

Aufgabe: Deine Aufgabe liegt darin, die Fluidität der Werte zu erkennen und zu akzeptieren, die sich mit der Zeit und durch unterschiedliche Lebensphasen hinweg verändern. Reflektiere über Deine eigenen Überzeugungen und sei bereit, sie im Licht neuer Erfahrungen und Erkenntnisse zu überdenken. Dieser Prozess fordert Dich heraus, flexibel zu bleiben und Veränderungen nicht nur zu akzeptieren, sondern aktiv an der Gestaltung eines Wertesystems mitzuwirken, das sowohl persönliche als auch kollektive Wachstumsprozesse unterstützt. Die Anerkennung, dass kein Prinzip universell oder zeitlos ist, eröffnet die Möglichkeit, weiser, mitfühlender und angepasster an die komplexen Realitäten unserer Welt zu handeln.

***Spiegelpunkt**: 17° Krebs - Selbstverantwortung*

13° Schütze: archetypische Symbole

Die Methode der Erkenntnis weist uns auf die tiefe Bedeutung und die unveränderliche Kraft archetypischer Symbole hin, die über alle kulturellen und zeitlichen Grenzen hinweg wirksam sind. Diese Symbole dienen als Brücken zwischen dem Sichtbaren und dem Unsichtbaren, dem Bewussten und dem Unbewussten. Sie manifestieren sich in vielfältigen Formen, von den einfachsten physischen Ausdrücken im Mineralreich bis zu den komplexesten menschlichen Erfahrungen. Obwohl ihre äußeren Erscheinungen variieren können, bleibt die Essenz dieser Symbole, die Bedeutung, die sie verkörpern, konstant und universell. Diese archetypischen Muster sind in der Natur und in den tiefsten Ebenen menschlicher Einweihungen und Erfahrungen verankert. Sie bieten einen Schlüssel zum Verständnis der universellen Gesetze und der Verbindung aller Existenz.

Aufgabe: Deine Aufgabe liegt in der Erkennung, Sammlung und Weitergabe des Wissens über diese universellen Muster und Kräfte. Achte auf ihre Manifestationen in den unterschiedlichsten Kontexten – auf Reisen, in literarischen Werken, in religiösen Texten und in alltäglichen Begegnungen. Indem Du diese Symbole und ihre Bedeutungen erkundest, sammelst und teilst, trägst Du dazu bei, das kollektive Verständnis für die tiefen Verbindungen zwischen allen Formen des Lebens zu erweitern. Dein Geist dient dabei als Labor, in dem Du diese archetypischen Essenzen destillierst und für Dich und andere zugänglich machst, um so ein tieferes Verständnis für die Strukturen und Kräfte zu gewinnen, die unsere Welt prägen.

***Spiegelpunkt**: 16° Krebs - Wachstum*

14° Schütze: Aufmerksamkeit im Jetzt

Der 14. Grad des Schützen lehrt uns, dass wahre Erkenntnis in der Aufmerksamkeit im Jetzt liegt. Diese Weisheit fordert uns auf, unsere Aufmerksamkeit von den Schatten der Vergangenheit und den Ungewissheiten der Zukunft abzuwenden, um uns ganz auf den gegenwärtigen Moment zu konzentrieren. In dieser Präsenz im Jetzt erkennen wir, dass Vergangenheit und Zukunft lediglich Konstrukte unseres Geistes sind, die uns von der unmittelbaren Realität ablenken können. Es ist im Hier und Jetzt, wo Leben in seiner reinsten Form spürbar wird; wo wir die Möglichkeit haben, unsere Richtung zu bestimmen, unsere Motivationen zu verstehen und die Weichen für die Zukunft zu stellen. Die Gegenwart ist der einzige Moment, in dem wir wirklich Einfluss nehmen können – auf uns selbst und auf die Welt um uns herum.

Aufgabe: Dein Weg besteht darin, Dich voll und ganz auf den gegenwärtigen Moment einzulassen und die Flüchtigkeit von Vergangenheit und Zukunft zu akzeptieren. Übe Dich darin, im Jetzt präsent zu sein, sei es durch Achtsamkeitspraktiken, Meditation oder einfach durch bewusstes Atmen und Beobachten Deiner unmittelbaren Umgebung. Diese Praxis hilft Dir, Klarheit zu gewinnen, Deine Entscheidungen bewusster zu treffen und das Leben in all seinen Facetten intensiver zu erleben. Erkenne, dass jede Sekunde die Chance birgt, neu zu beginnen und Dein wahres Potenzial zu entfalten.

Spiegelpunkt: *15° Krebs – Archetypisches Mandala*

52. Szene: Die religiöse Überlieferung

255° - 259° = 15° Schütze - 19° Schütze

Der **Krebs der Fraktalkraft** ist die religiöse Tradition. Hier identifiziert sich der Mensch mit den Werten der überlieferten Gesellschaftsordnung. Das können die Werte des Materialismus sein, aber auch religiöse Werte. Wichtig ist nur, dass sie dem Menschen eine gewisse Sicherheit im Umgang mit der Welt ermöglichen. Durch die Übertragung von Glaubensgrundsätzen auf die Realität wird die Welt berechenbarer. Es gibt allgemeingültige Verhaltensregeln, die ein harmonisches Zusammenleben in der Gemeinschaft ebenso ermöglichen wie ein harmonisches Leben mit der umgebenden Natur. Im Zweifelsfall hält man sich besser an diese überlieferten Verhaltensregeln.

15° Schütze: Erwartung der Stimmigkeit

Dieser Grad beleuchtet die Macht der Erwartungen und den Einfluss kollektiver Überzeugungen auf die soziale Wirklichkeit. Im Zentrum steht die Annahme, dass die Konstanz und Wiederholung bestimmter Überzeugungen diese letztlich in eine akzeptierte Realität verwandeln können. Dies geschieht besonders in Fällen, in denen mystisch-moralische Konzepte das Fundament des gesellschaftlichen Miteinanders bilden. Historisch gesehen hat die kollektive Verurteilung oder Akzeptanz bestimmter Handlungen nicht nur soziale Normen geformt, sondern auch unsere Wahrnehmung von Sündhaftigkeit oder Tugend. Die Erwartung der Stimmigkeit, das heißt, die Vorwegnahme, dass bestimmte ideologische oder moralische Konzepte sich als konsistent und wahr erweisen, unterstreicht die schöpferische Kraft des menschlichen Geistes und die Fähigkeit, durch Glauben und kollektive Überzeugungen Realitäten zu schaffen und zu festigen.

Aufgabe: Deine Herausforderung besteht darin, die Kraft der Erwartungen in Deinem eigenen Leben zu erkennen und zu hinterfragen. Beobachte, wie Deine eigenen Überzeugungen und die der Menschen um Dich herum Eure Realität formen. Frage Dich, welche „Wahrheiten“ Du als selbstverständlich annimmst und wie diese Deine Entscheidungen und Dein Zusammenleben mit anderen beeinflussen. Sei Dir bewusst, dass die Annahme einer Idee, auch ohne materielle Grundlage, durch die kollektive Erwartung ihrer Richtigkeit Realität werden kann. Nutze diese Erkenntnis, um bewusster zu wählen, welche Überzeugungen Du fördern und welchen Du skeptisch gegenüberstehen möchtest.

***Spiegelpunkt**: 14° Krebs – seelische Kompetenz*

16° Schütze: Festigung des Paradigmas

Der Ort, oder die Basis religiöser Überlieferungen ist die Festigung des Paradigmas durch zyklische Ritualhandlungen, die reale, vorausberechenbare Ereignisse als Anlässe nutzen, um die eigene Welterklärung zu stärken. Dieser Prozess verbindet sinnlich erfahrbare Ereignisse wie Jahreszeiten, Sonnen- oder Mondfinsternisse, und bedeutende Lebensphasen mit transpersonalen, nicht greifbaren Ideen, um sie für den Einzelnen fassbar zu machen. Diese Integration ist ein Zeugnis für die kreative Kraft des menschlichen Geistes, die es ermöglicht, durch die Macht des Glaubens reine Vorstellungen in (soziale) Realität zu verwandeln. Das Ziel ist, die jeweilige Weltvorstellung im Bewusstsein des

Einzelnen zu verankern und zu festigen, ähnlich wie physikalische Konzepte wie Schwerkraft und Fliehkraft uns helfen, die Bewegung der Erde um die Sonne zu verstehen und zu akzeptieren.

Aufgabe: Deine Aufgabe besteht darin, die Bedeutung ritueller Praktiken und zyklischer Ereignisse in Deinem Leben zu erkennen und zu würdigen. Diese Praktiken und Ereignisse dienen nicht nur der Festigung Deines persönlichen Weltbildes, sondern auch der Verbindung mit universellen Wahrheiten. Erkenne, wie bestimmte Rituale und Traditionen Dir helfen, Dich mit tieferen Aspekten Deines Seins zu verbinden und wie sie als Spiegel für die transpersonalen Ideen dienen, die das Fundament Deiner Wirklichkeitsauffassung bilden. Engagiere Dich bewusst in diesen Praktiken oder schaffe eigene Rituale, die Deine Verbindung zum Universum und zu den zyklischen Mustern des Lebens stärken.

***Spiegelpunkt**: 13° Krebs - Beständigkeit*

17° Schütze: Sicherheit im Umgang mit der Welt

Dieser Punkt wirft ein Licht auf die tiefe Sicherheit, die aus der Synthese religiöser Überlieferungen und praktischen Wissens entsteht. Diese Sicherheit ergibt sich nicht aus einer spezifischen Weltanschauung, sondern daraus, dass die gewählte Ansicht „funktioniert" – das heißt, sie bietet klare Richtlinien für das Verhalten in der Welt. Diese Art von Weisheit, die sowohl in religiösen als auch in weltlichen Lehren verankert ist, zeigt, wie durch Verstehen und angemessenes Handeln Schutz vor den unerwünschten Folgen unserer Handlungen möglich wird. Beispielhaft wird dies in der Weise illustriert, wie verschiedene Glaubenssysteme ihre Anhänger vor physischen und moralischen Gefahren schützen, sei es durch religiöse Tabus oder durch wissenschaftlich begründete Verhaltensregeln.

Aufgabe: Deine Aufgabe ist es, eine offene und anpassungsfähige Haltung gegenüber Wissen und Weisheit zu kultivieren, unabhängig von ihrer Quelle. Erkenne, dass Probleme und Herausforderungen des Lebens gemeistert werden können, indem Du die richtigen Informationen und Techniken anwendest. Sei bestrebt, Dein Verständnis für die Welt kontinuierlich zu erweitern, indem Du Dich sowohl mit den spirituellen Lehren als auch mit den praktischen Wissenschaften vertraut machst. Durch diese integrative Annäherung wirst Du in der Lage sein, ein tiefes Gefühl der Sicherheit in Deinem Umgang mit der Welt zu entwickeln, basierend auf Wissen, das sowohl zeitlos gültig als auch unmittelbar anwendbar ist.

***Spiegelpunkt**: 12° Krebs - Veranlagung*

18° Schütze: Rückzug zum Fundament

Die Methode der religiösen Überlieferung ist der Rückzug zum Fundament der eigenen Weltvorstellung, eine Praxis, die in Zeiten der Unsicherheit und des Chaos eine Zuflucht und Sicherheit bietet. Diese Tendenz, auf bewährte Überlieferungen zurückzugreifen, wurzelt tief in unserer Kindheit, wo die Ratschläge der Eltern uns vor Gefahren schützten, auch wenn wir die Zusammenhänge nicht verstanden. In der modernen Welt führt das zu einer Neigung, sich an fundamentalistische Ansichten zu klammern – sei es in Religion, Wissenschaft oder Materialismus –, in der Hoffnung, dass eine höhere Autorität die Antworten auf das richtige Verhalten kennt. Dies spiegelt ein tiefes menschliches Bedürfnis wider, sich an etwas zu halten, das größer ist als wir selbst, insbesondere in Zeiten, in denen die Welt unverständlich und bedrohlich erscheint.

Aufgabe: Lade Dich selbst ein, Vertrauen in die Grundlagen Deines Glaubens oder Deiner Überzeugungen zu setzen, auch wenn Du nicht jeden Aspekt davon vollständig verstehst. Diese Aufforderung soll nicht zu blindem Dogmatismus führen, sondern vielmehr dazu, einen Raum des Vertrauens zu betreten, wo Du Deine Zweifel an der Schwelle hinterlässt. Erkenne an, dass Du auf Deiner Reise eher ein Pilger als ein Missionar bist, jemand, der sucht und lernt, anstatt absolute Antworten zu verkünden. Es geht darum, Frieden mit den Unbekannten zu finden und gleichzeitig offen für tieferes Verständnis und Erkenntnis zu bleiben.

***Spiegelpunkt**: 11° Krebs – authentische Seele*

19° Schütze: Ritueller Kontakt zur Quelle

Dieser Grad offenbart die tiefgreifende Bedeutung des rituellen Kontakts zur Quelle des Seins. Diese Verbindung zu pflegen, gleich einem konstanten Training, ermöglicht es, in Momenten der Not auf diese fundamentale Kraft zurückzugreifen. Dieser Grad unterstreicht die Wichtigkeit einer beständigen spirituellen Praxis – sei es durch Gebet, Meditation oder das Befolgen spiritueller Gesetze –, die es dem Einzelnen ermöglicht, in direkter Verbindung mit der universellen Quelle zu stehen. Wie körperliches Training die physische Stärke erhält und steigert, so bewahrt und vertieft die spirituelle Praxis die innere Stärke und Bereitschaft des Einzelnen, den Herausforderungen des Lebens zu begegnen.

Aufgabe: Widme Dich einer regelmäßigen spirituellen Praxis, die Dir persönlich am meisten entspricht. Ob es das tägliche Lesen spiritueller Schriften, Meditation, Gebet oder eine andere Form der Verbindung ist, wichtig ist die Konstanz. Diese Praxis dient nicht nur der Selbstentwicklung, sondern bereitet Dich auch darauf vor, in Zeiten der Not auf eine tiefere Weisheit und Stärke zugreifen zu können. Betrachte Dich selbst als einen Pilger auf dem Weg zur Erleuchtung, der durch stetige Übung und Hingabe lernt, die Sprache der universellen Quelle zu verstehen und sich in ihrem Fluss zu bewegen.

***Spiegelpunkt**: 10° Krebs - Imitation*

53. Szene: Philosophisches Jonglieren

260° - 264° = 20° Schütze - 24° Schütze

Der ***Löwe der Fraktalkraft*** ist die philosophische Jonglage. Die Gralsfrage „Was fehlt dir mein König" ist nicht nur für den Löwenarchetypus wichtig, um über die Kenntnis des Anderen zur Selbsterkenntnis zu gelangen, sondern auch hier, wo man sich seiner religiösen Identität nur bewusst werden kann, wenn man die religiöse Identität des Anderen kennt und den Unterschied versteht. Erst durch das Zulassen anderer Sichtweisen wird sich der Mensch seiner eigenen Weltsicht bewusst und kann sie entweder revidieren oder bewusst und verantwortlich zu dieser eigenen Weltsicht stehen.

20° Schütze: Ausprobieren fremder Sichtweisen

Als Idee des philosophischen Jonglierens finden wir hier eine einzigartige Fähigkeit zur geistigen Flexibilität und Offenheit. Das „Ausprobieren fremder Sichtweisen" ist nicht bloß ein Hobby oder eine vorübergehende Laune; es ist vielmehr eine tiefgreifende philosophische Praxis, die uns lehrt, die Welt durch die Augen eines anderen zu sehen. Diese Fähigkeit, ideologische und kulturelle Grenzen zu überschreiten, erfordert eine solide Grundlage eigener Überzeugungen, auf der man sicher stehen kann, während man sich in fremde Gedankenwelten begibt. Es geht darum, sich selbst in die Schuhe eines anderen zu stellen, seine Weltanschauung zu erforschen und zu verstehen, wodurch man eine reichere Perspektive auf das Leben gewinnt. Dieses geistige Imitieren erweitert nicht nur den eigenen Horizont, sondern fördert auch Empathie, Toleranz und die Fähigkeit, Konflikte vorausschauend zu navigieren.

Aufgabe: Beginne, indem Du Deine gewohnten Denkmuster und Vorurteile bewusst zur Seite legst. Versuche dann, Dich ganz in eine Perspektive zu vertiefen, die von Deiner eigenen abweicht. Engagiere Dich dabei sowohl emotional als auch intellektuell, um die Welt aus dieser anderen Sichtweise zu erleben. Ob Du diese Perspektive letztendlich annimmst oder verwerfst, der Prozess selbst wird Deine Fähigkeit zur kritischen Reflexion schärfen und Dir helfen, Deine eigene Sichtweise zu festigen und zu verteidigen.

***Spiegelpunkt**: 9° Krebs – Weg zur Vollendung*

21° Schütze: Die Volksseele

Die Volksseele repräsentiert mehr als nur einen kulturellen Hintergrund; sie verkörpert das tief verwurzelte, oft unbewusste Verständnis und die Weltanschauung, die uns seit unserer Kindheit prägen. Dieses Paradigma, geformt durch unsere frühesten Erfahrungen in einem bestimmten kulturellen Umfeld, bestimmt maßgeblich, wie wir die Welt wahrnehmen und verstehen. Es ist dieser Teil unserer Psyche, der die fremden Perspektiven absorbiert, mit ihnen verschmilzt oder sie herausfordert, und dadurch entweder erweitert wird oder auf sie einwirkend, sie möglicherweise auflöst. Die Auseinandersetzung mit fremden Sichtweisen ist somit nicht nur ein Akt der Neugier oder Bildung, sondern ein fundamentaler Prozess des kulturellen und persönlichen Wachstums. Durch das Eintauchen in andere Weltbilder eröffnen wir uns die Möglichkeit, unsere eigenen, oft unbewussten Grundannahmen zu hinterfragen und zu erweitern.

Aufgabe: Erkunde bewusst Kulturen oder Ideologien, die von Deiner eigenen abweichen, und versuche, deren Perspektiven zu verstehen und zu erleben. Dies kann ein Buch lesen, einen Film sehen oder mit jemandem sprechen sein, dessen Lebenserfahrung stark von Deiner eigenen abweicht. Achte dabei besonders auf die Momente, in denen Du Widerstand oder Unbehagen spürst, denn genau hier liegen wertvolle Gelegenheiten zum Wachstum und zur Erweiterung Deines Weltbildes. Ziel ist es, eine tiefere Toleranz und ein umfassenderes Verständnis für die Vielfalt menschlicher Erfahrungen zu entwickeln.

***Spiegelpunkt**: 8° Krebs - Wachstumsbereitschaft*

22° Schütze: Assimilation

Dieser Grad symbolisiert einen entscheidenden Moment im Prozess der geistigen Entwicklung und kulturellen Integration. Die Fähigkeit zur Assimilation fremder Sichtweisen, die Synthese des philosophischen Jonglierens, ermöglicht nicht nur die Erneuerung und Anpassung der eigenen kulturellen Identität, sondern auch die Bereicherung der kollektiven Volksseele. Wenn zwei unterschiedliche Kulturen aufeinandertreffen, führt dies durch gegenseitige Toleranz und Verständnis zu einer Aufweichung der festen Paradigmen und einer Annäherung der Weltansichten. Diese dynamische Interaktion trägt zur Evolution der Gesellschaft bei, indem sie veraltete, starre Muster auflöst und durch Ideen ersetzt, die der aktuellen Zeitqualität entsprechen. Die Assimilation ist somit ein lebendiger Prozess des gegenseitigen Gebens und Nehmens, der den Weg für eine fortschrittliche, inklusive und empathische Weltanschauung ebnet.

Aufgabe: Sei ein aktiver Teilnehmer im Prozess der kulturellen Assimilation, indem Du Dich bewusst für die Aufnahme und das Verständnis fremder Perspektiven öffnest. Suche nach Gemeinsamkeiten und Brücken zwischen unterschiedlichen Weltansichten, ohne dabei Deine eigene Identität zu verlieren. Nutze die Erkenntnisse aus diesem Austausch, um veraltete Ansichten in Deiner eigenen kulturellen Prägung zu hinterfragen und zu erneuern. Durch diese Praxis förderst Du nicht nur persönliches Wachstum, sondern trägst auch zur Entwicklung einer toleranten, vielfältigen und vereinten globalen Gemeinschaft bei.

***Spiegelpunkt**: 7° Krebs – Seelische Evolution*

23° Schütze: Geistige Toleranz

Die Methode liegt in der Forderung nach geistiger Toleranz und Aufmerksamkeit – Schlüsselkomponenten im Prozess des philosophischen Jonglierens. Dieser Grad betont, wie wichtig es ist, sich in einer Welt voller unterschiedlicher Ansichten und Meinungen bewusst zu sein und diese mit einer offenen und toleranten Geisteshaltung anzunehmen. Es unterstreicht die Bedeutung der Fähigkeit, fremde Sichtweisen nicht nur zu erkennen und zu respektieren, sondern auch davon zu lernen, ohne dabei die eigenen Überzeugungen zu verlieren. Die Fähigkeit, geistige Toleranz zu üben, ist besonders herausfordernd, wenn es um Ansichten geht, die unseren eigenen nur geringfügig differieren, da diese oft schwerer zu akzeptieren sind als vollständig fremde Ideologien. Dieser Grad lehrt uns, dass wahre Toleranz und Verständnis beginnen, wenn wir die Perspektiven unserer unmittelbaren Nachbarn mit der gleichen Offenheit betrachten, mit der wir weit entfernte Kulturen studieren würden.

Aufgabe: Üben Sie sich im täglichen Leben in geistiger Toleranz, indem Sie bewusst nach Gelegenheiten suchen, sich mit Perspektiven auseinanderzusetzen, die leicht oder stark von Ihren eigenen abweichen. Beginnen Sie mit den Ansichten von Menschen in Ihrem direkten Umfeld. Versuchen Sie, deren Standpunkte zu verstehen und wo möglich, gemeinsame Grundlagen zu finden. Dabei ist es wichtig, Ihre eigene Sichtweise weder zu kompromittieren noch aufzugeben, sondern vielmehr ein tieferes Verständnis und eine größere Akzeptanz für die Vielfalt menschlicher Erfahrungen zu entwickeln. Diese Praxis wird nicht nur Ihre Fähigkeit zur Empathie stärken, sondern auch Ihren Horizont erweitern und zu einem reicheren, nuancierteren Verständnis der Welt führen.

***Spiegelpunkt**: 6° Krebs – Astrale Kräfte*

24° Schütze: spielerische Bekenntnis

Als Ergebnis entfaltet sich das Konzept des „spielerischen Bekenntnisses“ zu neuen Weltansichten, ein Meilenstein im Prozess des philosophischen Jonglierens. Dieses Stadium kennzeichnet eine Phase, in der das Individuum eine gewisse geistige Freiheit und Unabhängigkeit erreicht hat. Durch die vorangegangene Bereitschaft, sich fremden Perspektiven zu öffnen, hat sich die Bindung an die eigene Weltanschauung gelockert. Nun befindet man sich an einem Punkt, an dem man mit verschiedenen Sichtweisen experimentieren kann, ohne sofortige Konsequenzen fürchten zu müssen. Diese Freiheit erlaubt es, aus einem breiteren Spektrum von Möglichkeiten zu wählen, was den Glauben betrifft. Es ist eine Zeit des Entdeckens und der Selbsterkenntnis, in der man sich bewusst für oder gegen bestimmte Glaubenssysteme entscheiden kann, basierend auf einer fundierten, persönlichen Überzeugung.

Aufgabe: Nutze diese Phase des spielerischen Erkundens, um bewusst verschiedene „Rollen" anzunehmen, die durch unterschiedliche Weltansichten geprägt sind. Experimentiere mit diesen Perspektiven im sicheren Rahmen des „Als-ob", ohne Dich sofort festzulegen. Diese Praxis schärft nicht nur Deine Fähigkeit, empathisch unterschiedliche Standpunkte zu verstehen, sondern stärkt auch Deine Fähigkeit zur kritischen Reflexion und Selbstbestimmung. Finde heraus, welche Überzeugungen wirklich resonieren und Dir authentisch erscheinen, und lass Dich dabei von der Freude am Entdecken und Lernen leiten.

***Spiegelpunkt**: 5° Krebs - Vorbereitung*

54. Szene: Bekenntnis

265° - 269° = 25° Schütze - 29° Schütze

Die ***Jungfrau der Fraktalkraft*** ist das Bekenntnis zum eigenen Weltbild. Dazu gehört auch eine genaue Analyse dieses Weltbildes in jeder möglichen Situation. Das bedeutet, sich der Konsequenzen seines Weltbildes in allen Einzelheiten bewusst zu werden. Jeder Mensch kann nur so weit zu seiner Lebensphilosophie stehen, wie ihn nicht jede Frage nach dem Motto „was wäre wenn“ in seinem Weltbild verunsichert, weil er dieses „wenn“ noch nicht durchdacht hat.

25° Schütze: Zur eigenen Weltsicht stehen

Auf diesem Grad liegt der Impuls zur Bekenntnis. Das Spielerische ist Vergangenheit, nun ist es an der Zeit Erwachsen zu werden. Es geht nun darum, ein Bekenntnis zur eigenen, durch vielfältige Erfahrungen und Einsichten gereiften Weltsicht abzulegen und die Verantwortung für die daraus resultierenden Konsequenzen zu übernehmen. Dies kann Herausforderungen und Opfer mit sich bringen, da manche Überzeugungen und Entscheidungen im Widerspruch zu den Normen und Erwartungen des sozialen Umfelds stehen können. Doch genau hier offenbart sich der Mut zur Authentizität und Integrität, wenn das Individuum sich dazu entscheidet, seinen eigenen Weg zu gehen, gestärkt durch die tiefgreifende Erkenntnis und Akzeptanz seiner persönlichen Wahrheiten. Dieser Schritt verlangt nicht nur geistige, sondern auch emotionale Stärke, denn er bedeutet oft, sich gegen den Strom zu stellen und dennoch im Einklang mit sich selbst und seinen Überzeugungen zu leben.

Aufgabe: Betrachte die Prinzipien und Überzeugungen, die Du in Deinem Leben als wesentlich erachtest. Identifiziere Bereiche, in denen Du möglicherweise Kompromisse eingegangen bist, um Konflikte zu vermeiden oder um Akzeptanz zu finden. Wäge ab, welche Schritte erforderlich sind, um in größere Übereinstimmung mit Deinen tiefsten Überzeugungen zu kommen. Es geht nicht darum, konfrontativ zu sein, sondern authentisch zu leben und zu handeln. Stelle Dich der Herausforderung, für Deine Werte einzustehen, selbst wenn dies bedeutet, sich von gewohnten Pfaden zu entfernen oder Konfrontationen zu riskieren. Erkenne, dass wahre Zufriedenheit und Integrität aus der Kongruenz zwischen inneren Überzeugungen und äußeren Handlungen entstehen.

***Spiegelpunkt**: 4° Krebs - Anpassung*

26° Schütze: detailliertes Ausgestalten

Beim Ort der Bekenntnis geht es um das „detaillierte Ausgestalten" des eigenen Weltbildes. Die Auseinandersetzung mit einer Vielzahl von Perspektiven und Erfahrungen hat zu einem reichen und vielschichtigen Verständnis der Welt geführt. Dieser Grad unterstreicht die Bedeutung, sich mit den Feinheiten und Nuancen der eigenen Überzeugungen auseinanderzusetzen. Es ist eine Einladung, das eigene Weltbild nicht nur als grobe Skizze zu begreifen, sondern in all seinen Farben und Schattierungen. Die Begegnung mit unterschiedlichen Sichtweisen und die darauf folgende Reflexion und Integration dieser Erfahrungen in das eigene

Verständnis ermöglicht eine tiefere und bewusstere Lebensweise. Durch dieses detaillierte Ausarbeiten wird das Weltbild lebendig und prägend für das tägliche Handeln.

Aufgabe: Widme Dich der gründlichen Überprüfung und Ausgestaltung Deiner Weltsicht. Nimm Dir die Zeit, die einzelnen Elemente Deines Glaubenssystems oder Deiner Überzeugungen zu untersuchen. Es ist wichtig, dass Du diese nicht nur oberflächlich verstehst, sondern bis in die kleinsten Details durchdringst und auf ihre Stimmigkeit prüfst. Achte dabei auf Widersprüche und ergänze fehlende Teile, um ein kohärentes Gesamtbild zu schaffen. Diese tiefgreifende Auseinandersetzung stärkt nicht nur Deine Überzeugungen, sondern ermöglicht es Dir auch, diese bewusster im Alltag zu leben und zu vertreten.

***Spiegelpunkt**: 3° Krebs - Konfrontation*

27° Schütze: Sinn-Erkenntnis

Die Erkenntnis des Lebenssinns ist der Synergieeffekt in der Bekenntnis und die Synthese aus Verantwortung und philosophischer Klarheit. Wenn ein Individuum sein Weltbild in Einklang mit seiner Umgebung bringt, offenbart sich oft intuitiv der Sinn des Lebens. Dieser Moment der Erkenntnis, der aus der Konfrontation mit und der Integration von externen Perspektiven resultiert, bietet die Gelegenheit, das eigene Dasein tiefer zu verstehen. Die Erfahrung lehrt, dass die eigene, subjektive Sichtweise eine bedeutende Rolle im größeren kosmischen Zusammenhang spielt. Zu dieser Weltsicht zu stehen und den persönlichen Beitrag im „Weltengetriebe“ zu leisten, führt zu wahrer Erfüllung. Dieser Grad unterstreicht, dass die Verwirklichung des Lebenssinns eng mit der Authentizität und dem Mut verbunden ist, sich den Herausforderungen des Lebens zu stellen und eigene Überzeugungen nicht aus Bequemlichkeit oder Angst vor Repressionen zu kompromittieren.

Aufgabe: Nimm Dir die Zeit, über die Erfahrungen und Begegnungen in Deinem Leben nachzudenken, die Dein Weltbild geformt haben. Wie haben diese Begegnungen Deinen Sinn im Leben beeinflusst oder verändert? Versuche, Dich Situationen zu stellen, die Dich herausfordern, Deine Perspektive zu erweitern. Engagiere Dich in Dialogen, die Deine Sichtweise herausfordern, und sei offen für die Lehren, die sie bereithalten. Das Ziel ist es, eine tiefere Verbindung zwischen Deinem persönlichen Weg und dem breiteren Universum zu erkennen und anzuerkennen, dass Deine einzigartige Perspektive und Dein Beitrag wesentlich für das größere Ganze sind.

***Spiegelpunkt**: 2° Krebs – Offene Gestalt*

28° Schütze: Anleitung durch soziale Ideen

Die Welt der sozialen Ideen ist die Methode der Bekenntnis. Hier stehen wir vor der Aufgabe, unsere eigenen Überzeugungen zu verstehen und zu artikulieren. Diese Gradposition verweist auf die tiefgreifende Wirkung, die unsere Weltanschauungen auf die gesellschaftliche Struktur haben. Egal ob religiös, spirituell oder materialistisch, jedes Weltbild formt unsere Vorstellung davon, wie die Gesellschaft funktionieren sollte. Diese Vorstellungen werden, bewusst oder unbewusst, in unseren Handlungen manifestiert und dienen als Spiegel unserer innersten Überzeugungen. Die Herausforderung liegt darin, dass diese Übertragung von kosmischen Ordnungen auf gesellschaftliche Strukturen oft automatisch erfolgt, ohne dass wir uns dessen bewusst sind. Jede Handlung wird somit zur Offenbarung unserer individuellen Weltsicht.

Aufgabe: Es ist von essentieller Bedeutung, sich der Verbindung zwischen dem eigenen Weltbild und den daraus resultierenden Handlungsmotivationen bewusst zu werden. Häufig verbirgt sich hinter den offensichtlichen Zielen eine tiefere Motivation, die erst bei genauerer Betrachtung zum Vorschein kommt. Ein echter, rationaler Dialog kann erst dann stattfinden, wenn die wahren Beweggründe aller Beteiligten offenliegen. Die wichtigste Aufgabe ist daher, sich der eigenen, oft unbewussten, Motive bewusst zu werden. Diese Bewusstmachung ermöglicht nicht nur persönliches Wachstum, sondern ist auch der Grundstein für ehrliche und wirkungsvolle Kommunikation und Interaktion innerhalb der Gesellschaft.

***Spiegelpunkt**: 1° Krebs – Sein im Überblick*

29° Schütze: Anerkannte Religionspraxis

Das Ergebnis der Bekenntnis offenbart sich die anerkannte Religionspraxis als ein Zeugnis des gelebten Glaubens und der Überzeugungen eines Menschen. Hier geht es nicht um die offizielle Anerkennung durch eine religiöse oder gesellschaftliche Institution, sondern vielmehr um die Anerkennung durch die alltäglichen Handlungen und Äußerungen, die das individuelle Weltbild widerspiegeln. Diese Praxis erfordert keine heldenhaften Einzelaktionen, sondern eine kontinuierliche, alltägliche Anstrengung, das eigene Leben nach den Prinzipien und Überzeugungen auszurichten, die man vertritt. Es ist ein authentischer Ausdruck des Glaubens, der sich in der Art und Weise manifestiert, wie wir unsere täglichen Aufgaben erfüllen und mit der Welt um uns herum interagieren.

Aufgabe: Die Aufgabe besteht darin, ein tieferes Bewusstsein für die eigene spirituelle oder religiöse Praxis zu entwickeln und diese konsequent im Alltag zu leben. Erkenne, dass wahre Anerkennung weniger durch Worte als durch Taten erlangt wird. Bemühe Dich um Konsistenz zwischen Deinen Überzeugungen und Deinem Handeln. Dies erfordert Reflexion und manchmal auch die Anpassung Deines Verhaltens, um sicherzustellen, dass Deine täglichen Routinen und Entscheidungen Deine tiefsten Werte und Überzeugungen widerspiegeln. Es geht darum, Authentizität zu kultivieren und durch Dein Beispiel zu inspirieren, indem Du zeigst, wie Deine Überzeugungen Dein Leben prägen und bereichern.

***Spiegelpunkt**: 0° Krebs – Signal der Identität*

55. Szene: Rechtsanspruch

270° - 274° = 0° Steinbock - 4° Steinbock

Die ***Waage der Fraktalkraft*** ist der Rechtsanspruch, mit dem die fraktale Kraft auf die Außenwelt trifft (Überschreitung des DC). Jeder Mensch glaubt das (moralische) Recht auf seiner Seite zu haben und handelt nach seiner persönlichen Überzeugung. Denn wenn er sich seines Weltbildes sicher genug ist, kann er auch mit der nötigen Selbstsicherheit den Anspruch erheben, Recht zu sprechen. Schließlich kennt der Mensch die Gesetze des Kosmos und weiß, was diesen Gesetzen zuwiderläuft, welche Gesellschaftsordnung diesen Gesetzen am besten entspricht und wie die kosmischen (bzw. gesellschaftlichen) Kräfte am besten koordiniert werden können.

0° Steinbock: Drang zur Verwirklichung

Als Idee des Rechtsanspruchs manifestiert sich der tief verankerte Drang zur Verwirklichung der eigenen Weltsicht innerhalb der Gemeinschaft. Dieses Stadium kennzeichnet den Übergang, in dem persönliche Überzeugungen und reife, durchdachte Weltanschauungen die Kraft und den Mut geben, eine führende Rolle in der Gestaltung gesellschaftlicher Ordnungen zu übernehmen. Der Steinbock an diesem Grad symbolisiert den Anspruch, Verantwortung zu tragen und mittels der eigenen Visionen und Ideale einen bleibenden Beitrag zum Wohl der Gesellschaft zu leisten. Die Fähigkeit, diese Weltsicht als Grundlage für kollektive Strukturen vorzuschlagen, erfordert neben Überzeugung auch eine tiefgreifende Kenntnis sowohl der kosmischen Gesetzmäßigkeiten als auch der sozialen Dynamiken.

Aufgabe: Nutze Deinen Drang zur Verwirklichung, um aktiv an der Gestaltung der Gesellschaft teilzunehmen. Scheue Dich nicht, Deine Visionen und Ideale in konkrete Vorschläge umzusetzen und für deren Annahme in der Gemeinschaft zu werben. Die Herausforderung liegt darin, eine Balance zwischen der Treue zu Deinen Überzeugungen und der Flexibilität in der Anpassung an gesellschaftliche Bedürfnisse zu finden. Entwickle ein tiefes Verständnis für die Mechanismen, die Deine Visionen sowohl unterstützen als auch herausfordern können. Dein Engagement und Deine Fähigkeit, andere von der Gültigkeit und dem Wert Deiner Ideen zu überzeugen, sind entscheidend für die erfolgreiche Integration Deiner Weltsicht in die gesellschaftliche Ordnung.

***Spiegelpunkt**: 29° Zwilling – Die Vorstellung*

1° Steinbock: Instabile Wirklichkeit

Der Ort des Rechtsanspruches ist die instabile Wirklichkeit, ein Konzept, das den fortwährenden Wandel und die ständige Umwälzung in der Gesellschaftsstruktur betont. Hier wird deutlich, dass Ordnung und Sicherheit trügerische Konzepte sind, da sie stets am Rande des Umsturzes stehen. Die Aufgabe, eine feste Ordnung zu etablieren, erscheint vor dem Hintergrund der unvermeidlichen Veränderlichkeit als Herausforderung. Die angestrebte Ordnung, geprägt durch eine als objektiv gedachte Weltsicht, soll dennoch einen stabilen Rahmen bieten, auch wenn dieser nur von temporärer Gültigkeit sein mag. Dies unterstreicht die Erkenntnis, dass lebendige Ordnung ein Prozess und kein endgültiger Zustand ist.

Aufgabe: Deine Aufgabe liegt darin, die Fluidität des Lebens anzuerkennen und zu umarmen. Anstatt zu versuchen, die instabile Wirklichkeit in starre Strukturen zu zwingen, erkenne die Bedeutung von Flexibilität und Anpassungsfähigkeit. Identifiziere jene grundlegenden Strukturen in Deinem Leben, die Dir Halt und Stütze bieten, und halte diese bewusst aufrecht. Alles andere in Deinem Leben sollte flexibel genug bleiben, um sich an die ständigen Veränderungen anzupassen. Dies erfordert ein tiefes Verständnis dafür, dass Sicherheit und Ordnung nicht in Unveränderlichkeit liegen, sondern in der Fähigkeit, mit dem Wandel zu fließen und diesen sogar als Quelle der Erneuerung und des Wachstums zu nutzen.

***Spiegelpunkt**: 28° Zwilling – Kreative Kombination*

2° Steinbock: Verkörperung

Durch die Synergie zwischen dem Drang, eine bestimmte Ordnung durchzusetzen und dem Chaos dieser Welt wird die Verkörperung des eigenen Weltbildes für die Umwelt betont. Diese Gradposition versteht sich als Synthese des Rechtsanspruchs und bringt zum Ausdruck, dass trotz der instabilen und chaotischen Natur unserer Welt, die Ordnung in diesem Tohuwabohu durch die persönliche Verkörperung der eigenen Überzeugungen beginnt. Die Person wird zum Kondensationskeim einer neuen Ordnung, der nicht nur die Welt um sich herum beeinflusst, sondern auch als Vorbild dient. Diese Verkörperung ist keine einmalige

Handlung, sondern erfordert eine ständige Anpassung und Neuorientierung an die sich wandelnde Realität. Es geht darum, durch das eigene Sein und Wirken aktiv Einfluss auf die Umwelt zu nehmen und gleichzeitig offen für Veränderungen und Anpassungen zu sein, die das Leben mit sich bringt.

Aufgabe: Deine Aufgabe ist es, bewusst zu werden, wie Du durch Deine täglichen Handlungen, Entscheidungen und Interaktionen Dein Weltbild verkörperst. Überprüfe regelmäßig, ob Deine äußeren Handlungen mit Deinen inneren Überzeugungen übereinstimmen und passe Dich gegebenenfalls an. Es geht nicht darum, starre Strukturen zu schaffen, sondern lebendig und flexibel auf die Veränderungen des Lebens zu reagieren und dabei ein Vorbild der von Dir angestrebten Ordnung zu sein. Nutze Deine innere Überzeugung als Kompass, um Dich in der instabilen Wirklichkeit zurechtzufinden und einen positiven Einfluss auf Deine Umgebung auszuüben.

Spiegelpunkt: *27° Zwilling – Entschluss zur Befreiung*

3° Steinbock: Aktivitätsbereitschaft

In der Dynamik einer tiefgreifenden Aktivitätsbereitschaft, die auf der Überzeugungskraft und der Durchsetzungsfähigkeit eigener Ideen und Werte basiert, liegt die Methode des Rechtsanspruchs. Diese Gradposition steht symbolisch für die Fähigkeit, die eigene Sicht der Dinge mit Entschlossenheit und strategischer Weitsicht zu vertreten. Dabei wird von der Person erwartet, dass sie nicht nur für ihre Überzeugungen einsteht, sondern auch die Aufmerksamkeit und das Verständnis anderer durch kontinuierliches Engagement und klare Kommunikation gewinnt. Diese

Bereitschaft, aktiv die eigene Perspektive zu vermitteln und für die Verwirklichung persönlicher Ziele einzutreten, erfordert eine ständige Sensibilisierung für die Belange und Sichtweisen anderer. Indem jede Gelegenheit genutzt wird, um die eigenen Ideale und Absichten darzulegen, entsteht ein Prozess, der letztendlich zur Erreichung der angestrebten Ziele führt. Dieser Grad betont die Bedeutung von Ausdauer und Überzeugungskraft in der Umsetzung persönlicher Visionen, wobei der strategische Umgang mit Ressourcen und Möglichkeiten eine zentrale Rolle spielt.

Aufgabe: Entwickle eine klare Strategie zur Vermittlung Deiner Standpunkte und Werte. Es ist entscheidend, nicht nur für Deine Ansichten einzustehen, sondern auch andere davon zu überzeugen, indem Du Deine Perspektiven klar und verständlich darlegst. Nutze jede Gelegenheit, um auf konstruktive Weise Dialoge zu fördern, die zu einem tieferen Verständnis und möglicherweise auch zur Akzeptanz Deiner Sichtweisen führen können. Durch das sorgfältige Begründen Deiner Positionen schaffst Du eine Basis für gegenseitigen Respekt und Verständnis, was wiederum das Miteinander in verschiedenen Lebensbereichen harmonisiert und bereichert.

***Spiegelpunkt**: 26° Zwilling – In Begegnung bringen*

4° Steinbock: Politische Aktion

Die Energie des Rechtsanspruchs manifestiert sich in der Bereitschaft, aktiv und entschlossen für Veränderungen einzutreten, besonders wenn es darum geht, Missstände innerhalb etablierter Systeme aufzudecken und zu bekämpfen. In dieser Gradposition liegt die Aufforderung, konventionelle Grenzen zu überschreiten und bestehende Normen herauszufordern, um Aufmerksamkeit für notwendige Reformen zu erzeugen. Der Grad betont die Bedeutung und den Wert des Durchbrechens des Status quo im Dienste eines übergeordneten Ziels. Dabei kann es notwendig sein, „viel Porzellan zu zerschlagen“ und Unbequemlichkeiten in Kauf zu nehmen. Der Schlüssel liegt in der Fähigkeit, das Wesentliche von den Nebensächlichkeiten zu unterscheiden und sich nicht von Letzteren ablenken zu lassen. Diese Konstellation ermutigt dazu, Mut und Entschlossenheit zu zeigen, indem man für seine Überzeugungen einsteht und handelt, selbst wenn dies bedeutet, unbequeme Wahrheiten auszusprechen und gegen den Strom zu schwimmen.

Aufgabe: Engagiere Dich mutig und entschlossen für die Veränderungen, die Du in der Welt sehen möchtest. Erkenne und akzeptiere, dass echter Fortschritt oft Herausforderungen und Widerstände mit sich bringt. Deine Aufgabe ist es, durchdachte und zielgerichtete Aktionen zu initiieren, die das Bewusstsein für wichtige Themen schärfen und letztlich zu positiven Veränderungen führen. Denke dabei immer daran, dass Dein Einsatz für eine bessere Welt mit einem klaren Verständnis der Ziele und einer strategischen Herangehensweise am effektivsten ist. Nutze Deine Energie und Entschlossenheit, um auf Missstände aufmerksam zu machen und Wege zu einer gerechteren und nachhaltigeren Gesellschaft aufzuzeigen.

***Spiegelpunkt**: 25° Zwilling - Wesentliches*

56. Szene: Verantwortung

275° - 279° = 5° Steinbock - 9° Steinbock

Der ***Skorpion der Fraktalkraft*** ist die Verantwortung. Wenn man wirklich die Macht der Rechtsprechung haben soll, dann muss man auch die Verantwortung für diese Macht übernehmen. In dieses Verantwortungsbewusstsein muss der individuelle Rechtsanspruch eingebettet sein. Die Verantwortung des Einzelnen ist der Kristallisationspunkt und zugleich das feste Bild der fraktalen Kraft. Ist der Mensch jedoch nicht bereit, die Verantwortung für seine Rechtsauffassung zu übernehmen, so wird sie in Form des Schicksals eingefordert.

5° Steinbock: Anspruch des Jetzt

Die Idee der Verantwortung manifestiert sich im Anspruch des Jetzt. Dieser Grad lehrt uns, dass, unabhängig von unseren großen Träumen und Visionen für die Zukunft, die Anforderungen des gegenwärtigen Moments unsere sofortige Aufmerksamkeit erfordern. Die Realität des Alltags mag oft profan erscheinen, doch in ihr liegen die wahren Herausforderungen und Chancen zur persönlichen Entwicklung. Es ist eine Erinnerung daran, dass selbst die größten Unternehmungen mit einem einzigen, oft unscheinbaren Schritt beginnen. Dieser erste Schritt, mag er auch scheinbar in die falsche Richtung führen, ist entscheidend. Er symbolisiert den Mut, den gegenwärtigen Raum des Vertrauten zu verlassen und sich auf eine Reise zu begeben, deren Ausgang ungewiss ist. Der Steinbock, bekannt für seine Ausdauer und Disziplin, lehrt uns hier, dass die Erfüllung des Anspruchs des Jetzt der Schlüssel zum Erreichen unserer langfristigen Ziele ist.

Aufgabe: Deine Aufgabe besteht darin, die Bedeutung der gegenwärtigen Verantwortungen zu erkennen und sie nicht als Hindernisse, sondern als notwendige Schritte auf Deinem Weg zu betrachten. Im Alltag bedeutet dies, kleine, scheinbar unbedeutende Aufgaben mit der gleichen Hingabe anzugehen wie Deine größten Träume. Metaphorisch gesprochen, solltest Du bereit sein, nach Norden zu gehen, wenn es bedeutet, dass Du dadurch den Raum verlassen kannst, der Dich vom Süden trennt. Lerne, in jeder Aufgabe, die das Jetzt Dir stellt, einen Schritt hin zu Deinem ultimativen Ziel zu sehen. Verpflichte Dich dazu, den momentanen Anspruch mit Mut und Disziplin zu erfüllen, denn jede große Reise beginnt genau hier, mit dem ersten Schritt vor Deine Tür.

***Spiegelpunkt**: 24° Zwilling - Ausformung*

6° Steinbock: Politische Vision

Der Ort der Verantwortung umschließt die unzerstörbare politische Vision, die tief in der Persönlichkeit verankert ist. Sie wartet geduldig auf die geeignete Gelegenheit, um wieder ins Rampenlicht zu treten. Diese Vision bleibt ein ständiger Begleiter im Hintergrund aller täglichen Aktivitäten und lenkt die Handlungen in eine bestimmte Richtung, selbst wenn sie nicht unmittelbar offensichtlich ist. Die Verantwortung eines jeden Menschen erstreckt sich in zwei Dimensionen: Zum einen gegenüber den realen Gegebenheiten des Alltags und zum anderen gegenüber der inneren, politischen Vision. Diese Doppelnatur der Verantwortung erfordert eine Balance zwischen praktischer Realität und der Treue zu eigenen Idealen, was eine tiefgreifende Selbstkenntnis und Weisheit voraussetzt.

Aufgabe: Deine persönliche Herausforderung liegt darin, einen Weg zu finden, wie Deine innersten Überzeugungen und politischen Visionen in die Realität des Alltags integriert werden können, ohne sie zu kompromittieren. Im Alltag bedeutet das, bewusst Entscheidungen zu treffen, die sowohl den unmittelbaren Anforderungen gerecht werden als auch Deine langfristigen Ziele und Werte widerspiegeln. Metaphorisch gesprochen, ist es die Kunst, den Samen Deiner Visionen in den Boden der Gegenwart zu pflanzen, in der Erwartung, dass sie unter den richtigen Bedingungen gedeihen. Engagiere Dich in Aktivitäten, die Deine Visionen fördern, und suche nach kreativen Wegen, um Deine Ideale auch in kleinen Schritten voranzubringen. Dein Engagement und Deine Beharrlichkeit sind Schlüssel zur Manifestation Deiner politischen Vision in der Welt.

***Spiegelpunkt**: 23° Zwilling – Kreative Grenzüberschreitung*

7° Steinbock: Realpolitik

Die Realpolitik ist die synergetische Kunst, Visionen mit der Realität zu verweben, eine Synthese aus dem Anspruch des Jetzt und langfristigen Zielen zu schaffen. Sie erfordert ein tiefes Verständnis dafür, wann eine politische Vision zu ambitioniert ist, um in der gegenwärtigen Lage realisiert zu werden, und identifiziert zugleich Möglichkeiten, wie der Alltag schrittweise an diese Visionen angepasst werden kann. Dieser Grad lehrt die Bedeutung von Kompromissen und pragmatischen Lösungen, die beide

Seiten – die Idealvorstellung und die gegebene Realität – transformieren und zu einer reifen, umsetzbaren Strategie führen.

Aufgabe: Dein Ziel ist es, die moralischen Werte, die den Gesetzen zugrunde liegen, stets im Blick zu behalten und einen Konsens innerhalb der Gesellschaft anzustreben, der diesen Werten gerecht wird. Es gilt, eine Balance zu finden zwischen den festgeschriebenen Gesetzen und den Anforderungen der gegenwärtigen realen Lebenssituationen. Sei offen dafür, dass auch Gesetze sich wandeln müssen, um den sich stetig verändernden Bedürfnissen der Gesellschaft gerecht zu werden. Im Alltag bedeutet dies, aktiv an der Gestaltung Deiner Umwelt mitzuwirken und dabei sowohl flexible als auch prinzipientreue Entscheidungen zu treffen. Diese Aufgabe lädt Dich ein, nicht nur als Bürger*in in einer Gemeinschaft, sondern auch in Deinem persönlichen Umfeld Verantwortung zu übernehmen und durch Dein Handeln die Brücke zwischen Ideal und Wirklichkeit zu bauen.

Spiegelpunkt: *22° Zwilling - Integration*

8° Steinbock: Utopie als Paradigma

Die Methode der Verantwortung ist eine transformative Perspektive durch die Integration von Utopie als handlungsleitendem Paradigma. In diesem Kontext dient die Vision einer idealen Gesellschaft nicht nur als ferner Traum, sondern als aktive Grundlage für das tägliche Handeln. Die Maxime „Ich bin die Gesellschaft, für die andere nur kämpfen“ unterstreicht die Bedeutung des persönlichen Beitrags zur Realisierung kollektiver Ideale. Dieser Grad lehrt uns, dass Vorstellungen und Einstellungen gegenüber der Welt oft selbst erfüllende Prophezeiungen sind. Indem wir so handeln, als wäre die Welt bereits der Ort, den wir uns wünschen, formen wir die Gegenwart nach dem Bilde unserer Visionen. Es ist eine Aufforderung, die Welt nicht nur durch den Kampf für eine bessere Zukunft zu verändern, sondern auch durch das Vorleben dieser Veränderung in der Gegenwart.

Aufgabe: Deine Aufgabe ist es, in jedem Moment der Mensch zu sein, der Du in der idealen Gesellschaft sein möchtest, anstatt ausschließlich für deren Eintreten zu kämpfen. Dies bedeutet, aktiv Lösungen und Verhaltensweisen zu praktizieren, die Deine Utopie widerspiegeln, ohne dabei die Augen vor den aktuellen Problemen zu verschließen. Im Kern geht es darum, den Frieden und die positiven Werte, die Du in der Welt sehen möchtest, vorzuleben und zu verkörpern. Durch Dein Beispiel kannst Du einen unmittelbaren Einfluss auf Dein Umfeld ausüben und so einen Wandel initiieren, der von innen heraus kommt. Sei Dir bewusst, dass eine friedliche und gerechte Gesellschaft aus den täglichen Handlungen und Entscheidungen jedes Einzelnen erwächst. Lebe jetzt, was Du für die Zukunft anstrebst, und verwirkliche Deine Utopie im Rahmen Deiner Möglichkeiten.

***Spiegelpunkt**: 21° Zwilling – geistige Tradition*

9° Steinbock: Vertrauen ins Gesetz

Das Vertrauen ins Gesetz als Ergebnis der Verantwortung entsteht nicht zufällig, sondern ist das Ergebnis einer tiefen und Glaubwürdigkeit. Es ist das Vertrauen, das Menschen in jene Gesetze setzen, die von einer Person erlassen und vertreten werden, die ihre politische Vision als Paradigma des eigenen Handelns versteht. Authentizität und die absolute Bereitschaft, selbst nach den aufgestellten Regeln zu leben, sind essentiell, um dieses Vertrauen zu gewinnen. Diese Gradposition unterstreicht, dass jene, die wirklich als Vertreter der Gesellschaft handeln, die sie für alle verwirklichen möchten, einen beachtlichen Vertrauensvorschuss erhalten. Zudem ist die Bereitschaft, Gesetze den verändernden Zeitumständen entsprechend anzupassen, ein entscheidender Aspekt dieser Glaubwürdigkeit.

Aufgabe: Deine Aufgabe ist es, ein tiefes Bewusstsein für die Regeln zu entwickeln, die Du im Leben aufstellst, und sicherzustellen, dass Dein Verhalten diese Regeln widerspiegelt. Das bedeutet, entweder Dein Verhalten diesen Regeln anzupassen oder die Regeln so zu modifizieren, dass sie ein authentisches Bild Deiner Überzeugungen und Werte darstellen. Es geht darum, die Integrität zu bewahren, indem man sich selbst treu bleibt und gleichzeitig ein Vorbild für andere ist. Dies fördert nicht nur persönliches Wachstum, sondern auch das Vertrauen anderer in die von Dir vertretenen Gesetze und Normen. Indem Du nach den Prinzipien lebst, die Du hochhältst, demonstrierst Du die Machbarkeit und den Wert dieser Regeln in der Praxis und ermöglichst so eine authentische und positive Veränderung in Deinem Umfeld.

***Spiegelpunkt**: 20° Zwilling – Idee vom Endziel*

57. Szene: Rechtswesen

280° - 284° = 10° Steinbock - 14° Steinbock

Der ***Schütze der Fraktalkraft***, d.h. die Synthese von Recht und Verantwortung, führt den Menschen zum Rechtssystem, welches eine feste Struktur als Abbild der Weltvorstellung darstellt. Hier wird die Bedeutung der Fraktalkraft als „inneres Licht" deutlich, das den Menschen sittlich zu leiten vermag. Dabei muss es sich nicht unbedingt um beschlossene Gesetzestexte handeln. Auch Naturgesetze bilden ein solches „Rechtswesen". Es geht um komplexe Zusammenhänge von Regeln und Algorithmen, welche in der Welt wirksam sind.

10°Steinbock: Rechtsstruktur

Die Idee des Rechtswesens ist die Rechtsstruktur und bildet das Herzstück des gesellschaftlichen Zusammenlebens. Die spiegelt im Idealfall die kollektive Moral und die dynamischen Bedürfnisse einer Gemeinschaft wider. Sie ist die manifestierte Idee des Rechtswesens, in der individuelle Bedürfnisse und gesellschaftliche Erwartungen zusammenfließen, um eine einheitliche, lebendige Struktur zu bilden. Diese Struktur passt sich den vorherrschenden Meinungen und moralischen Überzeugungen an, seien sie konservativ oder progressiv, und dient als gemeinsamer Nenner für die Vielfalt individueller Weltanschauungen. Die Rechtsstruktur lebt und entwickelt sich mit ihrer Gemeinschaft; sie ist ein Zeugnis für die Fähigkeit der Menschen, sich auf gemeinsame Werte zu einigen und diese in Form von Gesetzen auszudrücken, die das Zusammenleben regeln.

Aufgabe: Deine Aufgabe ist es, aktiv an der Formung und Entwicklung der Rechtsstruktur Deiner Gemeinschaft teilzunehmen, indem Du die Perspektiven und Erwartungen anderer erkundest. Ziel ist es, einen Konsens zu finden, der einen fairen Kompromiss zwischen den verschiedenen Meinungen und Bedürfnissen darstellt. Dies erfordert Offenheit, Dialogbereitschaft und die Fähigkeit, über den eigenen Standpunkt hinaus zu blicken. Engagiere Dich in Diskussionen über gesellschaftliche Normen und Gesetze mit der Absicht, Verständnis für die Vielfältigkeit menschlicher Erfahrungen zu schaffen. Bemühe Dich gemeinsam mit anderen, Brücken zu bauen und eine Rechtsstruktur zu fördern, die die Vielfalt respektiert und gleichzeitig gemeinsame Werte hochhält, die Gerechtigkeit und Fairness für alle gewährleisten.

***Spiegelpunkt**: 19° Zwilling – Mentale Fülle*

11° Steinbock: Gesetzesvermittlung

Der Ort des Rechtswesens unterstreicht die zentrale Bedeutung der Gesetzesvermittlung im Rechtswesen. Es reicht nicht aus, eine Rechtsstruktur zu etablieren; diese muss auch umfassend kommuniziert werden, damit sie von der Gesellschaft verstanden und befolgt werden kann. Die Wirksamkeit und Akzeptanz der Gesetze hängen entscheidend von ihrer transparenten und allgemeinverständlichen Vermittlung ab. Dieser Grad symbolisiert darüber hinaus die Fähigkeit, komplexe Sachverhalte so zu erklären, dass sie von jedem Mitglied der Gemeinschaft nachvollzogen werden können. Er erinnert uns daran, dass die Kraft des Gesetzes in seinem Verständnis und seiner Annahme durch die

Gemeinschaft liegt, und nicht allein in seiner Autorität oder seinem Zwangscharakter.

Aufgabe: Deine Aufgabe ist es, zu lernen, wie Du komplizierte Ideen und Prinzipien klar und zugänglich vermittelst. Dies gilt sowohl für rechtliche Bestimmungen als auch für alltägliche Informationen oder wissenschaftliche Zusammenhänge, die Du mit anderen teilen willst. Versuche, die Perspektiven anderer zu verstehen und Deine Botschaften so zu gestalten, dass sie für ein breites Publikum nachvollziehbar sind. Im Kontext des Rechtswesens bedeutet dies, einen Beitrag zur Aufklärung und Bildung in Deiner Gemeinschaft zu leisten, damit Gesetze nicht nur als äußere Vorgaben wahrgenommen werden, sondern als lebendige Prinzipien, die das Zusammenleben regeln und schützen. Dieser Prozess erfordert Einfühlungsvermögen, Geduld und das ständige Bestreben, Brücken des Verständnisses zwischen dem (Natur-)Gesetz und dem Alltagsleben zu bauen.

***Spiegelpunkt**: 18° Zwilling - Kernideen*

12° Steinbock: Kollektivierung des Individuums

Die Kollektivierung des Individuums offenbart eine essentielle Synthese im Rechtswesen, die zwischen der Rechtsstruktur und der Gesetzesvermittlung besteht. Gesetze sind universell gestaltet und sollen für die Allgemeinheit, nicht nur für Einzelne, gelten. Diese Universalität führt zwangsläufig zu einer Vereinheitlichung, in der individuelle Besonderheiten zunächst in den Hintergrund treten. Die wahre Kunst und Herausforderung besteht darin, diese allgemeinen Gesetze im konkreten Einzelfall so anzuwenden, dass sie der individuellen Situation gerecht werden, ohne ihre kollektive Gültigkeit zu verlieren. Auch Naturgesetze sind nicht verhandelbar und stehen für eine Struktur, der wir uns mit Verantwortung stellen müssen. Und diese Gradposition lehrt uns, dass die Gesellschaft deshalb so organisiert sein sollte, dass Individuen ihre einzigartigen Fähigkeiten entfalten und dadurch zum Wohl des Kollektivs beitragen können.

Aufgabe: Deine Aufgabe ist es, ein Bewusstsein für die Balance zwischen Individualität und kollektiven Anforderungen zu entwickeln. Dies bedeutet, zu erkennen, wie Du Deine persönlichen Talente und Fähigkeiten zum Nutzen der Gemeinschaft einsetzen kannst, ohne dabei Deine Individualität zu verlieren. Im Alltag solltest Du danach streben, Wege zu finden, wie Du beitragen und gleichzeitig Deinen eigenen Weg gehen kannst. Du sollst lernen, sowohl die Bedeutung allgemeingültiger Regeln für ein harmonisches Zusammenleben zu schätzen als auch den Wert Deiner persönlichen Einzigartigkeit zu erkennen und zu wahren. Finde Deine Rolle in der großen Maschinerie der Gesellschaft, indem Du Deine individuellen Fähigkeiten zum Wohle aller nutzt.

***Spiegelpunkt**: 17° Zwilling - Distanz*

13° Steinbock: steinerne Werte

Die Methode des Rechtswesen wird durch die unverrückbaren Grundpfeiler jeder Kultur und Gesellschaft repräsentiert. Diese fundamentalen Prinzipien und Normen bilden das starre Fundament, auf dem das gesamte Rechtssystem aufbaut. Sie sind tief in der kollektiven Psyche verankert und dienen als Paradigma, an dem sich sowohl die individuellen als auch die kollektiven Handlungen orientieren. Ähnlich der Verfassung in modernen Gesellschaften symbolisieren die steinernen Werte jene „ewigen Selbstverständlichkeiten“, die das Rechtswesen leiten und strukturieren. Sie repräsentieren das, was als unveränderlich betrachtet wird, obwohl selbst sie einer Transformation unterzogen werden können, sofern die Gesellschaft sich entscheidet, diese Werte neu zu bewerten und anzupassen.

Aufgabe: Deine Aufgabe besteht darin, die steinernen Werte Deiner Kultur oder Gemeinschaft zu reflektieren und zu verstehen. Es geht darum, ein Bewusstsein für jene Prinzipien zu entwickeln, die als Grundgerüst des kollektiven Zusammenlebens dienen. Du solltest erkennen, welche Werte unveränderlich erscheinen und warum sie diesen Status besitzen. Gleichzeitig ist es wichtig, offen für die Idee zu sein, dass selbst diese Grundwerte im Laufe der Zeit evolutionären Veränderungen unterliegen können. Engagiere Dich in Dialogen über diese grundlegenden Normen und Werte, und sei bereit, Deine eigene Perspektive zu hinterfragen und gegebenenfalls anzupassen. So trägst Du dazu bei, dass die Gesellschaft lebendig bleibt und sich auf eine Weise entwickelt, die den aktuellen und zukünftigen Bedürfnissen aller Mitglieder gerecht wird.

***Spiegelpunkt**: 16° Zwilling - Entwicklung*

14° Steinbock: freie Entfaltung für die Zukunft

Hier manifestiert sich als Ergebnis des Rechtswesens die Vision eines Potenzials zur freien Entfaltung für die Zukunft, eingebettet in die Weisheit und Erfahrungen der Vergangenheit. Gesetze und Regeln, die aus diesen Erfahrungen hervorgehen, sind mehr als bloße Einschränkungen; sie sind vergleichbar mit dem menschlichen Skelett. Wie die Knochen und Gelenke, die durch ihre feste Struktur und Hebelwirkungen die Bewegungsfreiheit des Menschen erst ermöglichen, so bieten auch Gesetze in ihrer scheinbaren Starre die Grundlage für Freiheit und schnelle Anpassungsfähigkeit innerhalb einer Gesellschaft. Diese strukturellen Rahmenbedingungen sind essentiell, um das individuelle und kollektive Potential in sozial verträgliche Bahnen zu lenken. Jede Generation ist dazu aufgerufen, diese strukturellen „Knochen" der Gesellschaft zu überprüfen, anzupassen und weiterzuentwickeln, um mehr Freiheiten zu gewähren und eine harmonischere Gesellschaft zu gestalten.

Aufgabe: Deine Aufgabe besteht darin, die Rolle der Gesetze in der Gesellschaft neu zu bewerten und zu erkennen, wie sie als fundamentales „Skelett" die Freiheit und Entwicklung jedes Einzelnen unterstützen können. Engagiere Dich dafür, dass Regeln und Strukturen nicht nur als Einschränkungen wahrgenommen werden, sondern als essenzielle Unterstützung, die individuelle und kollektive Entfaltung erst ermöglicht. Fördere in Deiner Gemeinschaft das Bewusstsein dafür, dass durch eine wohlüberlegte Anpassung und Entwicklung der gesellschaftlichen „Knochenstruktur" eine flexiblere, freiere Bewegung aller ermöglicht wird. Suche nach kreativen Lösungen, die den heutigen und zukünftigen Bedürfnissen besser entsprechen, und trage dazu bei, eine Gesellschaft zu formen, in der individuelle Freiheiten und soziales Miteinander in einem dynamischen, gesunden Gleichgewicht stehen.

***Spiegelpunkt**: 15° Zwilling – Innerlicher Vortrag*

58. Szene: Selbsteinordnung

285° - 289° = 15° Steinbock - 19° Steinbock

Der ***Steinbock der Fraktalkraft*** ist die Selbstordnung. Es gilt das Gesetz und niemand kann sich dem entziehen. Jeder Einzelne ist gefordert, sich den Regeln anzupassen und sich den Gesetzen des Kosmos zu unterwerfen. In der Regel stehen die Gesetze des Kosmos auch nicht im Widerspruch zu den inneren Kräften des Menschen, denn auch der Mensch ist Teil des Kosmos. Manchmal jedoch verlangt die Kultur eine Sublimierung der inneren Kräfte. In diesem Fall ist es Aufgabe der Gesellschaft, geeignete Kanäle für diese Kräfte zur Verfügung zu stellen, um es dem Einzelnen zu ermöglichen, sich in die Gemeinschaft einzufügen.

15° Steinbock: Traditionelle gesellschaftliche Rollen

Hier findet die Idee der Selbsteinordnung durch traditionelle gesellschaftliche Rollen ihren Ausdruck. Das Funktionieren einer Gesellschaft hängt maßgeblich von Mustern wechselseitigen Verhaltens ab, welche durch die damit verbundenen Rollen innerhalb der Gemeinschaft definiert werden. Diese Rollen dienen als Leitplanken, ähnlich den Gesetzen in ihrer Starre, die dem menschlichen Skelett gleichen. Wie das Skelett durch seine feste Struktur und Hebelwirkungen die Bewegungsfreiheit und schnelle Anpassung des Körpers ermöglicht, so schaffen auch die traditionellen Rollen einen Rahmen, innerhalb dessen sich Individuen frei und sicher bewegen können. Die festgelegten Vorstellungen von Aufgaben und Verantwortlichkeiten innerhalb der Gemeinschaft bieten eine Grundlage für das funktionierende Zusammenleben. Diese Strukturen ermöglichen es der Gemeinschaft, ihre Ziele zu erreichen, indem jeder Einzelne seinen Teil beiträgt, sich jedoch gleichzeitig innerhalb eines vorgegebenen Rahmens frei entfalten kann.

Aufgabe: Deine Aufgabe besteht darin, die traditionellen Rollen in Deiner Gemeinschaft zu erkennen und zu reflektieren, wie Du innerhalb dieser Strukturen Deinen Beitrag leisten kannst. Es geht darum, die Balance zu finden zwischen der Erfüllung gesellschaftlicher Erwartungen und der persönlichen Freiheit. Betrachte die gesellschaftlichen Rollen als Skelett, das Bewegung erst ermöglicht, und nicht als Fesseln. Erforsche, wie Du innerhalb dieser Strukturen Deine individuellen Fähigkeiten und Leidenschaften zum Ausdruck bringen und zum Wohl der Gemeinschaft beitragen kannst. Sei offen für die Möglichkeiten, die sich innerhalb der traditionellen Rollen bieten, und nutze sie als Grundlage für Innovation und persönliches Wachstum.

Spiegelpunkt: *14° Zwilling - Objektivität*

16° Steinbock: archaische Triebkräfte

Die Basis der Selbsteinordnung ist in den archaischen Triebkräften des Menschen verankert. Die traditionellen gesellschaftlichen Rollen reflektieren nicht nur äußere Erwartungen, sondern auch die tiefsten innerseelischen Bedürfnisse und Antriebe. Wären diese Rollen und Regeln nicht ein Spiegelbild der inneren Natur des Menschen, könnten sie kaum Bestand haben, ohne zu inneren Konflikten oder gar Revolutionen zu führen. Indem die Gesellschaft Kanäle schafft, durch die diese Triebkräfte auf sozial verträgliche Weise gelebt werden können, wird nicht nur die individuelle Entfaltung ermöglicht, sondern auch der Gemeinschaft gedient. So wie die Knochenstruktur des Menschen durch ihre feste Beschaffenheit und Hebelwirkungen erst die Bewegung ermöglicht, bieten die gesellschaftlichen Strukturen und Rollen einen Rahmen, innerhalb dessen die menschlichen Antriebe und Bedürfnisse geleitet und nutzbar gemacht werden können.

Aufgabe: Deine Aufgabe ist es, dafür zu sorgen, dass in Deinem Umfeld ein harmonisches Gleichgewicht zwischen den unterschiedlichen Rollen und Persönlichkeiten besteht. Achte darauf, dass niemand ausgeschlossen wird und dass jeder die Möglichkeit hat, seinen Platz und seine Rolle in der Gemeinschaft zu finden und auszufüllen. Dies erfordert Toleranz, Offenheit und eine respektvolle Wertschätzung der Vielfalt menschlicher Ausdrucksformen und Bedürfnisse. Es geht nicht darum, kriminelle oder schädliche Verhaltensweisen zu tolerieren, sondern vielmehr darum, die grundlegenden menschlichen Antriebe zu verstehen und Wege zu finden, wie diese Antriebe zum Wohl der Gemeinschaft transformiert und integriert werden können.

***Spiegelpunkt**: 13° Zwilling – Transzendente Verbindung*

17° Steinbock: Anleitung zum Gebrauch der Kräfte

In dieser Synergie offenbart sich, wie die Gesetze des Kosmos und die innerseelischen Kräfte des Menschen in Einklang stehen, da beide Teil des gleichen Universums sind. Kulturelle Anforderungen können manchmal eine Sublimierung dieser Kräfte verlangen, wobei es Aufgabe der Gesellschaft ist, geeignete Kanäle zur Verfügung zu stellen, die es dem Einzelnen ermöglichen, sich harmonisch in die Gemeinschaft einzufügen. Die Integration der archaischen Triebkräfte mit den traditionellen gesellschaftlichen Rollen bietet eine Art Anleitung, wie diese Kräfte sozial verträglich ausgelebt werden können, ähnlich der Unterstützung und Stabilität, die das Skelett dem Körper bietet. Das Funktionieren einer Gesellschaft hängt maßgeblich von Mustern wechselseitigen Verhaltens ab, die durch den „Status" und die damit verbundenen Rollen innerhalb der Gemeinschaft definiert werden. Indem Individuen ihre zugewiesenen Rollen annehmen und die dazugehörigen Rechte und Pflichten ausüben, tragen sie zu einem reibungslosen gesellschaftlichen Miteinander bei.

Aufgabe: Deine Aufgabe ist es, die dir zugewiesenen Rollen und den damit verbundenen Status innerhalb Deiner Gemeinschaft zu erkennen und zu akzeptieren. Verstehe und erfülle die mit diesen Rollen verbundenen Erwartungen, um zur Harmonie und zum Wohl der Gemeinschaft beizutragen. Gleichzeitig solltest Du Wege finden, Deine persönlichen, innerseelischen Kräfte kreativ und konstruktiv in diese Rollen einzubringen, sodass Du nicht nur Deiner sozialen Verantwortung gerecht wirst, sondern auch persönliche Erfüllung findest. Es geht darum, ein Gleichgewicht zwischen der Erfüllung gesellschaftlicher Erwartungen und der Ausübung persönlicher Freiheiten zu finden, um sowohl individuelle als auch kollektive Entwicklung zu fördern.

***Spiegelpunkt**: 12° Zwilling - Inspirationsquelle*

18° Steinbock: Disziplin

Die Disziplin stellt eine fundamentale Methode der Selbsteinordnung dar, die den Einzelnen dazu auffordert, sich durch Selbstkontrolle und bewusste Regulierung innerseelischer Triebkräfte in das Gefüge der Gesellschaft einzugliedern. Diese Selbstregulierung ist entscheidend, um die inneren Kräfte so zu kanalisieren, dass sie dem Gemeinwohl dienen, anstatt der Gemeinschaft Schaden zuzufügen. Die Disziplin erlaubt es, durch die Sublimierung der Triebe konstruktiv zum kulturellen Fortschritt beizutragen. Ähnlich wie in der systemischen Gruppentheorie betont, hängt das Funktionieren einer Gesellschaft von Mustern wechselseitigen Verhaltens und der Anpassung der Individuen an ihre gesellschaftlich zugeordneten Rollen und Status ab. Durch die Ausübung der damit verbundenen Rechte und Pflichten tragen die Individuen zur reibungslosen Funktion der Gemeinschaft bei.

Aufgabe: Deine Aufgabe ist es, die Kunst der Selbstdisziplin zu meistern, indem Du ein tiefes Verständnis für Deine innerseelischen Triebkräfte entwickelst und Wege findest, diese konstruktiv für das Wohl der Gemeinschaft einzusetzen. Anerkenne und respektiere den Status und die Rollen, die Dir innerhalb Deiner sozialen Gemeinschaft zugeordnet sind, und strebe danach, diese mit Integrität auszufüllen. Es geht darum, ein Gleichgewicht zwischen persönlichen Bedürfnissen und gesellschaftlichen Erwartungen zu finden, wobei die Anpassung an den zugewiesenen Status und die Rolle nicht nur zur Harmonie in der Gemeinschaft beiträgt, sondern auch persönliche Erfüllung und Wachstum ermöglicht.

***Spiegelpunkt**: 11° Zwilling - Entkonditionierung*

19° Steinbock: Gesellschafts-Choreographie

Die Gesellschafts-Choreographie ist das Ergebnis der Selbsteinordnung der Individuen in die Gruppe. Durch die Anpassung an traditionelle Rollen und Regeln entsteht eine vordefinierte Choreographie des sozialen Miteinanders. Diese Choreographie macht die Bewegungen und Verhaltensweisen innerhalb der Gemeinschaft für den Einzelnen berechenbar und bietet damit eine Form von Sicherheit und Orientierung. Ebenso wie in der systemischen Gruppentheorie betont, ist das Gelingen einer Gesellschaft von Mustern wechselseitigen Verhaltens abhängig. Der „Status", den jedes Individuum innerhalb dieser Choreographie einnimmt, bestimmt die Rollen und das Verhalten, wodurch sich die Individuen an ihre zugewiesenen Positionen und die damit verbundenen Rechte und Pflichten halten. Eine Gesellschaft funktioniert umso reibungsloser, je perfekter die Individuen ihre Rollen verstehen und ausfüllen.

Aufgabe: Beobachte die „Choreographie" in Deiner Gemeinschaft und verstehe die Rolle, die Du darin spielst. Erkenne, wie Dein Status Deine Handlungen und Interaktionen mit anderen beeinflusst. Deine Aufgabe ist es, Deine Rolle bewusst und mit Integrität auszufüllen, während Du gleichzeitig für die Dynamik der gesamten Gruppe sensibel bleibst. Überlege, wie Du durch Dein Verhalten zur Harmonie und Effizienz der gesellschaftlichen Choreographie beitragen kannst. Achte dabei besonders darauf, wie Du die Balance zwischen Deinem individuellen Ausdruck und den Erwartungen der Gemeinschaft findest, um eine gesunde und funktionierende Gesellschaft zu fördern.

Spiegelpunkt*: 10° Zwilling - Erkenntniskraft*

59. Szene: Erfolgskampf

290° - 294° = 20° Steinbock - 24° Steinbock

Der ***Wassermann der Fraktalkraft*** zeigt den erfolgreichen Kampf, den die verschiedenen Weltanschauungen miteinander um die Vorherrschaft führen müssen. Dabei darf eine Gruppe von politischen Aktivisten nicht den Mut verlieren, wenn eine andere die Nase vorn hat, denn die Zeiten ändern sich und so bekommt vielleicht einmal eine andere Weltanschauung die Gelegenheit, die Macht auszuüben. Jede mögliche Gruppe und jede mögliche Weltanschauung muss im Kleinen präsent bleiben, um im richtigen Augenblick, wenn die gesellschaftlichen Verhältnisse es erfordern, die Regierungsgeschäfte zu übernehmen. Auch in den Weltanschauungen und den daraus resultierenden Gesellschaftsordnungen kann das ökologische Gleichgewicht nur durch Artenvielfalt erhalten werden.

20° Steinbock: Gruppen-Wettkampf

Hier offenbart sich ein faszinierendes Schauspiel des menschlichen Zusammenlebens – der Gruppen-Wettkampf. Dieses Phänomen entsteht, wenn Menschen mit ähnlichen Überzeugungen sich zusammenschließen, um in einer Welt rivalisierender Ideen und Werte Fuß zu fassen. Der Kern dieses Wettbewerbs liegt nicht allein im Streben nach Überlegenheit, sondern vielmehr in der Sehnsucht, die eigene Sichtweise in der Welt zu verankern und andere von ihrer Gültigkeit zu überzeugen. Es ist ein Spiel der Einflussnahme und des geistigen Austauschs, das die Beteiligten zwingt, ihre Argumente zu schärfen und ihre Ideale zu hinterfragen. So wird der Gruppen-Wettkampf zu einem Katalysator für Entwicklung und Veränderung, sowohl auf individueller als auch auf kollektiver Ebene.

Aufgabe: In diesem Kontext ist Deine persönliche Herausforderung, die Kunst des diplomatischen Diskurses zu meistern. Lerne, Deine Ideen mit Überzeugung, aber auch mit Offenheit für die Perspektiven anderer zu präsentieren. Im Alltag bedeutet das, Brücken zu bauen, statt Gräben zu vertiefen. Finde Wege, um in Diskussionen Gemeinsamkeiten zu betonen, ohne Deine eigenen Überzeugungen zu kompromittieren. Das Ziel ist es, eine Atmosphäre des Respekts und der gegenseitigen Bereicherung zu schaffen, in der verschiedene Weltanschauungen nicht als Bedrohung, sondern als Chance für Wachstum und Erweiterung des eigenen Horizonts gesehen werden.

Spiegelpunkt: *9° Zwilling – Flexibilität*

21° Steinbock: innere Stärke des Ehrenkodex

Im Herzen des Steinbocks offenbart sich eine tiefe Wahrheit über den Erfolg und die Bedeutung von wahren Werten in einem oft harten Wettbewerb. Hier wird nicht bloß der Triumph gefeiert, sondern die Art und Weise, wie er erreicht wird. Die innere Stärke, die aus einem festen Ehrenkodex erwächst, ist das Fundament, auf dem dauerhafter Erfolg aufgebaut wird. In einer Welt, die von Konkurrenz und Kampf geprägt ist, erinnert uns dieser Grad daran, dass die wahre Stärke in der Integrität und im Respekt gegenüber anderen liegt, selbst im Angesicht der Niederlage. Es geht darum, inmitten der Herausforderungen an den eigenen

Prinzipien festzuhalten und sich durch Fairness, Achtung und die ständige Überprüfung der eigenen Werte von anderen abzuheben.

Aufgabe: Persönliche Entwicklung: Reflektiere über Deinen eigenen Ehrenkodex. Was sind die unumstößlichen Werte, die Dein Handeln leiten, besonders in Zeiten des Wettbewerbs oder der Herausforderung? Arbeite daran, diese Werte zu stärken und noch mehr in Deinen Alltag zu integrieren. Im Alltag: Sieh Konkurrenzsituationen als Gelegenheiten, Deinen Charakter zu stärken. Handle fair und mit Respekt gegenüber anderen, selbst wenn Du unter Druck stehst zu gewinnen. Erkenne Niederlagen an und nutze sie als Chance für Wachstum und als Motivation, beim nächsten Mal noch stärker zu sein. Arbeite kontinuierlich an einer feineren, gerechteren Vorstellung von den Regeln des Zusammenlebens und trage so zu einer Kultur der Ehre und des gegenseitigen Respekts bei.

***Spiegelpunkt**: 8° Zwilling - Aussortierung*

22° Steinbock: moralischer Sieg

Dieser Grad verkörpert die essentielle Synergie zwischen innerem Ethos und äußerem Handeln, indem er den moralischen Sieg als ultimative Synthese des Erfolgskampfes herausstellt. Wenn man den tief verwurzelten Ehrenkodex in die Dynamik eines Gruppenwettkampfs einbringt, ist der moralische Sieg nicht nur eine Möglichkeit, sondern eine Gewissheit. Es ist eine leuchtende Erinnerung daran, dass, unabhängig davon, wer den faktischen Sieg davonträgt, der wahre Triumph in der Treue zu sich selbst und den eigenen Grundsätzen liegt. Dieser Grad unterstreicht, dass ein moralischer Sieg weit über den physischen oder materiellen Erfolg hinausgeht. Er symbolisiert den unerschütterlichen Glauben an die eigenen Prinzipien und die unbedingte Integrität, auch im Angesicht von Herausforderungen.

Aufgabe: Mach es Dir zur Aufgabe, den Wert eines moralischen Sieges in Deinem Leben zu reflektieren. Frage Dich, in welchen Bereichen Deines Lebens Du möglicherweise Kompromisse eingehst, die Deinen inneren Werten widersprechen, und suche nach Wegen, um treu zu Deinen Prinzipien zu stehen, selbst wenn es schwierig wird. Engagiere Dich dafür, Fairness und Integrität in jeder Situation zu praktizieren, sei es bei der Arbeit, in familiären Beziehungen oder beim Umgang mit Fremden. Anerkenne, dass der wahre Sieg in der Beständigkeit Deiner Werte liegt, und nutze dies als Kompass für Deine Handlungen. Dies wird nicht nur zu einer tieferen Zufriedenheit mit Dir selbst führen, sondern auch als Vorbild für andere dienen, die Kraft der Ethik im täglichen Leben zu erkennen.

***Spiegelpunkt**: 7° Zwilling - Privilegienabbau*

23° Steinbock: Verpflichtung

Dieser Grad betont die entscheidende Rolle der Verpflichtung im Erfolgskampf, sowohl individuell als auch kollektiv. Es geht darum, sich einer Sache, einer Weltsicht oder einer Vorstellung von den richtigen Regeln des Zusammenlebens voll und ganz zu verschreiben. Diese Verpflichtung ist die Methode und der Motor, der Teamgeist und aufrichtigen Einsatz für gemeinsame Ziele antreibt. Nur wenn jedes Mitglied eines Teams oder einer Gemeinschaft sich mit ganzer Seele der gemeinsamen Sache widmet, kann echter Fortschritt erzielt werden. Dieser Grad unterstreicht die Bedeutung von Hingabe und Treue zu den Prinzipien, die man als richtig erachtet, und lädt dazu ein, die eigenen Werte stets zu hinterfragen und zu schärfen, um sie noch wirkungsvoller in die Tat umzusetzen.

Aufgabe: Besinne Dich auf die Sache oder die Werte, denen Du Dich verpflichtet fühlst. Frage Dich, wie tief diese Verpflichtung geht und wie Du sie noch stärker in Deinem täglichen Handeln zum Ausdruck bringen kannst. Engagiere Dich aktiv für die Sache, der Du Dich verpflichtet fühlst. Ob in Deiner beruflichen Rolle, innerhalb Deiner Gemeinschaft oder in einem anderen Bereich Deines Lebens – finde konkrete Wege, wie Du Deinen Beitrag leisten kannst. Zeige Teamgeist und arbeite mit anderen zusammen, um gemeinsame Ziele zu erreichen, dabei stets geleitet von der Integrität und dem tiefen Glauben an das, was Du als richtig erachtest.

Spiegelpunkt: *6° Zwilling – Überlieferte Tradition*

24° Steinbock: moralische Werte

Im Herzen des Steinbockzeichens, das für seine Standhaftigkeit, Zielstrebigkeit und Struktur bekannt ist, offenbart 24° eine tiefere Bedeutung: die Unverzichtbarkeit moralischer Werte im Streben nach Erfolg. Dieser Grad betont, dass echter Erfolg nicht allein durch das Erreichen von Zielen definiert wird, sondern vielmehr durch die Art und Weise, wie diese Ziele erreicht werden. Moralische Werte dienen als Leitsterne, die sicherstellen, dass der Pfad zum Ziel nicht nur ein Mittel zum Zweck ist, sondern ein integraler Bestandteil des Erfolgs selbst. Sie erinnern uns daran, dass der Prozess des Erreichens genauso wichtig ist wie das Ziel, und dass der Weg, den wir wählen, das Endresultat prägt. In einer Welt, die oft von Ergebnissen besessen ist, ruft uns dieser Grad dazu auf, die Bedeutung ethischen Handelns zu würdigen und zu verstehen, dass wahre Größe in der Integrität unseres Handelns liegt. Es ist eine Mahnung, dass, wenn wir die moralischen Werte aus den Augen verlieren, selbst die edelsten Ziele durch unmoralische Mittel befleckt werden können.

Aufgabe: Es ist essenziell, an Deinen moralischen Werten festzuhalten, besonders wenn Du überzeugt bist, dass diese den richtigen Prinzipien entsprechen. Es kann notwendig sein, gelegentlich ein Ziel aufzugeben oder zu modifizieren, wenn der Weg dorthin im Widerspruch zu Deinen ethischen Überzeugungen steht. Diese Aufgabe ermutigt Dich, in jeder Entscheidung, die Du triffst, und in jeder Handlung, die Du ausführst, Deine moralischen Grundsätze zu berücksichtigen. Lass diese Werte Deine Entscheidungen im Alltag leiten, von den kleinsten bis zu den größten, und erkenne, dass der wahre Erfolg in der Harmonie zwischen Ziel und Methode liegt.

***Spiegelpunkt**: 5° Zwilling - Wissensbesitz*

60. Szene: Soziale Ordnung

295° - 299° = 25° Steinbock - 29° Steinbock

Der ***Fische-Bereich der Fraktalkraft*** ist die soziale Ordnung, die sich ständig im Fließgleichgewicht befindet. Wie in einem wachsenden Organismus kann keine Regel und kein Maßstab für die Ewigkeit endgültig sein. Wir sind in ständiger Entwicklung. Das ist noch nie so deutlich geworden wie in unserer Zeit. Viele Menschen glauben an eine Weltverschwörung irgendwelcher Geheimbünde, die das Weltgeschehen in eine bestimmte Richtung lenken wollen. Mal sind es die Juden, mal die Rosenkreuzer, die Freimaurer oder die Jesuiten. Die einen beschwören die vage Vision von erleuchteten Meistern, die sich in irgendeinem geheimen Tal im Himalaja versteckt halten sollen, die anderen glauben einfach, dass der Kosmos automatisch auf einen vorherbestimmten Punkt Omega zusteuert, und wieder andere halten schlicht Gott selbst für den Lenker der Weltgeschicke. Woher auch immer die Evolution ihre Kraft nimmt, die soziale Ordnung gehorcht in jedem Fall dem Prinzip der Selbstorganisation und des Fließgleichgewichts.

25° Steinbock: Innere Dynamik

In der Tiefe des Steinbocks entfaltet sich die essentielle Idee der Gesellschaftsordnung als ein Spiegelbild der inneren Dynamik der Selbstorganisation. Dieser Grad symbolisiert einen zyklischen Prozess, in dem die Sublimierung natürlicher Triebe nicht nur kulturelle Fortentwicklung ermöglicht, sondern auch eine gewisse Blockade hervorruft. Es entsteht eine Notwendigkeit, diese

Blockaden durch die Sublimierung anderer Triebe oder durch die Rückkehr zum ursprünglichen Zustand zu überwinden. Diese stetige Dynamik treibt die Kulturentwicklung voran und begründet die Struktur der Gemeinschaft. Mit jedem kulturellen Fortschritt engt sich der Raum für die natürlichen Ausdrucksmöglichkeiten der Triebe weiter ein, was eine ritualisierte und gesellschaftskonforme Kanalisierung dieser Triebe erforderlich macht. Der daraus resultierende positive Effekt der Emergenz ist die Transformation des Individuums durch Bewusstwerdung und das Erkennen der eigenen Rolle innerhalb dieser Dynamik.

Aufgabe: Erkenne, dass jede Deiner Entscheidungen Teil eines größeren Wirkungszusammenhangs ist. Die Übernahme von Verantwortung für Deine Handlungen ist essentiell, da diese die weiterführende Dynamik beeinflussen. Es ist wichtig, Dir Deiner eigenen Motivationen bewusst zu werden und der inneren Dynamik des Lebens zu vertrauen. Akzeptiere Einschränkungen als Möglichkeit, im verbleibenden Raum eine tiefere und bedeutungsvollere Entwicklung zu erfahren. Dieser Grad fordert Dich auf, das Gleichgewicht zwischen persönlicher Entfaltung und gesellschaftlicher Konformität zu finden und dabei stets die Transformationskraft der inneren Dynamik zu nutzen.

***Spiegelpunkt**: 4° Zwilling - Impression*

26° Steinbock: Menschheits-Transformation

Die Menschheits-Transformation offenbart einen tiefgreifenden Prozess: Die Entwicklung der Menschheit durch die zunehmende Kultivierung und Einschränkung unmittelbarer Triebbefriedigungen führt zu einer fortlaufenden Erhöhung der kulturellen Komplexität. Diese Evolution reflektiert eine intrinsische Dynamik, in der die Beschränkung individueller Impulse paradoxerweise das Wachstum und die Erhebung der Gemeinschaft als Ganzes fördert. Die Vision eines Punkt-Omega, vorgestellt von Teilhard de Chardin, symbolisiert hier ein metaphysisches Ziel dieser Transformation: die Bewusstwerdung des Kosmos durch die Menschheit. In dieser Perspektive wird die menschliche Entwicklung nicht als Abfolge isolierter Ereignisse, sondern als ein zusammenhängender, zielgerichteter Prozess betrachtet, der auf eine tiefere, kollektive Selbstrealisation hinausläuft.

Aufgabe: Betrachte die Entwicklung Deines persönlichen Lebens und der Gesellschaft, in der Du lebst, als Teil einer größeren, evolutionären Reise. Erkenne, dass jede Herausforderung und jede scheinbare Einschränkung eine Gelegenheit zur Transformation und zum Wachstum darstellen kann. Deine Aufgabe ist es, diesen Prozess bewusst zu durchleben, indem Du die Verbindung zwischen Deinen Handlungen und der kollektiven Entwicklung der Menschheit erkennst. Bemühe Dich, über die unmittelbare Befriedigung hinauszuschauen und Deine Rolle in der größeren Geschichte der Menschheits-Transformation zu verstehen. Dadurch kannst Du einen Beitrag zum Bewusstseinswandel leisten, der uns alle einem Punkt der universellen Erkenntnis näherbringt.

Spiegelpunkt: *3° Zwilling – Rückbindung an die Quelle*

27° Steinbock: Weite Grenzen

Die Synergie der sozialen Ordnung beleuchtet das Phänomen der „Weiten Grenzen“ innerhalb der gesellschaftlichen Evolution, ein Konzept, das sowohl die Unendlichkeit des kosmischen Entwicklungsprozesses als auch die Notwendigkeit der menschlichen Anpassung und Weiterentwicklung reflektiert. Dieser Grad erkennt an, dass der Prozess der Selbstorganisation des Kosmos und die daraus resultierende Komplexität des menschlichen Bewusstseins in eine ständig fortschreitende Vernetzung münden, die keinen Stillstand duldet. Zurückzufallen oder inaktiv zu bleiben, wäre gleichbedeutend mit einer Katastrophe oder dem Untergang. Der einzig gangbare Pfad für die Menschheit und ihre Kulturen ist daher eine kontinuierliche „Flucht nach vorne“, eine unablässige Erweiterung der eigenen Grenzen und Möglichkeiten.

Aufgabe: Erkenne und akzeptiere die Bedeutung der ständigen Weiterentwicklung in Deinem Leben und in der Gesellschaft. Bemühe Dich, über bestehende Grenzen hinauszudenken und zu handeln, und sieh jede Herausforderung als eine Gelegenheit, Neues zu entdecken und Dich weiterzuentwickeln. Deine persönliche Entwicklung und die Beiträge, die Du zur Gesellschaft leistest, sollten Teil dieses expansiven Prozesses sein. Sei mutig in der Exploration unbekannter Territorien, sei es in der persönlichen Weiterbildung, in kreativen Ausdrucksformen oder in der Mitwirkung an der Gestaltung einer fortschrittlichen Gemeinschaft. Diese fortwährende Erweiterung der Grenzen ist nicht nur ein Weg zur Vermeidung von Stillstand und Rückschritt, sondern auch ein entscheidender Schritt zur Realisierung des vollen Potenzials der Menschheit.

***Spiegelpunkt**: 2° Zwilling – Formalismus der Sinne*

28° Steinbock: Zukunftsweisende Regeln

Die Methode der sozialen Ordnung verlangt, dass die Grundpfeiler der Gesellschaft durch zukunftsweisende Regeln gestaltet werden. Solche Regeln, obwohl sie aus den Lehren der Vergangenheit schöpfen, sind vorrangig auf die Förderung einer hoffnungsvollen Zukunft ausgerichtet. Das menschliche Leben ist ein endloser Zyklus von Fragen und Antworten, wobei jede Entscheidung uns in die Zukunft führt. Es ist essenziell, nicht nur negative Erfahrungen zu meiden, sondern aktiv eine Gesellschaft zu gestalten, die auf positiven zukünftigen Erlebnissen basiert. Die Flucht vor Herausforderungen ohne Ziel oder Richtung ist eine Sackgasse. Vielmehr sollte die positive Ausrichtung auf die Zukunft als Leitfaden für die Entwicklung von Regeln dienen, die sowohl dem Einzelnen als auch der Gemeinschaft zugutekommen.

Aufgabe: Sehe in jeder Entscheidung, die Du triffst, eine Möglichkeit, die Zukunft positiv zu beeinflussen. Statt aus Angst vor negativen Erfahrungen zu handeln, fokussiere Dich darauf, wie Deine Handlungen die Gesellschaft auf einen Weg des Fortschritts und der positiven Entwicklung lenken können. Nimm Dir die Zeit, Deine eigenen Erfahrungen zu reflektieren und daraus Regeln abzuleiten, die nicht nur vergangene Fehler vermeiden, sondern auch einen Weg in eine hoffnungsvolle und erfüllte Zukunft ebnen.

***Spiegelpunkt**: 1° Zwilling – Unbeschriebenes Blatt*

29° Steinbock: Weltverschwörung

Dieser Grad wirft ein Licht auf das Konzept der „Weltverschwörung“, das – wenn auch keine Realität – so doch mehr als nur eine Theorie oder ein Produkt kollektiver Ängste ist. Es symbolisiert die Vorstellung einer scheinbar gesteuerten gesellschaftlichen Entwicklung, die viele dazu veranlasst, an eine zentrale Kontrolle oder Lenkung des menschlichen Schicksals zu glauben. Diese Perspektive soll uns dazu anregen, die Konsequenzen unserer gesellschaftlichen Regeln zu bedenken, als wären wir selbst die Architekten dieser verborgenen Ordnung mit der Macht, die Menschheitsgeschichte zu gestalten. Diese Reflexion ermutigt zur kritischen Auseinandersetzung mit der eigenen Verantwortung und Rolle in der Gesellschaft und fordert uns heraus, über die unmittelbaren Auswirkungen unseres Handelns hinauszudenken.

Aufgabe: Hinterfrage kritisch die gesellschaftlichen Regeln und Normen, an denen Du teilhast. Überlege, welche Auswirkungen diese auf die Zukunft haben könnten, als ob Du persönlich die Verantwortung für die Richtung der menschlichen Entwicklung tragen würdest. Nutze diese Perspektive, um bewusstere Entscheidungen zu treffen, die nicht nur auf persönlichem Gewinn basieren, sondern auf dem Wohl der Gemeinschaft und der nachhaltigen Entwicklung der Menschheit. Betrachte Deine Handlungen und deren potenzielle Langzeitfolgen als Beitrag zu einem größeren Ganzen, und strebe danach, einen positiven Einfluss auf die Zukunft zu nehmen.

Spiegelpunkt*: 0° Zwilling – Aspekt der Wirklichkeit*

61. Szene: Idee

300° - 304° = 0° Wassermann - 4° Wassermann

Der ***Widder der Lebenskraft*** zeigt sich in jeder neuen Idee. Jede Idee ist ein von Gott gesandter Geistesblitz. Niemand kann mit Sicherheit sagen, wie seine neue Idee entstanden ist, denn wenn man den Weg von der rationalen Überlegung bis zur ganz neuen Idee zurückverfolgen könnte, wäre es keine wirklich neue Idee, sondern nur eine Verwandlung des Alten. Aber während die alten Gedanken immer nur flach kreisen wie der Bleistift auf einem Blatt Papier, ist die neue Idee eine Erhebung der Gedanken in eine völlig neue Dimension. Es ist, als ob der Bleistift plötzlich einen Strich orthogonal zur Oberfläche des Papiers durch die Luft zieht. Eine wirklich neue Idee bleibt nicht in der gleichen Dimension des bisher Gedachten, das wäre nur mehr vom Alten, also eine Steigerung der Quantität. Eine neue Idee ist eine Steigerung der Qualität. Etwas noch nie Gedachtes bricht aus irgendeinem Bereich jenseits des Gedachten in die Gedankenwelt ein.

0° Wassermann: Geistesblitz

Hier offenbart sich die mystische Qualität eines Geistesblitzes, der den Samen für Innovation und Durchbrüche in das Bewusstsein pflanzt. Dieses Phänomen symbolisiert eine unerwartete, aber transformative Erleuchtung, die das Potential hat, den Lauf der persönlichen Entwicklung und kollektiven Fortschritts zu verändern. Es ist, als ob das Universum selbst einen Moment wählt, um durch das Fenster der menschlichen Intuition zu leuchten, einen Moment, in dem das Gewöhnliche das Außergewöhnliche berührt. Der Geistesblitz kommt oft, wenn er am wenigsten erwartet wird, jedoch nicht zu den Unvorbereiteten. Er erfordert ein offenes Herz und einen bereiten Geist, der in der Lage ist, jenseits der Grenzen des Bekannten zu denken und zu fühlen. Es ist dieser göttliche Funke, der Visionäre erschafft, die Gesellschaften prägen und die Grenzen des Möglichen erweitern.

Aufgabe: Die persönliche Entwicklungsaufgabe hierbei liegt in der kontinuierlichen Vorbereitung des eigenen Geistes und Herzens auf die Empfänglichkeit für solche überwältigenden Momente der Klarheit und Erleuchtung. Es gilt, die eigene innere Welt zu kultivieren, indem Du regelmäßig Praktiken wie Meditation, kontemplative Reflexion oder kreative Exploration pflegst, um so einen fruchtbaren Boden für den Samen des Geistesblitzes zu schaffen. Im Alltag bedeutet dies, stets neugierig zu bleiben, Routinen zu hinterfragen und den Mut aufzubringen, unkonventionelle Wege zu erkunden. Lass Dich nicht von der Angst vor dem Unbekannten zurückhalten, sondern begrüße die Gelegenheit, Dein Verständnis von der Welt und Dir selbst zu erweitern. Die Herausforderung besteht darin, bereit zu sein – nicht nur darauf zu warten, dass Inspiration zuschlägt, sondern aktiv Räume und Zustände zu schaffen, in denen Neues entstehen kann.

***Spiegelpunkt**: 29° Stier – Stolze Sicherheit*

1° Wassermann: Glaube an die Kraft des Ideals

Am Ort der Idee offenbart sich ein tiefes, oft unbewusstes Wissen um die transformative Kraft von Idealen. Jedes neu entstehende Ideal verkörpert nicht nur eine Vision für die Zukunft, sondern ist zugleich ein Funke, der die innere Flamme der Lebenskraft entfacht. Es handelt sich hierbei um eine rein abstrakte Energie, die zunächst nur in den Gedanken und Träumen der Menschen existiert, mit der Zeit jedoch das Potenzial besitzt, die greifbare Realität auf revolutionäre Weise zu gestalten. Diese Ideale sind unsichtbar und dennoch kraftvoll, denn sie bahnen den Weg für fundamentale Veränderungen in der Welt. Der Schlüssel zur Erfahrung und zur Gestaltung dieser künftigen Realitäten liegt im Glauben an das noch Unsichtbare, an das Potenzial dessen, was noch nicht manifestiert ist.

Aufgabe: Entwickle Deine Fähigkeit, über den momentanen Horizont hinauszuschauen und in die Zukunft zu imaginieren. Lerne, das scheinbar Unmögliche als „noch nicht realisiertes Potenzial" zu betrachten. Indem Du Dich in der Kunst des Visionierens übst, entdeckst Du, dass hinter jedem großen Wandel zunächst eine Idee stand. Diese Visionen sind nicht nur Tagträume, sondern vielmehr der Samen, aus dem die Realität von morgen erwächst. Ermutige Dich selbst und andere, mutig genug zu sein, um groß zu träumen und diese Träume als Vorboten zukünftiger Wirklichkeiten zu sehen. Indem Du Dein Bewusstsein für die Macht der Ideale schärfst, wirst Du ein aktiver Mitgestalter in der Evolution der Welt.

***Spiegelpunkt**: 28° Stier – Verständnis und Routine*

2° Wassermann: Distanz zur eigenen Identität

2° Wassermann steht für die synergetische Phase innerhalb der fraktalen Struktur des Widder-Bereichs der Lebenskraft, symbolisiert durch die notwendige Distanzierung von der eigenen Identität, um geistige Durchbrüche und die Verwirklichung neuer Ideale zu ermöglichen. Dieser Grad lehrt die Kunst der Objektivität gegenüber dem Selbst und den eigenen Überzeugungen und Traditionen. Es geht darum, die Bindungen an die eigene Herkunft, die persönliche Geschichte oder Gruppenidentitäten temporär zu lockern, um Raum für die Entfaltung und Annahme revolutionärer Ideen zu schaffen. Diese Art der Distanz ermöglicht eine unvoreingenommene Betrachtung von Möglichkeiten, die außerhalb der gewohnten Denkmuster liegen, und fördert dadurch einen Zustand, in dem wahre Innovation und Veränderung entstehen können. Die Fähigkeit, sich von festgefahrenen Identitäten zu lösen, ist ein entscheidender Schritt auf dem Weg zur Verwirklichung größerer, kollektiver Visionen.

Aufgabe: Übe Dich in der Kunst, emotionalen und intellektuellen Abstand von Deiner eigenen Identität und Deinen Überzeugungen zu nehmen. Stelle Dir vor, Du betrachtest Dein Leben und Deine tiefsten Überzeugungen aus der Perspektive eines Außenstehenden. Dieser Prozess soll nicht zur Selbstentfremdung führen, sondern vielmehr dazu dienen, Deine eigene Perspektive zu erweitern und Dich für neue, möglicherweise transformative Ideen zu öffnen. Erkenne, dass wahres Wachstum und tiefgreifende Einsichten oft dann entstehen, wenn wir bereit sind, unsere vertrauten Ankerpunkte vorübergehend loszulassen. Die Herausforderung besteht darin, die Balance zwischen Verbundenheit mit dem Selbst und der notwendigen Distanz zu finden, um Innovation und geistige Freiheit zu fördern.

***Spiegelpunkt**: 27° Stier – ewiger Neubeginn*

3° Wassermann: Channeling

Dieser Punkt symbolisiert die Methode innerhalb des Widder-Bereichs der Lebenskraft, geprägt durch eine außergewöhnliche geistige Offenheit, die mit dem esoterischen Begriff des Channelings umschrieben werden kann. Diese Offenheit ermöglicht es dem Geist, als ein Kanal zu fungieren, durch den Ideen aus höheren, nicht persönlichkeitsgebundenen geistigen Sphären fließen können. So zumindest ist der subjektive Eindruck. Die Reinheit dieses Kanals bestimmt die Klarheit und Reinheit der empfangenen Ideen. Dennoch spielt der individuelle geistige Hintergrund einer Person, einschließlich ihrer Vorlieben und Interessen, eine wesentliche Rolle dabei, welche spezifischen Ideen Zugang finden. Ein kreativer Durchbruch, oft als das Werk eines Genies betrachtet, wird durch tiefe und intensive Auseinandersetzung mit einem Thema erzeugt und ausgelöst.

Aufgabe: Gib Dich der Kreativität mit Mut hin. Erlaube Dir, Risiken einzugehen und auch die Möglichkeit des Scheiterns oder der Blamage zu akzeptieren. Die Fähigkeit, den inneren Kritiker zu umgehen und sich nicht selbst zu blockieren, ist essentiell, um den Weg für kreative, innovative und wertvolle Ideen frei zu machen. Übe Dich darin, Deine Gedanken ohne Selbstzensur fließen zu lassen, und erlaube Dir, auch scheinbaren Unsinn zu äußern. Oft sind es gerade diese unerwarteten Gedankensprünge, die den Boden für bahnbrechende Ideen bereiten. Vertraue auf den Prozess des geistigen Channelings, um Deine einzigartigen Ideen und Visionen zu entdecken und zu entwickeln.

***Spiegelpunkt**: 26° Stier - Angleichung*

4° Wassermann: Neue Dimension des Denkens

Das kreative Ergebnis des Widder-Bereichs der Lebenskraft offenbart sich in einer völlig neuen Dimension des Denkens. Dies veranschaulicht, wie revolutionäre Ideen unsere konventionelle Wahrnehmung und unser Verständnis der Welt erweitern. Gleich dem hypothetischen Versuch, mit einem dreidimensionalen Arm in die vierte Dimension zu deuten, illustriert dieses Bild die Entdeckung von bislang unbekannten Denkrichtungen. Solche Ideen führen uns in gedankliche Bereiche, die zuvor unvorstellbar waren, ähnlich einem Arm, der in eine andere Dimension vordringt und unserer Wahrnehmung entschwindet. Die Entstehung einer solchen neuen Idee markiert den Beginn einer kollektiven Bewusstseinserweiterung, in der allmählich auch andere Menschen beginnen, diese neue Perspektive zu erkennen und zu verstehen.

Aufgabe: Fordere Dich heraus, über die Grenzen des bisher Gedachten hinauszugehen. Versuche, gedanklich Wege zu beschreiten, die bislang als unmöglich oder unvorstellbar galten. Stelle Dir vor, wie Deine Ideen und Visionen den Rahmen des Bekannten sprengen und in neue Dimensionen vorstoßen. Diese Aufgabe lädt Dich dazu ein, kreative Lösungen für scheinbar ausweglose Situationen zu finden oder komplett neue Perspektiven auf alltägliche Dinge zu entwickeln. Ermuntere Dich selbst, Fragen zu stellen, die niemand zuvor gestellt hat, und suche nach Antworten, die über die herkömmlichen Erklärungen hinausgehen. Das Ziel ist es, einen mentalen Raum zu betreten, in dem das Unmögliche möglich wird und in dem Deine Gedanken und

Ideen die Grenzen des Jetzt überschreiten und in die unbekannten Weiten des Morgen führen.

***Spiegelpunkt**: 25° Stier - Entladungsblockade*

62. Szene: Zeitgeist

305° - 309° = 5° Wassermann - 9° Wassermann

Der ***Stier der Lebenskraft*** ist der Zeitgeist. Der Trend, der den Gedanken der Zeit folgt. Alle bisherigen neuen Gedanken werden zu immer neuen Mustern verbunden und verwoben. Zeitgeist ist immer mehr vom Alten. Die Gedanken werden bis zur letzten Konsequenz ausgereizt. Es ist, als hätte ein Grafikbüro das Dreieck entdeckt und macht nichts anderes mehr, als Dreiecke in allen möglichen Variationen zu zeichnen. Dabei entstehen viele neue Grafiken, aber wirklich Neues kommt erst, wenn die Grafiker das Thema Dreieck so ausgereizt haben, dass ihnen nichts mehr einfällt, dann „erfindet“ vielleicht jemand den Kreis und das Spiel beginnt von vorne. Der Zeitgeist ist immer die Zeit zwischen den neuen Ideen, in der mit den neuesten Ideen gearbeitet wird, bis sie ihren Reiz verloren haben. Die neueste Idee wird dann mit den alten Ideen in Verbindung gebracht, eingeordnet und vollständig erfahren. Am Ende ist an der neuen Idee nichts mehr neu und unbekannt.

5° Wassermann: Handlungsmuster

5° Wassermann steht im Zeichen des Stier-Bereichs der Lebenskraft und betont, den Impuls bestehende Ideen als Basis für aktuelle Handlungsmuster zu nutzen. Es symbolisiert eine tiefe Verwurzelung im Zeitgeist, in dem der Mensch sowohl zeitgenössisch als auch vorausschauend agiert. Er befindet sich in einer Position, in der er die Chancen und Trends der gegenwärtigen Zeit nicht nur erkennt, sondern auch effektiv für sich zu nutzen weiß. Dieses Bewusstsein für den „Puls der Zeit“ ermöglicht es, auf den Wellen des Fortschritts zu surfen, ohne dabei den Kontakt zur Gegenwart zu verlieren. Der 5° Wassermann lehrt uns, dass wahre Innovationskraft nicht zwangsläufig in der Erschließung des Unbekannten liegt, sondern oft in der kreativen Neuordnung und Nutzung dessen, was bereits existiert.

Aufgabe: Konzentriere Dich darauf, die Effizienz der Dir zur Verfügung stehenden Ressourcen zu optimieren, indem Du auf eine intelligentere Vernetzung und Kooperation setzt. Es geht nicht darum, ständig neue Ressourcen zu erschließen, sondern die vorhandenen besser und organisierter einzusetzen. Überdenke bestehende Strukturen und Prozesse und frage Dich, wie diese durch eine engere Zusammenarbeit und einen kreativen Umgang mit vorhandenen Mitteln verbessert werden können. Ziel ist es, ein Umfeld zu schaffen, in dem Synergien entstehen und Ressourcen so effektiv wie möglich genutzt werden, um nicht nur die individuelle Produktivität zu steigern, sondern auch einen Beitrag zum kollektiven Fortschritt zu leisten.

***Spiegelpunkt**: 24° Stier – Verbesserung durch Synergie*

6° Wassermann: Neugeburt

An der Basis des Stier-Bereichs der Lebenskraft erfahren wir das Prinzip der Neugeburt alter Ideen. Dieser Grad verdeutlicht die Bedeutung der Neugestaltung und Wiederbelebung von bereits existierenden Gedanken durch ihre kreative Kombination mit anderen Ideen. In einer Welt, die von einer Überfülle an Informationen und Gedanken geprägt ist, wird die Fähigkeit, Wesentliches von Unwesentlichem zu trennen, unabdingbar. Die wahre Kunst besteht darin, sich nicht nur mit den gegenwärtigen Strömungen auseinanderzusetzen, sondern auch einen individuellen Zugang zu diesen zu finden und dadurch den Ideen neues Leben einzuhauchen. Die Neugeburt der Gedanken im Wassermann zeugt von einem Prozess der Transformation, bei dem Altes nicht verworfen, sondern durch innovative Ansätze neu interpretiert und belebt wird.

Aufgabe: Widme Dich der Aufgabe, die Vielzahl an existierenden Ideen zu sichten und diejenigen herauszufiltern, die für Deine persönlichen oder beruflichen Ziele relevant sind. Versuche dann, diese Ideen in neuen Kombinationen zusammenzuführen, um innovative Lösungen oder Sichtweisen zu entwickeln. Ermutige Dich dabei, über traditionelle Grenzen hinauszudenken und einen persönlichen Bezug zu den Themen herzustellen, die Dich interessieren. Durch diesen individuellen Zugang kannst Du alte Konzepte in einem neuen Licht sehen und ihnen auf diese Weise neues Leben einhauchen. Dein Ziel sollte es sein, durch diese kreative Neugestaltung einen Beitrag zur Weiterentwicklung Deines Umfelds zu leisten und gleichzeitig Deinen eigenen, unverwechselbaren Pfad zu beschreiten.

***Spiegelpunkt**: 23° Stier - Gnadenlosigkeit*

7° Wassermann: Modetrend

Die Synergie des Stier-Bereichs der Lebenskraft ist der Modetrend. Eine Manifestation des Zeitgeistes, die die vorgegebenen Handlungsmuster mit dem Prinzip der Neugeburt verknüpft. Diese Konstellation verdeutlicht, wie individuelle Interpretationen und Anwendungen existierender Muster die gesellschaftlichen Strömungen und Trends formen. Modetrends sind weniger eine Frage völlig neuer Ideen als vielmehr die Kunst, das Alte in neue Kontexte zu setzen und dadurch neu zu beleben. In diesem Sinne agieren Modedesigner und Trendsetter als Alchemisten, die das Konservative nehmen und es durch innovative Kombinationen transformieren, um ihm neues Leben einzuhauchen. Mode illustriert somit die Fähigkeit, bestehende Elemente so zu remixen, dass sie aktuell und frisch wirken, ohne dabei ihre essentielle Verbindung zur Vergangenheit zu verlieren.

Aufgabe: Ermutige Dich, existierende Elemente, Konzepte oder Ideen in neue, unerwartete Kombinationen zu bringen. Spiele mit den verschiedenen Facetten des Bekannten, bis Du eine Transformation erreicht hast, die in der gegenwärtigen Zeit resoniert und Anklang findet. Dieser Prozess der Metamorphose fordert von Dir, sowohl kreativ als auch reflektiert mit dem Vorhandenen umzugehen, um etwas zu schaffen, das sowohl vertraut als auch neuartig wirkt. Ziel ist es, durch diese kreativen Kombinationen eine Brücke zwischen Vergangenem und Gegenwärtigem zu schlagen und damit einen Beitrag zur kulturellen Evolution zu leisten.

***Spiegelpunkt**: 22° Stier – Subjektive Werte*

8° Wassermann: Verlebendigung

Die Methode des Stier-Bereichs der Lebenskraft, manifestiert sich in der Verlebendigung von geistigen Ideen. Dieser Grad offenbart das Wesen des Zeitgeistes: das kontinuierliche Wiederbeleben und Neuinterpretieren des Bestehenden. Die Erkenntnis, dass eine unaufhörliche Flut neuer Ideen zu einem Zustand des

Chaos führen würde, ähnlich der uranischen Schöpfung vor der Ordnung durch Chronos, unterstreicht die Notwendigkeit, Gleichgewicht und Kontinuität zu bewahren. Die wahre Herausforderung und Kunst besteht darin, das Vorhandene nicht nur zu bewahren, sondern es auf eine Weise neu zu gestalten, dass es den Geist fesselt und immer wieder Interesse weckt. So wird das Altbekannte nicht als veraltet oder irrelevant betrachtet, sondern bleibt eine lebendige, pulsierende Quelle der Inspiration und des Engagements.

Aufgabe: Finde Wege, bestehende Ideen, Konzepte oder Produkte so zu revitalisieren, dass sie erneut Aufmerksamkeit erregen und faszinieren. Diese Aufgabe fordert Dich auf, kreativ zu sein und „Tricks" zu entwickeln, mit denen Du das Bekannte in einem neuen Licht präsentieren kannst. Ziel ist es, einen frischen Blick auf das scheinbar Alte zu werfen und es so umzugestalten, dass es die Neugier weckt und für den zeitgenössischen Geist relevant bleibt. Ermutige Dich selbst, über konventionelle Grenzen hinauszugehen und innovative Ansätze zu finden, die das Bestehende nicht nur erhalten, sondern es lebendig und dynamisch machen. Durch diesen Prozess der Verlebendigung trägst Du dazu bei, die Welt kontinuierlich zu bereichern und gleichzeitig die Verbindung zur Vergangenheit zu wahren.

***Spiegelpunkt**: 21° Stier - Kontinuität*

9° Wassermann: Entidentifikation

Dieser Grad thematisiert das kreative Ergebnis des Zeitgeistes als Prozess der Entidentifikation. Dieser Grad beschreibt eine dynamische geistige Bewegung, bei der der Mensch ständig auf der Suche nach Innovation und frischen Ideen ist. Die Identifikation mit einer Idee hält nur solange an, wie diese Idee dem Geist Neues zu bieten hat. Sobald eine Idee zur Gewohnheit wird, beginnt der Geist, sich unterfordert zu fühlen, und verliert das Interesse, sich auf die Suche nach neuen, stimulierenden Ideen zu begeben. Diese Entidentifikation von vertrauten Konzepten führt zu einer tiefen Sehnsucht nach radikal neuen Ansätzen. Der Zyklus von Identifikation und Entidentifikation spiegelt den ewigen Wandel menschlicher Neugier und das Bestreben wider, über den Status quo hinauszugehen.

Aufgabe: Erkunde bewusst den Prozess der Entidentifikation in Deinem eigenen Denken und Handeln. Stelle Dich der Herausforderung, bewährte Ideen und Konzepte loszulassen, um Raum für neue, unerforschte Gedankenwege zu schaffen. Übe Dich darin, Gewohnheiten und vertraute Perspektiven zu hinterfragen, und ermutige Dich, über den Tellerrand hinauszublicken. Ziel ist es, eine mentale Flexibilität zu entwickeln, die es Dir ermöglicht, Dich kontinuierlich weiterzuentwickeln und an der Grenze des Bekannten zu agieren. Indem Du lernst, Dich von alten Identifikationen zu lösen, öffnest Du Dich für die unendlichen Möglichkeiten der Innovation und Kreativität, die das Leben bereithält.

***Spiegelpunkt**: 20° Stier - Inspiration*

63. Szene: Trendwende

310° - 314° = 10° Wassermann - 14° Wassermann

Der ***Zwilling der Lebenskraft*** ist die Trendwende. Der Zeitgeist verbindet sich mit einer neuen Idee und das Spiel beginnt auf einer neuen Ebene. Die neue Idee wird so lange gedreht und gewendet, bis sie nicht mehr neu ist. Dabei verbindet sie sich mit allem bisher Dagewesenen und hebt das Alte auf eine völlig neue Ebene. Die Idee bewirkt die Wende. Sie gibt dem Alten eine neue Richtung. In der Trendwende erhält die Materie einen neuen göttlichen Impuls. Es ist, als ob Gott mit jeder neuen Idee der Evolution einen neuen Impuls gibt. Dieser Schwung hält eine Weile an und ebbt dann langsam ab. Schließlich kommt eine neue Idee und die Entwicklung erhält wieder neuen Schwung und eine neue Richtung.

10° Wassermann: Steuerungsimpuls

Beim Impuls des Zwillings-Bereichs der Lebenskraft, geht es um den entscheidenden Steuerungsimpuls, den eine neue Idee in den dynamischen Verläufen gesellschaftlicher Entwicklung setzen kann. Dieses Prinzip basiert auf der Vorstellung, dass der Kosmos aus einer Vielzahl ineinandergreifender, komplexer Systeme besteht, die ein Fließgleichgewicht durch Selbstorganisation erreicht haben. Die Möglichkeit, dieses Gleichgewicht zu stören und signifikante Veränderungen herbeizuführen, besteht nur an bestimmten, sensiblen Punkten innerhalb dieser Systeme. Ein treffend gesetzter, auch wenn minimaler, Impuls an diesen Punkten kann eine weitreichende Transformation bewirken – ähnlich einem

Schmetterlingsschlag, der metaphorisch einen Sturm entfachen kann. Die Besonderheit dieses Impulses liegt darin, dass seine Auswirkungen oft erst mit Zeitverzögerung erkennbar werden, obwohl der Veränderungsprozess bereits unaufhaltsam in Gang gesetzt ist.

Aufgabe: Mach Dir zur Aufgabe, die Sensiblen und Entscheidenden Punkte in Systemen – sei es in Deinem persönlichen, beruflichen oder sozialen Umfeld – zu identifizieren. Werde zum Sinnbild des Schmetterlings, der mit einem scheinbar Unscheinbaren Flügelschlag weitreichende Veränderungen auslösen kann. Experimentiere mit kleinen, gezielten Aktionen oder Ideen, die das Potenzial haben, größere Entwicklungen anzustoßen. Lerne die Kunst, durch Achtsamkeit und strategisches Denken die Hebelwirkung kleiner Impulse zu verstehen und zu nutzen. Ziel ist es, ein tiefes Verständnis dafür zu entwickeln, wie subtile Veränderungen zu bedeutenden Ergebnissen führen können, und sich bewusst zu werden, dass auch die kleinsten Handlungen eine große Wirkung entfalten können.

***Spiegelpunkt**: 19° Stier – überschaubarer Zusammenhang*

11° Wassermann: Entwicklungshierarchie

11° Wassermann markiert innerhalb der fraktalen Bedeutungsstruktur den Ort des Geschehens der Trendwende (Zwillings-Bereich der Lebenskraft), konkretisiert durch die Entwicklungshierarchie. Dieser Grad unterstreicht die Notwendigkeit, dass ein Steuerungsimpuls nicht nur auf den richtigen Punkt innerhalb eines Systems treffen, sondern auch in einem Umfeld agieren muss, das bereit ist, diesen Impuls aufzunehmen und fruchtbar zu machen. In der menschlichen Entwicklung, wie auch in der Evolution von Ideen, ist ein schrittweises Vorgehen unerlässlich. Ein Impuls, der zu früh oder am falschen Ort gesetzt wird, verpufft wirkungslos, da die notwendigen Vorbedingungen für seine Entfaltung fehlen. Ähnlich dem Turmbau zu Babel, wo die Basis erstellt sein muss, bevor höhere Stockwerke hinzugefügt werden können, bedarf es einer Abfolge von Schritten, die aufeinander aufbauen und so den Weg für weiterführende Entwicklungen ebnen.

Aufgabe: Richte Dein Augenmerk darauf, die Sequenzielle Ordnung und Bereitschaft in Deinem persönlichen oder beruflichen Umfeld zu verstehen und zu respektieren. Erkenne die Bedeutung des richtigen Timings und setze Deine Ideen und Projekte in einem Kontext um, der nicht nur räumlich, sondern auch zeitlich und entwicklungsbedingt reif dafür ist. Übe Geduld und strategisches Denken, um zu erkennen, wann der Moment gekommen ist, einen Impuls zu setzen, der nicht nur wahrgenommen wird, sondern auch das Potenzial hat, tiefgreifende Veränderungen herbeizuführen. Ziel ist es, ein Gespür dafür zu entwickeln, wie und wann Deine Beiträge den größtmöglichen Einfluss entfalten können, indem sie auf fruchtbaren Boden fallen und im Einklang mit der Entwicklungsreihenfolge stehen.

***Spiegelpunkt**: 18° Stier - Aushärtung*

12° Wassermann: Zustandsindikator

Dieser Punkt repräsentiert den Zustandsindikator, der durch das Einbringen und Beobachten von innovativen Ideen in die Welt ermittelt wird. Dieser Grad verdeutlicht, dass nicht alle

Ideen auf Resonanz stoßen; einige erzeugen Reaktionen, während andere unbeachtet bleiben. Durch die Analyse dieser Rückmeldungen kann der aktuelle Zustand eines Systems erfasst werden. Diese Erkenntnisse sind von entscheidender Bedeutung, um zu verstehen, wie die Welt im Moment beschaffen ist. Nur auf der Grundlage dieser realitätsnahen Einschätzung lassen sich effektive Strategien entwickeln, um Veränderungen herbeizuführen und das System in die gewünschte Richtung zu lenken.

Aufgabe: Konzentriere Dich darauf, ein tiefes Verständnis für die Beschaffenheit Deiner eigenen Welt zu entwickeln. Sammle aktiv Informationen und Beobachtungen darüber, wie auf Deine Ideen und Initiativen reagiert wird. Nutze diese Erkenntnisse, um eine präzise Einschätzung des aktuellen Zustands zu erlangen. Diese Analyse wird Dir dabei helfen, die sensiblen Punkte innerhalb des Systems zu identifizieren, an denen Interventionen die größte Wirkung erzielen können. Die Herausforderung besteht darin, diese Punkte zu erkennen und Deine Strategien so auszurichten, dass sie den größtmöglichen Einfluss haben. Indem Du lernst, die Zeichen und Reaktionen Deiner Umwelt zu deuten, kannst Du Deine Handlungen effektiver gestalten und einen wahrhaftigen Beitrag zur positiven Veränderung leisten.

***Spiegelpunkt**: 17° Stier - Gemeinschaftsgeist*

13° Wassermann: Vertrauen in die Führung

Die Methode der Trendwende liegt im Vertrauen in die intuitive oder spirituelle Führung. Dieser Grad lehrt, dass jede Entscheidung zur Veränderung und jede Abweichung vom bekannten Pfad mit Unsicherheiten behaftet ist. Die Zukunft ist ungewiss, und dennoch sind es gerade diese Momente, in denen wir uns auf unsere tiefsten Intuitionen und den Glauben an eine höhere Führung verlassen müssen. Ob dieses Vertrauen in eine göttliche Instanz, das Schicksal oder in die eigene innere Stimme gesetzt wird, es ist der Glaube an die Richtigkeit der eigenen Inspirationen, der es ermöglicht, mutige Schritte zu wagen und Veränderungen anzustoßen. Ohne dieses fundamentale Vertrauen wäre jeder Versuch einer Neuausrichtung zum Scheitern verurteilt.

Aufgabe: Kultiviere ein tiefes Vertrauen in Deine intuitive Führung oder in das, was Du als höhere Macht betrachtest. Beginne, auf die subtilen Hinweise und Eingebungen zu achten, die Dir den Weg weisen, und lerne, diesen Zeichen zu vertrauen, auch wenn der Ausgang ungewiss ist. Übe Dich darin, Entscheidungen zu treffen, die nicht ausschließlich auf logischen Überlegungen basieren, sondern auch Deine innere Weisheit und Deine Gefühle mit einbeziehen. Ziel ist es, ein Gleichgewicht zwischen Vernunft und Intuition zu finden und zu erkennen, dass echte Führungsqualität oft bedeutet, ins Unbekannte zu gehen, gestützt durch den Glauben an sich selbst oder an eine höhere Ordnung. Dieser Prozess stärkt nicht nur Deine persönliche Entwicklung, sondern befähigt Dich auch, Veränderungen mit größerer Zuversicht und innerer Sicherheit zu begegnen.

***Spiegelpunkt**: 16° Stier – Evolution gegen Entropie*

14° Wassermann: Brücke zur geistigen Welt

Diese Grad steht für eine herausragende Fähigkeit: die Schaffung einer Brücke zur geistigen Welt. Diese Verbindung symbolisiert nicht nur den Zugang zu unerschöpflichen Quellen der

Inspiration und Kreativität, sondern markiert auch einen Wendepunkt in der persönlichen Entwicklung. Individuen, die sich auf diesem Entwicklungspfad befinden, zeichnen sich durch ihre Bereitschaft aus, Veränderungen mutig und mit offenem Herzen zu begegnen. Dieser mutige Schritt in das Unbekannte mag Außenstehenden zwar oft unvorhersehbar und rätselhaft erscheinen, doch gerade in dieser scheinbaren Unberechenbarkeit liegt ihre Stärke. Das Vertrauen in die eigenen intuitiven Fähigkeiten und das Gefühl des „Geführtwerdens“ verleihen ihnen eine außergewöhnliche Autorität und Glaubwürdigkeit, die anderen den Weg zu eigenen Veränderungen ebnen kann.

Aufgabe: Deine persönliche Entwicklungsaufgabe besteht darin, dieses tiefe Vertrauen in Deine Intuition und Deine spirituellen Führungen zu kultivieren. Lerne, wie Du Deine innere Stimme von den alltäglichen Geräuschen unterscheiden kannst, um so Deinen einzigartigen Weg zu finden und zu gehen. Im Alltag bedeutet dies, sich bewusst für die Öffnung gegenüber neuen Ideen und Perspektiven zu entscheiden und dabei stets den Mut aufzubringen, auch unkonventionelle Wege zu beschreiten. Die metaphorische Brücke zur geistigen Welt ist nicht nur ein Symbol für die Verbindung zwischen dem Sichtbaren und dem Unsichtbaren, sondern auch ein Aufruf, in Deinen Beziehungen und Deinem Wirken im Alltag eine vermittelnde Rolle einzunehmen. Nutze Deine Fähigkeit, Inspirationen zu empfangen und weiterzugeben, um anderen zu helfen, ihre eigene Brücke zu bauen.

***Spiegelpunkt**: 15° Stier – inhärente Struktur*

64. Szene: Management

315° - 319° = 15° Wassermann - 19° Wassermann

Der ***Krebs der Lebenskraft*** zeigt sich in der Managementfähigkeit. Es ist die Fähigkeit, mit neuen Ideen umzugehen. Neue Ideen neigen dazu, mit dem Alten sehr sorglos und brutal umzugehen. Oft führt eine neue Idee zur völligen Zerstörung des Alten. Der Sinn einer neuen Idee ist aber nicht die Zerstörung des Bestehenden, sondern die Erneuerung. Das richtige Management weist dem Neuen den Weg zur Integration in das bestehende System. Aber die Aufgabe besteht auch nicht darin, das Alte zu schützen, sondern zwischen den Gegensätzen von Neuem und Altem zu vermitteln und von beiden das Beste zu bewahren.

15° Wassermann: Selbstorganisation

Dieser Grad für die Fähigkeit zur Selbstorganisation, ein Schlüsselaspekt, der tief in der Dynamik des Krebses der Lebenskraft verwurzelt ist. Dieser Grad betont, wie essenziell es ist, sich von althergebrachten Strukturen zu lösen und die Offenheit zu besitzen, Neues zu erforschen und in das eigene Leben zu integrieren. Die Kunst der Selbstorganisation ist nicht nur ein individueller Wachstumspfad, sondern auch eine wertvolle Kompetenz, die das Potenzial hat, gesellschaftliche oder Gruppenstrukturen nachhaltig zu beeinflussen. Indem man lernt, sein Leben flexibel und anpassungsfähig zu gestalten, schafft man Raum für Innovation und Fortschritt. Diese Fähigkeit dient als Fundament, um Neuerungen nicht nur zu akzeptieren, sondern aktiv zu gestalten und in bestehende Systeme einzubetten. Der Wassermann-Geist, gepaart mit der krebsbedingten Impulsgebung zur Neugestaltung, ermutigt dazu, traditionelle Grenzen zu überschreiten und den Weg für Veränderung zu ebnen.

Aufgabe: Deine Aufgabe liegt darin, eine Balance zwischen der Bewahrung von Bewährtem und der Einführung von Neuem zu finden. Erkenne den Wert bestehender Strukturen und die Bedeutung von Tradition, während du gleichzeitig offen für Innovationen bleibst. Im Alltag kannst Du dies umsetzen, indem Du bewusst experimentierst, sei es durch kleine Veränderungen in Deiner Routine oder durch das Erproben neuer Ideen in Deiner Arbeits- oder Lebensgemeinschaft. Fördere eine Kultur der Neugier und des Lernens, sowohl bei Dir selbst als auch in Deinem Umfeld. Die Integration des Neuen in das Bestehende ist ein kreativer Prozess, der Mut, Vision und die Bereitschaft erfordert, herkömmliche Pfade zu verlassen. Nutze Deine Erfahrungen und Erkenntnisse, um anderen zu zeigen, wie Tradition und Innovation harmonisch koexistieren können, und werde so zum Wegbereiter für positive Veränderungen.

***Spiegelpunkt**: 14° Stier – Eigene Wesensart*

16° Wassermann: Erhaltung

Dieser Punkt verkörpert eine tiefgründige Weisheit: die Notwendigkeit der Erhaltung durch Veränderung. Diese Position, der Ort des Geschehens im Krebs-Bereich der Lebenskraft, offenbart die delikate Balance zwischen der Bewahrung des Bestehenden und der unabdingbaren Einführung von Neuerungen. Er hält uns vor Augen, dass wahre Erhaltung eine dynamische Anstrengung erfordert – ein stetiges Engagement für Arbeit und Anpassung, um das Wertvolle zu bewahren und gleichzeitig Raum für frische Ideen und Verbesserungen zu schaffen. Diese Philosophie spiegelt ein universelles Prinzip wider: Fortschritt und Kontinuität sind keine Gegensätze, sondern Partner im Tanz der Entwicklung. Es ist die Kunst, Veränderungen so zu gestalten, dass sie das Fundament nicht erschüttern, sondern stärken und bereichern. Homöostase ist immer ein Fließgleichgewicht und lediglich die Ebene der Integration bestimmt, wie viel Veränderung zugelassen wird, um die Struktur gleich zu halten.

Aufgabe: Deine Herausforderung besteht darin, ein Gleichgewicht zwischen Bewahrung und Innovation in Deinem Leben zu finden. Erkenne die Bereiche, in denen Tradition und Beständigkeit Halt und Sicherheit bieten. Gleichzeitig sei offen für die Transformation und das Wachstum, die durch Veränderungen angeregt werden. Im Alltag bedeutet dies, bewusst Entscheidungen zu treffen, die sowohl die Stabilität unterstützen als auch die notwendige Flexibilität für Anpassungen und Verbesserungen ermöglichen. Diese Balance zu meistern, erfordert Weisheit und Fingerspitzengefühl. Es geht darum, das Bewährte zu ehren, während man mutig neue Wege beschreitet. Versuche, in Deinem persönlichen Umfeld, Deiner Arbeit oder in der Gemeinschaft, die Du mitgestaltest, eine Kultur der nachhaltigen Entwicklung zu fördern. Sei ein Beispiel dafür, wie man mit Bedacht und Respekt vor der Vergangenheit die Zukunft gestaltet und so das Beste aus beiden Welten vereint.

***Spiegelpunkt**: 13° Stier – Arbeiten mit Vorhandenem*

17° Wassermann: Outing

Diese Phase offenbart die Synergie zwischen Erhaltung und Selbstorganisation, indem sie das Konzept des „Outings“ in den Vordergrund rückt. Dieser Grad symbolisiert einen entscheidenden Moment: die bewusste Wahl, Neues zu umarmen oder abzulehnen, und die Bedeutung, diese Wahl öffentlich zu machen. In der fraktalen Bedeutungsstruktur des Krebs-Bereichs der Lebenskraft wird hier die Verbindung aus Stabilität und Anpassungsfähigkeit betont, ein Ausdruck der inneren und äußeren Synthese. Das Outing in diesem Kontext steht metaphorisch für das Mutigsein, die eigenen Überzeugungen, Entscheidungen und Veränderungen offen zu vertreten. Es geht darum, zu seiner wahren Natur zu stehen, sei es durch die Integration innovativer Ideen oder durch das Festhalten an bewährten Prinzipien. Dieser Akt des Bekennens ist ein kraftvolles Zeugnis von Authentizität und Selbstvertrauen, welches nicht nur die persönliche Entwicklung fördert, sondern auch andere inspirieren kann.

Aufgabe: Deine Aufgabe ist es, die Courage zu entwickeln, öffentlich für Deine Überzeugungen und Entscheidungen einzustehen, unabhängig davon, ob sie zur Erhaltung des Bestehenden oder zur Einführung von Neuem neigen. Im Alltag heißt das, einen Raum für Offenheit und Ehrlichkeit zu schaffen, in dem Du Dich nicht scheust, Deine Perspektiven und Entscheidungen zu teilen. Dies kann in Form von Gesprächen mit Freunden, Beiträgen in sozialen Medien oder durch aktive Teilnahme in Deiner Gemeinschaft geschehen. Die Herausforderung liegt darin, eine Balance zwischen persönlicher Integrität und sozialer Akzeptanz zu finden, indem Du weise wählst, was, wann und wie Du Deine

Entscheidungen mitteilst. Durch dieses Outing förderst Du nicht nur ein authentisches Selbstbild, sondern ermöglichst es auch anderen, von Deiner Erfahrung zu lernen und vielleicht ähnliche Schritte in ihrem Leben zu wagen. Sei ein Leuchtfeuer der Authentizität und des Mutes, das anderen den Weg weist..

***Spiegelpunkt**: 12° Stier - Gewinnstreben*

18° Wassermann: Schadensbegrenzung

Schadensbegrenzung ist die Methode des Managements im Kontext der fortwährenden Dynamik zwischen Bewahrung und Erneuerung. Schadensbegrenzung steht für die Fähigkeit, das Eindringen neuer Elemente in bestehende Systeme so zu steuern, dass der Kern erhalten bleibt, während gleichzeitig Raum für notwendige Veränderungen geschaffen wird. Dieser delikate Balanceakt verlangt nach Weisheit, Umsicht und dem Geschick, Neues so zu integrieren, dass es den größtmöglichen Nutzen bringt, ohne dabei fundamentale Strukturen unnötig zu erschüttern. Es ist ein Prozess des Abwägens, der Reflexion und des strategischen Denkens, bei dem es darum geht, den optimalen Weg für Wachstum und Fortschritt zu finden, ohne dabei das wertvolle Erbe zu kompromittieren.

Aufgabe: Deine Aufgabe besteht darin, die Kunst der Schadensbegrenzung in Deinem eigenen Leben zu meistern. Lerne, Veränderungen zu akzeptieren und zu integrieren, indem Du sorgfältig prüfst, wie und wo diese am besten eingeführt werden können, um positive Effekte zu maximieren und negative Auswirkungen zu minimieren. Im Alltag bedeutet dies, dass Du in Momenten des Wandels eine klare Vorstellung davon haben solltest, was unbedingt bewahrt werden muss und was verändert werden kann, um Verbesserungen zu erzielen. Sei es in persönlichen Beziehungen, im beruflichen Umfeld oder in Deiner eigenen persönlichen Entwicklung, strebe danach, ein Gleichgewicht zwischen dem Alten und dem Neuen zu finden, das sowohl Respekt vor der Vergangenheit als auch Offenheit für die Zukunft widerspiegelt. Entwickle Fähigkeiten in der vorausschauenden Planung und im kritischen Denken, um proaktiv Herausforderungen zu begegnen und Lösungen zu finden, die den größten Nutzen für Dich und Deine Umgebung bringen.

***Spiegelpunkt**: 11° Stier – Gewachsener Bestand*

19° Wassermann: Geistige Bereicherung

Dieser Grad symbolisiert das Erreichen eines Zustands des Friedens und der geistigen Bereicherung. Der Punkt markiert den erfolgreichen Abschluss eines Prozesses, in dem das Neue sorgfältig in das Bestehende integriert und das Alte respektvoll bewahrt wurde. Das Ergebnis ist eine harmonische Koexistenz, die nicht nur den inneren Frieden stärkt, sondern auch das Spektrum der verfügbaren Ideen und Lösungsansätze erweitert. Indem man die Vielfalt an Perspektiven und Erfahrungen wertschätzt, entsteht ein reicherer, fruchtbarer Boden für Innovation und Wachstum. Dieser Grad betont die Bedeutung von Offenheit, Akzeptanz und der Fähigkeit, aus der Synthese von Tradition und Fortschritt zu lernen.

Aufgabe: Deine Aufgabe ist es, als Brückenbauer zwischen den traditionellen und innovativen Kräften zu fungieren. Fördere einen offenen Dialog und einen freien Informationsfluss, der darauf abzielt, gegenseitiges Verständnis und Respekt zu schaffen. Konflikte, die aus Missverständnissen oder der Furcht vor Veränderung entstehen, können durch klare Kommunikation und die Darstellung gemeinsamer Vorteile entschärft werden. Im Alltag bedeutet dies, Plattformen oder Gelegenheiten zu schaffen, bei denen Austausch und Zusammenarbeit gefördert werden. Zeige auf, wie beide Seiten von der Zusammenarbeit profitieren können, indem Du die Stärken jedes Ansatzes hervorhebst und gleichzeitig Wege aufzeigst, wie durch das Zusammenführen dieser Stärken innovative Lösungen entstehen können. Indem du ein Umfeld schaffst, in dem Unterschiede als Bereicherung und nicht als Bedrohung angesehen werden, leistest du einen wertvollen Beitrag zum kollektiven Wachstum und zur Entwicklung einer inklusiveren, verständnisvolleren Gemeinschaft.

***Spiegelpunkt**: 10° Stier - Kultivierung*

65. Szene: Freies, intellektuelles Spiel

320° - 324° = 20° Wassermann - 24° Wassermann

Der ***Löwe der Lebenskraft*** ist das geistige Spiel mit neuen Ideen. Der Mensch hat sich aus der Identifikation mit den Dingen soweit zurückgezogen, dass er zum unbeteiligten Beobachter von Ideen geworden ist. Er kann nun mögliche Welten erfinden und gedanklich mit den Regeln und Gesetzen der Natur spielen, um herauszufinden, was in diesen erdachten Welten geschehen würde. Dabei schreckt er auch vor den schlimmsten Visionen nicht zurück, denn er weiß, dass sie sich nur in seinem Kopf abspielen. Wenn er aber in seinen Gedankenspielen etwas entdeckt, was er aus der realen Welt kennt, dann hat er vielleicht ein neues Naturgesetz gefunden.

20° Wassermann: Licht des Inneren

Der Impuls des Löwe-Bereichs der Lebenskraft leuchtet mit dem „Licht des Inneren". Diese Position symbolisiert die unendliche Kraft des menschlichen Geistes, Ideen zu generieren und intellektuelle Spiele zu spielen, die die Grenzen der realen Welt überschreiten. Hier wird die Fähigkeit betont, mit Hilfe der Mathematik und des eigenen Vorstellungsvermögens Zukunftsszenarien, alternative Realitäten und nie dagewesene Welten zu entwerfen. Es ist ein Zeugnis für die kreative und schöpferische Macht des Denkens, die jedem Menschen innewohnt. Dieser Grad erinnert uns daran, dass in der Tiefe unseres Geistes die Möglichkeit besteht, Schöpfer unserer eigenen Realität zu sein, indem wir uns erlauben, über das Hier und Jetzt hinauszudenken und zu träumen.

Aufgabe: Deine Aufgabe besteht darin, das „Licht des Inneren" zu erkunden und zu kultivieren. Nutze Deine Vorstellungskraft und Deine intellektuellen Fähigkeiten, um neue Ideen und Perspektiven zu entwickeln, die über die bestehenden Realitäten hinausgehen. Im Alltag bedeutet dies, Raum für Kreativität und Innovation zu schaffen, sei es durch das Schreiben, das Zeichnen, das Lösen komplexer Probleme oder das Entwerfen utopischer Visionen. Fordere Dich selbst heraus, über das Konventionelle hinauszudenken und das Potenzial Deines Geistes voll auszuschöpfen. Teile Deine Visionen und Träume mit anderen, um Inspiration und Diskussion anzuregen. Erkenne, dass Deine Gedanken und Ideen die Kraft haben, nicht nur Dein eigenes Leben zu bereichern, sondern auch positive Veränderungen in der Welt um Dich herum zu bewirken. Nutze Dein inneres Licht, um die Dunkelheit des Zweifels zu erhellen und Wege zu einem erfüllteren und bewussteren Dasein zu eröffnen.

***Spiegelpunkt**: 9° Stier – Hingabe an die Gemeinschaft*

21° Wassermann: Befriedigte Pyramidenbasis

Die „Befriedigte Pyramidenbasis" ist die Basis des intellektuellen Spiels. Dieses Bild beruft sich auf die Maslowsche Bedürfnispyramide, die besagt, dass die Erfüllung grundlegender physischer und sicherheitsbezogener Bedürfnisse den Weg für höhere Bestrebungen, wie geistige Betätigung und Selbstverwirklichung, ebnet. Es verdeutlicht, dass erst wenn die fundamentale Ebene zufriedenstellend abgedeckt ist, das Individuum den Raum und die Freiheit hat, sich intellektuellen Spielen und der Entfaltung seiner kreativen sowie spirituellen Potenziale zu widmen. Dieser Grad symbolisiert einen Zustand, in dem die Voraussetzungen für eine tiefergehende, persönliche Entwicklung geschaffen sind und das Streben nach Wissen, Schönheit und Selbstausdruck in den Vordergrund treten kann.

Aufgabe: Deine Aufgabe besteht darin, die Grundlagen Deines Lebens zu sichern und dann den Blick nach oben, auf die höheren Ebenen Deiner Entwicklung, zu richten. Erkenne, dass die alltägliche Sorge um das Materielle eine Basis schafft, von der aus Du Dich geistig und kreativ entfalten kannst. Im Alltag bedeutet dies, einen bewussten Umgang mit Deinen Ressourcen zu pflegen und gleichzeitig Raum für Deine intellektuellen und spirituellen Interessen zu schaffen. Widme Dich Aufgaben, die über das Gewöhnliche hinausgehen und die nur durch Deine einzigartigen Fähigkeiten und Dein Engagement realisiert werden können. Ob in Deiner beruflichen Laufbahn, in kreativen Projekten oder im ehrenamtlichen Engagement – suche nach Möglichkeiten, wie Du einen Beitrag leisten und einen Unterschied machen kannst, der über die materielle Ebene hinausgeht. Nutze Dein Bewusstsein und Deine Talente, um Werke zu schaffen, die Bestand haben und die Welt ein Stück weit bereichern.

***Spiegelpunkt**: 8° Stier – Vertrauen zur zyklischen Erneuerung*

22° Wassermann: Guter Freund „Gefahr

Dieser Grad veranschaulicht eine faszinierende Synthese im Löwe-Bereich der Lebenskraft: Die Anerkennung von „Gefahr“ als einem guten Freund, der für persönliches Wachstum unentbehrlich ist. Diese Perspektive symbolisiert die mutige und bewusste Entscheidung, Herausforderungen nicht als Bedrohungen, sondern als Chancen zur Entwicklung zu sehen. Es ist die Erkenntnis, dass echtes Wachstum oft außerhalb der Komfortzone stattfindet, und dass das Überwinden von Hindernissen uns stärker und weiser macht. In diesem Zusammenhang wird „Gefahr“ zu einem katalytischen Element, das die Verbindung zwischen dem inneren Licht – dem kreativen und intellektuellen Potenzial – und der soliden Basis unserer Existenz verstärkt. Indem wir bewusst Risiken eingehen, erweitern wir unseren Horizont und schaffen Raum für neue Erfahrungen und Erkenntnisse.

Aufgabe: Deine Aufgabe ist es, die Herausforderungen des Lebens als wertvolle Lehrmeister zu begrüßen. Dies bedeutet, mutig genug zu sein, um neue Erfahrungen zu suchen und sich bewusst auf das Unbekannte einzulassen. Im Alltag kannst Du dies umsetzen, indem Du Dich neuen Projekten, Interessen oder Reisen stellst, die Dich Deinen Ängsten stellen und Deine Fähigkeiten erweitern. Es geht darum, Deine eigene Komfortzone bewusst zu verlassen und die Gelegenheit zu nutzen, an den Herausforderungen zu wachsen. Durch die Annahme, dass jede „Gefahr“ eine Gelegenheit zur Entwicklung darstellt, transformierst Du potenzielle Bedrohungen in Schritte auf Deinem Weg zur Selbstverwirklichung. Entwickle eine Haltung der Neugier und des Mutes, die es Dir ermöglicht, auch in ungewissen Zeiten zu lernen und zu prosperieren. Sei bereit, die nächste Grenze in Deinem Leben zu erkennen und zu überwinden, und erkenne den Wert, der in jedem Risiko liegt.

***Spiegelpunkt**: 7° Stier - Veränderungsmöglichkeit*

23° Wassermann: Abgeklärtheit

Bei 23° Wassermanns wird „Die Abgeklärtheit“ als Methode des intellektuellen Spiels im Löwe-Bereich der Lebenskraft hervorgehoben. Diese Position betont die Wichtigkeit, den unendlichen Möglichkeiten des Geistes mit einer gewissen Distanz und kühlen Überlegung zu begegnen. Es unterstreicht die Fähigkeit, zwischen dem Reich der Gedanken und der realen Welt zu unterscheiden. In diesem Kontext wird Abgeklärtheit zu einer Tugend, die es ermöglicht, selbst die wildesten und herausforderndsten Visionen zu erkunden, ohne dabei die Bodenhaftung zu verlieren. Diese geistige Haltung erlaubt es, jede Vorstellung zu durchdenken und jede Grenze in der Fantasie zu überschreiten, während gleichzeitig ein sicheres Bewusstsein für die Grenzen der Realität bewahrt wird. Die Abgeklärtheit dient somit als Schutzmechanismus, der verhindert, dass visionäre Ideen unreflektiert in Handlungen umgesetzt werden und möglicherweise ungewollte Konsequenzen nach sich ziehen.

Aufgabe: Deine Aufgabe liegt darin, diese Abgeklärtheit in Deinem Denken und Handeln zu kultivieren. Nutze Deine Vorstellungskraft, um Möglichkeiten zu erkunden, aber bewahre dabei stets einen klaren Kopf und ein realistisches Urteilsvermögen. Im Alltag bedeutet dies, Ideen und Visionen zu entwickeln, ohne dabei die praktische Umsetzbarkeit und die potenziellen Auswirkungen aus den Augen zu verlieren. Trainiere Dich darin, sowohl visionär als auch pragmatisch zu sein – erlaube Dir, kreativ und grenzenlos in Deinem Denken zu sein, während Du gleichzeitig die Verantwortung für Deine Gedanken und deren mögliche Realisierung übernimmst. Entwickle ein Bewusstsein dafür, welche Ideen in die Tat umgesetzt werden sollten und welche besser im Reich der Fantasie verbleiben. Durch diese abgeklärte Herangehensweise wirst Du in der Lage sein, nicht nur innovativ zu denken, sondern auch weise zu handeln.

Spiegelpunkt: 6° Stier - Randgruppenpotential

24° Wassermann: Intellektueller Höhenflug

Der „Intellektuelle Höhenflug", markiert das kreative Ergebnis des intellektuellen Spiels, wo der menschliche Geist seine volle Entfaltung erreicht. Dieses Stadium beschreibt einen Punkt, an dem die Grenzen des Intellekts scheinbar aufgelöst sind und alles denkbar wird. Die rationale und intellektuelle Kapazität des Menschen expandiert enorm, wodurch die Identifikation mit materiellen Dingen an Bedeutung verliert und das emotionale Erleben in den Hintergrund rückt. In diesem Zustand der geistigen Expansion und Überbetonung der intellektuellen Fähigkeiten entsteht eine fast magische Anziehungskraft der Ideenwelt, die zu tiefgreifenden Erkenntnissen und visionären Gedankenexperimenten führt.

Aufgabe: Deine Aufgabe besteht darin, Deine Ideen zu entlassen und ihnen zu erlauben, sich frei zu entfalten. Betrachte sie als erwachsen gewordene Kinder, die nun stark genug sind, eigenständig zu existieren und ihren Weg in der Welt zu finden. Es ist

Zeit, die Bindung zu Deinen geistigen Schöpfungen zu lockern und sie in die Freiheit zu entlassen. Dies erfordert ein Loslassen von der Notwendigkeit, Kontrolle über den Weg und das Ergebnis Deiner Gedanken zu behalten. Im Alltag heißt das, Deine kreativen und intellektuellen Projekte zu teilen, ohne Angst vor Urteilen oder Missverständnissen. Erlaube Deinen Ideen, sich in der sozialen Interaktion, in der wissenschaftlichen Forschung oder in künstlerischen Projekten zu bewähren. Erkenne, dass wahre Kreativität im Teilen und Weiterentwickeln Deiner Visionen durch andere liegt. Dein inneres Reservoir an Gedanken und Inspirationen ist unerschöpflich; je mehr Du gibst, desto mehr Raum schaffst Du für Neues.

***Spiegelpunkt**: 5° Stier – Kraft der Gemeinschaft*

66. Szene: Idee als Naturgesetz

325° - 329° = 25° Wassermann - 29° Wassermann

Die ***Jungfrau der Lebenskraft*** zeigt uns die Idee als Naturgesetz. Wenn sich das intellektuelle Spiel mit der Managementfähigkeit verbindet, wird daraus die angewandte Idee. Das intellektuelle Spiel hat neue Möglichkeiten eröffnet und Gesetzmäßigkeiten entdeckt, die bisher unerkannt in der Welt gewirkt haben. Jetzt, da sie erkannt sind, kann der Mensch sie für seine Zwecke nutzen. Darüber hinaus wird deutlich, dass die ganze Welt den gleichen Naturgesetzen folgt und daher die Gedanken, die diese Gesetze nachspielen, universelle Gültigkeit haben.

25° Wassermann: Idee in der Anwendung

Die „Idee in der Anwendung“, reflektiert den Impuls der „Idee als Naturgesetz“ durch die praktische Umsetzung geistiger Konzepte. Dieser Grad illustriert den Moment, in dem eine Idee, die in der Theorie entwickelt und verstanden wurde, ihre echte Bewährungsprobe in der realen Welt erfährt. Es geht darum, theoretische Erkenntnisse so anzuwenden, dass sie konkrete Probleme lösen oder die menschliche Erfahrung bereichern. Dieser Prozess kann die Entdeckung oder Anwendung eines Naturgesetzes umfassen, das, einmal verstanden und richtig eingesetzt, das Potenzial hat, signifikante Verbesserungen im materiellen Dasein zu bewirken. Der Grad betont die Brücke zwischen dem Geistigen und dem Materiellen, zwischen Idee und ihrer Manifestation in der physischen Welt.

Aufgabe: Deine Aufgabe besteht darin, die Naturgesetze unvoreingenommen und frei von den üblichen Sachzwängen zu betrachten und zu verstehen. Im Alltag heißt das, kritisch zu hinterfragen und offen für neue Interpretationen der Wirklichkeit zu sein. Versuche, die Welt um Dich herum mit Neugier und ohne die Beschränkungen konventioneller Annahmen zu erkunden. Wenn Du eine Idee hast, prüfe ihre Anwendbarkeit und das Potenzial zur Lösung realer Probleme, indem Du experimentierst und adaptierst. Sei bereit, Deine Hypothesen anzupassen und aus Fehlern zu lernen. Die Herausforderung liegt darin, über den Tellerrand hinaus zu denken und die Gesetze der Natur in einer Weise zu nutzen, die innovative Lösungen für die Herausforderungen unserer Zeit bietet. Nutze Dein Verständnis der natürlichen Ordnung, um kreative, nachhaltige und effektive Wege zu finden, das Leben und die Welt um uns herum zu verbessern.

***Spiegelpunkt**: 4° Stier - Loslösung*

26° Wassermann: Neuer Wein in alten Schläuchen

Hier entfaltet sich ein Szenario, in dem frische, innovative Gedanken eine Brücke zur bestehenden Realität suchen. Es ist eine Zeit und ein Ort, wo der Erfindungsgeist auf die Probe gestellt wird: Können diese neuen Ideen, so vielversprechend sie in der Theorie auch sein mögen, in die strukturierten Mauern der schon bestehenden Welt eingefügt werden? Dieser Grad symbolisiert den kritischen Moment, in dem die theoretische Brillanz mit der harten Praxis kollidiert. Es ist eine Einladung, das Ungewisse zu umarmen und zu akzeptieren, dass der Weg vom Konzept zur Umsetzung von unvorhersehbaren Ergebnissen gepflastert ist.

Manchmal mag eine Idee scheitern, wenn sie der Wirklichkeit gegenübergestellt wird, doch in anderen Fällen könnte sie überraschenderweise besser funktionieren, als man es je für möglich gehalten hätte.

Aufgabe: Die Herausforderung besteht darin, innovative Ideen nicht nur zu generieren, sondern sie mutig der Realität gegenüberzustellen. Es geht darum, den Wert einer Idee nicht allein an ihrer Neuheit oder ihrem intellektuellen Reiz zu messen, sondern an ihrer praktischen Umsetzbarkeit und Wirksamkeit. Dieser Prozess erfordert eine ehrliche Auseinandersetzung mit den eigenen kreativen Vorschlägen, eine Bereitschaft, sich von denen zu trennen, die sich als unpraktisch erweisen, und den Mut, jene weiterzuverfolgen, die das Potenzial haben, sich in der realen Welt zu bewähren. Es ist eine Aufforderung, kreatives Denken mit praktischer Weisheit zu verbinden, um so zu wahrhaft nachhaltigen und nützlichen Innovationen zu gelangen.

***Spiegelpunkt**: 3° Stier - Kommunion*

27° Wassermann: Zukunftsorientierung

Dieser Grad offenbart die essentielle Verbindung zwischen innovativen Ideen und ihrer praktischen Anwendung im Kontext der aktuellen Realität. Er betont die Wichtigkeit, Neuerungen so zu gestalten, dass sie nicht nur in bestehende Systeme integrierbar sind, sondern auch mit Weitblick auf zukünftige Entwicklungen konzipiert werden. Dieser Grad steht symbolisch für den unermüdlichen menschlichen Drang, über den Status quo hinauszugehen und dabei das Fundament für zukünftige Generationen zu legen. Er spiegelt die zyklische Natur menschlicher Entwicklung wider: Jede Lösung bringt neue Herausforderungen mit sich, die wiederum innovative Antworten erfordern. Es ist ein Aufruf, nicht nur im Hier und Jetzt zu agieren, sondern stets mit einem Auge auf die langfristigen Auswirkungen unserer Entscheidungen.

Aufgabe: Deine Aufgabe ist es, Dir der Tragweite Deiner Ideen bewusst zu sein. Es geht darum, Innovationen nicht isoliert zu betrachten, sondern sie als Teil eines größeren Ganzen zu sehen, das sich ständig weiterentwickelt. Achte darauf, dass Deine Ideen nicht nur eine unmittelbare Verbesserung darstellen, sondern auch zukunftsfähig sind und in den Kontext der gegenwärtigen Situation passen. Dies erfordert ein tiefes Verständnis für die Komplexität der Welt, in der wir leben, und die Fähigkeit, vorausschauend zu denken. Dabei solltest Du offen für Anpassungen sein und die Bereitschaft mitbringen, Deine Konzepte kontinuierlich weiterzuentwickeln, um sie an die dynamischen Veränderungen der Welt anzupassen. „Survival of the fittest" bedeutet in diesem Zusammenhang, dass die nachhaltigsten und anpassungsfähigsten Ideen jene sind, die sich langfristig durchsetzen werden.

***Spiegelpunkt**: 2° Stier - Fragmente*

28° Wassermann: Entwicklung

Hier steht die unendliche Spirale der Entwicklung im Mittelpunkt. Dieser Grad erinnert uns daran, dass Entwicklung ein kontinuierlicher Prozess ist, der niemals stillsteht. Wie ein Embryo, der sich im Mutterleib entwickelt, folgt auch die Gesellschaft – und möglicherweise der gesamte Kosmos – einem vorprogrammierten Muster, das unaufhörlich voranschreitet. Diese

Vorstellung unterstreicht die Wichtigkeit der fortwährenden Überprüfung und Integration neuer Ideen in den Entwicklungsprozess. Es geht nicht um das Erreichen eines finalen Zustands, sondern um das stetige Streben nach Verbesserung und Wachstum. Der Prozess ist dynamisch, nicht deterministisch, doch zielgerichtet und teleologisch geordnet, was bedeutet, dass alles auf ein Ziel oder einen Zweck ausgerichtet ist.

Aufgabe: Deine Aufgabe ist es, den unendlichen Zyklus der Entwicklung zu akzeptieren und zu umarmen. Erkenne, dass es keine absoluten Endpunkte gibt, sondern lediglich Wegmarken auf einer ewigen Reise. Nach dem Erreichen eines Ziels beginnt sofort die Suche nach dem nächsten. Diese Erkenntnis soll Dich dazu inspirieren, stets offen für neue Ideen zu sein und diese kritisch zu prüfen, um sie in den laufenden Prozess der Entwicklung einfließen zu lassen. Bleibe neugierig und agil, bereit, die nächste Herausforderung anzunehmen und Dich von ihr leiten zu lassen. Es geht darum, in jedem Abschluss einen neuen Anfang zu sehen und sich dadurch kontinuierlich weiterzuentwickeln.

***Spiegelpunkt**: 1° Stier - Neubestimmung*

29° Wassermann: Die Welt als Ganzes vereint

An diesem Punkt offenbart sich die tiefgreifende Erkenntnis, dass alles im Universum miteinander verbunden ist. Diese Position im Tierkreis symbolisiert das Bewusstsein, dass die Welt eine untrennbare Einheit bildet, in der jedes Element, jede Idee und jedes Lebewesen integraler Bestandteil des großen Ganzen ist. Die Menschheit, mit all ihren Gedanken und Taten, ist nicht isoliert, sondern ein wesentlicher Teil dieses komplexen Gefüges.

Diese Einheitlichkeit unterstreicht, dass die Naturgesetze, die wir entdecken, universell gültig sind und dass unser Bewusstsein, genauso wie die physische Welt, aus derselben Quelle stammt. Es gibt keine Trennung zwischen dem Beobachter und dem Beobachteten; alles ist eins.

Aufgabe: Deine Aufgabe ist es, Dich selbst als aktiven Teilnehmer in diesem universellen Gewebe zu sehen. Erkenne, dass Deine Ideen und Handlungen weitreichende Auswirkungen haben können, weil sie Teil eines größeren Systems sind. Es geht nicht darum, Dich als isolierten Beobachter zu fühlen, sondern zu verstehen, dass jeder Beitrag zählt. Lasse Deine Gedanken und Werke in die Welt fließen, denn sie sind essenziell für das fortwährende Wachstum und die Entwicklung des Universums. Akzeptiere die Verantwortung, die damit einhergeht, und nutze Deine Einzigartigkeit, um positiv zur kollektiven Existenz beizutragen. Denke daran, dass auch die scheinbar kleinsten Beiträge im Gesamtbild eine bedeutende Rolle spielen.

***Spiegelpunkt**: 0° Stier – Die eigene Natur*

67. Szene: Subsumierung

330° - 334° = 0° Fische - 4° Fische

Die ***Waage der Lebenskraft*** ist die Summe der neuen Ideen. Hier hat die Idee den Deszendenten der Lebenskraft überschritten und trifft auf die Welt. Jetzt wird sichtbar: Andere Menschen haben andere Einsichten und andere Inspirationen. Eine Verunsicherung der eigenen Einsichten macht sich breit. Wenn andere genau das Gegenteil von dem behaupten, was man selbst erfahren hat, dann kann doch nicht beides richtig sein, oder? Die eigenen Ideen müssen in den Gesamtzusammenhang eingeordnet werden. Wo stehen sie im Weltganzen? Um diese Frage zu klären, ist ein Rückzug aus der Welt notwendig. Sonst könnten die Ideen dem Ansturm der Evidenz der Wirklichkeit und der widersprechenden Ideen nicht standhalten. Der Mensch könnte seine Inspiration verlieren, die so zart ist wie ein Schmetterlingsflügel.

0° Fische: Lebendige Ideen

Am Anfang des Fische-Zeichens, bei 0°, finden wir den Impuls zur Verschmelzung und zum Austausch von Ideen. Dieser Grad symbolisiert einen Moment der Begegnung, in dem Ideen aufeinandertreffen, miteinander interagieren und sich dabei entweder vereinen oder voneinander abgrenzen. Es ist ein Bild der vielfältigen und reichen Landschaft menschlicher Gedanken und Kulturen, in der unterschiedlichste Konzepte nebeneinander existieren können. Diese Ideenvielfalt ist ein Zeugnis der Komplexität und der Schönheit menschlicher Kreativität und Intellektualität. Der Prozess der Begegnung und Interaktion unter Ideen ist essentiell für die Entwicklung neuer Perspektiven und Systeme. Manchmal mag es scheinen, als würden sich bestimmte Ideen widersprechen, doch in ihrem Zusammenspiel können sie funktionierende, wenn auch komplexe Systeme bilden. Dies unterstreicht die Fähigkeit des menschlichen Geistes, Vielfalt zu integrieren und Harmonie in der Differenz zu finden.

Aufgabe: Sei offen für den Austausch und die Integration verschiedenster Ideen. Erkenne den Wert der Begegnung mit Gedanken, die sich von Deinen eigenen unterscheiden, und suche nach Wegen, wie diese scheinbaren Gegensätze zu einem größeren Ganzen beitragen können. Deine Aufgabe ist es, Brücken zwischen unterschiedlichen Ideen zu bauen, um so neue, funktionierende Systeme zu erschaffen. Es geht nicht darum, alle Ideen anzunehmen, sondern jene zu identifizieren, die, auch wenn sie auf den ersten Blick widersprüchlich erscheinen, zusammen ein harmonisches und effektives Ganzes ergeben können. Fördere diesen kreativen und integrativen Prozess, indem Du Dich aktiv in den Austausch einbringst und dabei hilfst, die Vielfalt der menschlichen Kreativität zu einem lebendigen und funktionierenden System zusammenzuführen.

***Spiegelpunkt**: 29° Widder – Anpassung der Kraft*

1° Fische: Selbstschutz der Idee

Hier begegnen wir dem Konzept des Selbstschutzes einer Idee. Dieser Grad unterstreicht die Zerbrechlichkeit und Sensibilität von Ideen, die in ihrer reinen Form leicht missverstanden, verfälscht oder sogar zerstört werden können. Die Darstellung zeigt auf, wie Ideen, ähnlich wie Lebewesen, Mechanismen entwickeln, um sich in einer oft feindlich gesinnten Umgebung zu bewahren und ihre Authentizität zu schützen. Wie Worte, die im Munde umgedreht werden, sind auch Ideen anfällig für Missinterpretationen, besonders wenn sie versucht werden, in die komplexe und vielschichtige Sprache der Menschheit zu übersetzen. Der Grad verweist darauf, dass trotz der Verbreitung und Veränderung einer Idee in der Außenwelt, ihr Kern, ihr wahrer Geist, hinter einer metaphorischen Schutzmauer intakt bleibt.

Aufgabe: Deine Aufgabe ist es, den Kern Deiner Ideen zu schützen und gleichzeitig offen für den Dialog und die Verbreitung Deiner Gedanken in der Welt zu sein. Erkenne, dass jede Idee einer sorgfältigen Pflege bedarf, um ihre Authentizität zu wahren, während sie sich an die dynamischen Kontexte und Interpretationen der Außenwelt anpasst. Arbeite daran, einen Weg zu finden, Deine Ideen klar und deutlich zu kommunizieren, um Missverständnisse zu minimieren, ohne dabei ihren wahren Kern zu kompromittieren. Sei Dir bewusst, dass der Schutz Deiner Ideen nicht bedeutet, sie vor der Welt zu verbergen, sondern sie vielmehr so zu stärken, dass sie in ihrer Essenz unverändert und wirkungsvoll bleiben, selbst wenn sie in verschiedenen Formen und Interpretationen existieren.

***Spiegelpunkt**: 28° Widder – Die innere Stimme hören*

2° Fische: Überdauerung

Dieser Grad symbolisiert die bemerkenswerte Fähigkeit einer Idee, sich in Zeiten der Nicht-Akzeptanz oder des Unverständnisses zu erhalten, indem sie in eine Art Winterschlaf verfällt. Es illustriert, wie eine Idee durch die Synthese aus Selbstschutz und der Bereitschaft, sich mit einer Vielfalt anderer Ideen auseinanderzusetzen, die Zeit überdauern kann. Diese Fähigkeit zur Überdauerung ermöglicht es der Idee, auf den richtigen Moment zu warten – auf eine Zeit, in der die Gesellschaft oder die Umwelt reif genug ist, um sie aufzunehmen und zu nähren. Wie eine Samenkapsel, die unter ungünstigen Bedingungen verschlossen bleibt und ihre Lebenskraft bewahrt, hält auch die Idee ihre Vitalität in Bereitschaft. Sie wartet geduldig auf den optimalen Moment – auf den ersten Regen oder die Wärme des Frühlings, der die äußere Hülle aufbricht und das innere Potential freisetzt. Dieser natürliche Prozess spiegelt die Resilienz und die Hoffnung wider, die im Kern jeder Idee wohnen. Sie ist bereit, zu gegebener Zeit zu keimen, zu wachsen und zu blühen.

Aufgabe: Deine Rolle ist es, die Geduld und Wachsamkeit eines Wächters zu entwickeln, der die Veränderungen in der Umwelt aufmerksam beobachtet und auf die Zeichen wartet, die anzeigen, dass die Zeit für die Umsetzung einer Idee reif ist. Es ist wichtig, dass Du die Fähigkeit entwickelst, die Zeitqualität zu beurteilen und zu erkennen, wann der richtige Moment für Deine Idee gekommen ist. Diese Aufgabe erfordert ein tiefes Verständnis sowohl für die Idee selbst als auch für die Welt, in der sie existieren soll. Trainiere Deine Intuition und Dein Bewusstsein, um sensibel für die subtilen Signale zu sein, die den optimalen Zeitpunkt für das Erwachen und die Entfaltung Deiner Idee markieren. Bewahre Deine Vision, auch wenn sie momentan nicht realisierbar scheint, und bereite Dich darauf vor, aktiv zu werden, sobald die Gelegenheit sich bietet.

***Spiegelpunkt**: 27° Widder - Verantwortlichkeit*

3° Fische: Von Ewigkeit zu Ewigkeit

Hier erleben wir die Methode der Subsumierung als unendliche Reise von Ideen, die durch den geistigen Raum von Ewigkeit zu Ewigkeit wandern. Dieser Grad illustriert den Prozess, in dem eine Idee aus den Tiefen des Universellen aufgegriffen und durch die individuelle Wahrnehmung gefiltert wird, um sie dann in einem anderen Bewusstsein, ebenfalls durch dessen einzigartige Perspektive modifiziert, wiederzufinden. Es ist eine Ode an die Komplexität und Subjektivität menschlicher Kommunikation und Verständigung, die verdeutlicht, wie eine universelle Wahrheit durch den Akt der Übermittlung transformiert wird. Die Idee, einmal ausgesprochen, wird nie exakt dieselbe sein, doch in diesem Prozess der Variation und Interpretation findet sich die Schönheit des menschlichen Geistes. Es ist ein Tanz zwischen dem Verstehen und Missverstehen, der die Grundlage für Zusammenarbeit und kulturellen Austausch bildet.

Aufgabe: Akzeptiere die Vielfalt der Interpretationen und die Unmöglichkeit absoluter Übereinstimmung als Bereicherung und nicht als Hindernis. Dein Ziel sollte es sein, den Dialog und den Austausch von Ideen zu fördern, anstatt nach einer perfekten Harmonie zu streben. Erkenne, dass die Unterschiede in der Wahrnehmung nicht nur unvermeidlich, sondern auch essentiell für das kreative und geistige Wachstum sind. Suche nach Wegen, um den gegenseitigen Austausch zu vertiefen und dabei die individuellen Perspektiven zu respektieren. Durch die Wertschätzung dieser Vielfalt kannst Du ein tieferes, facettenreiches Verständnis erlangen und zur kollektiven Weisheit beitragen. Lass Dich von der Idee leiten, dass im gemeinsamen Streben nach Verständnis und im Teilen unterschiedlicher Einsichten der wahre spirituelle Fortschritt liegt.

***Spiegelpunkt**: 26° Widder - Gelegenheiten*

4° Fische: Einfügung

An diesem Punkt findet die Einfügung einer Idee in das weitläufige Mosaik des kosmischen Systems statt. Diese Phase repräsentiert den Moment, in dem eine Idee, sei es nach einer Phase des Wartens oder durch direkte Interaktion mit dem dynamischen Fluss anderer Ideen, ihren Platz im Universum findet. Es geht hier um die Integration und das Zusammenspiel von Gedanken und Konzepten, die zusammen ein harmonisches und doch unausgeschöpftes Potenzial des Kosmos bilden. Diese Einfügung spiegelt die Vielfalt und Komplexität des Lebens wider, in der jede Idee, ob ruhend oder aktiv, einen integralen Beitrag zum großen Ganzen leistet. Es ist ein Vorgang, der die Balance zwischen Bewahrung und Veränderung, zwischen individuellem Ausdruck und kollektiver Harmonie betont.

Aufgabe: Sei offen und flexibel im Umgang mit Deinen Ideen und Werten, besonders wenn diese auf scheinbare Widersprüche oder Gegensätze in der Außenwelt treffen. Deine Herausforderung besteht darin, nicht an einmal gefassten Überzeugungen festzuhalten, sondern die Verbindungslinien und gemeinsamen Grundlagen zu suchen, die eine tiefere Wahrheit offenbaren. Dies erfordert von Dir, über den Tellerrand hinaus zu blicken und die Fähigkeit zu entwickeln, Differenzen als Bereicherung und Chance für Wachstum zu sehen. Indem Du Deine Perspektive erweiterst und lernst, Deine Ideen harmonisch in das bestehende

System einzufügen, trägst Du zur Entfaltung des kollektiven Potenzials bei. Es geht darum, Brücken zu bauen und durch das Verständnis für die Vielschichtigkeit des Lebens einen Beitrag zum großen Ganzen zu leisten.

***Spiegelpunkt**: 25° Widder - Fähigkeiten*

68. Szene: Paradigma

335° - 339° = 5° Fische - 9° Fische

Der ***Skorpion der Lebenskraft*** ist das Paradigma der Wahrheit. Hinter allen Weltbildern, hinter allen menschlichen Vorstellungen vom Himmel und von der Welt steht die eine transzendente Realität als unverrückbare Tatsache. Aber diese Wirklichkeit ist unaussprechlich und kann nicht in diese Welt übertragen werden, ohne dass sie sich eine Maske aufsetzt, um sichtbar zu werden. Die einzige Wahrheit, die von sich behaupten kann, absolut zu sein, ist das Paradigma der Unsagbarkeit – „das Tao, das genannt werden kann, ist nicht das wahre Tao." Aus diesem Grund durfte das Wort JHWH in der Thora nicht geschrieben und nicht genannt werden, aus diesem Grund wurde das Gebot „Ihr sollt euch keine Bilder machen" aufgestellt. Der Erleuchtete weiß, dass jedes Glaubenssystem falsch ist. Deshalb ist eines so gut wie das andere.

5° Fische: Etablierte Ideen

An diesem Punkt wird der Fokus auf die etablierten Ideen gelegt, die als tragende Säulen der momentanen Weltanschauungen gelten. Diese Ideen sind jene, die sich in der Praxis bewährt haben und daher oft unhinterfragt als Wahrheiten akzeptiert werden. Sie formen das Fundament, auf dem die Gesellschaft ihre Normen und Werte aufbaut. Dieser Grad beleuchtet die Neigung der Menschen, sich an das Bewährte zu halten, da es Sicherheit und Orientierung bietet. Doch er mahnt auch zur Vorsicht, denn das, was heute als unumstößliche Wahrheit gilt, kann morgen schon durch neue Erkenntnisse in Frage gestellt werden. Die Anerkennung etablierter Ideen als temporäre Wahrheiten unterstreicht die Notwendigkeit einer ständigen Überprüfung und Anpassung unserer Überzeugungen.

Aufgabe: Während es wichtig ist, sich in die sozialen und kulturellen Gegebenheiten einzufügen, um Harmonie und Ordnung zu wahren, ist es ebenso entscheidend, ein Bewusstsein für die Vorläufigkeit dieser Konstrukte zu bewahren. Akzeptiere die etablierten Rituale und Normen als Teil des gesellschaftlichen Zusammenlebens, sei jedoch gleichzeitig offen und bereit für Wandel. Deine Aufgabe ist es, eine Balance zwischen Konformität und kritischer Reflexion zu finden. Ermutige Dich selbst und andere dazu, bestehende Annahmen regelmäßig zu hinterfragen und den Mut zu haben, eigene Wege zu gehen, wenn dies notwendig erscheint. Das Ziel ist es, ein tiefes Verständnis für die Dynamik zwischen Beständigkeit und Wandel zu entwickeln und dazu beizutragen, dass die Gesellschaft aufgeklärter, flexibler und inklusiver wird.

***Spiegelpunkt**: 24° Widder - Automatisierung*

6° Fische: Unverrückbare Wahrheit

Als Ort des Paradigmas steht hier die unverrückbare Wahrheit im Mittelpunkt, die die Basis unserer Weltvorstellung bildet. Dieser Grad lehrt uns, dass die von uns als fest und unveränderlich angenommenen Wahrheiten tatsächlich Teilwahrheiten sind, die in das größere Gewebe einer umfassenden, universellen Wahrheit eingebettet sein müssen. Diese Erkenntnis unterstreicht die Bedeutung des Glaubens an die Richtigkeit dieser

Teilwahrheiten, als stabilisierende Säulen unseres Verständnisses und unserer Weltsicht, bis eine tiefere und weitreichendere Wahrheit offenbart wird. Es ist essenziell, diese Teilwahrheiten als vorläufige Ankerpunkte zu nutzen, die uns Orientierung und Sicherheit bieten, während wir offenbleiben für die Evolution unserer Einsichten und das Wachstum unseres Wissens.

Aufgabe: Dein Ziel sollte es sein, die Balance zwischen dem festen Glauben an etablierte Teilwahrheiten und der Offenheit für neue, umfassendere Wahrheiten zu finden. Anerkenne die Bedeutung dieser Teilwahrheiten für Deine Lebensführung und Entscheidungsfindung, und verstehe gleichzeitig, dass Dein Wissen und Verständnis sich weiterentwickeln können und sollen. Bevor Du eine etablierte Wahrheit verwerfst, suche aktiv nach stichhaltigen, fundierten neuen Erkenntnissen, die als Grundlage für eine erweiterte Perspektive dienen können. Diese Herangehensweise ermutigt zu einem wohlüberlegten, reflektierten Umgang mit Informationen und Wissen, der sowohl die Notwendigkeit einer stabilen Grundlage als auch die unvermeidliche Entwicklung unseres Verständnisses der Welt berücksichtigt. Entwickle eine tiefe Wertschätzung für die Komplexität der Wahrheit und die Reise, die es erfordert, sich ihr zu nähern.

***Spiegelpunkt**: 23° Widder – Hingabe an den Spielverlauf*

7° Fische: Signale zum Aufbruch

Durch eine Synergie von verschiedenen Ideen empfangen wir „Signale zum Aufbruch" - ein Aufruf, die Verbindung zwischen etablierten Ideen und der unverrückbaren Wahrheit zu nutzen, um uns auf den Weg zu einer neuen Wirklichkeit zu begeben, in der tiefere Wahrheiten unser Handeln leiten. Diese Gradbeschreibung erkennt an, dass unsere Suche nach Wahrheit oft durch die Brille unterschiedlicher Teilwahrheiten erfolgt, die wir für das Ganze halten. Jeder Mensch mag sich auf demselben Weg wähnen, doch die Interpretationen dessen, was Wahrheit bedeutet, variieren. Diese Vielfalt an Perspektiven ist nicht hinderlich, sondern ein entscheidender Schritt auf dem Weg zur Annäherung an eine universelle Wahrheit, selbst wenn dieser Pfad Irrwege einschließt.

Aufgabe: Nutze die Widersprüche und Ungereimtheiten innerhalb der etablierten Wirklichkeiten als Wegweiser für Deine persönliche und kollektive Evolution. Erkenne, dass diese scheinbaren Diskrepanzen nicht nur Herausforderungen, sondern auch Chancen darstellen, um das Verständnis der zugrundeliegenden Teilwahrheiten zu erweitern und zu vertiefen. Deine Aufgabe ist es, aktiv nach diesen Signalen zum Aufbruch zu suchen, sie zu hinterfragen und als Anstoß für eine erweiterte Betrachtungsweise zu nutzen. Fördere eine Haltung der Neugier und des kritischen Denkens, um Dich und die Gesellschaft näher an eine umfassendere, inklusivere Wahrheit heranzuführen. Sei mutig in der Exploration neuer Ideen und Perspektiven, die das Potenzial haben, Deine Sichtweise zu bereichern und zu einer gerechteren und wahrheitsgetreueren Welt beizutragen.

***Spiegelpunkt**: 22° Widder – Innere Erfüllung*

8° Fische: Vision der letzten Wahrheit

Hier wird die Vision der letzten Wahrheit als Methode des Paradigmas beleuchtet. Jede Gesellschaft formt sich um eine zentrale Vorstellung von Wahrheit, die ihre Werte, Ziele und das kollektive Streben prägt. Diese grundlegende Vision wirkt als Kompass, der den Weg weist und das Endziel definiert, nach dem sich eine Gemeinschaft richtet. Ob in einer materialistisch geprägten Kultur, in der finanzieller Erfolg und Gesundheit höchste Priorität haben, oder in einer theistischen Gemeinschaft, in der die Beziehung zu Gott oder die göttliche Liebe im Zentrum steht – jede Vision der Wahrheit formt die Struktur und die Ausrichtung der Gesellschaft und des individuellen Lebenswegs.

Aufgabe: Erkenne die vorherrschende Vision der letzten Wahrheit in Deiner Umgebung und reflektiere, wie diese Deine Werte, Ziele und das tägliche Handeln beeinflusst. Deine Herausforderung besteht darin, diese kollektive Vision kritisch zu hinterfragen und zu erforschen, wie sie sich mit Deinen persönlichen Überzeugungen und der Suche nach einer tieferen, individuellen Wahrheit vereinbaren lässt. Sei offen dafür, Deine eigene Vision der letzten Wahrheit zu entwickeln, die über die materiellen oder dogmatischen Grenzen hinausgeht, die Dir vielleicht vorgegeben wurden. Engagiere Dich in einem Prozess der Selbstentdeckung und -entwicklung, der es Dir ermöglicht, ein erfüllteres, authentischeres Leben zu führen, das in Einklang mit Deinen tiefsten Überzeugungen und Werten steht. Lass Dich von der Frage leiten, was für Dich das ultimative Ziel des Lebens darstellt, und strebe danach, dies in Deinem täglichen Wirken zum Ausdruck zu bringen.

***Spiegelpunkt**: 21° Widder - Potential*

9° Fische: Instrumentenflug

An diesem Punkt erleben wir den „Instrumentenflug“ als kreatives Ergebnis des Paradigmas. Diese Metapher illustriert, wie die ultimative Wahrheit, ähnlich der Erde unter einer dichten Wolkendecke bei schlechtem Wetter, stets verborgen bleibt. In dieser Unsichtbarkeit navigieren wir mithilfe der herrschenden Paradigmen, die wie Instrumente in einem Flugzeug funktionieren. Diese Paradigmen bieten uns Orientierung und simulieren eine Wahrnehmung der Realität, die uns leitet, obwohl die letzte Wahrheit außerhalb unseres direkten Blickfelds liegt. Es ist ein Prozess des Vertrauens auf die Werkzeuge und Kenntnisse, die uns zur Verfügung stehen, um unseren Weg durch das Unbekannte zu finden, in dem Bewusstsein, dass unsere Verständnismodelle stets Annäherungen an die Wirklichkeit sind.

Aufgabe: Akzeptiere die Herausforderung, Dich in einem Zustand der Unsicherheit zu bewegen, indem Du den Anzeigen und Instrumenten Deines Lebens – seien es Deine Werte, Überzeugungen oder das gesellschaftliche Wissen – vertraust, auch wenn die ultimative Wahrheit nicht vollständig greifbar ist. Deine Aufgabe ist es, ein tiefes Verständnis dafür zu entwickeln, dass diese Werkzeuge und Paradigmen Führer sind, die Dir helfen, Richtungsentscheidungen zu treffen, selbst in Zeiten der Unsicherheit. Entwickle die Fähigkeit, kritisch zu reflektieren, welche Instrumente Du nutzt, und sei offen dafür, Deine Navigationshilfen zu justieren, wenn neue Erkenntnisse oder Erfahrungen dies erfordern. Bleibe agil in Deinem Denken und Handeln, bereit, Deine

„Flugrichtung“ anzupassen, um Dich der Wahrheit, so gut es geht, anzunähern. Vertraue darauf, dass jeder Schritt auf diesem unsichtbaren Pfad ein wichtiger Teil Deiner Reise ist.

***Spiegelpunkt**: 20° Widder - Imponiergehabe*

69. Szene: Einweihung

340° - 344° = 10° Fische - 14° Fische

Der ***Schütze der Lebenskraft*** ist die Initiation. Denn wenn es eine absolute Realität hinter all den Teilwahrheiten gibt, dann muss der Mensch auch fähig sein, an dieser Wahrheit teilzuhaben, schließlich ist er ein Teil dieses Kosmos. Wenn es aber die Möglichkeit gibt, die Wahrheit zu erfahren, dann gibt es sicher Menschen, die diesen Weg schon gefunden haben. Diese Menschen können dann anderen helfen, diesen Weg auch zu finden. Man kann zwar niemandem die letzte Realität mit Worten vermitteln, auch wenn man sie erfahren hat, aber man kann anderen erzählen, wie man sie erfahren hat.

10° Fische: Glaube an die Erleuchtung

In der Essenz dieses Grades liegt der Impuls des Glaubens an die Möglichkeit der Erleuchtung, ein fundamentales Konzept, das sich durch alle religiösen und spirituellen Traditionen zieht. Unabhängig davon, ob die Erleuchtung als Ergebnis persönlicher Bemühungen durch Meditation und Innenschau oder als Akt göttlicher Gnade angesehen wird, ist die gemeinsame Grundlage die Ausrichtung des menschlichen Daseins auf eine höhere Ebene der Existenz. Dieser Glaube dient als Leuchtturm, der uns durch die Unwägbarkeiten des Lebens führt und unsere Schritte auf einen Pfad des tieferen Verständnisses und der spirituellen Erfüllung lenkt.

Aufgabe: Konzentriere Dich darauf, Deine geistigen und emotionalen Kräfte auf das Ziel der Erleuchtung oder eines anderen spirituellen Ziels zu lenken, das für Dich von Bedeutung ist. Die Kraft Deiner Aufmerksamkeit ist ein mächtiges Werkzeug, das die Realisierung dieser Ziele unterstützt und ihnen Form verleiht. Erkenne, dass jede bewusste Ausrichtung Deiner Gedanken und Handlungen auf diese höheren Ziele dazu beiträgt, sie in Dein Leben zu ziehen und zu manifestieren. Entwickle eine Praxis der Achtsamkeit und der spirituellen Disziplin, die es Dir ermöglicht, Deine innere Ausrichtung zu stärken und Deine Aufmerksamkeit zu schärfen. Indem Du Deinen Geist und Dein Herz auf die Suche nach tieferem Sinn und Verständnis fokussierst, öffnest Du Dich für die Transformation und das Wachstum, die auf dem Weg zur Erleuchtung liegen.

***Spiegelpunkt**: 19° Widder – Leben heißt lieben*

11° Fische: Feuerprobe

Nun steht die Feuerprobe im Zentrum, ein symbolischer Ort der Einweihung, an dem der Glaube an die Möglichkeit der Erleuchtung auf die Probe gestellt wird. Dieser Grad illustriert die unvermeidliche Herausforderung auf dem spirituellen Pfad, bei der Individuen mit tiefgreifenden Veränderungen konfrontiert werden, die sowohl ihre äußeren Lebensumstände als auch ihre innersten Überzeugungen erschüttern können. Diese Phase ist entscheidend, da sie die Reinigung von Illusionen und die Konfrontation mit der Realität beinhaltet, die oft weit entfernt von den bisherigen Vorstellungen des Einzelnen ist. Der Prozess der Feuerprobe erfordert eine innere Stärke und die Fähigkeit, an der Vision der Erleuchtung festzuhalten, selbst wenn der Weg dorthin von Zweifeln und Schmerzen begleitet wird. Es ist eine

Prüfung des Glaubens, der Entschlossenheit und der spirituellen Ausdauer.

Aufgabe: Sei bereit, die Herausforderungen und Prüfungen auf Deinem spirituellen Weg als notwendige Schritte zur Transformation zu akzeptieren. Erkenne, dass jede Feuerprobe Dich stärker macht und Deinem Endziel näherbringt. Deine Aufgabe ist es, in Momenten der Verunsicherung und des Schmerzes nicht den Glauben an das höhere Ziel der Erleuchtung zu verlieren. Suche nach Wegen, wie Du Deine spirituelle Praxis und Deine Überzeugungen stärken kannst, um durch diese schwierigen Zeiten zu navigieren. Entwickle Resilienz und lerne, die Unbequemlichkeiten als Teil des Wachstumsprozesses zu sehen. Halte an Deiner Vision fest und erinnere Dich daran, dass jede Prüfung Dich der Erleuchtung einen Schritt näher bringt. Nutze diese Erfahrungen als Chancen, um tiefer zu gehen und eine authentischere Verbindung zu Deinem spirituellen Pfad zu entwickeln.

***Spiegelpunkt**: 18° Widder – Das Ganze sehen*

12° Fische: Der wahre Weg zum Ziel

Hier wird die essentielle Verbindung zwischen dem festen Glauben an die Möglichkeit der Erleuchtung und den unvermeidlichen Herausforderungen auf diesem spirituellen Pfad thematisiert. Dieser Grad symbolisiert den „wahren Weg zum Ziel“, auf dem die spirituelle Reise durch innere Überzeugung und äußere Prüfungen geformt wird. Die Lebensgeschichten von Heiligen und erleuchteten Meistern aus allen Religionen dienen als Inspirationsquelle und Beleg dafür, dass trotz aller Schwierigkeiten die Erleuchtung oder die Vereinigung mit dem Göttlichen erreichbar ist. Diese Erzählungen vermitteln Mut und Standhaftigkeit, die notwendig sind, um den eigenen spirituellen Weg zu Ende zu gehen, auch wenn er von Leid und Herausforderungen geprägt ist.

Aufgabe: Betrachte Hindernisse und Rückschläge auf Deinem Weg nicht als Zeichen des Scheiterns, sondern als integrale Bestandteile des Prozesses, die Dich Deinem Ziel näherbringen. Bewahre den Glauben an Deinen Weg und erkenne, dass Stolpersteine oft wertvolle Lektionen enthalten. Sei offen für die Möglichkeit, dass scheinbare Umwege und Rückschritte tatsächlich notwendige Schritte auf Deinem wahren Weg zum Ziel sein können. Erlaube Dir, flexibel in Deiner Herangehensweise zu sein, und verstehe, dass ein Schritt zurück manchmal erforderlich ist, um zwei Schritte vorwärts zu machen. Entwickle eine Haltung der Geduld und des Vertrauens in den Prozess, indem Du Dich von den Geschichten derjenigen inspirieren lässt, die bereits den Weg gegangen sind und das Ziel erreicht haben. Lass diese Erzählungen zu einem Fundament werden, das Dir Kraft und Orientierung gibt, um Deinen persönlichen spirituellen Pfad mutig und zuversichtlich zu verfolgen.

***Spiegelpunkt**: 17° Widder – Rhythmus des Lebens*

13° Fische: Lockmittel fürs Ego

Hier erkennen wir die „Lockmittel fürs Ego“, eine Methode der spirituellen Einweihung, die darauf abzielt, durch die Verheißungen von Erfüllungen wie ewige Glückseligkeit, absolute Körperbeherrschung, weltlichen Ruhm und Reichtum, sowie Unsterblichkeit, das individuelle Streben nach spirituellem Wachstum anzufeuern. Diese Versprechen, die eher die Hoffnungen der Suchenden widerspiegeln als tatsächliche Zusagen von Lehrern oder Traditionen, dienen dazu, das Ego auf einen Weg zu locken, der letztlich über die egozentrischen Wünsche hinausführt. Die Reise mag durch Illusionen geleitet sein, doch sie zielt darauf ab, uns zu unserer wahren Bestimmung zu führen. Wie Sterne, die uns den Weg weisen, auch wenn wir sie nie erreichen, so sind auch diese Ziele Orientierungspunkte auf unserem spirituellen Pfad.

Aufgabe: Erkenne die Verlockungen, die Dein Ego ansprechen, als Startpunkte auf Deinem spirituellen Weg. Erlaube Dir, motiviert zu sein, doch bleibe wachsam gegenüber der Verwechslung dieser anfänglichen Anreize mit dem eigentlichen Ziel der spirituellen Reise. Deine Herausforderung besteht darin, über die bloße Befriedigung des Egos hinauszugehen und eine tiefere, wahrhaftige Verbindung zu Deiner spirituellen Essenz zu suchen. Nutze die Lockmittel als Antrieb, um Deine Praxis zu vertiefen und Deine Wahrnehmung zu erweitern, immer mit dem Bewusstsein, dass das ultimative Ziel nicht in der Erfüllung dieser materiellen oder egozentrischen Wünsche liegt, sondern in der Erkenntnis und Verwirklichung Deiner wahren Bestimmung. Lass Dich von diesen Zielen leiten, nicht als Endpunkte, sondern als Mittel zur Orientierung und Inspiration auf Deinem Weg zur spirituellen Erleuchtung.

***Spiegelpunkt**: 16° Widder - Klausur*

14° Fische: Vorbereitung

Nun begegnen wir „Der Vorbereitung“ als kreatives Ergebnis des spirituellen Einweihungsprozesses, ein Schritt, der die Seele auf die ultimative Erkenntnis der Erleuchtung vorbereitet. Dieser Grad symbolisiert den Prozess der Reinigung und Klärung von Geist, Seele und Bewusstsein, der notwendig ist, um die universelle Wahrheit in ihrer reinsten Form wahrnehmen zu können. Es ist eine Zeit, in der das Individuum lernt, alle drei Aspekte seines Seins zu einem einheitlichen Sinnesorgan zu verschmelzen, das fähig ist, das Licht der Wahrheit zu sehen. In dieser Phase beginnt das Ego, seine Dominanz loszulassen, und erkennt, dass die wahre Macht in der Hingabe an etwas Größeres als sich selbst liegt.

Aufgabe: Widme Dich der inneren Arbeit, um Deine Wahrnehmung zu schärfen und Dich für die tiefen Einsichten der Erleuchtung zu öffnen. Praktiziere Achtsamkeit, Meditation oder andere spirituelle Disziplinen, die Dir helfen, Geist, Seele und Bewusstsein zu reinigen und zu vereinen. Erkenne die Bedeutung des Loslassens von egozentrischen Bestrebungen und der Öffnung für die Führung durch eine höhere Macht. Deine Aufgabe ist es, die Bereitschaft zu entwickeln, Dich von überholten Vorstellungen und Wünschen zu lösen und Dich stattdessen auf die essenzielle Suche nach Wahrheit und Erleuchtung zu konzentrieren. Verstehe, dass die Vorbereitung ein lebenslanger Prozess ist, der Geduld, Hingabe und eine tiefe Sehnsucht nach spirituellem Wachstum erfordert. Lass Dich von der Hoffnung auf die Erfüllung Deiner wahren Bestimmung leiten und nutze jede Erfahrung als Chance, näher an das Licht der Erleuchtung heranzurücken.

***Spiegelpunkt**: 15° Widder – Aktive, naturgegebene Kraft*

70. Szene: Mysterien

345° - 349° = 15° Fische - 19° Fische

Der ***Steinbock der Lebenskraft*** sind die Mysterien. Erst nach der Einweihung ist der Mensch in der Lage, die Mysterien zu verstehen. Jetzt kann man in diesen Geschichten die Beweggründe des Göttlichen und den Weg zur Vollendung der Welt erkennen. So wie in den Märchen eine psychologische Bedeutung liegt, die weder der Erzähler noch der Zuhörer erkennen muss, die aber dennoch ihre Wirkung zeigt, so liegt auch in den Mysterien eine spirituelle Bedeutung, die erst erkannt werden kann, wenn man die dahinter liegenden spirituellen Bedeutungen auf andere Weise erfahren hat. Das macht die Mysterien jedoch nicht überflüssig, denn sie bilden einen Rahmen, der den eigenen Erfahrungen einen Halt gibt und es dem Einzelnen ermöglicht, seine eigenen Erfahrungen mit dem Absoluten zu verarbeiten.

15° Fische: Motivation der Transzendenz

An diesem Grad öffnet sich der „Impuls zum Verständnis der Mysterien“ durch einen vertieften Einblick in die göttliche Motivation hinter den scheinbar unergründlichen Ereignissen der Mythologie und des Lebens. Diese Phase symbolisiert eine tiefere Erkenntnisstufe, auf der die vorhergehende spirituelle Vorbereitung es dem Individuum ermöglicht, die verborgenen Führungen und Lehren in den Schicksalen der mythologischen Figuren zu erkennen. Die Geschichten von Osiris, Chronos, Chiron und Jesus werden nicht mehr als isolierte, rätselhafte Ereignisse wahrgenommen, sondern als Manifestationen göttlicher Lenkung und tieferer Bedeutungen. Diese Perspektive erweitert sich auf das gesamte Leben, wo jedes Geschehen, jede Begegnung als Teil eines umfassenderen, göttlich geleiteten Mysteriums verstanden wird.

Aufgabe: Schärfe Deine Wahrnehmung für die subtilen Zeichen und Botschaften, die in Deinem Alltag und in den Geschichten, die Dich umgeben, verborgen sind. Übe Dich darin, tiefer zu blicken und die göttlichen Motivationen und Lehren zu erkennen, die hinter den Ereignissen und Herausforderungen Deines Lebens stehen. Diese Sensibilität ermöglicht es Dir, Deine persönlichen Ziele klarer zu definieren und mit geringerem Widerstand darauf zuzusteuern. Betrachte das Leben als ein reiches Feld voller Mysterien, die darauf warten, von Dir entschlüsselt zu werden. Nutze Meditation, Reflexion und das Studium spiritueller Schriften, um Deinen Geist zu sensibilisieren und eine tiefere Verbindung mit dem universellen Bewusstsein zu kultivieren. Erkenne, dass jedes Erlebnis, jede Begegnung eine Gelegenheit zur Erkenntnis und zum spirituellen Wachstum bietet. Lass Dich von der göttlichen Motivation leiten und finde so Deinen Weg zu einem erfüllteren, bewussteren Dasein.

***Spiegelpunkt**: 14° Widder – Verlangen im Visier*

16° Fische: kollektive Wege

Die Mysterien dienen als Wegweiser und tiefgründige Lehrstücke, die jedoch erst verstanden und interpretiert werden müssen, bevor sie ihre Weisheit offenbaren können. Anfangs können diese komplexen und oft herausfordernden Erzählungen, die selten ein einfaches oder gar glückliches Ende finden, Verwirrung oder gar Furcht auslösen. Von den Prüfungen Christi bis hin zu den dramatischen Wendungen im Mahabharata – in diesen Geschichten herrscht eine Unvorhersehbarkeit, die das Leben in seiner ganzen Komplexität widerspiegelt. Dennoch bergen sie das Potenzial, den Weg zur spirituellen Erleuchtung aufzuzeigen, vorausgesetzt, man ist bereit, sich ihren tiefen Bedeutungen zu öffnen und sie zu verstehen.

Aufgabe: Erweitere Deinen Horizont, indem Du in allen Erzählungen – seien es mythische, historische oder alltägliche Geschichten – nach den tieferen Narrativen und Lehren suchst. Jede Erzählung trägt eine Essenz in sich, die, wenn sie bewusst betrachtet wird, Einsichten in universelle Wahrheiten und menschliche Erfahrungen offenbart. Beginne, die symbolischen Botschaften und die zugrundeliegenden Motivationen hinter den Handlungen und Charakteren zu erkunden, um ein umfassenderes Verständnis für die kollektiven und individuellen Wege zur Erleuchtung zu entwickeln. Nutze diese Einsichten als Anregung, um Deine eigenen Lebenserfahrungen in einem neuen Licht zu sehen und daraus Weisheit für Deinen persönlichen spirituellen Pfad zu schöpfen. Diese Praxis der Interpretation und Reflexion bereitet Dich nicht nur darauf vor, die komplexe Schönheit des Lebens zu erkennen, sondern unterstützt Dich auch dabei, Deine Zielsetzungen klarer zu definieren und mit größerer Zuversicht und weniger Widerstand auf sie zuzugehen.

***Spiegelpunkt**: 13° Widder – Ritualisierung der Beziehung*

17° Fische: gelungenes Ritual

Hier offenbart sich die „Synthese der Mysterien“ als das gelungene Ritual, das den Kern spiritueller Praxis und Erleuchtung darstellt. In diesem Kontext ist das Ritual mehr als eine äußere Handlung; es symbolisiert einen tiefgreifenden Transformationsprozess, in dem das Verständnis der göttlichen Motivationen und der Pfade zur Erleuchtung die Seele des Menschen von den Fesseln des Egos und den Auflagen der Gesellschaft befreit. Dieser Akt der Befreiung führt den Einzelnen zu seiner wahren Bestimmung und offenbart das Wesen seines Seins in seiner reinsten Form. Ein gelungenes Ritual ist somit der Moment, in dem die äußeren Handlungen und die innere Haltung in vollkommene Harmonie kommen, die Seele erleuchtet und den Weg für eine tiefe Verbindung zum Universellen öffnet.

Aufgabe: Widme Dich der Entwicklung und Praktizierung von Ritualen in Deinem Leben, die nicht nur äußere Handlungen sind, sondern auch als Spiegel Deines inneren Strebens nach Erleuchtung und Freiheit dienen. Erkunde, welche rituellen Praktiken für Dich persönlich resonieren und wie diese Dich in Deiner spirituellen Reise unterstützen können. Das Ziel ist es, Rituale zu finden oder zu kreieren, die Dir dabei helfen, Dich von den Begrenzungen des Egos zu lösen und eine tiefere Verbindung mit Deiner wahren Essenz und Bestimmung zu knüpfen. Sei offen dafür, dass diese Rituale sich über die Zeit hinweg entwickeln und anpassen, während Du auf Deinem Weg voranschreitest. Lasse jedes Ritual zu einem Ausdruck Deines tiefsten Selbst werden, einem Akt der Hingabe und der Selbstbefreiung, der Dich Schritt für Schritt Deiner wahren Bestimmung näherbringt.

***Spiegelpunkt**: 12° Widder – Versuch und Irrtum*

18° Fische: Vermittlung der sicheren Wege

An diesem Punkt entfaltet sich die „Vermittlung der sicheren Wege“ als Methode der Mysterien, die den Suchenden durch das verwirrende Terrain auf dem Pfad zur Erleuchtung leiten. Diese Mysterien bieten Orientierungshilfe in einem geistigen Labyrinth, wo zahlreiche Pfade locken, doch nicht alle zum Ziel führen. Wie eine Landkarte durch ein Moor, das bei jedem Fehltritt zu verschlingen droht, zeichnen die Mysterien sowohl die sicheren Wege als auch die Sackgassen auf. Sie erleuchten die Pfade, die durch das Dickicht der spirituellen Suche führen, und warnen vor den Fallstricken, die auf der Reise lauern. Diese Weisheiten dienen nicht nur als Schutz vor den Gefahren der astralen Welt, sondern auch als Wegweiser zu wahrer Erkenntnis und Erleuchtung.

Aufgabe: Nutze die Weisheiten und Lehren, die Dir durch spirituelle Texte, Traditionen und Deine persönlichen Erfahrungen vermittelt werden, als Leitfaden auf Deinem Weg. Entwickle die Fähigkeit, zwischen den sicheren Wegen und den Irrwegen zu unterscheiden, indem Du Dein inneres Unterscheidungsvermögen schärfst und auf Deine Intuition hörst. Sei achtsam bei der Wahl Deiner spirituellen Praktiken und der Menschen, denen Du auf diesem Weg begegnest. Erinnere Dich daran, dass jede Entscheidung und jeder Schritt auf dem Pfad zur Erleuchtung bewusst und überlegt sein sollte. Verpflichte Dich dazu, regelmäßig in Reflexion und Selbstprüfung zu investieren, um sicherzustellen, dass Du auf dem richtigen Weg bleibst. Lasse

Dich von den Mysterien als einer Karte leiten, die Dir hilft, die sicheren Wege zu erkennen und zu beschreiten, während Du die unzähligen Möglichkeiten Deines spirituellen Pfades erkundest.

***Spiegelpunkt**: 11° Widder – Kosmische Ordnung*

19° Fische: Erfüllung

Die „Erfüllung" ist das kreative Ergebnis der Mysterien. Diese Erfüllung manifestiert sich im tiefen Verständnis der Mysterien und des Weltganzen. Die unstillbare Sehnsucht nach Einsicht und Erkenntnis, die das menschliche Dasein antreibt, erreicht einen Moment der Klarheit, in dem die Einheit aller Existenz verstanden wird. In diesem Licht erscheinen die individuellen Bestrebungen und Sehnsüchte in einem neuen Kontext – als integraler Teil des göttlichen Plans. Dieses Verständnis verwandelt die Sichtweise auf das eigene Leben, indem es zeigt, dass jede Regung, jedes Bedürfnis einen göttlichen Ursprung hat und somit die persönliche Erfüllung im Einklang mit dem universellen Auftrag steht.

Aufgabe: Reflektiere über Deine Position und Rolle im umfassenden Kosmos. Akzeptiere die Einsicht, dass Dein individuelles Dasein Teil eines weit größeren Spiels ist, an dem Du teilhaben, aber nicht die Gesamtheit kontrollieren kannst. Diese Erkenntnis soll nicht demütigen, sondern befreien und den Sinn Deines Lebens in einem größeren Zusammenhang verorten. Verstehe, dass die Erfüllung Deiner persönlichen Wünsche und Ziele kein Selbstzweck ist, sondern eine Facette Deiner Mitwirkung am göttlichen Plan. Indem Du diese Perspektive annimmst, findest Du zu einer tieferen Zufriedenheit und einem Gefühl der Einheit mit dem Kosmos. Dein Leben wird von tieferem Sinn und Erfüllung durchdrungen sein, wenn Du erkennst, dass es keinen anderen individuellen Sinn gibt, als Teil dieses großen Spiels zu sein. Nutze diese Einsicht, um Dein Leben mit Hingabe, Demut und einem Bewusstsein für die Verbindung zu allem, was ist, zu führen.

***Spiegelpunkt**: 10° Widder – Konzentration der Kraft*

71. Szene: Erneuerung

350° - 354° = 20° Fische - 24° Fische

Der ***Wassermann der Lebenskraft*** ist die Erneuerung der alten Mysterien von der Einheit der Welt durch die eigene Erfahrung. Gleichzeitig werden neue, vielleicht zeitgemäßere Mysterien geschaffen. Jede Kultur hat ihre eigene Sprache und ihre eigenen Symbole. So wurde das zweite hermetische Gesetz früher mit den Worten „wie oben so unten“ beschrieben, heute gibt es dafür den mathematischen Begriff der „Selbstähnlichkeit“. So findet jede Kultur, ja jede Generation neue Worte für die gleichen Erfahrungen. So erlebt jede Generation die Faszination des Zusammenwirkens des Kosmos neu und findet im Idealfall ihre eigene Form der Demut vor der Größe der Schöpfung.

20° Fische: Eigene Wahrnehmung

Hier wird die „Eigene Wahrnehmung“ als Impuls zur Erneuerung und tiefgreifendem Verständnis beleuchtet. Nachdem das Individuum durch die Mysterien Einblick in das Weltganze erhalten hat, erhält jede persönliche Erfahrung eine neue Dimension. Das Leben selbst wird als ein fortlaufendes Mysterium wahrgenommen, das es zu erforschen gilt. Diese veränderte Wahrnehmung ermöglicht es, Ereignisse und Erlebnisse in einen größeren Kontext zu stellen und sie als Teil eines umfassenden, göttlichen Plans zu begreifen. Die persönliche Sichtweise entwickelt sich zu einem direkten, subjektiven Mysterium, das durch seine Unmittelbarkeit und Persönlichkeit eine neue Ebene der Erkenntnis eröffnet.

Aufgabe: Nutze Dein erweitertes Verständnis, um Deine momentanen Lebensumstände aus der Perspektive des großen Ganzen zu betrachten. Dein durch die Mysterien geschärftes Bewusstsein gibt Dir die Fähigkeit, den Kontext und Deine Position innerhalb der universalen Geschichte intuitiv zu erfassen. Dieses Wissen versetzt Dich in die Lage, die Bedeutung jedes Augenblicks und jeder Erfahrung in Deinem Leben zu verstehen und zu schätzen. Versuche, jede Situation als Teil eines größeren Mysteriums zu sehen, in dem Du eine aktive Rolle spielst. Diese Herangehensweise ermöglicht es Dir, Dein Leben und Deine Entscheidungen bewusster und im Einklang mit Deinem tiefsten Verständnis von Existenz und Bestimmung zu gestalten. Sieh Dich selbst als einen wesentlichen Teil eines umfassenden, dynamischen Prozesses und nutze Dein intuitives Wissen, um Deine eigene Geschichte mit Weisheit und Klarheit zu navigieren.

***Spiegelpunkt**: 9° Widder – Vitalisierung der Ziele*

21° Fische: Realisierung der Erfahrung

Die „Realisierung der Erfahrung“ ist der Bereich, an dem persönliche Erlebnisse und Einsichten in einem größeren, kosmischen Rahmen verortet werden. Durch das Verständnis der archetypischen Grundmuster, die den Mysterien zugrunde liegen, erlangt der Einzelne die Fähigkeit, seine eigenen Lebenserfahrungen als Teil eines umfassenden, göttlichen Plans zu erkennen und zu würdigen. Jedes Ereignis, jede Herausforderung und jede Freude erhält so eine tiefere Bedeutung und wird zu einem wesentlichen Beitrag im Gesamtgefüge der Existenz. Die wahre Kunst besteht darin, das Bewusstsein für diese Zusammenhänge im Alltag zu bewahren und so Entscheidungen zu treffen, die im Einklang mit diesem universellen Entwurf stehen.

Aufgabe: Entwickle eine stetige Achtsamkeit für die göttliche Ordnung in Deinem Leben. Beginne, die täglichen Begebenheiten nicht als isolierte Vorfälle, sondern als integrale Bestandteile eines größeren, spirituellen Narrativs zu betrachten. Erkenne in jedem Moment, jeder Begegnung und jeder Entscheidung die Möglichkeit, Deinen Beitrag zu diesem übergeordneten Muster zu leisten. Nutze Dein Verständnis für die archetypischen Muster der Mysterien, um Deine persönlichen Erfahrungen in einen sinnvollen Kontext zu setzen und Deine Handlungen bewusst darauf auszurichten. Dieses Bewusstsein wird Dir nicht nur helfen, die Tiefe und den Reichtum Deines eigenen Lebens besser zu begreifen, sondern es wird auch Deine Fähigkeit, im Einklang mit dem göttlichen Plan zu handeln, stärken. Siehe jede Situation als eine Gelegenheit, das Mysterium des Lebens zu erfassen und zu realisieren, und lass Dich von dieser Einsicht in Deinen Entscheidungen leiten.

***Spiegelpunkt**: 8° Widder – Konzentrierte Aufmerksamkeit*

22° Fische: Materialisation

Hier findet die „Materialisation“ der persönlichen Mysterien ihren Ausdruck, die Synthese aus individueller Wahrnehmung und der Realisierung dieser Erfahrungen im Kontext des Universums. Dieser Prozess bringt die spirituellen Erkenntnisse und Einsichten in die physische Realität, wodurch der individuelle Weg zur Erleuchtung greifbare Formen annimmt. Es ist der Moment, in dem die abstrakten Prinzipien und das tiefere Verständnis des Lebens konkret im Alltag umgesetzt werden, sodass die persönlichen Mysterien nicht länger nur in der Theorie existieren, sondern in der Lebensführung und den Entscheidungen des Einzelnen sichtbar werden.

Aufgabe: Erkenne die Bedeutung jedes Ereignisses, jeder Begegnung und jedes Moments als Teil eines umfassenden, göttlichen Plans. Beginne, die konkreten Ausdrucksformen Deiner spirituellen Erkenntnisse in Deinem täglichen Leben zu identifizieren und zu würdigen. Jedes Detail in Deinem Leben kann als ein Spiegel des Ganzen betrachtet werden, eine fraktale Widerspiegelung der universellen Ordnung. Übe Dich darin, die Verbindung zwischen den großen spirituellen Wahrheiten und den scheinbar kleinen Ereignissen des Alltags zu sehen. Diese Perspektive ermöglicht es Dir, die Materialisation Deiner persönlichen Mysterien aktiv zu gestalten und zu erleben. Achte auf die Manifestationen dieser Prinzipien in Deiner Umgebung und in Deinen Handlungen, und lasse diese Erkenntnisse Deine Entscheidungen und Deine Lebensweise leiten. Indem Du das Große im Kleinen erkennst, bringst Du die Essenz Deiner spirituellen

Reise in die materielle Welt und vollziehst den Übergang von der Vision zur Verwirklichung.

Spiegelpunkt*: 7° Widder - Schutz und Sensitivität*

23° Fische: Starke gemeinsame Interessen

Nun offenbart sich die Methode der „Starken gemeinsamen Interessen“ als Schlüssel zur Erneuerung im kosmischen Kontext. Dieses Prinzip beleuchtet die tiefgründige Erkenntnis, dass alle Wesen des Universums – nicht nur die Menschen – durch das übergeordnete Ziel der Bewusstwerdung und der Auflösung der Illusion einer Trennung von Gott vereint sind. Diese universelle Bestrebung treibt die Evolution des „Organismus Kosmos“ voran, strebend nach einem *Punkt Omega*, an dem sich das Universum in seiner Gesamtheit mit der göttlichen Quelle identifiziert. Dieser Prozess ist ein kollektives Unterfangen, das die fundamentale Verbundenheit aller Existenz unterstreicht.

Aufgabe: Kultiviere ein tiefes Verständnis und eine Überzeugung von der Existenz eines universellen, gemeinsamen Ziels, das alle Differenzen transzendiert. Erkenne, dass selbst jene, die scheinbar in Opposition zu Deinen persönlichen Zielen stehen, Teil eines größeren, göttlichen Plans sind. Diese Perspektive hilft Dir, Erfolge und Misserfolge, Sieg und Niederlage, in einem anderen Licht zu sehen und verleiht Dir eine tiefere Gelassenheit und Weisheit im Umgang mit den Herausforderungen des Lebens. Praktiziere Empathie und Verständnis für die Vielfalt der Wege, die doch alle zum selben Ziel führen, und stärke das Bewusstsein für unsere kollektive Bestimmung. Diese integrale Sichtweise fördert die Einheit und Zusammenarbeit auf dem Weg zur kosmischen Bewusstwerdung und trägt dazu bei, die Trennungen zwischen uns zu überwinden. Siehe in jedem Moment, in jeder Interaktion eine Möglichkeit, zu dieser universellen Bewegung beizutragen und die Verbindung mit dem Göttlichen in uns allen zu stärken.

***Spiegelpunkt**: 6° Widder - Doppelleben*

24° Fische: Läuterung

Hiern erreicht die Erneuerung ihren Höhepunkt in der „Läuterung der Anlagen". Dieser Grad symbolisiert den Prozess der Reinigung und Neuausrichtung menschlicher Fähigkeiten und Energien. Es geht nicht darum, die Gaben und Talente des Menschen als fehlerhaft zu betrachten, sondern ihre oft fehlgeleitete Anwendung zu korrigieren. Diese Phase der spirituellen Entwicklung bringt Licht in die ursprüngliche, göttliche Intention hinter unseren Anlagen und ermöglicht es, diese Energien wieder in ihre rechten Bahnen zu lenken, so dass sie im Einklang mit dem höheren Plan wirken können.

Aufgabe: Widme Dich der Aufgabe, Deine persönlichen Ressourcen, Talente und Energien in Einklang mit ihren ursprünglichen, göttlich intendierten Zwecken zu nutzen. Dies erfordert von Dir, innezuhalten und zu reflektieren, ob die Wege, die Du in Deinem Leben eingeschlagen hast, wirklich den ursprünglichen Zielen Deiner Anlagen entsprechen. Frage Dich, wo möglicherweise unnötige oder gar schädliche Umwege entstanden sind, und arbeite daran, diese zu eliminieren. Deine Aufgabe liegt in der bewussten Rückführung Deiner Intentionen und Handlungen zu ihren wahren Ursprüngen. Dies kann eine Herausforderung sein, da es oft bedeutet, gewohnte Pfade zu verlassen und sich auf ungewisses Terrain zu begeben. Doch die Belohnung dieser Mühe ist eine tiefere Harmonie mit Dir selbst und eine authentischere Ausrichtung Deines Lebens. Nutze Deine Gaben weise und im Dienste der höheren Ziele, zu denen Du bestimmt bist, und erlebe die Läuterung und Befreiung, die aus dieser Ausrichtung erwächst.

***Spiegelpunkt**: 5° Widder – Drang zu Stabilität und Ausweitung*

72. Szene: Lebendige Ethik

355° - 359° = 25° Fische bis 29° Fische

Der ***Fische-Bereich der Lebenskraft*** ist die lebendige Ethik, die automatisch entsteht, wenn man Teil des großen Ganzen geworden ist. Der Mensch erkennt, dass alles in Ordnung ist. Leid und Schmerz entstehen aus Unwissenheit und mangelndem Überblick. Der Einzelne kann krank werden und sterben, aber der Kosmos lebt und wird immer bewusster. Die Notwendigkeit, etwas am Lauf der Geschichte zu ändern, verschwindet für den Eingeweihten völlig. Er ist nur noch darauf bedacht, die gegenwärtigen Aufgaben seines Lebens mit ganzem Herzen und mit der vollkommenen Sittlichkeit der Liebe zu erfüllen. Der große Zusammenhang der Welt ist für ihn nicht mehr wichtig, weil er erkannt hat, dass der Plan am besten funktioniert, wenn jeder Mensch als Detail des Kosmos seine individuelle Aufgabe im Geist der Liebe erfüllt – vor allem der aufrichtigen Liebe zu sich selbst und damit zu Gott, der den Menschen so geschaffen hat, wie er ist.

25° Fische: Das Ganze im Sinne der Details

Nun wird der „Impuls der lebendigen Ethik" und die harmonische Wechselwirkung zwischen der Ganzheit und den Details beleuchtet. Dieses Prinzip offenbart, dass die Interessen des Einzelnen und das Wohl des Gesamtgefüges untrennbar miteinander verbunden sind. Ebenso wenig wie Einzelheiten der übergeordneten Ordnung zuwiderlaufen können, so steht die universelle Ganzheit nie im Widerspruch zu den wahren Bedürfnissen der Individuen. Der Kosmos bietet in jedem Moment genau die passenden Bedingungen, um den Menschen die Entfaltung ihrer Potenziale gemäß ihres individuellen Entwicklungsstandes und ihrer persönlichen Mission zu ermöglichen.

Aufgabe: Betrachte Widerstände und Herausforderungen als Wegweiser und Anleitung zur Neuorientierung. Wenn ein spezifisches Ziel aufgrund aktueller Umstände unerreichbar scheint, nutze dies als Gelegenheit, um die Relevanz und das Timing dieses Ziels kritisch zu hinterfragen. Es ist möglich, dass das angestrebte Ziel nicht unmittelbar notwendig für die Verwirklichung des übergeordneten Plans ist, oder dass der Zeitpunkt für seine Realisierung noch nicht gekommen ist. Prüfe, ob das Ziel wirklich essenziell ist, ob der gewählte Weg der richtige ist oder ob es sich um den richtigen Zeitpunkt handelt. Diese Reflexion fördert ein tieferes Verständnis dafür, wie individuelle Bestrebungen und das universelle Wohl in Einklang gebracht werden können. Entwickle die Flexibilität, Deine Ziele und Methoden anzupassen, um im Einklang mit der dynamischen Ordnung des Kosmos zu agieren. Nutze die Weisheit der Ganzheit, um Deine persönliche Entwicklung und die Erfüllung Deiner Aufgaben im Kosmos zu navigieren.

***Spiegelpunkt**: 4° Widder – Dimension des Seins*

26° Fische: Bestehende Aufgaben

Hier offenbaren sich „Die bestehenden Aufgaben der Welt“ als der Ort, an dem die Verwirklichung individueller Potenziale in Einklang mit den übergeordneten, kosmischen Aufgaben gebracht wird. Diese Konstellation betont, wie essenziell es ist, dass jede Person ihre einzigartigen Talente und Anlagen im Dienste des universellen Ganzen einsetzt. Indem jeder Einzelne seine spezifischen Aufgaben innerhalb des kosmischen Organismus erkennt und annimmt, trägt er zu dessen Harmonie und Entwicklung bei. Die Herausforderung und gleichzeitig die Schönheit dieses Prozesses liegen in der Vielfalt der Rollen, die jeder zu spielen hat, und in der Anerkennung, dass jede Rolle für das Gleichgewicht und das Wachstum des Gesamten von Bedeutung ist.

Aufgabe: Nimm Dir die Zeit, in Stille nach innen zu schauen und Dich mit Deinem tiefsten Selbst zu verbinden, um Deine wahren Aufgaben und Bestimmungen in dieser Welt zu entdecken. Jeder Moment und jede Begegnung trägt die Chance in sich, Deine Rolle und Deinen Beitrag zum großen Ganzen zu verstehen und zu leben. Sei offen und bereit, auf die Anforderungen des Lebens zu reagieren, indem Du Deine inneren Führungen und Einsichten als Wegweiser nutzt. Deine Aufgabe liegt darin, Dich dieser inneren Weisheit hinzugeben und ihr zu erlauben, Deine Handlungen zu leiten. Dieser Prozess des Antwortens und Re-Agierens auf das Leben mit all seinen Facetten ermöglicht es Dir, Deine individuellen Anlagen authentisch und unverfälscht zum Ausdruck zu bringen und gleichzeitig Deinen Teil zum harmonischen Funktionieren des kosmischen Organismus beizutragen. Erkenne die Einzigartigkeit Deiner Aufgaben an und umarme die Verantwortung, diese mit Hingabe und Integrität zu erfüllen.

***Spiegelpunkt**: 3° Widder – Polarisierung*

27° Fische: individuelle Ernte

Die „individuelle Ernte“ bringt die Synergie der lebendigen Ethik zum Ausdruck. Diese Phase unterstreicht die Bedeutung des zeitgerechten Einsatzes der persönlichen Fähigkeiten und Talente. Es geht darum, zur rechten Zeit zu handeln und die Früchte dieser Handlungen zu ernten. Eine solche Ernte spiegelt nicht nur den persönlichen Erfolg wider, sondern steht auch im Einklang mit dem Wohl des universellen Ganzen. Die erfolgreiche Realisierung individueller Ziele, die im Einklang mit der kollektiven Harmonie stehen, bereichert nicht nur das eigene Leben, sondern trägt ebenso zum Fortschritt und zur Entwicklung des kosmischen Organismus bei.

Aufgabe: Praktiziere das Prinzip von Geben und Nehmen als einen zyklischen Prozess des Austauschs und der Balance. Sei aufmerksam für die Gelegenheiten und Geschenke, die das Leben Dir bietet, und nimm sie dankbar an. Diese Haltung ermöglicht es Dir nicht nur, Deine eigenen Talente voll auszuschöpfen, sondern auch, etwas Wertvolles an die Welt zurückzugeben. Verstehe das Annehmen als einen notwendigen Schritt, um auch geben zu können, und erkenne die gegenseitige Abhängigkeit dieser Handlungen an. Dein Beitrag zum großen Ganzen wird durch die Bereitschaft, die Fülle des Lebens anzunehmen und zu teilen, umso bedeutungsvoller. Lasse Deine individuelle Ernte zum Nährboden für die Weiterentwicklung sowohl Deiner eigenen Bestrebungen als auch des kollektiven Wohlergehens werden.

***Spiegelpunkt**: 2° Widder – Teilhaben an einer Ganzheit*

28° Fische: Aufspaltung des göttlichen Bewusstseins

Auf 28° Fische entfaltet sich die „Erkenntnis der Aufspaltung des göttlichen Bewusstseins“ als zentrale Methode der lebendigen Ethik. Diese tiefgründige Einsicht besagt, dass die Essenz jedes Wesens im Kosmos von einem göttlichen Funken durchdrungen ist, einem Teil des universellen Geistes und Bewusstseins. Dieser Funke ermöglicht es jedem Individuum, seine Lebensaufgaben zu meistern, indem es gleichzeitig der Gesamtheit dient und seine Verbindung zur göttlichen Quelle ehrt. Diese Erkenntnis offenbart die untrennbare Verbindung zwischen dem Einzelnen, der kosmischen Ganzheit und dem Göttlichen selbst, das in seiner reinen Form vom kosmischen Geschehen unberührt bleibt.

Aufgabe: Verinnerliche die Vorstellung, dass in jedem Wesen, das Du triffst, und in jedem Blick, der Dir begegnet, ein Aspekt des Göttlichen sich selbst erkundet. Begreife, dass die Trennung zwischen Dir und anderen nur eine Illusion ist, eine vorübergehende Vergessenheit des göttlichen Bewusstseins in der Vielfalt seiner Ausdrucksformen. Jede Interaktion und jede Beziehung ist eine Gelegenheit, die Einheit und Verbundenheit aller Existenz zu erkennen und zu würdigen. Lebe mit dem Bewusstsein, dass Du in jedem Moment eine tiefere göttliche Wahrheit erlebst und ausdrückst, die über die scheinbaren Grenzen des individuellen Selbst hinausgeht. Diese Perspektive lädt Dich ein, mit größerer Liebe, Mitgefühl und einem Gefühl der Einheit zu handeln, da Du erkennst, dass in der Tiefe unser aller Sein göttlich und miteinander verbunden ist.

***Spiegelpunkt**: 1° Widder – Das Subjekt*

29° Fische: Verschmelzung

Der letzte Grad der 360-teiligen Ganzheit bringt die „Verschmelzung" als das kreative Ergebnis der lebendigen Ethik zum Ausdruck. Diese Verschmelzung ist die Realisierung der tiefsten Einheit mit dem gesamten kosmischen Organismus, selbst innerhalb der Dualität der menschlichen Existenz. Es ist ein Zustand, in dem das Bewusstsein sowohl die individuelle Identität als auch die unendliche Weite des Kosmos umfasst, was zur Auflösung des Egos und zur Rückkehr in die göttliche Einheit führt. Diese Erfahrung der Nicht-Trennung bringt die höchste Form der Glückseligkeit mit sich und markiert das Ende allen Leidens, ein Eintritt in das Nirwana. In diesem Zustand verschwimmen die Grenzen zwischen dem Selbst und dem Universum, und jede Erfahrung wird als Ausdruck des Nondualen erlebt.

Aufgabe: Arbeite daran, die Illusion der Trennung zwischen verschiedenen Lebensaspekten aufzulösen und eine harmonische Integration in das umfassende Ganze zu fördern. Erkenne, dass die scheinbare Abgrenzung zwischen Dir und der Welt, zwischen inneren und äußeren Erfahrungen, lediglich eine Täuschung ist. Übe Dich in der Praxis der Achtsamkeit und der meditativen Vertiefung, um ein Bewusstsein für die fundamentale Einheit aller Dinge zu entwickeln. Diese Haltung ermöglicht es Dir, die Dualität zu transzendieren und in die Erfahrung der Einheit einzutreten, die mit tiefem Frieden und Glückseligkeit verbunden ist. Lasse diese Erkenntnis Dein Handeln leiten und strebe danach, in jedem Moment die Einheit mit dem Kosmos zu leben und zu bestätigen. Durch diese bewusste Verschmelzung kannst Du einen Zustand erreichen, in dem die Unterscheidung zwischen Ich und

Welt, zwischen individuellen und kollektiven Aspekten, aufgehoben ist und das Leben in seiner wahren, nondualen Schönheit erfahren wird.

***Spiegelpunkt**: 0° Widder – Impuls zum Dasein*

6. Nachwort

Mit der detaillierten Betrachtung der 360 Einzelgrade der Ganzheit haben wir eine tiefgreifende Reise durch die vielfältigen Aspekte des menschlichen Daseins und des kosmischen Bewusstseins unternommen. Jeder Grad öffnete ein Fenster zu neuen Einsichten und Perspektiven, die sowohl die individuelle Erfahrung als auch das Verständnis der universellen Ordnung bereichern.

Die detaillierte Aufgliederung kann uns im Alltag eine einzigartige Möglichkeit bieten, die Verbindung zwischen dem Mikrokosmos des persönlichen Lebens und dem Makrokosmos des Universums zu erkennen und zu vertiefen. Jeder Einzelgrad spiegelt ein facettenreiches Spektrum an Erfahrungen, Herausforderungen und Gelegenheiten wider, die das menschliche Leben bereichern können. Die Erkenntnisse dieses Buches ermöglichen es uns, die subtilen Zeichen und Botschaften des Kosmos zu deuten und in Einklang mit den universellen Prinzipien zu handeln.

Möge dieses Buch als Wegweiser dienen, der dazu inspiriert, die eigenen Wege der Erkenntnis zu beschreiten und einzigartigen Pfade zur Erleuchtung zu finden. Möge es als eine ständige Quelle der Inspiration und Reflexion helfen, über die sichtbare Realität hinaus zu blicken und die tieferen Wahrheiten des Lebens zu erforschen.

Es ist eine Einladung, das Bewusstsein für die magische Verflechtung zwischen dem Individuum und dem Kosmos zu schärfen. Es fordert auf, die eigene Rolle im großen Spiel des Lebens bewusst wahrzunehmen und mit Offenheit, Neugier und Demut den vielfältigen Ausdrucksformen des Seins zu begegnen.

In der Hoffnung, dass die Darlegungen als Begleiter auf spirituellen Reisen dienen, und die Entfaltung der höchsten Potenziale ermöglichen.

Gesegnet sei das Bewusstsein des einen Zeugen in uns allen.

Gerhard Höberth, Wasserburg am Inn, März 2024